KB135277

孟子의
문법적 이해
(하)

孟子의
문법적 이해

—— (하) ——

한상국 지음

서문

AI와 IT 혁명의 폭풍 속에서 제자리에 서있기에도 급급한 현대인에게 한문을 공부한다는 것은 이제 거의 무의미한 일이 되었다. 굳이 AI의 통번역 기능을 염두에 두어서만은 아니다. 현대인이 한문을 공부하는 일은 한문으로 문장을 짓고자 함도 아니요, 한문으로 대화를 하기 위함은 더욱 아니다. 현대인인 우리가 한문을 공부하는 이유는 해석과 번역을 위해서이다. 다시 말하면 현대인이 한문을 공부하는 것은 한문 고전 원서를 읽기 위함이 전부이다. 바로 이런 면에서 AI는 이미 인간을 앞서기 시작했고 특히 한문 서적을 번역하는 일은 앞으로는 인간이 하는 것보다 더 정확하게 해낼 것이다.

그것만이 아니다. 우리가 읽을 만한 한문 고전은 <사기>를 비롯하여 <논어>, <맹자>류 문사철(文史哲)의 서적 대부분은 이미 수많은 전문가와 석학, 달현의 손을 거쳐 고증되고 검증되어 번역물의 형태로 나와 있다. 이는 양적으로도 우리가 평생 그 책들만 읽는다 해도 읽을 수 없는 많은 양이다. 예컨대 ≪漢書≫— 중국 후한시대의 역사가 반고가 저술한 기전체의 역사서. 정확하게는 한서에 주석을 붙인 ≪漢書補注≫— 만을 하루에 열 시간씩 읽는다고 해도 족히 70년이라는 세월이 걸린다. 그런데도 '왜 지금도 한문인가'에 대한 대답은 딱히 없다. 하지만 굳이 이에 관한 생각을 말해보라 한다면, 억새 우거진 강가에서 간짓대를 드리고 있는 강태공에게 고성능 어군탐지기를 장착한 초현대식 어선을 이야기하면서 왜냐고 묻는 것과 유사하지는 않을는지.

한문을 공부하는 사람들이라면 讀書百遍義自見(독서백편의자현)이라는 말이 있다. 이 말의 뜻은 책이나 글을 백 번 읽으면 그 뜻이 저절로 이해된다는 뜻이지만, 그 안의 말은 학문을 열심히 탐구하면 뜻한 바를 이룰 수 있음을 가리키는 말이기도 하다. 어쨌든 讀書百遍義自見에도 끈기를 말함이 있어, 무엇인가를 공부하는데 있어서 중요한 것은 반복이라는 말이다. 언어를 습득하는 방법은 여러 가지가 있지만 반복하여 학습하면 어느 샌가 그 뜻이 저절로 파악되고 나아가서는 자연스럽게 그 언어를 구사할 수 있게 되기 때문이다.

또 愚公移山(우공이산)이라는 말이 있다. 이 역시 맞는 말이다. 하지만 다 맞는 말은 아니다. 그러나 사실 愚公移山이라는 말 가운데 가장 중요한 것은 어떤 일을 함에 조금씩 하더라도 일이 진척되지 않았다고 해서 실망하여 중도에 그만두지 말라는 끈기를 말함이지 삼태기로 돌을 나르는 방법을 말하는 것이 아니다. 그런데 사람들은 삼태기만을 들고 달라드는 경우가 있다.

어쨌든 讀書百遍義自見에두 끈기를 말함이 있어, 무엇인가를 공부하는데 있어서 중요한 것은 반복이라는 말이다. 이뿐이 아니다. 아예 유교의 4대 경전 중의 하나인 <中庸>에는 다음과 같은 말이 있다.

"다른 사람이 한 번에 할 수 있거든 나는 백 번 하며, 다른 사람이 열 번에 할 수 있거든 나는 천 번 해야 하니, 만약 이렇게 나아갈 수 있다면 우둔한 사람도 반드시 명석해질 것이고 유약한 사람도 반드시 강해질 것이다./一人能之 己百之 十人能之 己千之 果能此道矣 雖愚必明 雖柔必强"

선인들의 공부방법은 거의 이와 같았다. 모두 반복된 학습법이다.

역시 한문을 공부하는 사람들이라면 孟子三千讀卓之聲(맹자삼천독탁지성)이라는 말을 들어본 적이 있을 것이다. 의미는 <맹자>를 삼천 번 읽으면 문리가 트이고 더 나아가 어떤 깨달음에까지 다다른다는 말이다. 하지만 언어적인 측면에서만 보자면 孟子三千讀卓之聲은 곧 '맹자를 삼천 번 읽으면 하면 비로소 文理가 트인다.'는 말다.

여기서 孟子三千讀卓之聲은 두 가지 의미를 가진다. 첫 번째는 삼천 번 읽음이라는 과정을 통해서 마치 모국어가 그랬던 것처럼 자연스러이 몸에 배게 만드는 과정을 반복하고자 한 것이다. 저절로 문리가 트인다는 말은 다름 아닌 이 말이다. 두 번째는 <맹자>가 그만큼 한문을 학습하는데 충분한 다양한 문장을 가지고 있기 때문이라고도 할 수 있다. 사실 유교적 측면에서 본다면 더 중시되는 논어가 있는데 '논어삼천독이면 비로소 문리가 트인다'고 말하지 않는 것만으로도 짐작이 가는 부분이다. 사실 <논어>는 <시경>이나 <서경>의 인용문이 많을뿐더러 문장 자체가 거의 단문형식의 대화체가 주류를 이루기 때문이다. 동시에 <논어>는 글자 수로 보면 16,144자로 <맹자>의 반에 미치지 못하여 한문 학습서로서는 적당하지 않다고 할 수 있다. 최소한 <맹자>에 비하면 말이다. 선인들이 그랬던 것처럼 내가 <맹자>를 한문 문리 학습서로 선택한 이유이기도 하다.

그런데 정작 문리를 얻기 위해서 삼천독을 할 수나 있을까? <맹자>는 글자 수가 판본에 따라 몇 글자 정도 달라지긴 하지만 32,744자이다. 이 글자 수를 읽는다면 아침밥을 먹고 난 다음 점심 저녁은 들지 않고서야 늦은 저녁이면 읽기를 마칠 수 있다. 그렇게 꼬박 7년을 읽으면 맹자삼천독이 끝난다. 그러니 평상대로라면 족히 십 수년은 소요된다. 물론 이는 집주(集註)를 제외한 경우이다.

讀書百遍義自見은 중국의 고사로 <삼국지/三國志)> '위서(魏書)'에 실린 말이고 孟子三千讀卓之聲은 우리나라에서 태어난 말이다. 우리 선인들에게 한문은 외국어이나 당연히 백독이 아닌 삼천독이 마땅했을 것이다. 그러나 현대인들은 옛사람들과는 다르다. 선인들은 일년에 몇 번씩이나 서울을 오르내릴 일도 없었고, 사람을 만나야 하거나, 노래를 들으며 세상 잡다한 일을 즐길 일도 오늘날보다 적었다. 게다가 새로이 밀려들어오는 기계문명을 익힐 일도 거의 없었다. 그래서 선비 정도 되면 아침 먹고 돌아서면 책장이나 넘길 일 이외는 그다지 할 일이 없었다. 그러니 愚公移山과 <중용>의 말씀은 일견 타당성을 얻지만 현대인에게 孟子三千讀은 愚公移山보다도 더 무모한 일이다. 결국 방편이 필요하다. 좀 납득이 가기 어려울 수도 있으나 그것이 바로 문법이다. 외국어를 습득하는데 있어서 문법의 효용에 대해서는 논란의 여지가 많다. 하지만 문법은 필수가 아니라 '孟子三十讀卓/맹자삼십독'이면 문리가 트이게 히는 방편이다. 내가 <맹자>의 문법을 다룬 이유가 바로 여기에 있다.

이 책은 한문을 학습하고자 하는 사람을 대상으로 집필되었다. 그러나 막상 글을 쓰는 사람 입장에서 말하면, 한문을 업으로 하는 사람이 아니어서 문법적으로나 어학적인 측면에서 전문용어 사용이 매끄럽지 못할 수 있을 것이다. 게다가 한문 문법은 아직도 주어나 보어, 목적어, 또는 개사(介詞) 등에 대한 개념이 완전하게 정리된 형편이 아닌 것 같아 어느 책에서는 개사를 허사(虛辭)로 칭하고 또 어떤 학습서에서는 아예 '전치사'나 '후치사' 등으로 칭하기도 하는 상황이다. 좀 더 나가면 영어 학습에서 유래한 '한문의 5형식'이라는 개념으로 한문의 문법적인 부분을 설명하기도 한다. 집필자 역시 기존의 한문학습과는 달리 새로운 또는 다소 걸맞지 않은 생경스러운 단어나 개념으로 문법적 설명을 하는 경우가 있을 것이다. 이 부분 미리 양해를 구한다.

"넌 무슨 한문책만 그렇게 들여다보고 있냐?"

이 글을 쓰다 보니 선고(先考)의 말씀이 귓가에 스친다. 칭찬이 아니라 핀잔이었다. 생각해보면 어려서 그다지 한문책을 들여다 본 적이 없는데도, 선친의 이 말이 떠오르는 것을 보니, 아마 어려서도 한문을 좋아하긴 좋아했나 보다. 아니 싫어하지는 않았나 보다. 싫어하지 않다 보니 이 책을 집필하게 되었고, 마치 숙제마냥 안고 왔던 것 같다. 기실 이 <맹자의 문법적 이해>는 이전에 나온 졸저 <치아 인문학>보다 먼저 나왔어야 할 책인데 이런저런 연유로 선후가 바뀌고 말았다. 그러니 더욱 숙제가 되어 몇 년을 끌어 온 듯하다. 부끄럽지만 이 책을 멀리서 말없이 바라보고 계실 先考께 드린다.

2021년 4월 8일 수유리에서.

목차

孟子集注*

卷二

---

* 集註는 남송(南宋) 주희(朱熹: 朱子)의 集註이다. 底本: 阮元 校刻 ≪十三經注疏≫(1980年 北京 中華書局 影印本)

離婁章句 上

凡二十八章

上 1장

07-01-01

孟子曰 離婁之明 公輸子之巧 不以規矩 不能成方員 師曠之聰 不以六律 不能正五音 堯舜之道 不以仁政 不能平治天下.

孟子께서 말씀하셨다. <離婁의 눈 밝음과 公輸子의 정교함으로도 規矩를 쓰지 않으면 네모와 원을 이룰 수 없으며, 師曠의 총명함으로도 六律을 쓰지 않으면 五音을 바룰 수 없으며, 堯舜의 道로도 仁政을 행하지 않으면 능히 天下를 平治할 수 없다.

〈단어 및 어휘〉

· 婁(끌 루): 끌다, 바닥에 대고 당기다, 성기다(물건의 사이가 뜨다), 드문드문하다, 거두다, 거두어들이다, 아로새기다, (소를) 매다.

· 離婁(이루): 눈이 밝은 것으로 잘 알려진 사람.

· 公輸子(공수자): 이름은 班(般으로 쓰기도 한다). 魯나라 사람이
  므로 魯般이라고도 한다. 精巧한 技術을 가진 사람이었다.
· 規(법 규, 원 그리는 기구 규): 법(法), 법칙, 꾀, 동그라미, 그림
  쇠(원형을 그리는 제구), 바로잡다, 본뜨다, 그리다.
· 矩(곱자 구, 네모 구, 각을 그리는 기구 구): 모나다(사물의 모습
  이나 일에 드러난 표가 있다), 새기다.
· 員(둥글 원): 圓과 通用.
· 師曠(사광): 師는 樂士이고 曠은 이름이다. 有名한 樂士.
· 六律(육률): 十二樂律 중 陽聲에 該當하는 여섯 音律.

〈문법연구〉

· 不以規矩 不能成方員.
  : 不~, 不~ 꼴로 '~가 아니면 ~이 아니다.' 以를 以 A 爲 B의
  文脈으로 보면, 여기서는 爲 B에 該當하는 말이 생략되었거나 爲B
  에 해당하는 부분이 '不能成方員'라고 생각할 수도 있다. 전체적인
  해석은 <규구(規矩)로써(以)가 아니면(不) 사각형과 원(方員)을 만드
  는 것(成)이 불가능하다(不能).>

    예) 故不登高山 不知天之高也 不臨深溪 不知地之厚也. (荀子)
    : 높은 산에 올라가지 않으면 하늘 높은 줄 모르고 깊은 산골짜기
    에 가보지 않으면 땅이 두터운 줄 모른다.

    예) 不違農時 穀不可勝食也. 數罟不入洿池 魚鼈不可勝食也. (孟子)
    : 농시철을 어기지 않으면 곡식을 이루 다 먹지 못할 것이며, 촘촘
    한 그물을 연못에 던지지 아니하면 물고기와 자라를 이루 다 먹지
    못할 것이다.

07-01-02

今有仁心仁聞而民不被其澤 不可法於後世者 不行先王之道也.

지금 어떤 사람이 인한 마음(仁心)과 인하다는 소문(仁聞)이 있는데도, 백성들이 그 은택을 입지 못하고 후세에 가히 법도가 되지못하는 것은, 선왕의 도(道)를 행하지 않아서이다.

〈단어 및 어휘〉

· 仁心(인심): 사람을 사랑하는 마음을 말한다.
· 仁聞(인문): 인자하다는 소문.
· 法(법 법): 따르다, 본으로 삼다. 模範也.
· 先王之道(선왕지도): 仁愛의 政治를 말한다.

07-01-03

故曰徒善不足以爲政 徒法不能以自行.

그러므로 '한갓 善함만으로 정사를 행하기에는 부족하며, 한갓 法만으로는 스스로 행해질 수 없다.'라고 한 것이다.

〈단어 및 어휘〉

· 徒(무리 도): 空也. 헛되이, 보람 없이, 한갓. 무리, 맨발, 걸어 다니다, 제자, 일꾼, 다만, 단지, 보람 없이.

07-01-04

詩云不愆不忘 率由舊章 遵先王之法而過者 未之有也.

『詩經』에 이르기를 '허물없이 잊어버림도 없이 하는 것은 옛 법도로 인해 따랐기 때문이다.' 하였으니, 先王의 法度를 따르고도 허물이 있었던 자는 아직 있지 않았었다.

〈단어 및 어휘〉

· 詩云(시운): <詩經> 大雅假樂之篇을 말한다.
· 愆(허물 건): 乖也, 過也, 따라서 不愆이란, 허물이 없는 것을 말한다.
· 遵(좇을 준): 좇다, 순종하다.

07-01-05

聖人旣竭目力焉 繼之以規矩準繩 以爲方員平直 不可勝用也 旣竭耳
力焉 繼之以六律 正五音 不可勝用也 旣竭心思焉 繼之以不忍人之
政而仁覆天下矣.

聖人께서 이미 目測하는 힘을 다하시어 規·矩·準·繩으로 이으시니, 方·員·平·直을 만드는데 이루 다 쓰지 못하며, 듣는 힘을 다하시어 六律로 이으시니, 五音을 바로잡음에 이루 다 쓰지 못하며, 心思를 다하시어 사람을 차마 하지 못하는 政事로 이으시니, 仁이 天下를 덮으심이라.

〈단어 및 어휘〉

· 竭(다할 갈): 다하다, 끝나다, 없어지다, 막히다.
· 焉(어찌 언): 어찌, 어떻게, 이에, ~느냐, 도다, ~와 같다, 곧, 그래서, 바로.
· 矩(곱자 구): 직각자, 곱자, 네모.
· 準繩(준승): 準은 水準器 또는 水平器이고, 繩은 垂直器를 말한다.

- 員(인원 원): 인원, 사람 수효, 둘레, 너비, 동그라미, 둥글다.
- 勝(이길 승): 이기다, 뛰어나다, 경치가 좋다, 낫다, 넘치다, 모두, 뛰어난 것.
- 覆(뒤집힐 복/덮을 부): 복/뒤집히다, 무너지다, 도리어, 부/덮다, 덮어씌우다, 덮개.

07-01-06

故日爲高必因丘陵 爲下 必因川澤 爲政 不因先王之道 可謂智乎.

그러므로 '높게 하려 하면 반드시 구릉(丘陵)으로 인하여야 하고, 낮게 하려 하면 반드시 천택(川澤)으로 인하여야 하는데, 정치를 하고자 하면서 선왕의 도(道)로 인하지 않는다면, 가히 지혜롭다고 할 수 있겠는가?

07-01-07

是以惟仁者 宜在高位 不仁而在高位 是播其惡於衆也.

이 때문에 仁者만이 마땅히 높은 자리에 있어야 하니, 不仁한 자가 높은 지위에 있게 되면, 이것은 그 악(惡)을 많은 사람에게 퍼트리는 것이 된다.

〈단어 및 어휘〉

- 是以(시이): 이 때문에, 그래서, 그러므로.
- 播(뿌릴 파): 뿌리다, 퍼뜨리다, 옮기다.

〈문법연구〉

· 不仁而在高位.
: 而는 일종의 역접이라기보다는 부사구를 만드는 역할을 한다.
'불인한데도 높은 자리에 있으면'

예) 子路率爾而對. (論語)
: 자로는 경솔하게 대답을 하였다.

예) 妾側目而視, 傾耳而聽.
: 첩은 곁눈질하여 보고 귀를 기울여서 들었다.

예) 默而識之 學而不厭 誨人不倦 何有于我哉. (論語)
: 묵묵히 기억하고 배움에 싫증 내지 않고 남을 가르치는 데 게으르지 않은 것, 이 중에서 나에게 무엇이 있던가.

07-01-08
上無道揆也 下無法守也 朝不信道 工不信度 君子犯義 小人犯刑 國之所存者幸也.

윗사람이 의리(義理)로 헤아림이 없으면 아랫사람이 제도를 지킴이 없게 되고, 조정에서 의리를 믿지 않게 되면 관의 기술자는 재는 척도를 믿지 않게 되며, 군자가 의(義)를 범하고 소인은 형벌을 범하게 되어도, 나라가 보존되는 바는 요행일 뿐이다.

〈단어 및 어휘〉

· 揆(헤아릴 규): 헤아리다, 관리하다, 법도, 도리, 성무.
· 度(법도 도): 법도, 제도, 규정, 단위, 길이의 표준, 자, 헤아리다.

〈문법연구〉

· 國之所存者幸也.

: 之는 주격조사로 國之所存者는 '나라가 온존하는 것'

07-01-09

故曰城郭不完 兵甲不多 非國之災也 田野不辟 貨財不聚 非國之害
也 上無禮下無學 賊民興 喪無日矣.

그러므로 '城郭이 완전하지 못하고 兵力이 많지 못함이 나라의 災
難이 아니며, 토지를 개간하지 않고 재화가 모이지 않는 것이 나
라의 害가 아니다. 윗사람이 무례하면 아랫사람이 배우지 않아 백
성을 해침이 흥기하여, 며칠이 걸리지 않아서 망하게 될 것이다.'
한 것이다.

〈단어 및 어휘〉

· 辟(임금 벽/피할 피): 벽/임금, 제후, 법률, 허물, 다스리다, 개간
  하다, 편벽되다, 피/피하다. 闢也. 開墾, 開拓이다.
· 喪(잃을 상): 잃다, 잃어버리다, 상복을 입다, 죽다, 사망하다, 망
  하다, 멸망하다, 복(服: 상중에 있는 상제나 복인이 입는 예복),
  재해, 여기서는 滅亡이다. 나라의 滅亡을 뜻한다.
· 無日(무일): 멀지 않다. 얼마 남지 않다.

> 예) 夫德福之基也 無德而福隆猶無基而厚墉也 其壞也無日矣. (國語)
> : 대저 덕이란 복의 기초이니 덕은 없고 복만 융성함은 마치 기초
> 도 없이 두터이 벽을 쌓으려는 것과 같아 그 무너짐이 멀지 않을
> 것이로다.

예) 事急而不斷 禍至無日矣. (三國志演義)
: 사태가 급박하게 돌아가는데도 결단을 내리지 않으시니 밀지 않
아 화가 닥칠 것입니다.

〈문법연구〉

• 城郭不完 兵甲不多 非國之災也.

: 본문 해석처럼 '城郭不完 兵甲不多'를 전체문장의 주어로도 볼
수 있지만 일종의 부사구 역할을 하는 것으로 해석을 해도 좋다. 즉
'성곽이 불완전하고 갑병이 많지 않더라도 나라의 재난이 아니다.'
뒤 문장 '田野不辟 貨財不聚 非國之害也'도 마찬가지이다. 즉 '들이
개간되지 않고 재화가 모이지 않았다 하더라도 이는 나라의 해가 되
는 것은 아니다.' 이처럼 한문은 각각 상황에 따라 해석해 주어야 하
는 경우가 많다.

07-01-10
詩曰天之方蹶 無然泄泄.

『詩經』에 이르기를 '하늘이 바야흐로 (주나라를) 전복하려 하는데,
느긋이 즐겨 쫓지 말라'라 하였으니,

〈단어 및 어휘〉

• 詩曰(시왈): <詩經> 大雅板篇을 말한다.
• 蹶(넘어질 궐): 넘어지다, 전복되다, 달리다. 여기서는 '엎칠 궤'. 顚覆
• 泄(샐 설/떠날 예): 설/새다, 흐리다, 빌생하다, 설사, 예/흩어지다, 많다.
• 泄泄(예예): 기뻐하며 따르는 모양, 한가하고 느긋한 모양, 모여
서 웅성웅성하는 모양.

07-01-11

泄泄猶沓沓也.

泄泄는 沓沓과 같다.

〈단어 및 어휘〉

· 沓(겹칠 답): 겹치다, 합치다, 유창하다, 말을 잘하다, 탐하다.
· 沓沓(답답): 게으른 모양, 빨리 가는 모양, 시끄럽게 떠드는 모양.

07-01-12

事君無義 進退無禮 言則非先王之道者猶沓沓也.

君主를 섬김에 義가 없으며, 進退에 禮가 없으며, 말만 하면 先王
의 道를 비방하는 자가 沓沓히 함과 같은 것이다.

〈단어 및 어휘〉

· 非(아닐 비): 비난할 비. 非 詆毀(저훼), 非難.
· 沓(말 잘할 답/겹칠 답): 겹치다, 중첩하다, 합하다, 합치다, 탐하
  다, 끓다, 솟구치다, 빨리 가다, (북을) 치다, 수다스럽다, (말이)
  유창한 모양, 빨리 가는 모양.

07-01-13

故曰責難於君謂之恭 陳善閉邪謂之敬 吾君不能謂之賊.

그러므로 '君主에게 어려움을 책하는 것을 恭이라 이르고, 善을
펼치게 하고 사악함을 막게 하는 것을 敬이라 말하며, 우리 군주
는 능히 어쩔 수 없다고 말하는 것을 賊이라 이른다.' 한 것이다.〉

〈단어 및 어휘〉

• 責(꾸짖을 책): 꾸짖다, 따져 밝히다, 바라다, 책망, 책임. 責望이
  다. 難은 難事이다.
• 責難(책난): 어려운 일을 실행하도록 책하고 勸告함.
• 陳(늘어놓을 진): 늘어놓다, 펴다, 베풀다, 진열하다, 두다, 나라 이름.
• 賊(도둑 적): 도둑, 도둑질, 역적, 벌레의 이름(마디를 갉아먹는 해
  충), 사악한, 나쁜, 도둑질하다, 해치다, 학대하다, 그르치다, 죽이다.

〈문법연구〉

• 責難於君謂之恭.
: 임금에게 어려운 일을 하도록 권고하는 것 이것을 공이라 한다.

〈~謂之~와 ~之謂~의 차이〉

• ~謂之~에서 之는 謂 앞의 명사를 나타내는 대명사로 '이것'이
  라 해석하며 반복의 기능도 가지고 있다.

예) 從流下而忘反 謂之流. (孟子)
: 흐름을 따라 내려가서 돌아옴을 잊음을 유라 이른다.

예) 此謂之大丈夫.
: 이를 대장부라 이른다.

예) 孔子曰 侍於君子有三愆 言未及之而言 謂之躁 言及之而不言 謂
之隱 未見顏色而言 謂之瞽. (論語)
: 공자께서 말씀하시길 '군자(어른)를 모시는 데 실수하기 쉬운 잘
못이 셋이 있다. 윗사람의 말이 끝나지 않았는데 말하는 것은 조

급함이고, 윗사람이 말했음에도 대꾸를 하지 않는 것은 속을 감추
는 것이며, 윗사람의 안색을 살피지 않고 함부로 떠들면 앞 못 보
는 장님이나 다름없다.'

〈비교〉~之謂~는 앞에 謂의 목적어가 오고 之의 역할은 목적어
의 전치이다. 즉 목적어가 謂 앞에 도치되면서 그 사이에 之 가 삽입
된다. 목적어+之+謂+보어의 형식으로 <~을(목적격 어기사)~이라
부르다>로 풀이한다.

  예) 天命之謂性.
  : 천명을 성이라 이른다.

  예) 充實而有光輝之謂大. (孟子)
  : 善이 충만해 있을 뿐 아니라 눈부시게 밖으로 드러나는 것을 大
  라고 한다.

  예) 聖而不可知之之謂神. (論語)
  : 온갖 사리에 통달한 뒤에 (신통하고 오묘하여) 감히 헤아릴 수
  없는 경지에 도달한 것을 神이라 한다.

참고로 '天子適諸侯曰巡狩'에서 보는 것처럼 이 경우는 之를 사용
하지 않고 바로 'A 曰 B' 꼴로 'A를 B라고 한다.'

上 2장

07-02-01

孟子曰 規矩方圓之至也 聖人人倫之至也.

孟子께서 말씀하셨다. <규(規)와 구(矩)는 방과 원의 지극함이오,
성인은 인륜의 지극함이 된다.

· 至(이를 지): 지극한 것.

07-02-02

欲爲君 盡君道 欲爲臣 盡臣道 二者 皆法堯舜而已矣 不以舜之所以
事堯事君 不敬其君者也 不以堯之所以治民治民 賊其民者也.

君主가 되고자 하면 君主의 도리를 다하여야 하고, 臣下가 되고자
하면 臣下의 도리를 다하여야 한다. 두 가지는 모두 요순을 법으
로 삼을 뿐이니, 순임금이 요임금을 섬기는 까닭으로 아니하고 군
주를 섬긴다면 그 君主에게 불경을 저지르는 자가 되는 것이고,
요임금께서 백성을 다스린 바로써 백성들을 다스리지 않는다면
그 백성들을 해치는 자가 되는 것이다.

〈단어 및 어휘〉

· 而已矣(이이의): ~일 뿐이다.
· 所以(소이): 까닭, 방법, 이유, 그래서.

〈문법연구〉

· 不以舜之所以事堯事君 不敬其君者也.
: 以舜之所以事堯에서 之는 주격조사. 以舜之所以은 부사구이다.
이 문장의 해석은 '순이 요를 섬기는 所以(방법, 까닭)로' 문장의 맨
앞의 不는 이다음의 事堯, 事君을 부정한다. 즉 섬기지 않다. 전체적
으로는 '不~, 不~' 문장으로 '~이 아니면, ~이 아니다.'

07-02-03

孔子曰 道二 仁與不仁而已矣.

孔子께서 말씀하시기를 '도(道)는 두 가지이니, 인(仁)과 불인(不仁)일 뿐이다.' 라고 하셨으니,

07-02-04

暴其民甚則身弒亡國 不甚則身危國削 名之曰幽厲 雖孝子慈孫 百世不能改之.

그 백성을 포학하게 하길 심하게 하면 즉 자신은 죽임을 당하고 나라는 망하게 될 것이고, 심하게 않는다면 자신은 위험에 처하게 되고 나라는 깎이게 될 것이다. 이름 지어 이르기를 幽·厲라 하면, 비록 孝子와 慈孫이라 할지라도 百世토록 고칠 수 없을 것이다.

〈단어 및 어휘〉

· 幽(그윽할 유, 검을 유): 그윽하다, 멀다, 아득하다, 깊다, 조용하다, 고요하다(조용하고 잠잠하다), 어둡다, 밝지 아니하다, 가두다, 갇히다, 피하여 숨다.
· 厲(사나울 려): 갈다(표면을 매끄럽게 하기 위하여 다른 물건에 대고 문지르다), 괴롭다, 힘쓰다, 사납다.

07-02-05

詩云殷鑒不遠 在夏后之世 此之謂也.

『詩經』에 이르기를 '殷나라의 거울삼을 바는 멀리 있지 않고, 하나라 임금 세대에 있네.'라 하였는데, 이것을 두고 하는 말이다.>

<단어 및 어휘>

· 詩(시 시): 詩經 大雅 蕩之什 蕩篇.

· 鑒(거울 감): 鑒 鑑과 同字로 察也. 察覽, 詳考 등의 의미로 사용
  되었다.

· 夏后(하후): 하나라를 건국한 12개 씨족연합의 대표인 하후(夏
  后) 씨를 말함, 후에 하 왕조 자체를 夏后라고 부름.

上 3장

07-03-01

孟子曰 三代之得天下也以仁 其失天下也以不仁.

孟子께서 말씀하셨다. <3대(三代)가 천하를 얻을 수 있었던 것은
인(仁)으로서 하였기 때문이고, 천하를 잃어버린 것은 불인(不仁)
으로서 하였기 때문이다.

<단어 및 어휘>

· 三代(삼대): 夏, 殷, 周 三代를 말한다.

· 也(어조사 야): ～이다(단정), ～인가(의문), ～야 말로, ～야(호
  격), 그리고 또, ～마저도.

<문법연구>

· 三代之得天下也以仁.

: 之는 主格助詞. 以～, '～때문이다' 또는 수단을 나타내는 개사.

07-03-02

國之所以廢興存亡者亦然.

나라가 폐하고 흥하고, 존하고 망하는 것 또한 그러하다.

〈문법연구〉

· 國之所以廢興存亡者.
: 之는 주격조사. 所以는 원인 이유, 까닭, 근본, 바탕, 원리 등을
말할 때 쓰인다. 여기서는 '나라가 발흥하거나 존망하는 근본'이라는
의미를 가지나 번역은 '～것'이라고 번역하는 것이 자연스럽다.

07-03-03

天子不仁不保四海 諸侯不仁 不保社稷 卿大夫不仁 不保宗廟 士庶
人不仁 不保四體.

천자가 不仁하면 四海를 보전할 수 없고, 제후가 不仁하면 사직
(社稷)을 보전할 수 없으며, 경과 대부가 不仁하면 종묘(宗廟)를
보전할 수 없으며, 선비나 일반 서인이 不仁하면 사지(四肢)도 보
전할 수 없게 된다.

〈단어 및 어휘〉

· 四海(사해): 온 세상.

〈문법연구〉

· 天子不仁, 不保四海.
: 不～, 不～ '～이 아니면 ～이 아니다.' 앞 절은 가정이 되고 뒤

절은 결과가 된다.

07-03-04

今惡死亡而樂不仁 是猶惡醉而强酒.

지금 죽음과 망함을 미워하면서도 오히려 불인을 즐기고 있으니, 이것은 마치 취하기를 미워하면서도 억지로 술을 먹는 것과 같은 것이 된다.>

〈단어 및 어휘〉

· 惡(악할 악/미워할 오): 악/악하다, 모질고 사납다, 잘못, 악인, 오/미워하다, 싫어하다, 어찌.
· 猶(오히려 유): 오히려, 다만, 원숭이, 같다, 말미암다, 망설이다.
· 强酒(강주): 强은 억지로. 强酒는 억지 술, 또는 억지로 술을 마시다.

〈문법연구〉

· 惡死亡而樂不仁.
: 而는 '~하는데도 불구하고.' 역접.

上 4장

07-04-01

孟子曰 愛人不親 反其仁 治人不治 反其智 禮人不答 反其敬.

孟子께서 말씀하셨다. <사람을 사랑함에 친함이 없다면 인(仁)을

돌아보고, 사람을 다스림에 다스려지지 않으면 그 지혜를 돌아보고, 예(禮)로 사람을 대함에 응답함이 없게 되면 공경함에 (문제가 없는지) 돌아봐야 한다.

〈문법연구〉

· 愛人不親, 治人不治.

: 한문에서는 어떤 단어나 문장이 부사적으로 사용되는 경우 밖에서 드러나 보이는 경우가 적다. 따라서 이런 경우 전체적인 문맥에서 파악해서 부사적으로 해석해야 한다. 愛人이나 治人의 경우가 그렇다. 이 경우 해석은 愛人은 '사람을 사랑하더라도', 또는 '사람을 사랑하지만', 治人은 '사람을 다스릴 때', 또는 '사람을 다스리는 데' 등으로 해석해야 한다. 동시에 한문 구문에서는 앞에서는 조건절로 ~이라면, ~해도 등으로 아무런 문법적 특징 없이 원인, 이유 등의 구문이 오는 경우가 많다. 이런 경우는 전체적인 문장 안에서 흐름으로 파악해야 한다. 이것을 익히기 위해서는 多讀을 통하여 감각을 익히는 것이 첩경이다.

07-04-02
行有不得者 皆反求諸己 其身正而天下歸之.

행함에 얻지 못함이 있는 것을 모두 자기에게 돌이켜 구하게 되면, 그 자신은 바르게 되어 천하가 귀의해 올 것이다.

〈단어 및 어휘〉

· 諸(모두 제/어조사 저): 제/모든, 여러, 모두, 저/~은, ~에, 이

에, 이를, ~이여, 之於의 합자(~에 그것).

· 反(돌이킬 반): 돌이키다, 되돌아가다, 반복하다, 반대하다.

07-04-03

詩云永言配命 自求多福.

『詩經』에 이르기를 '길이 천명(天命)과 짝하는 것이 스스로 많은 복(福)을 구하는 것이다.'라 하였다.>

〈단어 및 어휘〉

· 詩云(시운): <詩經> 大雅 文王篇을 말한다.
· 永言(영언): 言은 助詞이다. 뜻은 '길이길이'

上 5장

07-05-01

孟子曰 人有恆言 皆曰天下國家 天下之本在國 國之本在家 家之本在身.

孟子께서 말씀하셨다. <사람들이 항시 말하길, 天下와 나라와 집을 말하니, 天下의 근본은 나라에 있으며, 나라의 근본은 집에 있으며, 집의 근본은 몸에 있는 것이다.>

〈단어 및 어휘〉

· 恆(항상 항): 항상, 늘, 恒과 동자.

上 6장

孟子曰 爲政不難 不得罪於巨室 巨室之所慕 一國慕之 一國所慕 天
下慕之 故沛然德敎 溢乎四海.

孟子께서 말씀하셨다. <정치하는 것이 어렵지 않으니, 巨室에게
죄를 얻지 않아야 한다. 巨室이 사모하는 것은 한 나라가 사모하
는 바이고, 한 나라가 사모하는 것은 天下가 사모하기 때문에,
덕(德)으로 가르치는 것이 일어나면 사해(四海)에 충만하게 될
것이다.>

〈단어 및 어휘〉

· 巨室(거실): 世臣大家也로 代代로 내려오는 重臣 집안이다.
· 慕(사모할 모/그릴 모): 그리다(사랑하는 마음으로 간절히 생각
  하다), 그리워하다, 사모하다, 뒤를 따르다, 생각하다, 높이다,
  우러러 받들어 본받다, 탐하다, 바라다, 원하다, 向也. 즉 마음으
  로부터 悅服하여 따르는 것을 말한다.
· 沛(늪 패): 늪, 저수지, 성대한 모양, 비가 줄기차게 오는 모양,
  거침없는 모양.
· 沛然(패연) 비나 폭포가 억수로 쏟아지는 모양. 즉 盛大한 모양
  이다.
· 溢(넘칠 일): 넘치다, 차다, 지나치다, 홍수.

上 7장

07-07-01

孟子曰 天下有道 小德役大德 小賢役大賢 天下無道 小役大 弱役强
斯二者天也 順天者存逆天者亡.

孟子-께서 말씀하셨다. <천하에 道가 있게 되면 작은 德은 큰 덕德
에 부려지게 되고, 작은 현명은 큰 현명에 부림을 받게 된다. 천하
에 道가 없게 되면, 작은 것은 큰 것에 부림을 받고, 약한 것은 강
한 것에 부림을 받게 된다. 이 두 가지는 하늘이니, 하늘에 順한
자는 보존하게 되고 하늘에 逆한 자는 망하게 된다.

〈단어 및 어휘〉

· 役(부릴 역): 부리다, 일을 시키다, 군에 부역하다, 부림을 당하
다, 직무, 일꾼. 위에서는 <부림을 당하다>로 사용되었다.

예) 不仁 不智 無禮 無義 人役也. (孟子)
: 어질지 않고 무지하고 무례하고 의롭지 않으면 사람은 부림을
당한다.

· 小役大(소역대): 小는 小國을 말하고, 大는 大國을 말한다.
· 存(있을 존): 있다, 존재하다, 살아 있다, 안부를 묻다, 노고를
치하하고 위로하다, 문안하다, 보살피다, 살펴보다, 보존하다,
보전하다.
· 順天者存(순천자존): 天은 하늘의 뜻, 自然의 攝理를 말한다.

07-07-02

齊景公曰 旣不能令 又不受命 是絶物也 涕出而女於吳.

齊景公이 말하기를 '이미 명할 수 없고 또 명을 받을 수도 없다면 이는 남과 단절하는 것이다.' 하고 눈물을 흘리면서 출가시켜 딸을 월나라에 시집보내었다.

〈단어 및 어휘〉

· 物(물건 물): 물건, 만물, 일, 무리, 다른 사람들, 종류, 선택하다.
· 涕(눈물 체): 涕泣. 눈물, 울다, 눈물을 흘리며 울다.
· 女(계집 녀): 여자, 딸, 너, 시집보내다, 짝지어 주다.

07-07-03

今也小國師大國而恥受命焉 是猶弟子而恥受命於先師也.

오늘날에, 소국(小國)이 대국(大國)을 섬긴다면서 명을 받아들이는 것을 부끄럽게 여기니, 이것은 제자라면서 스승에게 명을 받는 것을 부끄럽게 여기는 것과 같은 것이 된다.

〈단어 및 어휘〉

· 今也(금야): 也는 '지금'이라는 부사어 今을 강조하는 어기사이다.
· 師(스승 사): 스승, 벼슬, 군대, 악관, 스승으로 삼다, 모범으로 삼다.
· 師大國(사대국): 小國이 大國을 모범으로 삼고 따르는 것.

〈문법연구〉

· 小國師大國而~.

: 역접의 而. ~인데도, ~이면서. 또는 부사적으로 해석.

· 恥受命焉.
: 焉은 '於是'라는 의미를 갖는 어미이다. 여기에서 是는 大國을 받는다.

· 弟子而恥受命於先師也.
: 而는 기본적으로 문장을 잇는 역할을 하므로, 이 문장은 원래 弟子也와 恥受命於先師也라는 두 문장을 합친 것인데, 합치면서 문장의 중간이므로 弟子也의 也를 생략한 것으로 볼 수 있다.

07-07-04
如恥之莫若師文王 師文王 大國五年 小國七年 必爲政於天下矣.

만일 수치스럽다면 문왕을 스승으로 받드는 것 만한 것이 없으니, 문왕을 스승으로 받들면 대국은 5년, 소국은 7년이면, 반드시 천하에 정치를 펼 수 있을 것이다.

〈문법연구〉

· 莫若師文王. 莫若은 '~만한 것이 없다'라는 뜻이다. 莫에는 주어가 포함되어 있으므로 '~만한 것이 없다', '~만한 사람이 없다'라고 해석한다.

예) 莫若使唐兵入白江. (三國遺事)
: 당병들로 하여금 백강에 들어가게 하는 것만큼 좋은 것이 없다.

예) 莫若使人赴許都 表劉備爲荊州牧. (三國志演義)
: 허도로 사람을 보내서 유비를 형주목으로 삼도록 천자께 표를
올리는 것만큼 좋은 것은 없습니다.

· 師文王 大國五年 小國七年 必爲政於天下矣.
: 師文王이 '문왕을 섬기면'이라는 일종의 가정을 나타내는 부사구
로 사용되었다. 한문에서는 이처럼 문장의 역할이 전체적인 의미에
서 주어지는 경우가 많다. 특히 부사적 역할을 하는 요소를 찾아 이
를 적절하게 해석하는 능력이 중요하다.

07-07-05
詩云商之孫子 其麗不億 上帝旣命 侯于周服 侯服于周 天命靡常 殷
士膚敏 祼將于京 孔子曰 仁不可爲衆也 夫國君好仁 天下無敵.

『詩經』에 이르기를 '商나라의 자손이 그 수가 10만이 되지 않겠느
냐만, 上帝께서 이미 命하신 지라, 周나라에 복종하는구나! 周나라
에 복종하니 天命은 변함없는 것이 아니다. 殷나라 선비로 영민한
자들이 서울에서 降神祭를 올린다.' 하였다. 孔子께서 말씀하시기
를 '仁한 者는 大衆도 어쩔 수 없으니, 나라에 君主가 仁을 좋아하
면 天下에 대적할 이가 없다.' 하셨다.

〈단어 및 어휘〉

· 詩云(시운): <詩經> 大雅 文王篇을 말한다.
· 商(장사 상/상나라 상): 장사, 장수(장사를 업으로 하는 사람),
   철로는 가을, 오행으로는 금, 방위로는 서쪽, 서쪽을 나타내는
   한자이다. 또 國名이기도 하다.

· 孫子(손자): 子孫을 말한다.

· 麗(고울 려): 곱다, 아름답다, 맑다, 짝짓다, 빛나다, 나라의 이름, 마룻대(용마루 밑에 서까래가 걸리게 된 도리), 짝, 수, 數爻.

· 億(억 억): 많은 수, 편안하다, 헤아리다, 추측하다(미루어 생각하여 헤아리다), 고구하다(자세히 살펴 연구하다), 아!(감탄사), 여기서는 十萬을 뜻한다.

· 侯(제후 후/어조사 혜): 제후, 임금, 후작(다섯 작위 중 둘째 작위), 과녁, 오직, 어찌, 아름답다, 어조사, 維也. '오직' 부사적 용례. 다르게는 '혜'로 읽고 兮也.

· 靡(쓰러질 미): 쓰러지다, 복종하다, 없다, 다하다, 물가.

· 靡常(미상): 無常과 같다.

· 膚(살갗 부): 피부, 고기, 이끼, 아름답다, 크다, 비계.

· 敏(재빠를 민): 재빠르다, 힘쓰다, 총명하다, 자세하다.

· 祼(강신할 관): 술을 땅 위에 부어 神을 부르는 것을 말한다. 강신제, 강신제(내림굿) 지내다.

· 將(장수 장/장차 장): 助也. 돕다. 받들다. 장수, 거느리다, 얻다, 돕다, 장차, 나아가다, 행하다, 무릇, 청컨대.

〈문법연구〉

· 侯于周服.

: 이 문장은 원래 侯服于周이지만, 앞 구절 其麗不億의 億과 운을 맞추기 위하여 服을 뒤로 뺀 것처럼 보인다.

· 仁不可爲衆.

: 이 문장은 직역하면 '인(仁)에게는 무리를 짓는 것(爲衆)이 불가

(不可)하다(也)'로 '인을 행하면 무리 짓는 것이 불가능해진다.'라는 의미이다. 문법적으로는 不可以爲衆於仁로 바꾸어 쓸 수 있다. 그러나 예문처럼 可를 사용하여 서술어나 전치사의 목적어 등을 강조해서 앞으로 내기도 한다. 이 문장은 不可以爲衆於仁에서 보는 것처럼 앞에 주어가 올 때는 可以를 쓴다. 爲衆은 '무리 짓다.'

07-07-06

今也欲無敵於天下而不以仁 猶執熱而不以濯也 詩云誰能執熱 逝不以濯

지금 天下에 對敵할 자가 없기를 바라면서 仁政을 행하지 않으니, 이는 뜨거운 것을 쥐고 물로 씻지 않는 것과 같다. 『詩經』에 이르기를 '누가 뜨거운 것을 쥐고 물로 씻지 않겠는가?' 하였다.>

〈단어 및 어휘〉

· 以(써 이): ~으로서, ~하여, ~을 가지고, ~하다, 사용하다, 이유, ~라 여기다.
· 濯(씻을 탁): 씻다, 빨다, 헹구다, 크다, 뜨물. 찬물에 손을 담그는 것 또는 씻는 것을 말한다.
· 逝(갈 서): 어조사. 가다.

〈문법연구〉

· 是猶執熱而不以濯也.
: 뜨거운 것을 집고서도 그것을 씻지 않다. 以 다음에 代名詞 之 (뜨거운 것)의 생략형이라 볼 수 있다.

上 8장

孟子曰 不仁者可與言哉 安其危而利其菑 樂其所以亡者 不仁而可與
言 則何亡國敗家之有.

孟子께서 말씀하셨다. <不仁한 者와 더불어 말할 수 있겠는가? 위
태로움에도 편히 여기고 그 재난에도 이롭게 여기며, 그 망하는 까
닭에도 즐거워하는 자는 불인한 자니, 가히 더불어 말을 할 수 있다
면 즉, 어찌 나라가 망하고 집안이 패가망신할 수 있겠는가?

〈단어 및 어휘〉

· 言(말씀 언): 忠言의 뜻이다.
· 菑(묵정밭 치/재앙 재) '치'로 읽으면 '한 해 묵힌 밭'이라는 뜻
  이고, '재'로 音讀하면 災殃의 뜻이 된다.

〈문법연구〉

· 不仁者, 可與言哉.
: 이 문장에서 與의 목적어는 不仁者로 不仁者가 强調되어 앞으로
나갔다.

· 樂其所以亡者.
: 일반적으로 以 다음에 명사가 오지 않고 서술어가 올 경우에는
그 사이에 之가 생략되어 있다고 볼 수 있다. 여기에서 생략된 之는
앞 구절의 其危, 其菑이다. 해석은 '그 위태로움(其危)을 편안해(安)

하고(而) 그 재앙(其菑)을 이익으로 여긴다(利). 그것으로써(以) 그(其) 망하(亡)는 바(所)인 것(者)을 즐긴다(樂).

· 何亡國敗家之有.

: 해석은 본문처럼 해도 무방하지만 何는 의문형용사로서 亡國, 敗家를 꾸며준다고도 볼 수 있다. 이 경우 '무슨', '어떤'이라고 해석한다. 之는 도치를 나타낸다. 즉, 이 문장은 원래 有何亡國敗家인데, 何가 의문사이기 때문에 何亡國敗家를 앞으로 내고 之를 통해서 有와 도치되었음을 나타내 준 것이다.

07-08-02
有孺子歌曰 滄浪之水淸兮 可以濯我纓 滄浪之水濁兮 可以濯我足.

어떤 어린 아이의 노래에 '창랑의 물이 맑고 맑거든 가히 나의 갓끈을 씻고, 창랑의 물이 탁하거든 가히 나의 발을 씻으련다.'라 하였다.

〈단어 및 어휘〉

· 孺(젖먹이 유): 젖먹이, 아이, 어리다.
· 孺子(유자): 어린 남자아이.
· 兮(어조사 혜): 아, 음, ~하네, 어기조사.
· 可以(가이): 할 수 있다, 해도 좋다, 좋다.
· 纓(갓끈 영) 갓끈, 장식끈.
· 滄浪(창랑): 강 이름이다. 오늘날의 漢水下流 또는 支流에 해당
  된다고 한다.

07-08-03

孔子曰 小子聽之 淸斯濯纓 濁斯濯足矣 自取之也.

공자께서 말씀하시기를 '小子들아 저것을 들어보아라. 물이 맑거든 이 갓끈을 씻고, 물이 탁하거든 이 발을 씻는다 하였으니, 스스로 취함이로다.' 하셨다.

〈단어 및 어휘〉

· 小子(소자): 弟子들을 부를 때 쓰는 말.

07-08-04

夫人必自侮然後 人侮之 家必自毁而後 人毁之 國必自伐而後 人伐之.

무릇 사람은 반드시 스스로 업신여긴 이후에 사람들이 업신여기게 되고, 집안은 반드시 스스로 헐어버리려 한 이후에 사람들이 그것을 헐어버리게 되며, 나라는 반드시 스스로 정벌한 이후에 사람들이 그것을 정벌하게 된다.

〈단어 및 어휘〉

· 侮(업신여길 모): 업신여기다, 조롱하다.
· 毁(헐 훼): 헐다, 부수다, 제거하다, 철거하다, 이지러지다(불쾌한 감정 따위로 얼굴이 일그러지다), 무너지다.

07-08-05

太甲曰 天作孽猶可違 自作孽不可活 此之謂也.

「太甲」에 이르기를 '하늘의 재앙은 오히려 피할 수 있으나, 스스로 만든 재앙은 살아날 수 없다.' 하였으니, 이를 두고 한 말이다.>

<단어 및 어휘>

· 太甲(태갑): 書經 商書의 篇名.
· 孽(서자 얼/재앙 얼): 천첩 자식, 재앙, 근심, 천민, 업. 孽也. 災殃.
· 活(살 활): 免也. 謀免하다. 避하다.
· 之(갈 지): 여기서는 此와 謂의 도치를 나타내는 말.

上 9장

07-09-01

孟子曰 桀紂之失天下也失其民也 失其民者失其心也 得天下有道 得其民斯得天下矣 得其民有道 得其心斯得民矣 得其心有道 所欲與之聚之 所惡勿施爾也.

孟子께서 말씀하셨다. <桀·紂가 천하를 잃은 것은 그 백성을 잃었기 때문이요, 그 백성을 잃은 것은 그 마음을 잃었기 때문이다. 천하를 얻는 데 길이 있으니, 그 백성을 얻으면 곧 천하를 얻을 수 있는 것이다. 그 백성을 얻는 데 길이 있으니, 그 마음을 얻으면 그 백성을 얻을 수 있을 것이다. 그 마음을 얻는 데 길이 있으니, 하고자 하는 바를 주어서 모이게 하고, 싫어하는 바를 베풀지 않는 것이다.

<단어 및 어휘>

· 桀紂(걸주): 桀은 夏나라 마지막 王.
· 也(어조사 야): ~이다, ~인가? ~도다, ~때문이다, ~하자, ~

은, ~면, ~야 말로.

· 斯(이 사): 이, 곧, 이에, ~한 즉, 잠시.

· 爾(너 이): 너, 이것, ~이다, ~일 뿐이다, ~입니까, ~한 듯.
뿐, 따름.

〈문법연구〉

· 所欲與之聚之.

: 바라는 것(所欲)을 그들(之)에게 주고(與) 그것을 모은다(聚之).
앞의 之는 百姓을 지칭한다.

· 得其民斯得天下矣.

: 斯는 조건에 따른 결과를 표시하는 접속사 로 사용되었다. '~하
면 곧', '~이면', '~인 즉'으로 활용된다. 이어지는 문장 得其心斯得
民矣의 斯도 이와 같다.

   예) 莫己知也 斯已而已矣 深則厲 淺則揭. (論語)
   : 자기를 몰라주면 그만인 것을. (시경에) (물이) 깊으면 옷을 벗어
   들고 얕으면 걷어 올리느니라.

07-09-02
民之歸仁也猶水之就下 獸之走壙也.

백성이 어진 것에 돌아오는 것은 물이 낮은 곳을 취하여 가는 것
과 같고, 짐승이 광야의 들판으로 내달림과 같은 것이다.

〈단어 및 어휘〉

· 壙(들판 광): 구덩이, 들판, 넓다.
· 歐(몰 구/칠 구): 치다, 쥐어박다, 게워내다, 토하다, 여기서는 驅와 通用.

07-09-03

故爲淵歐魚者 獺也 爲叢歐爵者 鸇也 爲湯武歐民者 桀與紂也.

그러므로 깊은 연못을 위하여 물고기를 몰아주는 것은 수달이요, 무성한 숲을 위하여 참새를 몰아주는 것은 새매요, 탕과 무왕을 위하여 백성을 몰아주는 것은 폭군 걸과 주이다.

〈단어 및 어휘〉

· 歐(몰 구): 몰다, 내쫓다, 빨리 달리다.
· 獺(수달 달): 수달.
· 叢(떨기 총): 떨기, 숲, 더부룩하다, 모이다, 모으다. 모일 총. 풀, 나무 등의 무더기를 뜻한다.
· 爵(잔 작): 잔, 참새 모양 잔, 작위, 참새, 작위를 내리다.
· 鸇(송골매 전): 송골매, 새매.

〈문법연구〉

· 爲淵歐魚者 獺也.

: 본문의 해석처럼 爲를 '~을 위하여'라고 해석하기에는 다소 무리가 있다. 문맥상으로는 '연못에서 물고기를 모는 자가 되는 것은 수달이다.'로 해석하는 것이 부드럽다. 뒤의 爲叢歐爵者, 爲湯武歐民者도 같다.

07-09-04

今天下之君 有好仁者 則諸侯皆爲之歐矣 雖欲無王不可得已.

이제, 천하의 군주 가운데 어진 것을 좋아하는 자가 있으면 제후가 다 그를 위하여 백성들을 몰아다 줄 것이니, 비록 왕업을 이루지 않으려 해도 될 수 없을 것이다.

〈단어 및 어휘〉

· 已(이미 이): 이미, 그치다, 벌써, 물어나다, 매우, ~뿐이다, 이도다, 이것, 그치다

〈문법연구〉

· 雖欲無王不可得已.

: 여기서 無는 欲을 수식하는 부정어이다. 즉 우리 나라말로 하면 '~하려는 욕심이 없다.' '~하려 하지 않는다.'이다. 그래서 欲無王은 '왕이 되려는 욕심이 없다'나 '왕 노릇하지 않으려 하다.'

예) 子貢曰 我不欲人之加諸我也 吾亦欲無加諸人. (論語)
: 자공이 말하길 '내가 다른 사람이 나에게 무언가를 가하기를 원하지 않고, 나도 역시 다른 사람에게 무엇을 가하지 않으려고 한다.'라고 했다.

07-09-05

今之欲王者猶七年之病 求三年之艾也 苟爲不畜 終身不得 苟不志於仁 終身憂辱 以陷於死亡.

지금 王 노릇 하고자 하는 자들은 오히려 7년 묵은 병에 3년 묵은

쑥을 구하니, 만약 비축해두지 않으면 종신토록 얻지 못할 것이다. 진실로 仁에 뜻을 두지 않으면 죽을 때까지 근심과 능욕을 당하다가 죽음과 멸망의 구렁텅이에 빠지게 될 것이다.

〈단어 및 어휘〉

· 艾(쑥 애): 쑥, 뜸쑥. 약쑥, 다하다, 같다.
· 苟(진실로 구): 진실로, 한때, 원컨대, 적어도, 다만, 구차하다, 만일~한다면.
· 畜(짐승 축/쌓을 축/기를 휵): 짐승, 가축, 개간한 밭, 비축, 쌓다, 모으다, 쌓이다, 모이다, 간직하다, 소장하다, 제지하다, 말리다, 기르다, 양육하다./ (휵) 먹이다. 蓄也. 備蓄.

〈문법연구〉

· 今之欲王者猶七年之病 求三年之艾也.
: 七年之病는 시간 부사구로 사용되어 '칠년지병에/칠 년이나 되는 병에도'로 해석한다.

07-09-06
詩云其何能淑 載胥及溺 此之謂也.

『詩經』에 이르기를 '그 어찌 능히 善할 수 있겠는가? 곧 서로 빠져들게 될 것이다.' 하였으니, 이를 두고 한 말이다.>

〈단어 및 어휘〉

· 詩云(시운): 詩經 大雅 桑柔篇.

- 淑(맑을 숙): 맑다, 깨끗하다, 착하다, 어질다, 얌전하다, 주워서 가지다, 善, 착하다. 잘 되다.
- 載(실을 재/떠받을 대): (머리에) 이다(물건을 머리 위에 얹다)(=戴), 오르다, 올라타다, 비롯하다, 개시하다, 곧(則, 卽), 始也. 비로소.
- 胥及(서급): 胥는 相也. 及은 與也로 胥及은 '서로, 더불어'

上 10장

07-10-01

孟子曰 自暴者不可與有言也 自棄者不可與有爲也 言非禮義 謂之自暴也 吾身不能居仁由義 謂之自棄也.

孟子께서 말씀하셨다. <스스로 해치는 자는 더불어 말할 수 없으며, 스스로 버리는 자는 더불어 도모할 수 없다. 言事가 禮儀가 아님을 스스로 해친다 하고, 내 자신이 仁에 居하고 義를 따를 수 없다 함을 스스로 버린다고 하는 것이다.

〈단어 및 어휘〉

- 自(스스로 자): 동사 暴의 목적어이지만 항상 동사 앞에 위치한다.
- 暴(사나울 폭/사나울 포): 사납다, 난폭하다, 해치다, 모질다, 모질게 굴다, 세차다, 맨손으로 치다, 불끈 일어나다, 업신여기다, 조급하다, 갑자기, 쬐다, 따뜻하게 하다, 害也. 따라서 自暴者(자폭자)란, 스스로 自身을 害치는 사람.
- 言(말씀 언): 仁義에 대해서 言及하는 것.

· 爲(할 위): 仁義를 행하는 것.
· 由(말미암을 유): 從也. 따르다. 좇다.

〈문법연구〉

· 不可與有言也.
: 여기서 '有'는 의미가 없는 조음소. 또는 '알아줄 유'로 취급할 수도 있다.
· 유(有) 알아줄 유(=識)

　예) 亦莫我有(시경): 또한 나를 알아주지 않는다.

07-10-02
曠安宅而弗居 舍正路而不由哀哉.>

편히 살 집을 비워두고 거처하지 않으며, 바른길로 향함을 버리고 말미암지 않으니, 아 슬프도다!

〈단어 및 어휘〉

· 曠(빌 광): 비다, 비우다, 넓다, 밝다, 너그럽다.
· 舍(집 사) 집, 여관. 捨也. 버리다, 포기하다, 바치다.
· 弗(아니 불): 不也.
· 由(말미암을 유): 從也, 行也.
· 哉(어조사 재): ~일 것인가? 이리오, 아, 도다.

上 11장

07-11-01

孟子曰 道在爾而求諸遠 事在易而求諸難 人人親其親長其長而天下平.

孟子께서 말씀하셨다. <道가 가까이 있음에도 먼 데서 구하며, 일이 쉬운 데 있음에도 어려운 데서 구하니, 사람마다 그 어버이를 親히 하고 그 어른을 어른으로 모시면 천하가 평안해지는 것이다.>

〈단어 및 어휘〉

· 爾(너 이): 邇也. 近也. 가깝다. (가까울 이)와 通用.
· 易(쉬울 이/바꿀 역): 쉽다.
· 親(친할 친/가까이할 친): 친하다, 가깝다, 사랑하다, 가까이하다, 사이좋다, 손에 익다, 숙달되다, 어버이. 여기서는 동사로 사용되는 경우 '가까이하고 사랑하다' 정도로 해석하면 좋다.
· 長(길 장/어른 장): 여기서는 동사로 사용되는 경우 '어른으로 대접하다' 정도로 해석.

〈문법연구〉

· 親其親.
: 앞의 親은 동사, 뒤의 親은 어버이를 나타내는 대명사. 長其長도 같다.

上 12장

07-12-01

孟子曰 居下位而不獲乎上 民不可得而治也 獲於上有道 不信於友

弗獲於上矣. 信於友有道 事親弗悅 弗信於友矣. 悅親有道 反身不誠 不悅於親矣. 誠身有道 不明乎善 不誠其身矣.

孟子께서 말씀하셨다. <아랫자리에 있으면서 윗사람의 신임을 얻지 못하면 백성들을 가히 얻어서 다스리지 못하게 된다. 윗사람의 신임을 얻는 데에 방법이 있으니, 벗에 신임을 얻지 못하면 윗사람에게 신임을 얻지 못하게 된다. 벗에게 신임을 얻음에 방법이 있으니, 어버이를 섬겨 기쁘게 하지 못하면 벗에게 믿음을 얻지 못하게 된다. 어버이를 기쁘게 하는 데에 방법이 있으니, 자기를 반성하는데 참되지 못하면 어버이를 기쁘게 하지 못하게 된다. 자신을 참되게 하는 데에도 방법이 있으니, 선(善)에 밝지 못하면 그 자신이 참되질 수 없는 것이다.

〈단어 및 어휘〉

· 獲(얻을 획): 得也. 信任을 얻는 것을 말한다. 얻다, 잡다, 붙잡다, 수확하다, 신임을 얻다, ~할 수 있다.

· 道(길 도): 方法也.

· 信(믿을 신): 믿다, 신임하다, 맡기다, 미쁘다, 믿음직하다, 확실히, 신용.

· 於(어조사 어): ~에, ~에게서, ~보다, ~에 있어서, 이에, ~로부터, 아!, 기대다.

· 矣(어조사 의): ~이다, ~이도다, (완료, 감탄, 결정, 판단)~인가? (의문)~하라. (명령)

〈문법연구〉

· 而不獲於上.

: 동사+於~ 꼴로 내용상 수동의 경우는 '~으로부터 동사를 받다, ~으로부터 동사를 당하다.'로 해석한다.

예) 萬乘之國 被圍於趙.
: 만 승의 나라가 조나라에 포위되었다.

예) 君子役物 小人役於物. (荀子)
: 군자는 사물을 부리지만, 소인은 사물에 부림을 당한다.

・民不可得而治也.
: 한문에서 가능동사가 오면 대개 목적어가 앞에 위치한다. 이는 도치에 의한 것인데 이 점을 알고 있으면 전체문장의 해석이 용이해진다. 여기서는 백성이 '다스릴 治'의 목적어이다. (앞에 주어가 오면 不可以)

07-12-02
是故誠者天之道也 思誠者人之道也.

이렇기 때문에, 성(誠)이라는 것은 하늘의 道요, 정성을 생각하는 것(思誠)은 사람의 道이다.

07-12-03
至誠而不動者未之有也 不誠未有能動者也.

성(誠)을 지극히 하면 감동하지 않을 사람이 없고, 성(誠)하지 못하면서 남을 감동하게 한 사람은 아직 있지 않았다.>

〈문법연구〉

・至誠而不動者 未之有也.

: 이 문장은 '未有至誠而不動者也'라고 쓸 수도 있다.

· 未之有也.

: 부정하는 말 '未 ', '無 ', '莫 ' 등이 앞에 있고, '之 '가 대명사일 때에는 '之'는 서술어 앞으로 나간다. 즉, 의미상으로는 '未有之也'인데, 위와 같은 문법에 의해 '未之有也'가 된 것이다.

· 不誠未有能動者也.

이 문장은 '不誠而能動者, 未之有也'라고 쓸 수도 있다.

上 13장

07-13-01

孟子曰 伯夷辟紂 居北海之濱 聞文王作興 曰盍歸乎來 吾聞西伯善養老者 太公辟紂 居東海之濱 聞文王作興 曰盍歸乎來 吾聞西伯 善養老者.

孟子께서 말씀하셨다. <伯夷가 紂王을 피하여 北海의 물가에 살더니, 文王이 흥기하였다는 것을 듣고 말하기를 '어찌 돌아가지 않겠는가? 내가 듣기로 '西伯은 늙은이를 잘 봉양한다.'라고 들었다.' 하였으며, 太公은 紂王을 피해 東海의 물가에 살더니, 文王이 흥기하였다는 것을 듣고 말하기를 '내 어찌 돌아가지 않겠는가? 내가 듣기로 '西伯은 늙은이를 잘 봉양한다.'라고 들었다.' 하였다.

<단어 및 어휘>

· 辟(피할 피/임금 벽/견줄 비): 避也. 피할 피. 여기서는 '피하다'

라는 뜻. 避와 通用.

- 濱(물가 빈): 水涯. 물가. 여기서는 海邊으로 바닷가를 말한다.
- 作(지을 작): 일어나다, 하다, 만들다, 일으키다, 일.
- 興(일 흥): 일다, 일어나다, 번성하다, 시작하다, 즐겁게 여기다, 흥겹다.
- 盍(어찌 아니할 합): 何不의 뜻.
- 來(올 래): 오다, 돌아오다, 이래, 앞으로. 여기서는 조음소.
- 西伯(서백): 文王을 指稱함.
- 太公(태공): 姓은 姜. 氏는 呂, 이름은 尙, 文王의 스승. 呂尙을 보통은 太公望이라고 한다.

07-13-02

二老者天下之大老也而歸之 是天下之父歸之也 天下之父歸之 其子焉往.

이 두 노인은 천하에서도 위대한 노인으로 문왕에게로 돌아갔으니, 이는 천하의 존경받는 아버지가 그에게 돌아온 것이다. 천하의 존경받는 아버지가 그에게 돌아갔으니 그 자식들이 어디로 가겠는가?

〈단어 및 어휘〉

- 二老(이로): 伯夷와 太公望을 말한다.
- 大老(대로): 尊敬 받는 元老.
- 焉(어찌 언): 何也. 어디, ~느냐? 즉 焉往이란, '어디로 가겠느냐?'

07-13-03

諸侯有行文王之政者 七年之內 必爲政於天下矣.

제후 중에 문왕의 정치를 행하는 자가 있으면, 7년 이내에 반드시 천하에 정치를 행하게 될 것이다.>

〈문법연구〉

· 諸侯有行文王之政者.

: '사람(사물)+有~者' 형태로 '사람(사물) 중에~하는 자(것)가(이) 있다'로 전형적인 존재 구문 꼴이다. '제후 중에 문왕의 정치를 행하는 자'

上 14장

07-14-01

孟子曰 求也爲季氏宰 無能改於其德而賦粟倍他日 孔子曰 求非我徒也 小子鳴鼓而攻之可也.

孟子께서 말씀하셨다. <冉求가 季氏의 家臣이 되어 계씨의 마음씨와 행실을 고치지는 못하고 세금을 다른 때보다 배나 거두자, 孔子께서 말씀하시기를 '求는 나의 門徒가 아니다. 小子들아 북을 울려 그를 성토함이 可하다.' 하셨다.

〈단어 및 어휘〉

· 求(구할 구): 人名으로 姓은 冉, 이름이 求이다.
· 季氏(계 씨): 魯나라의 權臣을 말한다.
· 宰(재상 재): 재상, 가신, 우두머리, 벼슬아치, 관원, 주재자, 주

관하다, 다스리다, 도살하다, (고기를) 저미다.

· 其德(기덕): 季氏의 惡德을 말한다.

· 賦(부세 부): 부세(세금을 매겨서 부과하는 일), 군비, 문채의 이름, 구실, 取也로 '거두다.'이다. 稅의 賦課 또는 賦稅를 말한다.

· 小子(소자): 弟子들을 말함.

· 攻(칠 공): 성토하다, 여기서는 그 罪狀을 외치면서 責하는 것.

07-14-02

由此觀之 君不行仁政而富之 皆棄於孔子者也 況於爲之强戰 爭地以戰 殺人盈野 爭城以戰 殺人盈城 此所謂率土地而食人肉 罪不容於死.

이것으로 인하여 살펴보면, 군주가 어진 정치를 행하지 않고서 부유하다는 것은 모두 공자에게 버림받게 되는 것이다. 하물며 그것을 위하여 억지로 전쟁을 일으키길, 땅을 다투는 것으로서 전쟁을 벌여 사람 죽이기를 들에 가득하게 하고, 성을 다투는 것으로서 전쟁을 벌여 사람 죽이기를 성에 가득하게 하는 것에 있어서야! 이것이 이른바 토지를 거느리고 사람의 고기를 먹게 하는 것이니, 그 죄는 죽음에 이르더라도 용납될 수 없는 것이다.

〈단어 및 어휘〉

· 況(하물며 황): 하물며, 이에, 비유하다, 견주다. 況於(황어) 하물며 ~함에 있어서야.

· 食(밥 식/먹일 사): 밥, 음식, 제사, 벌이, 생활, 생계, 먹다, 먹이다, 현혹게 하다, 먹이.

• 率(거느릴 솔/비율 률): 솔/거느리다, 좇다, 따르다, 앞장서다, 경솔하다, 률/비율, 제한.

〈문법연구〉

• 君不行仁政而富之.
: 富之의 富는 '富裕하게 해주다.'라는 타동사的 용례이고, 之는 '仁政을 行하지 않는 人君'을 나타낸다.

• 皆棄於孔子者也.
: '동사+於+명사' 형태로 '명사에게 동사 당하다'라는 피동문을 이룬다.

> 예) 不信乎朋友 不獲乎上矣. (孟子)
> : 친구에게 불신을 당하면 윗사람에게도 신임을 얻지 못한다.

> 예) 勞心者 治人 勞力者 治於人. (孟子)
> : 마음을 수고롭게 하는 사람은 남을 다스리고 힘을 수고롭게 하는 사람은 남에게 다스림을 당한다.

• 罪不容於死.
: 직역: 죄는 죽음을 용납하지 않는다. → 죄는 죽음으로도 용납되지 않는다. → 죄가 죽는다고 용서되는 것은 아니다.

07-14-03
故善戰者服上刑 連諸侯者次之 辟草萊任土地者次之.

그러므로 전쟁을 잘하는 자는 極刑을 받아야 하고, 말로 제후들에게 유세하여 연합시키는 자는 그 다음의 刑을 받아야 하고, 황무지를 개간하여 백성들에게 토지를 떠맡기고 세금을 거두는 자는 그 다음의 형을 받아야 한다.>

〈단어 및 어휘〉

- 善戰者(선전자): 戰爭을 잘하는 사람.
- 服上刑(복상형): 上刑은 重刑, 服은 받게 하는 것을 말한다.
- 連諸侯者(연제후자): 합종연횡 책략을 주창하던 자들.
- 辟(임금 벽/피할 피): 벽/임금, 제후, 장관, 하늘, 법률, 밝히다, 닫히다, 없애다, 피하다, 사특하다, 궁벽하다, 개간하다, 피/피하다, 회피하다, 숨다.
- 萊(명아주 래): 명아주(명아줏과의 한해살이풀), 묵정밭(묵어서 잡초가 우거진 밭), 잡초, 밭을 묵히다, 거칠다, 깎다.
- 草萊(초래): 荒蕪地. 황폐한 토지, 풀이 우거진 땅.
- 任(맡길 임/맡을 임): 기다, 주다, 잘하다, (공을) 세우다, (책임을) 맡다, 지다.
- 任土地者(임토지자): 土地의 開墾이나, 耕地整理로 增稅를 꾀한 자.

上 15장

07-15-01
孟子曰 存乎人者 莫良於眸子 眸子不能掩其惡 胸中正則眸子瞭焉 胸中不正則眸子眊焉.

孟子께서 말씀하셨다. <사람에게 보존된 것 중에 눈동자보다 좋은 것이 없으니, 눈동자는 그의 惡을 가릴 수 없다. 胸中이 바르면 눈동자가 밝고, 胸中이 바르지 못하면 눈동자가 흐리다.

〈단어 및 어휘〉

· 存(있을 존): 在也, 察也. 안부를 묻다. 따라서 存乎人者란, 사람의 善惡을 살펴 알게 하는 部分이라는 의미이다.
· 良(어질 량): 善也. 좋다.
· 於(어조사 어): 어조사, ~에, ~로부터, ~보다, ~에 근거하여.
· 眸(눈동자 모): 눈동자, 눈, 자세히 보다.
· 眸子(모자) 瞳子也. 눈동자.
· 瞭(밝을 료): 明也, 明瞭, 淸明. 밝다. 밝다, 눈동자가 또렷하다, 멀다.
· 焉(어찌 언): 어찌, 이에, 즉, ~이다(진술), ~인가? ~하니, 하면 ~하고
· 眊(흐릴 모): 눈 흐린 것을 말한다. 흐리다, 어둡다, 실망하다.

〈문법연구〉

· 存乎人者.
: 存乎~, ~에 존재하다. ~에 있다.

> 예) 是故 列貴賤者 存乎位 齊小大者 存乎卦 辯吉凶者 存乎辭. (周易)
> : 이런 까닭에 귀와 천을 벌림은 자리에 있고, 소와 대를 가지런히 함은 괘에 있고, 길과 흉을 분별함은 사에 있다.

· 莫良於眸子.
: 莫~於~, ~보다 더 ~한 것은 없다.

07-15-02

聽其言也 觀其眸子 人焉廋哉.

그 사람의 말을 듣고 그 사람의 눈동자를 살펴보면, 사람이 그 마음을 어찌(어디에) 숨길 수 있겠는가?>

〈단어 및 어휘〉

· 廋(숨길 수): 匿也. 隱匿. 숨기다, 구하다, 찾다, 세다.

〈문법연구〉

· 人焉廋哉.
: 焉은 의문사로 '어찌', '어디'이다.

　예) 吾豈匏瓜也哉 焉能繫而不食. (論語)
　: 내가 어찌 박이랴. 어찌 식용이 안 되면서 매달려만 있겠는가.

　예) 割鷄焉用牛刀. (史記)
　: 닭을 베는데 어찌 소를 잡는 칼을 쓰는가

　예) 於焉間
　: 어찌어찌하는 사이에.

上 16장

07-16-01

孟子曰 恭者不侮人 儉者不奪人 侮奪人之君 惟恐不順焉 惡得爲恭儉 恭儉豈可以聲音笑貌爲哉.

孟子께서 말씀하셨다. <恭遜한 자는 남을 업신여기지 않고, 儉素한 자는 남에게 빼앗지 않는다. 남을 업신여기고 남의 것을 빼앗는 군주는 오직 백성들이 순종하지 않을까 두려워하는데, 어찌 공손하며 검소할 수 있겠는가? 공손하고 검소함을 어찌 가히 음성이나 웃는 모양으로서 할 수 있겠는가?>

〈단어 및 어휘〉

· 恐(두려울 공): 두렵다, 두려워하다, 무서워하다, 위협하다, 으르다(무서운 말이나 행동으로 위협하다), 염려하다, 조심하다, 두려움, 아마도.
· 恐不順(공불순): '혹시 순종하지 않을까' 하는 마음을 말하며, 恐은 동사로 사용되어 '~일까 노심초사하다'의 의미를 갖는다.
· 惡(싫어할 오/어찌 오/악 악): 何也. 어찌, 어찌하여, 어느, 어디.
· 聲音笑貌(성음소모): 거짓으로 부드러운 목소리를 내고 웃는 얼굴빛을 꾸미는 것을 말한다.

〈문법연구〉

· 侮奪人之君.
: '동사+목적어+之+名辭' 꼴로 '목적어를 동사 하는 명사.'가 된다. 해석은 '사람을 모욕하고 탈취(모탈)하는 군주'

· 惡得爲恭儉.
: 惡得爲, 어찌 ~할 수 있겠는가, 어찌 ~가 될 수 있겠는가. 惡는 焉과 같다.

예) 惡得爲有道之士乎哉. (爭臣論/韓愈)
: 어찌 도가 있는 선비가 될 수 있겠는가?

예) 孟子日 是焉得爲大丈夫乎 子未學禮乎. (孟子)
: 孟子께서 말씀하셨다. 이것이 어찌 대장부가 되겠는가, 자네는
예를 배우지 않았는가.

· 豈可以聲音笑貌爲哉.

: 豈(기)~ 哉. 어찌 ~이겠는가. 豈可以~는 '어찌 ~를 가지고 할
수 있겠나?' 문법적으로는 以~爲~ 구문으로 '~을 ~으로 여기다
(삼다/간주하다).'이다. 豈는 爲의 목적어이지만 의문사이므로 앞으
로 나갔다. 원래 어순은 可以聲音笑貌爲豈라고 볼 수 있다.

上 17장

07-17-01
淳于髡日 男女授受不親禮與 孟子日 禮也 日嫂溺則援之以手乎 日
嫂溺不援 是豺狼也 男女授受不親禮也 嫂溺援之以手者權也.

淳于髡이 말하기를 <남녀가 주고받기를 친히 하지 않는 것이 禮
입니까?> 하자, 孟子께서 <禮이다> 하셨다. <弟嫂가 물에 빠지면
손으로 그를 구원하여야 합니까?> 하자, <弟嫂가 물에 빠졌는데
구원하지 않으면 이는 이리나 승냥이이니, 남녀가 주고받기를 친
히 하지 않는 것은 禮이며, 제수가 물에 빠졌는데도 구하지 않으
면 이것은 승냥이와 이리가 되는 것이니, 남녀가 주고받음을 친히
하지 않는 것은 예(禮)요, 제수가 물에 빠지면 손으로 그를 구원하
는 權道이다.> 라 하셨다.

〈단어 및 어휘〉

· 髡: 머리 깎을 곤.

· 淳于髡(순우곤): 淳于는 姓. 髡은 이름. 齊나라 사람.

· 授受(수수): 주고받는 것.

· 親(친할 친): '하나가 되다/가까이하다'라는 뜻이다. 여기서는 물
   건을 직접 주고받는 것을 말한다.

· 與(줄 여): 歟也. 語助辭이다. ~입니까, ~인가.

· 嫂(형수 수): 형수 또는 제수.

· 援(이끌 원): 救之也. 取也. 끌어당겨 救援함을 말한다.

· 豺: 승냥이 시.

· 狼: 이리 랑.

· 權(저울추 권/저울대 권): 저울추는 고정되어 있는 것이 아니라
   달아보고자 하는 물건의 무게에 따라서 움직이는 것, 따라서
   '狀況에 따라 달리 대처하는 행동원리'라는 뜻을 의미한다.

〈문법연구〉

· 男女授受不親禮與.

:'남녀가 주고받기를 친히 하지 않는 것이 禮입니까' 男女授受는
본문처럼 해석할 수 있지만 '남녀가 주고받는 것에 있어서'로 해석
되는 부사구로 기능한다. 문장에서 부사적 용법을 파악해야 한문 해
석이 부드럽다.

07-17-02
曰今天下溺矣 夫子之不援何也.

말하기를 <지금 천하가 물에 빠졌는데도, 선생님께서 구원하지 않는 것은 무엇 때문입니까?>

〈단어 및 어휘〉

· 溺(빠질 닉): 빠지다, 빠뜨리다, 그르치다, 지나치다, 정도를 넘다, 오줌, 소변.
· 援(도울 원): 돕다, 당기다, 잡다, 구원하다, 도움.

〈문법연구〉

· 夫子之不援何也.
: 之는 主格助詞이다.

07-17-03

曰天下溺 援之以道 嫂溺援之以手 子欲手援天下乎.

말씀하시기를 <천하가 물에 빠졌으면 도(道)로써 구해주고, 형수가 물에 빠졌으면 손으로 구해주는 것인데, 그대는 손으로서 천하를 구해내려고 하는가?>

〈단어 및 어휘〉

· 子(아들 자): 그대.
· 嫂(형수 수): 형수, 결혼한 여자.

〈문법연구〉

· 子欲手援天下乎.

: 그대는 손으로 천하를 구하려 하는가? 이 문장에서는 원래 手 앞에 개사 以가 와야 하지만 바로 앞 문장에 '援之以手' 부분이 있기 때문에 여기서는 생략해도 그 의미가 통하므로 생략했다.

上 18장

07-18-01

公孫丑曰 君子之不敎子何也.

공손추가 묻기를 <군자가 자식을 친히 가르치지 않는 것은 어떤 까닭에서 입니까?>

〈단어 및 어휘〉

·不敎子(불교자): 자기 아들을 自己가 直接 가르치지 않는 것을 말한다.

07-18-02

孟子曰 勢不行也 敎者必以正 以正不行 繼之以怒 繼之以怒則反夷矣 夫子敎我以正 夫子未出於正也 則是父子相夷也 父子相夷則惡矣.

孟子께서 말씀하셨다. <형세로 보아 행해질 수 없기 때문이다. 가르치는 것은 반드시 바름으로써 하는데, 바르게 가르쳤는데도 행(行)하지 않으면 이어서 노(怒)하게 되고, 이어서 노(怒)하게 되면 도리어 상하게 하기 때문이다. 아버지가 나를 바름으로써 가르치시되 아버지도 바른 데에 나가지 못한다면 곧 이것은 父子가 서로 상하게 하는 것이 된다. 父子가 서로 상하게 하는 것이 되면 나쁘

기 때문이다.>

<단어 및 어휘>

· 勢(형세 세): 形勢, 形便. 세력, 기세, 힘, 기회.

· 以(써 이): ~로써, ~을 사용하여, ~에 따라, ~에, 사용하다,
시키다, ~라 생각하다.

· 繼之(계지): 이것에 이어서, 이에 이어서. 이것은 앞의 내용.

· 反(돌이킬 반): 도리어.

· 夷(오랑캐 이): 傷也. 損傷, 毁損의 뜻이다. 동방 오랑캐, 안온하
다, 평탄하다, 깎다, 멸하다, 상하다, 잘못.

· 夫子(부자): 여기서는 父를 意味한다.

<문법연구>

· 教者必以正.

: 以를 동사로 보느냐 아니면 개사로 보느냐에 따라 두 가지 해석
이 가능하다.

첫째 개사로 파악하는 경우. '가르치는 것(사람)은 반드시 바름으
로써 가르친다.' 이 경우 '가르치다'라는 동사가 생략되었다고 본다.

두 번째는 以를 用과 같은 해석하는 경우이다. '가르침이란 것은
반드시 바름을 사용한다. 두 경우 뜻은 크게 다르지 않지만, 이처럼
한문을 한글로 해석할 경우 문법적으로는 다소 변화의 폭이 크다.

· 夫子教我以正.

: 教를 수여동사로 보면 '~에게 ~을 가르치다.' 즉, 我는 간접목

적어이고, 이 직접목적어가 된다. 以는 직접목적어를 이끄는 개사로 볼 수 있다.

　·夫子敎我以正 夫子未出於正也.
　: 夫子敎我以正은 부사구로 '아버지가 나를 바르게 가르쳤는데도'

07-18-03
古者易子而敎之.

옛적에는 자식을 바꾸어 가르쳤느니라.

〈단어 및 어휘〉

　·易(바꿀 역): 交換.

07-18-04
父子之間不責善 責善則離 離則不祥莫大焉.

부자간에는 잘되라고 꾸짖지 않는 법이니, 잘되라고 꾸짖게 되면 마음이 벌어지게 된다. 마음이 벌어지게 되면 상서롭지 못하기가 이 보다 큰 것이 없다.

〈단어 및 어휘〉

　·責(꾸짖을 책/빚 채): 책/꾸짖다, 책망하다, 요구하다, 책임을 지 우다, 채/빚, 빌리다, 요구할 책. 여기서는 '要求한다'의 뜻.
　·離(떠날 리): 떠나다, 떼어놓다, 떨어지다, 갈라지다, 흩어지다, 분산하다, 가르다, 분할하다, 늘어놓다, 만나다, 맞부딪다, 잃다,

버리다, 지나다, 겪다, 근심, 乖離. 틈이 생겨 親愛의 情이 없어
지는 것을 말한다.

⟨문법연구⟩

· 不祥莫大焉.

:~莫大~, ~이 ~보다 큰 것은 없다.

예) 罪莫大焉: 이보다 더 큰 죄는 없음.

예) 君仁莫不仁 君義莫不義 君正莫不正. (孟子)
: 군주가 인(仁)하면, 그보다 더한 인은 없으며, 군주가 의(義)로우
면 의롭지 않은 이가 없을 것이며, 군주가 바(正)르면 그보다 바른
것은 없다.

上 19장

07-19-01
孟子曰 事孰爲大 事親爲大 守孰爲大 守身爲大 不失其身而能事其
親者 吾聞之 失其身而能事其親者 吾未之聞也.

孟子께서 말씀하셨다. ⟨섬김에 무엇이 큼이 되는가? 어버이를 섬
김이 큼이 된다. 지킴에 무엇이 큼이 되는가? 몸을 지킴이 큼이
된다. 그 몸을 잃지 않고 능히 그 어버이를 섬길 수 있는 자는 내
들었거니와, 그 몸을 잃고서 능히 그 어버이를 섬길 수 있었던 자
는 내 듣지 못하였다.

<단어 및 어휘>

- 事(일 사/섬길 사): 恭敬 奉養함을 말한다. 즉 섬기다.
- 孰(누구 숙): 何也. 무엇, 어느.
- 爲(할 위): 하다, 행하다, ~이 되다, ~이다, ~을 위하여, ~라 생각하다, ~로 삼다.
- 事親(사친): 어버이를 섬기는 것을 말한다.

<문법연구>

- 事孰爲大 守孰爲大.
: '일은 어느 것이 중요하고 지키는 것은 어느 것이 중요한가.' 만약 '무엇을 섬기는 것이 중요하고 무엇을 지키는 것이 중요한가'라고 하려면 의문사인 孰이 앞으로 도치되어 孰事爲大, 孰守爲大가 되어야 한다.

07-19-02
孰不爲事 事親事之本也 孰不爲守 守身守之本也.

무엇인들 섬기는 것이 아니리오마는 어버이를 섬기는 것이 섬김의 근본이요, 무엇인들 지키는 것이 아니리오마는 자신을 지키는 것이 지킴의 근본이 된다.

<단어 및 어휘>

- 孰(누구 숙): 누구, 어느 것, 무엇.
- 爲(할 위): 하다, 행하다, ~이 되다, ~이다, ~을 위하여, ~라 생각하다, ~로 삼다.

〈문법연구〉

·孰不爲事.
: 孰에는 선택의 의미가 포함되어 있다. (여러 가지 중에서) 어느 것인들.

예) 任人有問屋廬子曰 禮與食孰重 曰 禮重 色與禮孰重 曰 禮重. (孟子)
: 임나라 사람이 옥려자에게 물었다. '예와 먹는 것은 어느 것이 더 중요합니까' 옥려자가 대답하였다. '예가 중요합니다.' '색과 예는 어느 것이 중요합니까' '예가 중요합니다.'

예) 名與身 孰親 身與貨 孰多 得與亡 孰病 是故甚愛必大費 多藏必厚亡 知足不辱 知止不殆 可以長久. (老子/道德經)
: 명예와 몸 중에서 어느 것을 더 사랑하는가. 몸과 재물 가운데 어느 것이 나에게 소중하며, 얻음과 잃음 가운데 어느 것이 나에게 해로운가. 이런 까닭에 지나치게 사랑하면 반드시 크게 손해를 보고 너무 많이 지니면 반드시 크게 잃는다. 만족할 줄 알면 욕됨이 없고 그칠 줄 알면 위태롭지 않아서 오래갈 수 있다.

07-19-03
曾子養曾晳 必有酒肉 將徹 必請所與 問有餘 必曰有 曾晳死 曾元養曾子 必有酒肉 將徹 不請所與 問有餘 曰亡矣 將以復進也 此所謂養口體者也 若曾子則可謂養志也.

曾子께서 曾晳을 봉양함에 반드시 술과 고기가 있어, 철상하려 할 적에 반드시 줄 곳을 여쭈었으며(혹시 다른 사람에게 줄 곳이 있는지를 물었다는 의미), 남은 음식이 있는지를 물으시면 반드시 있나고 하셨다. 曾晳이 돌이기시고 曾元이 曾子를 봉양함에 반드시 술과 고기가 있어, 철상하려 할 적에 줄 곳을 여쭙지 않았으며, 남은 것이 있는지를 물으시면 없다고 대답하였으니, 나중에 (그것을 다시) 드리려 한 것이다. 이것이 이른바 입과 몸만을 봉양하는 것이 되니, 증자와 같이 한 연후에야 즉, 뜻(志)을 봉양하는 것이 된다.

〈단어 및 어휘〉

· 曾晳(증철): 이름은 點. 晳은 字. 曾子의 아버지.
· 將(장수 장/장차 장): 장차. 여기서는 '~하려 할 때'
· 徹(통할 철): 撤과 通用. 撤床. 식후 상을 물리는 것, 또는 치우는 것을 말한다.
· 請(청할 청): 請問의 생략된 형태이다.
· 曾元(증원): 曾子의 아들.
· 亡(없을 무/잃을 망): 여기서는 '무'로 읽고 無也.
· 進(나아갈 진): 나아가다, 드리다, 올리다, 선물하다.
· 養口體(양구체): 肉體를 奉養하는 것을 말한다.
· 若(만약 약): 若의 앞에 事親이 생략되었다.

〈문법연구〉

· 必請所與.

: 所는 여기서는 '~사람'이란 뜻으로 쓰였다. 즉 '누구에게 줄 것인지를 물었다'라는 의미.

· 將以復進也.

: 以의 목적어 之가 생략되었다. 之는 앞에 나온 其餘를 받아 해석은 '남은 것을 다시 드리다'이다.

07-19-04

事親若曾子者可也.

어버이 섬기기를 증자와 같이 해야만 가할 것이다.

上 20장

07-20-01

孟子曰 人不足與適也 政不足間也 惟大人爲能格君心之非 君仁莫不
仁 君義莫不義 君正莫不正 一正君而國正矣.

孟子께서 말씀하셨다. <사람마다 족히 더불어 허물할 수 없으며,
정사(政事)마다 족히 더불어 비난할 수는 없는 것이다. 오직 大人
만이 능히 君主의 마음이 삐뚤어진 것을 바로잡을 수 있으니, 君
主가 仁하면 仁하지 않음이 없을 것이며, 군주가 義로우면 義롭지
않음이 없을 것이며, 君主가 올바르면 올바르지 않음이 없을 것이
니, 한번 군주를 올바르게 하면 나라가 安定된다.>

〈단어 및 어휘〉

· 與(줄 여): 干也, 干涉. 간섭하는 것을 말한다.
· 適(갈 적): 가다, 이르다, 마땅하다, 알맞다, 만나다, 책망하다,
  허물, 過也, 責也 나무라다, 꾸짖다. 참고/讁(귀양 갈 적): 귀양
  가다, 벌하다, 꾸짖다, 과실.
· 間(사이 간): 사이, 틈, 잠깐, 방의 단위, 사이가 뜨다, 헐뜯다, 엿
  보다, 섞다, 非也, 非難, 險談, 誹謗, 헐뜯는 것을 말한다.

- 格(격식 격): 격식, 법식, 자리, 지위, 인격, 인품, 격자, 과녁, 正也. 바로잡다.
- 君心之非(군심지비): 非는 誤也, 過誤이다. 군자의 잘못된 것을 말한다.

上 21장

07-21-01

孟子曰 有不虞之譽 有求全之毁.

헤아리지도 않던 명예가 있을 수 있으며, 온전하기를 구하려다 헐뜯음이 있을 수도 있다.

〈단어 및 어휘〉

- 虞(헤아릴 우, 염려할 우): 여기서는 '예상한다'라는 뜻. 度也 忖也. 忖度(촌탁) 헤아리다. 미루어 생각하는 것을 말한다.
- 求全(구전): 정당한 行爲를 하려고 完全을 기하는 것을 말한다.
- 毁(헐 훼): 誹謗. 부수다, 파괴하다, 헐뜯다, 비방하다.

〈문법연구〉

- 有不虞之譽, 有求全之毁.

: '헤아리지 못한 데서 나온 명예, 완전함을 구하는 데서 나오는 비방.' ~之는 '~가운데서'라는 의미가 있다. 사실 이 문구는 문법적 해석보다도 의미론적 해석이 필요한 대목이다. 그래서 集註에도 보

면 <行不足以致譽而偶得譽, 是謂不虞之譽. 求免於毀而反致毀, 是謂
求全之毀>라는 내용에 관한 설명이 나와 있다. 즉 <행동으로는 명예
를 얻을 만하지 못한데 우연히 명예를 얻은 것을 不虞之譽라고 하
고, 비방을 면하려 애를 썼는데 오히려 비난을 받게 된 것을 求全之
毀라고 한다>라는 설명이 있다.

上 22장

07-22-01

孟子曰 人之易其言也 無責耳矣.

孟子께서 말씀하셨다. <사람이 그 말을 쉽게 하는 것은 그것에 대
한 책망이 없었기 때문이다.>

〈단어 및 어휘〉

· 責(꾸짖을 책/빚 채): 꾸짖다, 나무라다, 책망하다, 헐뜯다, 취하
  다, 받아내다, 요구하다, 責任으로 해야 할 任務를 말한다.

〈문법연구〉

· 人之易其言也.
: 易은 동사로 사용되어 '쉬이 하다/가볍게 하다/경시하다/가벼이
보다'라는 의미를 가진다.

上 23장

07-23-01

孟子曰 人之患在好爲人師.

孟子께서 말씀하셨다. <사람들의 근심은 사람들의 스승 되기를 좋
아하는 데에 있다.>

〈단어 및 어휘〉

· 患(근심 환): 근심, 걱정, 병, 질병, 근심하다(속을 태우거나 우울
해하다), 걱정하다, 앓다, 병에 걸리다.

〈문법연구〉

· 人之患在好爲人師.
: 爲는 '~이 되다'라는 용법.

> 예) 今夫奕之爲數 小數也. (맹자)
> : 지금 바둑의 수(기술, 기예)가 됨이 작은 수이다.

> 예) 爲民上而不與民同樂者 亦非也. (맹자)
> : 백성의 윗사람이 되어 백성과 즐거움을 함께하지 않는 사람도
> 잘못입니다.

上 24장

07-24-01

樂正子從於子敖之齊.

악정자가 자오를 따라 제나라에 갔더니,

〈단어 및 어휘〉

- 樂正子(악정자): 姓이 樂正, 名이 克으로 孟子의 弟子이다.
- 於(어조사 어): ~에, ~에게, ~로부터, ~보다도, ~에 있어서는.
- 敖(놀 오): 놀다, 거만하다.
- 子敖(자오): 王驩의 字이다.
- 之(갈 지): 往也. 가다. 動詞용례이다.

07-24-02

樂正子見孟子 孟子曰 子亦來見我乎 曰先生何爲出此言也 曰子來幾
日矣 曰昔者 曰昔者則我出此言也 不亦宜乎 曰舍館未定 曰子聞之
也 舍館定然後 求見長者乎.

樂正子가 孟子를 뵙자, 孟子께서 <자네도 나를 찾아와서 보는가?>
하시자 <선생께서 어찌 이러한 말씀을 하십니까?> 하니, <자네가
온 지 며칠인가?> <어제입니다.> <어제이면 내가 이런 말 하는 것
또한 당연하지 않은가?> <숙소를 정하지 못하였습니다.> 말씀하시
길, <자네 들어보게나. 숙소를 정한 뒤에야 어른을 찾아와 보는가?>

〈단어 및 어휘〉

- 子(아들 자): 當身也. 여기서는 '자네, 그대'
- 乎(어조사 호): ~이겠지, ~하는가? ~이다, ~에, ~이여, ~하라.
- 矣(어조사 의): ~했다, ~도다, ~하라, ~인가 (완료, 감탄, 결
  정, 의문, 반어 등을 나타냄)

- 昔者(석자): 예전, 옛날, 엊그제.
- 舍館(사관): 客舍也. 즉 旅館, 宿所을 말한다.
- 長者(장자): 윗사람, 거부.

〈문법연구〉

- 不亦宜乎.
: 宜 '그럴 만하다'

07-24-03
曰克有罪.

말하기를, <제 잘못입니다.>

〈단어 및 어휘〉

- 克(이길 극): 여기서는 樂正子의 이름이다.

上 25장

07-25-01
孟子謂樂正子曰 子之從於子敖來 徒餔啜也 我不意子學古之道而以
餔啜也.

孟子께서 樂正子에게 말씀하셨다. <그대가 자오를 쫓아서 온 것은 다
만 먹고 마시는 것을 위해서일 뿐이로다. 나는 그대가 옛 선왕의 도를
배우고서, 그것으로 먹고 마시는 것만 할 줄 생각하지 못하였다.>

〈단어 및 어휘〉

· 徒(무리 도): 무리, 걷다, 홀로, 다만 ~뿐, 공연히, 헛되이, 但也.
  '한갓'으로 부사적 용례로 使用되었다.

· 餔(새참 포): 새참, 밥, 먹다, 저녁, 餔(포) 食也.

· 啜(마실 철): 마시다, 먹다, 울다, 飮也. 마시다.

· 古之道(고지도): 옛 聖賢의 道(가르침)를 말한다.

· 以(써 이): 하다, 생각하다, ~로써, ~에, ~와 함께, ~에 있어서, 이미.

〈문법연구〉

· 我不意子學古之道而以餔啜也.

: 不意~, '~라 생각하지 않다.'

以 다음에 之가 생략된 문이다. 之는 대명사로 '그대가 배운 것'을 나타낸다. '즉 배운 것으로서 먹고 마시다(餔啜).'

예) 妾當自淨 而以待陛下之招後宮.
: 첩은 몸을 깨끗이 씻고, 후궁에서 폐하의 부르심을 기다리겠습니다. 예문에서도 以 다음에 之가 생략된 형태이다. 이 경우 之는 앞의 '몸을 씻는 것'을 받는다. 의미상으로는 '그런 상태로서'라는 의미를 가진다.

上 26장

07-26-01

孟子曰 不孝有三 無後爲大.

孟子께서 말씀하셨다. <不孝가 세 가지가 있으니, 後孫이 없는 것
이 가장 크다.

〈단어 및 어휘〉

· 爲(할 위): 하다, 행하다, ~이 되다, ~이다, ~을 위하여, ~라
생각하다, ~로 삼다.

07-26-02
舜不告而娶 爲無後也 君子以爲猶告也.

순임금이 고하지 않고 장가든 것은 후사가 없었기 때문이었으니, 군
자들이 고한 것과 같이 여겼느니라.>

〈단어 및 어휘〉

· 娶(장가들 취): 장가가다, 아내를 얻다.
· 以爲(이위): ~라 여기다, ~라 생각하다.
· 猶(오히려 유): 오히려, 가히, 다만, 이미, 크게, 지나치게, ~부
터, 그대로, 마땅히, 원숭이, 태연한 모양, 허물, 꾀하다, 망설이
다, 如와 같다. ~와 같다.

〈문법연구〉

· 君子以爲猶告也.
: 以爲~, ~으로 여기다. ~으로 생각하다. ~으로 간주하다.

上 27장

07-27-01

孟子曰 仁之實事親是也 義之實從兄是也.

孟子께서 말씀하셨다. <仁의 실체는 어버이를 섬기는 것이 바로 이것이요, 義의 실체는 兄을 따르는 것이 바로 이것이다.>

07-27-02

智之實知斯二者弗去是也 禮之實節文斯二者是也 樂之實樂斯二者 樂則生矣 生則惡可已也 惡可已則不知足之蹈之手之舞之.

智의 실체는 이 두 가지를 알아서 이것을 버리지 않는 것이요, 禮의 실체는 이 두 가지를 節文하는 것이 바로 이것이요, 樂의 실체는 이 두 가지를 즐거워하는 것이다. 즐거워하면 (이러한 마음이) 생겨날 것이요, 생겨나면 어찌 그만둘 수 있겠는가? 어찌 그만두지 못하면 자기도 모르게 발로 뛰고 손으로 춤추게 될 것이다.>

〈단어 및 어휘〉

· 節文(절문): 調節하고 文飾하는 것. 즉 예절에 관한 규정. 예절 등을 경우에 알맞게 조절하는 것.

· 惡(어찌 오/싫어할 오/악 악): 何也. 어찌, 어떻게. 부사적 용례이다. 따라서 惡可已也란, 어찌 그만둘 수 있을까? 즉 그만둘 수가 없다는 말이다.

· 已(이미 이): 이미, 벌써, 너무, 뿐, 따름, 매우, 대단히, 너무, 반드시, 써, 써서, 이, 이것, 조금 있다가, 그 후 얼마 되지 아니하

여, 그만두다. 그치다. 말다.

예) 學不可以已 靑取之於藍 而靑於藍. (荀子)
: 배움은 그만둘 수 없다. 靑은 藍에서 취했지만, 藍보다 더 푸르다.

예) 泰山雖高 是亦山 登登不已 有何難. (한역 양사언 시조)
: 태산이 비록 높다 하더라도 이 또한 산이니, 오르고 올라 그치지
아니하면 무슨 어려움이 있겠는가.

〈문법연구〉

· 智之實知斯二者弗去是也.

: 斯二者는 仁(事親)과 義(從兄)를 나타낸다. 이 문장의 전체 주어
는 智之實知斯二者弗去로 '지의 실체는 이 두 가지를 알면 벗어나지
않는 것'이라 할 수 있다. 문장의 술어는 是也로 이것이다.

· 不知足之蹈之手之舞之.

: 발(足之)이 뛰는 것(蹈之)과 손이(手之) 춤 추는 것(舞之)을 모르
게 된다(不知). 足之와 手之의 之는 주격조사로 파악할 수 있다. '동
사+之'가 명사형을 만드는 경우이다.

예) 誨女知之乎 知之爲知之 不知爲不知 是知也. (論語)
: 너에게 안는 것을 가르쳐 주랴? 아는 것은 아는 것이라 여기고,
모르면 모른다고 여김이 바로 안다는 것이다.

上 28장

孟子曰 天下大悅而將歸己 視天下悅而歸己 猶草芥也 惟舜爲然 不
得乎親 不可以爲人 不順乎親 不可以爲子.

孟子께서 말씀하셨다. <天下가 크게 기뻐하여 장차 자기에게 돌아
오려 함에 天下가 기뻐하여 자기에게 돌아옴을 草芥와 같이 본 이
는 오직 舜임금만이 그러하였다. 부모의 마음을 얻지 못하면 사람
이라 여길 수 없는 것이고, 부모에 순응치 않으면 자식이 될 수
없다고 여기셨다.>

〈단어 및 어휘〉

· 猶(오히려 유): 오히려, 차라리, 닮다, 같다.
· 惟(생각할 유): 생각하다, 마땅하다, 오직, 오로지, 생각건대, ~로써.
· 芥(겨자 개): 겨자, 티끌, 하찮은 사물, 작은 풀.
· 草芥(초개): 지푸라기. 곧, 하찮은 것의 譬喩.
· 爲然(위연): 그렇다고 여기다.

〈문법연구〉

· 視天下悅而歸己 猶草芥也.
: 視~, 猶(如) ~也. ~을 ~와 같이 여기다(생각하다/보다).

· 不得乎親 不可以爲人 不順乎親 不可以爲子.
: '동사+乎(於)+명사' 형태로 동사의 대상이 되는 명사를 나타낸다.

得乎親 → 부모에게 인정받다(부모의 마음을 얻다). 順乎親 → 부모에게 순종하다.

07-28-02

舜盡事親之道而瞽瞍底豫　瞽瞍底豫而天下化　瞽瞍底豫而天下之爲父子者定　此之謂大孝.

순임금이 부모 섬기는 道理를 다하자, 고수가 기뻐하기에 이르렀다. 고수가 기뻐하자 천하가 감화되었고, 고수가 기뻐하자 천하의 부자지간 도리 된 것이 정해졌으니, 이것을 大孝라 말하는 것이다.>

〈단어 및 어휘〉

· 底(숫돌 지): 숫돌, 갈다, 이르다, 아뢰다.

· 豫(미리 예): 미리, 먼저, 기뻐하다, 즐기다, 놀다.

· 底豫(지예): 底는 底와 같다. 致也, 至也. '이르다.'이고 豫는 悅也, 悅樂이다. 따라서 底豫는 底豫이고 뜻은 '기뻐하는 데에까지 이르는 것'을 말한다.

· 瞽(소경 고): 소경, 시력을 잃다, 어둡다.

· 瞍(소경 수): 소경, 늙은이, 총명하다, 여위다.

· 瞽瞍(고수): 舜의 아버지.

· 爲父子而定(위부자이정): 父子間의 道理 즉 父子有親이 定해졌다는 말이다.

· 化(화할 화): 변하다, 교화하다, 감화하다, 되다.

離婁章句 下

凡三十三章

下 1장

08-01-01

孟子曰 舜生於諸馮 遷於負夏 卒於鳴條 東夷之人也.

孟子께서 말씀하셨다. <순임금은 제풍(諸馮)에서 태어나시고, 부하(負夏)로 옮기셨으며, 명조(鳴條)에서 돌아가셨으며, 동이(東夷) 사람이다.

〈단어 및 어휘〉

· 馮(업신여길 빙/힘입을 빙): 여기서는 '성(姓) 풍'
· 諸馮(저풍): 諸馮은 山東省 諸城縣에 있었다고 한다.
· 負夏(부하): 東方에 있는 땅 또는 衛나라의 땅에 있었나고도 힌다.
· 卒(마침내 졸): 禮記 曲禮下篇에 있는 '天子가 죽으면 崩이라 하고, 諸侯는 薨이라 하며, 大夫는 卒이라고 하며, 士는 不祿이라

하며, 庶人은 死라고 한다.

· 鳴條(명조): 山東省 定陶縣 附近에 있었다고 한다. 또는 현재 산서성(山西省) 운성시(运城市) 안읍(安邑) 북쪽 지역.

08-01-02

文王生於岐周 卒於畢郢 西夷之人也.

문왕은 기주(岐周)에서 태어나고, 필영에서 돌아가셨으며, 서이(西夷)의 사람이다.

〈단어 및 어휘〉

· 岐周(기주): 岐山의 기슭에 있는 周의 舊色.
· 畢郢(필영): 畢程이라고도 하는데 現在의 陝西省 長安縣에 있었던 것으로 짐작된다.
· 郢: 땅이름 영.

08-01-03

地之相去也 千有餘里 世之相後也 千有餘歲 得志行乎中國 若合符節.

땅의 서로 거리가 1,000餘 里나 되며, 세대의 서로 떨어짐이 1,000餘 年이나 되었지만, 뜻을 얻어서 온 나라에 행한 것은 부절(符節)을 합한 것과 같았느니라.

〈단어 및 어휘〉

· 中國(중국): 中央에 있는 地域.
· 符(부호 부): 부호, 기호, 증거, 증표, 부적, 예언서, 부절(돌이나

대나무·옥 따위로 만들어 신표로 삼던 물건), 符信.

· 符節(부절): 돌이나 대나무 옥 따위로 만든 부신(符信)이나 신표 (信標).

08-01-04

先聖後聖 其揆一也.

먼저의 성인(聖人)과 후의 성인(聖人)이 그 헤아림은 한결같았다.

〈단어 및 어휘〉

· 先聖(선성): 舜을 말하고, 後聖(후성): 文王.
· 揆(헤아릴 규): 度(탁)也, 商量. 헤아림을 말한다.

下 2장

08-02-01

子産聽鄭國之政 以其乘輿 濟人於溱洧.

子産이 鄭나라를 다스릴 적에 그 乘輿로 溱水(진수)와 洧水(유수) 에서 사람들을 건네주었다.

〈단어 및 어휘〉

· 子産(자신). 鄭나라 大夫인 公孫僑의 字이다.
· 聽(청): 判決, 決定, 治也. 따라서 여기서는 '政治를 맡다.'
· 以(써 이): ~을 가지고.

- 濟(건널 제): 渡也. 渡江으로 江을 건너는 것으로 여기서는 사람들에게 江을 건너 주는 것을 말한다.
- 溱: 물 이름 진, 많을 진.
- 洧: 물 이름 유.
- 溱洧(진유): 溱水와 洧水로 둘 다 江 이름이다.

08-02-02
孟子曰 惠而不知爲政.

孟子께서 말씀하셨다. <은혜로우나 정치할 줄을 모른다.

08-02-03
歲十一月 徒杠成 十二月輿梁成 民未病涉也.

(해마다) 11월에 徒杠(징검다리/인도교)를 만들고, 12월에 수레가 다닐 수 있는 교량(輿梁)이 만들어지는데, 아직 백성들은 건너는 것을 고생스럽게 여기지 않을 것이다.

〈단어 및 어휘〉

- 杠(깃대 강/작은 다리 강): 方橋也, 獨木橋, 獨梁. 외나무다리.
- 徒杠(도강): 걸어서 건너는 작은 다리.
- 梁(들보 량): 다리.
- 輿梁(여량): 수레가 通行하는 큰 다리. 車橋也.
- 病(병 병): 근심하고 괴로워하는 模樣을 말한다.

08-02-04
君子平其政 行辟人可也 焉得人人而濟之.

군자가 그 정치를 평정하면, 출행에 행인을 벽제(辟除)하여 피하게
하여도 가할 것이다. 어찌 사람 사람마다 건네줄 수가 있겠는가?

〈단어 및 어휘〉

· 平(편평할 평): 公平. 즉 그 정치를 공평하게 함을 말한다.
· 辟(임금 벽/피할 피/비유할 비): 벽/임금, 법, 다스리다, 편벽되
  다, 물리치다, 피/피하다, 숨다, 비/비유하다.
· 辟除(벽제): 귀인이 외출할 때 往來하는 사람들을 左右로 물러
  서게 하는 것을 말한다.

〈문법연구〉

· 焉得人人而濟之.

: 得은 원래 '얻는다'라는 말이므로 여기서는 '만난다'라고 해석하여
사람들을 만나면 그를 건네줄 것인가? 라고 해석할 수 있지만 득을 뒤
의 조동사로 보고 뒤의 濟를 본동사로 하는 해석도 가능하다. 이 경우
어찌 사람마다(人人而) 건네줄 수 있겠는가? 라고 해석할 수 있다.

08-02-05
故爲政者 每人而悅之 日亦不足矣.

고로 정치를 하는 자가 매번 사람마다 기쁘게 하려 하면 날이 또
한 부족하게 될 것이다.>

〈문법연구〉

· 每人而悅之 日亦不足矣.

: <명사+而> 꼴로 일종의 가정구를 형성한다. 每人而悅之 '매번 사람마다 기쁘게 하려 하면'

예) 人而不知有五常 則其違禽獸不遠矣. (童蒙先習)
: 사람으로서 五常을 알지 못하면 곧 그 잘못됨이 금수에 가깝다.

예) 管氏而知禮 孰不知禮. (論語)
: 관중이 예를 안다면, 누가 예를 모르겠는가.

예) 人而無志終身無成.
: 사람이 의지가 없으면 죽을 때까지 성취가 없다.

예) 人而不仁疾之已甚亂也. (論語)
: 사람이 만약 불인하고 미워하게 되면 더욱 난을 일으키게 된다.

下 3장

08-03-01

孟子告齊宣王曰 君之視臣如手足 則臣視君如腹心 君之視臣如犬馬 則臣視君如國人 君之視臣如土芥 則臣視君如寇讐.

孟子께서 齊宣王에게 아뢰시기를 <君主께서 臣下 보기를 手足과 같이 하신다면 臣下가 君主를 보기를 마치 자기의 배와 심장 같이 여길 것이고, 군주가 신하 보기를 개와 말같이 여긴다면 신하가 군주 보기를 같은 나라 사람 정도로 여길 것이고, 군주가 신하 보기를 흙과 풀같이 여긴다면 신하가 군주 보기를 원수와 같이 여길 것입니다> 하셨다.

<단어 및 어휘>

· 腹心(복심): 心腹, 마음속 깊은 곳에 품은 心情.
· 犬馬(견마): 개와 말, 즉 恩義의 주고받음이 없는 無關한 사람을 말한다.
· 芥(겨자 개): 겨자, 티끌, 하찮은 물건.
· 土芥(토개) 흙과 풀, 하찮은 事物로 하찮게 取扱함을 비유하고 있다.
· 寇(도둑 구): 도둑, 원수.
· 讎(원수 수): 원수, 원수로 삼다, 갚다.

<문법연구>

· 君之視臣如手足.
: 之는 주격조사. 視~, 如~, '~을~ 처럼 여기다(간주하다/보다)>. 이하 모두 같다.

08-03-02
王曰 禮爲舊君有服 何如 斯可爲服矣.

왕께서 말씀하였다. <'예(禮)에 전에 섬긴 군주를 위하여 상복(服)을 입는다.'라 하였는데, 어떻게 하면 이렇게 가히 상복을 입어주게 됩니까.>

<단어 및 어휘>

· 服(옷 복): 의복, 옷을 입다, 상복, 상복을 입다, 복종하다, 설득하다, 담당하다.
· 斯(이 사): 이, 이것, 잠시, 잠깐, 죄다, 모두, 쪼개다, 가르다, 떠

나다, 떨어지다, 희다, 하얗다, 다하다, 떨어지다, 천하다, 낮다, (접속사로서) ~이면.

〈문법연구〉

・何如 斯: <어떠하다 + ~이면(가정)>

예) 子路 問曰 何如斯可謂之士矣. (論語)
: 자로가 공자께 물어 말하길, '어떻게 해야 가히 선비라고 할 수 있습니까.'

예) 何如斯可謂之達. (論語)
: 어찌하여야 이를 달했고 가히 말할 수 있습니까. 斯(사): ~하면 그제야. 조건에 따른 결과를 표시하는 접속사. 원래 '이렇게 되면'이라는 뜻으로 문맥에 따라 '~하면 곧' 또는 '~하면 그제야'라는 의미가 내포되어 있다.

08-03-03
曰諫行言聽 膏澤下於民 有故而去 則君使人導之出疆 又先於其所往 去三年不反然後 收其田里. 此之謂三有禮焉 如此則爲之服矣.

孟子께서 말씀하셨다. <諫言이 행해지고 말이 받아들여져서 은택이 백성들에게 내려지고, 연유가 있어 떠나가게 되면 군주께서 사람을 시켜 국경까지 인도하게 하고, 또 그 가는 곳에 먼저 알리며, 떠나가서 3년이 지나도록 돌아오지 않은 연후에 그 田里를 거두니, 이를 일러 세 번 禮가 있다 하나니, 이처럼 한다면 그를 위하여 服을 입는 것입니다.>

<단어 및 어휘>

· 諫(간할 간): 잘못을 고치게 말하다, 간하다, 간언.

· 膏(기름 고/기름질 고/은혜 고): 기름, 지방, 살진 고기, 염통 밑, 은혜, 기름진 땅, 기름지다, 기름지게 하다.

· 膏澤(고택): 은택(恩澤)을 베풂, 또는 은택.

· 故(옛 고): 緣故, 事由. 즉 어떤 事情이란 말이다.

· 疆(경계 강): 國疆, 國境.

· 田里(전리): 土地와 住宅.

· 三禮(삼례): 세 가지 예로 앞 句節의 '導之出疆과 先於其所往과 去三年不反然後에 收其田里'을 말한다.

<문법연구>

· 君使人導之出疆.

: 使는 사역동사, 之는 대명사로 앞에서 언급한 신하를 말한다. 해석은 '군주가 사람을 시켜 국경까지 그를 인도시키다.'

· 先於其所往.

: 직역하면 '그 간 곳보다 앞서다.' 의미상으로는 '먼저(先) 그 장소에(於其所) 가다(往)'로 해석할 수 있다. 즉 '선처치를 해두다'라는 의미.

08-03-04

今也爲臣 諫則不行 言則不聽 膏澤不下於民 有故而去 則君搏執之 又極之於其所往 去之日 遂取其田里 此之謂寇讐 寇讐何服之有.

지금에 신하가 되어, 간(諫)하여도 행해지지 않고 말을 하여도 들어주지 않아, 은택이 백성에게 내려지지 않으며, 신하가 연고가 있어 떠나게 되면 군주가 그를 포박하여 가며, 또 그가 가는 바의 나라에 말하여 궁핍하게 하며, 떠난 날에 드디어 그에게 내렸던 토지와 거처를 회수하고 있으니, 이것을 원수라고 말하는 것입니다. 원수에게 어찌 상복(服)을 입어줌이 있겠습니까?>

〈단어 및 어휘〉

· 搏(칠 박): 치다, 때리다, 잡다, 체포하다, 찾아내어 붙잡다. 따라서 搏執이란, 떠나간 臣下를 붙들려고 하는 것을 말한다.
· 極(다할 극): 다하다, 끝나다, 막다를 지경, 한계, 매우, 괴롭히다.
· 遂(드디어 수/따를 수): 이르다, 미치다, 두루, 널리.
· 寇(도적 구): 도적(도둑), 떼도둑, 외적, 원수, 난리, 병기, 약탈하다, 침범하다, 노략질하다, 해치다, 쳐들어오다.
· 讐(원수 수): 원수, 동류, 대답하다, 갚다, 맞다, 바로잡다, 합당하다, 자주, 빈번히.

下 4장

08-04-01

孟子曰 無罪而殺士 則大夫可以去 無罪而戮民 則士可以徙.

孟子께서 말씀하셨다. <죄가 없는데도 선비를 죽이면 大夫는 떠나도 좋으며, 죄가 없는데도 백성을 죽이면 선비는 떠나도 가한 것이다.>

〈단어 및 어휘〉

· 戮(죽일 륙): 죽이다, 모욕하다, 형벌, 힘을 합하다.

· 可以(가이): 할 수 있다, 해도 좋다.

· 徙(옮길 사): 遷也. 옮겨가는 것이니, 역시 떠난다는 말이다.

〈문법연구〉

· 大夫可以去, 則士可以徙.

: 可以는 주어가 '~해도 가하다, 또는 ~해도 좋다'는 의미이다.
여기서는 대부나 선비는 왕을 뒤로 하고 떠나도 괜찮다는 의미이다.
以 다음에는 대명사 之가 생략되었다. 따라서 의미상 이 해석은 '대
부는 그것으로써(그 때문에/그것을 이유로) 떠날 수 있다'이다.

下 5장

08-05-01
孟子曰 君仁莫不仁. 君義莫不義.

孟子께서 말씀하셨다. <군자가 仁하면 아무도 不仁하는 자는 없을
것이요, 군주가 義로우면 아무도 義롭지 않은 이가 없을 것이다.>

〈단어 및 어휘〉

· 莫不(막불): ~하지 않음이 없다, 모두 ~하다.

下 6장

08-06-01

孟子曰 非禮之禮 非義之義 大人弗爲.

孟子께서 말씀하셨다. <禮가 아닌 禮와 義가 아닌 義를 大人은 행하지 않는 것이다.>

下 7장

08-07-01

孟子曰 中也養不中 才也養不才 故人樂有賢父兄也 如中也棄不中 才也棄不才 則賢不肖之相去其閒 不能以寸.

孟子께서 말씀하셨다. <中道를 이룬 사람은 中道를 이루지 못한 사람을 길러 주고, 才能이 있는 사람은 才能이 없는 사람을 길러 주기 때문에, 사람들은 현명한 父兄을 둔 것을 즐거워하는 것이다. 만일 中道를 이룬 사람이 中道를 이루지 못한 사람을 버리고, 才能 있는 사람이 才能 없는 사람을 버린다면, 어질고 어질지 못한 자의 거리는 한 치도 되지 않을 것이다.>

〈단어 및 어휘〉

· 也(어조사 야): ~인가? ~이다, ~이여, ~는, ~이야말로.
· 中也(중야): 中庸의 德을 가진 사람을 말한다.
· 養(기를 양): 敎養.
· 才也(재야): 才能을 가진 사람을 말한다.

- 樂(즐길 락): 怡也. 欣也. 怡怡, 欣慕의 心情을 말한다.
- 閒(한가할 한/사이 간): 한/한가하다, 쉬다, 느긋하다, 간/틈, 사이, 엿보다.
- 不能以寸(불능이촌): 間隔의 差를 尺으로 測定할 수 없다는 말이다. 즉 거의 差異가 없다는 것을 말한다.

下 8장

08-08-01

孟子曰 人有不爲也而後 可以有爲.

孟子께서 말씀하셨다. <사람은 하지 않는 것이 있은 뒤에야 有爲할 수 있는 것이다.>

〈단어 및 어휘〉

- 不爲(불위): 仁義에 反하는 行動.
- 有爲(유위): 有爲는 孟子에서는 특히 '뭔가를 할 수 있는 것이 있다.'라는 뜻으로 훌륭한 일을 할 수 있음을 말하는 경우가 많다.

〈문법연구〉

- 可以(가이): 할 수 있다, 해도 좋다. 원래는 可以之이나 之가 생략된 형태. 之는 앞의 有不爲也를 의미하는 대명사.

下 9장

孟子曰 言人之不善 當如後患何.

孟子께서 말씀하시기를, <사람들의 불선(不善)을 말하고 다니다가, 후환을 당하면 어찌할 것인가?>

〈단어 및 어휘〉

· 如~何(여~하): ~을 어찌하랴.

> 예) 以君之力 曾不能損魁父之丘 如太形王屋何 且焉置土石. (列子)
> : 당신의 기력으로는 저 작은 괴보산(魁父山)의 언덕조차도 없앨 수 없을 터인데, 태형(太形)과 왕옥(王屋)과 같은 큰 산을 어찌하시렵니까? 또 거기서 나온 흙과 돌은 어디다 버린단 말이오.

· 當(당할 당): 상당하다, 필적하다, 당연히 ~해야 한다, ~을 마주 대하다, 담당하다, 감당하다. 當如後患何. 如~何~(같은 것)을 어찌할 것인가? 當 대처하다. '후환(後患) 같은 것(如) 감당(當)을 어찌하랴(何)'라고도 해석할 수 있다.

下 10장

孟子曰 仲尼不爲已甚者.

孟子께서 말씀하셨다. <공자께서는 너무 심한 것은 하지 않으셨다.>

· 已(그칠 이): 그치다, 이미, 벌써, 너무, 매우, ~뿐이다, ~로써, 나중에. 已 太也.

　예) 三年之喪 亦已久矣夫. (禮記)
　: 삼년상이 또한 너무 길도다.

　예) 君子 以齊人之殺哀姜也爲已甚矣. (左傳)
　: 군자는 제나라 사람들이 哀姜을 죽인 것을 너무 심하다고 생각할 것이다.

· 甚(심할 심): 過也. 過度. 지나친 것. 따라서 已甚(이심)이란, 매우 지나친 것.

下 11장

08-11-01
孟子曰 大人者言不必信 行不必果 惟義所在.

孟子께서 말씀하셨다. <대인은 말하되 믿어주기를 기필하지 않으며, 행하되 과감하기를 기필하지 않고(또는 행동을 함에 반드시 성과를 기약하지 않는다), 오직 義만 있을 뿐이다.>

〈단어 및 어휘〉

· 必(반드시 필): 期也. 期必. 반드시 '~이 되기를 期約하는 것'을 말한다. 不必이란, '무조건(또는 반드시)~이 하기를 기약하지

않는다.'이다.

· 果(열매 과): 所果. 結果를 말한다.

下 12장

08-12-01

孟子曰 大人者不失其赤子之心者也.

孟子께서 말씀하셨다. <대인은 어린아이 같은 마음을 잃지 않은
자이다.>

〈단어 및 어휘〉

· 大人者(대인자): 주어에서 ~者는 '~이라 하는 자', '~라 하는
  사람'으로 해석한다.
· 赤子(적자): 어린아이.

下 13장

08-13-01

孟子曰 養生者不足以當大事 惟送死可以當大事.

孟子께서 말씀하셨다. <살아계실 적에 봉양하는 것으로는 족히 대
사(大事)에 해당하지 않고, 오직 죽은 자를 보내드릴 적에라야 가
히 대사(大事)에 해당한다.>

<단어 및 어휘>

·養(기를 양): 기르다, 봉양하다, 가꾸다, 수양하다. 養生者에서
~者는 '~하는 것.'

<문법연구>

·養生者不足以當大事.

: 以 다음에 대명사 之가 생략된 형태이다. 생략된 之는 앞의 養生
者를 대신한다. 즉 '不足以之當大事'가 되며 이 경우 해석은 '이(양
생)를 대사(大事)에 해당하는 것이라 하기에 족하지 않다.'가 된다.
이렇게 바로 앞에 나오거나 내용상 명백한 경우 개사 다음의 대명사
之는 곧잘 생략된다. 뒤 문장 送死可以當大事에서도 마찬가지이다.
즉 'A 足以 B' 형태 구문은 'A로써 B 하기에 충분하다/A로써 B 할
수 있다/A는 B 할 수 있다'로 번역된다.

예) 宰我子貢有若 智足以知聖人 汙不至阿其所好. (孟子)
: 재아, 자공, 유약은 지혜가 성인을 알기 충분하니, 저급하게
될지라도 그 좋아하는 것을 아첨하는데 이르지 않았을 것이
다./汙(汚: 더러울 오): 여기서는 부사로 사용되어 '저급하게 굴
더라도'

예) 周易曰 善不積 不足以成名 惡不積 不足以滅身. (明心寶鑑)
: 주역에서 말하기를 선을 쌓지 않으면 족히 이룰 수 없고, 악을
쌓지 않으면 족히 몸을 망치지 않는다.

下 14장

孟子曰 君子深造之以道 欲其自得之也 自得之則居之安 居之安則資
之深 資之深則取之左右逢其原 故君子欲其自得之也.

孟子께서 말씀하셨다. <군자가 道로서 깊이 나가는 것은 그 스스
로 터득하고자 함이다. 스스로 그 道를 터득하게 되면 거처함에
편안하고, 거처함에 편안하게 되면 바탕이 깊어지고, 바탕이 깊어
지게 되면 좌우에서 취함에 그 근원을 만나게 된다. 고로 군자는
그 스스로 터득하려 하는 것이다.>

〈단어 및 어휘〉

· 造(지을 조): 짓다, 만들다, 이루다, 성취하다, 도착하다, 이르
  다. 造(조) 詣也. 여기서는 學藝가 깊은 境地에 이르는 것을 말
  한다.
· 自得(자득): '스스로 터득하다.'라는 뜻인데, 자기 자신이 스스로
  깨달아 행함에 중정함에 벗어나지 않음을 말한다.
· 資(재물 자): 재물, 자본, 비용, 자격, 축적하다, 공급하다, 취하
  다, 의지하다, 이용하다. 資(자) 藉也. 依賴, 取也. 여기서는 바탕
  이라고 해석.
· 逢(만날 봉): 만나다, 맞이하다, 영접하다, 크다, 크고 넓다, 매
  다, 영합하다, 점치다, 예측하다, 值也 가지다, 만나다는 뜻이다.
· 原(언덕 원): 언덕, 근원, 근본, 저승, 들, 벌판, 원래, 캐묻다, 찾
  다, 의거하다, 기초를 두다. 源也 本也.

下 15장

08-15-01

孟子曰 博學而詳說之 將以反說約也.

孟子께서 말씀하셨다. <넓게 배우고 자세히 설명하는 것은 장차 도리어 요약된 것을 설명하려는 것이다.>

〈단어 및 어휘〉

- 說(말씀 설/기쁠 열): 易也, 忖也, 測也.
- 反(돌이킬 반): 돌이키다, 돌아오다, 되돌아가다, 되풀이하다, 반복하다, 뒤집다, 뒤엎다, 배반하다, 어기다(지키지 아니하고 거스르다), 어긋나다, 반대하다, 물러나다, 逆也, 反對. '오히려 ~ 한다. 돌이켜 ~한다.'는 뜻이다.
- 約(맺을 약): 맺다, 약속하다, 묶다, 다발을 짓다, 검소하게 하다, 줄이다, 오그라들다, 인색하다, 아끼다, 멈추다, 말리다, 쇠하다, 갖추다, 구부리다, 노끈 등을 가지고 무엇을 묶는 것에서 '要約한 것, 要點'을 의미한다.

下 16장

08-16-01

孟子曰 以善服人者 未有能服人者也 以善養人然後 能服天下 天下不心服而王者 未之有也.

孟子께서 말씀하셨다. <善으로써 남을 복종시키려는 자가 능히 남

을 복종시킨 사람은 아직 없었다. 善으로써 사람들을 길러 준 연후에라야 능히 천하를 심복(心腹)시킬 수 있는 것이다. 천하가 심복하지 않았는데도 왕 천하 한 자는 있지 않았다.>

〈단어 및 어휘〉

· 以(써 이): 持也. ～을 가지다, ～을 가지고.
· 服(옷 복): 옷, 의복, 한 번에 마시는 약의 분량, 직책, 직업, 일용품, 伏也. 從也. 服從, 屈服(=屈伏) 따라서 服人이란, 남을 屈伏시켜 따르도록 하는 것을 말한다.
· 養人(양인): 善한 일로 나아가도록 敎養하는 것을 말한다.

〈문법연구〉

· 未有能服人者也.
: 未有～者 '일찍이 ～한 자가 없다'

> 예) 不好犯上 而好作亂者 未之有也. (孟子)
> : 윗사람 범하기를 좋아하면서 난동 일으키길 좋아하지 않는 자는 아직 없었다.

下 17장

08-17-01

孟子曰 言無實不祥 不祥之實 蔽賢者當之.

孟子께서 말씀하셨다. <말에 實像이 없는 것은 상서롭지 못하니,

상서롭지 못함의 실상은 어진 이를 은폐하는 것이 이에 해당한다.>

〈단어 및 어휘〉

· 祥(상서 상): 상서, 조짐, 제사, 복, 재앙, 상서롭다, 자세하다, 瑞
也. 吉兆.
· 蔽(가릴 폐/덮을 폐): 덮다, 가리다, 총괄하다, 개괄하다(줄거리
를 대강 추려내다), 판단하다, 이르다(어떤 장소나 시간에 닿다),
도달하다, 해지다, 발, 울타리, 결점.

〈문법연구〉

· 言無實不祥.
: 다양한 해석이 가능한 구절이다.

1. 無實~ '실제로~함이 없다.' 따라서 言無實不祥의 해석은 '말
은 실제로 상서롭지 않음이 없다.'
2. 가정으로서 無~, 不~. '~이 없으면 ~하지 못하다.'
言無實不祥 말이 실제가 없으면 상서롭지 못하다.

위의 두 예 어떤 식으로 해석해도 의미는 크게 달라지지 않는 것
처럼 보이지만 곰곰이 들여다보면 분명 다르다. 아래에 두 가지 해
석에 입각하여 전체문장을 해석해 실었다. 참고하기 바란다.

1. 말 그 자체에는 實際로 祥瑞롭지 못한 것이 없다. 祥瑞롭지 못
하다는 그 事實은, 賢良을 가리는 일을 두고 말한 것이다.
2. 말이 실함이 없으면 상서롭지 아니하니, 상서롭지 아니함의 실
지는 어진 이를 가리는 것에 해당한다.

· 蔽賢者當之.

: 현자를 가리는 것 바로 그것이다. 當之 '그것에 該當하다'라는

뜻이다.

下 18장

08-18-01
徐子曰 仲尼亟稱於水曰 水哉水哉 何取於水也.

徐子가 물었다. <仲尼께서 자주 물을 칭하시면서 '물이여! 물이여!'
하셨으니, 물에서 무엇을 취하신 것입니까?>

〈단어 및 어휘〉

· 徐子(서자): 孟子의 弟子인 徐辟을 말함.
· 亟(빠를 극/자주 기): 數(삭)也 자주, 여러 번. 빠를 극. 극/빠르
   다, 긴급하다, 절박하다, 기/자주, 갑자기.
· 稱(일컬을 칭): 일컫다, 부르다, 기리다, 칭찬하다, 명성, 들다,
   저울, 알맞다.
· 水哉(수재): '물이여' 하며 물을 嘆美하는 말이다.

〈문법연구〉

· 仲尼亟稱於水.
: <동사+於+명사> 형태로 명사는 동사의 행동의 대상이나 목적어
가 된다. '稱於水'는 '물을 칭찬하다'가 된다.

· 何取於水也.

: 何는 取의 목적어로 의문대명사로 도치되었다. 何가 取의 목적어이므로 '어찌'의 뜻이 아니며, 取가 '취하다'는 動詞이므로 '무엇'에 該當하는 목적어가 된다. 於水는 '물에서'의 뜻.

08-18-02

孟子曰 原泉混混 不舍晝夜 盈科而後進 放乎四海 有本者如是 是之取爾.

孟子께서 대답하셨다. <原泉이 混混하여 晝夜를 가리지 않고 구덩이를 가득 채운 뒤에 나아가 四海에 이르니, 근본이 있는 것은 이와 같다. 이 때문에 취하신 것이다.>

〈단어 및 어휘〉

· 混混(혼혼): 샘에서 물이 콸콸 솟아나는 模樣.
· 混(섞일 혼/흐릴 혼): 여기서는 '흐를 혼', 용솟음칠 혼.
· 舍(집 사/버릴 사): 捨也. 竭也. 그치다. 마르다.
· 不舍(불사)~: ~을 가리지 않다. 不舍晝夜: 밤낮을 가리지 않고.
· 科(구덩이 과): 窪也. 땅이 움푹 팬 곳으로 웅덩이를 말한다.
· 放(놓을 방): 至也. 이르다, 到達하다는 말이다. 이를(다다르다) 방. 여기서는 '이르다'라는 뜻.
· 爾(너 이): 너, 그, 이처럼, 그리하여, ~와 같다, ~이다, 그러하다, 그러한가? 가깝다.

〈문법연구〉

· 是之取爾.
: 取是爾의 도치句로 '그 점을 취한 것일 뿐이다.'

~之는 體言(名詞)에 붙어 그 말을 目的格으로 되게 하는 기능을 가진다. 즉 강조를 위한 도치 등에 사용된다.

예) 我且賢之用 能之使 勞之論. (韓非子)
: 나는 또한 현인을 등용하고 능력 있는 사람을 부리며 공로가 있
는 사람을 결정하려 한다.

08-18-03

苟爲無本 七八月之間雨集 溝澮皆盈 其涸也 可立而待也 故聲聞過
情 君子恥之.

진실로 근본이 없게 되면 7-8월 사이에 빗물이 모여 구덩이와 봇
도랑에 모두 다 가득 차더라도, 그 말라버리는 것을 가히 서서 기
다릴 수 있는 것이다. 그러므로 명성(聲聞)이 실제(實情)보다 지나
치는 것을 군자가 부끄러워하는 것이다.

〈단어 및 어휘〉

· 閒(한가할 한/사이 간): 한/한가하다, 등한하다, 닫다, 간/사이,
  틈, 엿보다. 間也. 期間을 말한다.
· 集(모일 집): 聚也. 모이다.
· 澮(봇도랑 회): 봇도랑, 시내.
· 溝澮(구회): 작은 도랑과 큰 도랑을 말한다.
· 涸(물 마를 학): 물 마르다, 물이 잦다, 물을 막다. 乾也.
· 聲聞(성문): 名譽, 名聲을 말한다.
· 情(정 정): 實也. 實質, 實際.
· 聲聞過情(성문과정): 들리는 소문이 실제를 지난다. 소문이 실제
  보다 더하다.

· 其涸也, 可立而待也.

: 가능동사 可의 목적어는 앞으로 오는 경향으로 취급하고 해석하면 용이하다. '그것이 마르는 것을 서서 기다릴 수 있다.'

下 19장

08-19-01

孟子曰 人之所以異於禽獸者 幾希 庶民去之 君子存之.

孟子께서 말씀하셨다. <사람이 禽獸와 다른 것이 얼마 안 되니, 庶民들은 이것을 버리고 君子는 그것을 보존하려 한다.

〈단어 및 어휘〉

· 幾希(기희): 少也. 거의 없는 것을 말한다.
· 庶民(서민): 직역하면 많은 사람이지만 여기서는 一般 百姓을 말한다.

〈문법연구〉

· 人之所以異於禽獸者幾希.

: 주격조사 之 지는 명사와 명사를 연결해서 하나의 명사구를 만든다. 異於～ '～과 다르다.' 人之所以異於禽獸者는 '사람이 금수와 다른 것(까닭)'

08-19-02

舜明於庶物 察於人倫 由仁義行 非行仁義也.

순임금은 많은 사물에 밝으셨고, 인륜(人倫)에 자세히 살펴, 인의(仁義)에 말미암아 행하였을 뿐이지, 굳이 仁義를 行하려 하신 것은 아니었다.>

〈단어 및 어휘〉

· 庶(여러 서): 여러, 거의, 바라건대, 무리(모여서 뭉친 한 동아리), 서출(첩의 자식이나 자손), 벼슬이 없는 사람, 가깝다, 바라다, 많다, 수효가 넉넉하다, 衆也. 群也. 여러, 모든
· 物(물건 물): 물건, 만물, 사물, 일, 사무, 재물, 종류, 事物也.

下 20장

08-20-01

孟子曰 禹惡旨酒而好善言.

孟子께서 말씀하셨다. <우임금은 맛있는 술을 싫어하고, 선(善)한 말을 좋아하셨다.>

〈단어 및 어휘〉

· 惡(싫어할 오/악 악): 嫌也, 嫌惡. 不好이다. 미워하다.
· 旨(뜻 지): 뜻, 명령, 맛있다, 善美, 甘食. 맛있다.

08-20-02

湯執中 立賢無方.

탕왕은 중도(中道)를 지키셨으며, 현명한 이를 세움에 출신을 가리지 않으셨다.

〈단어 및 어휘〉

・中(가운데 중): 過不及이 없는 것. 中庸이다.
・方(모 방): 모, 사방, 방향, 평행, 뗏목, 네모, 방면, 종류, 방법, 이제 막, 守也. 꽉 잡고 놓지 않는 것을 말한다.

08-20-03

文王 視民如傷 望道而未之見.

文王은 백성 보기를 다친 사람같이 하였으며, 道 바라기를 그것을 아직 보지 못한 듯이 하였다.

〈단어 및 어휘〉

・傷(상처 상): 悶也 愍也. 단순히 傷處의 의미로 새길 수도 있지만, 文脈으로 봐서는 '哀愍으로 즉 불쌍히 여기면서 마음 아파하는 것'으로 새긴다.
・望(바랄 망): 希也, 願也. 思慕이다.
・而(말 이을 이): 여기서는 如也. 마치, 恰似.

08-20-04

武王 不泄邇 不忘遠.

무왕은 가까운 이를 친압(親狎/가벼이 여기다)하지 않으셨고, 멀리 가 있는 이도 잊지 않으셨다.

〈단어 및 어휘〉

· 泄(샐 설/업신여길 설): 여기서는 '친압(친한 나머지 버릇없게 구는 모습)해질 설'. 狎也, 親狎. 본래는 친한 것이나, 여기서는 가벼이 여기다.
· 邇(가까울 이): 近也. 가까이 하다.

08-20-05
周公 思兼三王 以施四事 其有不合者 仰而思之 夜以繼日 幸而得之 坐以待旦.

주공은 3代의 세 왕을 모두 겸하여 위 네 가지 조목의 일을 행하려 생각하였다. 그것이 실정(實情)에 합(合)하지 않는 것이 있으면 하늘을 우러러 생각하길 낮부터 밤까지 이어서 하셨고, 다행히 그것을 체득하게 되면 이를 실천하기 위해서 앉아서 아침까지 기다리셨다.

〈단어 및 어휘〉

· 三王(삼왕): 禹王, 湯王, 그리고 周文王과 武王을 말하는 것이다.
· 以(써 이): ~로써, ~를 사용하여, ~때문에, 以之(그것으로써)의 단축, 그리고, ~라 여기다.
· 四事(사사): 우왕, 탕왕, 문왕, 무왕 네 사람이 행한 행적을 말한다.

- 不合者(불합자): 위 三王이 한 것과 周公 당시의 政事가 맞지 않는 것을 의미한다.

下 21장

08-21-01

孟子曰 王者之迹熄而詩亡 詩亡然後 春秋作.

孟子께서 말씀하셨다. <王者의 자취가 종식되자 詩가 없어졌으며, 詩가 없어진 연후에 『春秋』가 지어졌다.>

〈단어 및 어휘〉

- 迹(자취 적): 跡也, 蹟也.
- 熄(꺼질 식): 불이 꺼지다, 없어지다, 소멸하다.
- 亡(없을 무/사라질 망/망할 망): 망하다, 멸망하다), 멸망시키다, 도망하다, 달아나다, 잃다, 없어지다, 없애다, 죽다, 잊다, 업신여기다, 경멸하다, 죽은, 고인이 된, 無也. 없어지다.

08-21-02

晉之乘楚之檮杌 魯之春秋 一也.

진나라의 『乘』, 초나라의 『檮杌』, 노나라의 『春秋』는 모두 같은 것이다.

〈단어 및 어휘〉

- 乘(탈 승): 타다, 오르다, 헤아리다, 이기다, 업신여기다, 꾀하다,

다스리다, 곱하다, 불법, 수레, 넷(셋에 하나를 더한 수), 여기서
는 史記로 晉의 歷史를 말한다.

· 檮(등걸 도/그루터기 도/어리석을 도): 등걸: 줄기를 잘라 낸 나
무의 밑동. 나뭇등걸, 어리석다.

· 杌: 그루터기 올. 완악할 올.

· 檮杌(도올): 어리석을 檮(도) 완악할 杌(올). 여기서는 凶惡한 일
을 懲戒한다는 의미에서 史官의 記錄으로 楚나라 歷史 記錄.

08-21-03

其事則齊桓晉文 其文則史 孔子曰其義則丘竊取之矣.

그 일은 齊桓公·晉文公의 일이요, 그 글은 즉 사관이 기록한 것
이다. 孔子께서 말씀하시기를 '그 義는 외람되이 내가 취하였다.'
하셨다.>

〈단어 및 어휘〉

· 史(史記 사): 史記, 역사, 기록된 문서 사관(임금의 언행을 기록
하거나 국가의 공문서 작성을 맡은 사람), 문인, 문필가, 서화가,
화사하다, 史官也.

· 義(옳을 의/뜻 의): 여기서는 歷史를 記錄하는 뜻.

· 竊: (훔칠 절/도둑 절/몰래 절): 훔치다, 도둑질하다, 절취하다,
도둑, 도둑질, 살짝, 남몰래, 마음속으로, 슬그머니, 여기서는 謙
遜한 뜻을 表現하는 말로 '個人的으로', '외람되게'

· 丘(언덕 구): 여기서는 孔子의 名이다.

· 取之(취지): 재량껏 取하여 敍述함.

下 22장

08-22-01

孟子曰 君子之澤五世而斬 小人之澤五世而斬.

孟子께서 말씀하셨다. <君子의 은택도 5 世代가 되면 끊어지고, 소인의 은택도 5 世代가 되면 끊어진다.

〈단어 및 어휘〉

· 澤(못 택): 못, 늪, 윤택, 은혜, 습하다, 윤택하게 하다.
· 而(말 이을 이)~로서, 하면서. 명사에 붙는 부사격 개사. 시간을 나타내는 시간+而 시간이면, 시간으로, 시간인데 등으로 해석.
· 斬(벨 참): 絶也. 끊다. 끊어지다.

08-22-02

予未得爲孔子徒也 予私淑諸人也.

내가 공자의 門下人은 못되었으나, 나는 다른 사람들에게 배워 사숙(私淑)하였다.

〈단어 및 어휘〉

· 徒(무리 도): 제자.
· 未得(미득): ~할 수 없다, 얻을 수 없다.
· 淑(맑을 숙): 맑다, 깨끗하다, 얌전하나, 아름답디, 사모하다, 온화하다.
· 私淑(사숙): 私는 謙遜을 나타내고, 淑은 善也라. 즉 좋아하여

받든다는 말이다. 또는 직접 배우지 않고 개인적으로 사모해 그
의 가르침을 따르는 것을 말한다.

· 諸(모두 제): 之於의 뜻.
· 人(사람 인): 孔子의 가르침을 實踐하고 있는 사람. 子思의 弟子
  를 指稱한다고도 한다.

下 23장

08-23-01

孟子曰 可以取 可以無取 取 傷廉 可以與 可以無與 與 傷惠 可以死
可以無死 死傷勇.

孟子께서 말씀하셨다. <취해도 되고 취하지 않아도 좋은데도 취하
면 청렴을 손상하는 것이다. 가히 줄 만하기도 하고, 가히 주지 않
을 만하기도 한 데도 주면, 은혜를 손상하는 것이다. 가히 죽을 만
하기도 하고, 가히 죽지 않을 만하기도 한 데도 죽으면, 용기를 손
상하는 것이 된다.>

〈단어 및 어휘〉

· 傷(해칠 상): 害也. 해치다.
· 廉(청렴할 렴): 청렴하다, 결백하다, 검소하다, 값싸다.
· 與(줄 여): 予也. 주다.

<문법연구>

· 可以取 可以無取.

: 可以 '할 수 있다', '해도 좋다', '~함이 가능하다', 可以之에서 대명사 之가 생략됨. 여기서 之는 불특정 대상으로 물건이나 추상적 대상도 포함된다.

下 24장

08-24-01

逢蒙學射於羿 盡羿之道 思天下 惟羿爲愈己 於是殺羿 孟子曰 是亦 羿有罪焉 公明儀曰 宜若無罪焉 曰薄乎云爾 惡得無罪.

방몽이 활쏘기를 羿에게서 배웠다. 羿의 활 쏘는 법을 다 배우고 나서, 생각하기를 천하에 오직 羿만이 자기보다 나은 사람이라 하여, 이에 羿를 죽여 버렸다. 孟子께서 말씀하시기를 <이 또한 羿도 책임이 있다. 公明儀는 '마땅히 책임이 없을 듯하다.' 하였으나, 박하다 할지언정 어찌 죄가 없을 수 있겠는가?>

<단어 및 어휘>

· 逢(성씨 방/만날 봉): 방/성씨, 봉/만나다, 맞이하다, 逢의 속

· 蒙(어두울 몽): 입다, 덮다, 어둡다, 숨기.

· 逢蒙(방몽) 羿의 弟子.

· 羿(사람 이름 예): 사람 이름, 궁술의 명인. 夏末葉, 有窮이라는
  나라의 君主였다고 전함.

- 道(도): 技能, 技術을 말한다.
- 愈(나을 유): 병이 낫다, 뛰어나다, 더욱, 근심하다. 勝也, 尤也 '더욱'
- 公明儀(공명의): 魯나라의 大夫.
- 罪(허물 죄): 辜也. 허물, 過失 즉 잘못이다.
- 宜(마땅할 의): 殆也, 幾也. '거의' 또는 '마땅히'
- 宜若(의약): 마땅히(아마) ~인 것 같다.
- 爾(너 이): 너, 그, 이처럼, 가깝다, ~이다(단정), ~일 뿐이다, 그러하다, ~인가?
- 惡(어찌 오/싫어할 오/악 악): 何也, 豈也. 反語의 助詞 용례이다.
- 得(얻을 득): 얻다, 깨닫다, 할 수 있다, 해야 한다.

〈문법연구〉

- 曰薄乎云爾.
: 薄乎 적다. ~云爾 ~라 할 뿐이다.

  예) 不知老之將至云爾. (論語)
  : 나이 들어가는 것도 모를 뿐이다.

  예) 不行王政云爾. (孟子)
  : 왕정을 행하지 않을 뿐이다.

08-24-02
鄭人使子濯孺子侵衛 衛使庾公之斯追之 子濯孺子曰 今日我疾作 不
可以執弓 吾死矣夫 問其僕曰 追我者誰也 其僕曰庾公之斯也 曰吾
生矣 其僕曰庾公之斯 衛之善射者也 夫子曰吾生何謂也 曰庾公之斯
學射於尹公之他 尹公之他 學射於我 夫尹公之他端人也 其取友必端

矢 庾公之斯至曰 夫子何爲不執弓 曰今日我疾作 不可以執弓 曰小
人學射於尹公之他 尹公之他學射於夫子 我不忍以夫子之道 反害夫
子 雖然今日之事君事也 我不敢廢 抽矢扣輪 去其金 發乘矢而後反.

정나라 사람들이 子濯孺子로 하여금 위나라를 침략하게 하였는데,
위나라에서는 庾公之斯로 하여금 그를 추격하게 하였다. 子濯孺
子 말하기를, '오늘 내가 병이 나서 활을 잡지 못하겠으니, 나는
죽었구나!' 그 종(僕)에게 물어 말하길 '나를 추격하는 자가 누구
인가?' 종(僕)이 '庾公之斯입니다.'라고 말하자, '나는 살았도다!' 종
(僕)이 물었다. '庾公之斯는 위나라에서 활을 잘 쏘는 자이거늘,
선생 말씀에 <나는 살았도다!> 함은 무슨 말씀입니까?' 그러자,
'庾公之斯는 활쏘기를 尹公之他에게 배우고, 尹公之他는 활쏘기를
나에게 배웠다. 무릇 尹公之他는 단정한 사람이다. 그가 취한 친
구도 반드시 단정한 사람일 것이다.' 庾公之斯가 이르러 말하기를
'夫子께서는 어찌 활을 잡지 않으십니까?' 하자, '오늘 내가 병이
나서 활을 잡을 수 없네.' 하니, '小人은 尹公之他께 활을 배웠고,
尹公之他는 夫子께 활을 배웠으니 저는 차마 夫子의 도(道)를 가
지고 도리어 夫子를 해치지 못하겠습니다. 그러나 지금의 일은 군
주의 일이라 내 감히 폐할 수 없습니다 하고, 화살을 뽑아 화살촉
을 수레바퀴 쇠테에 두드려서 그 화살촉을 빼 버리고, 화살 4발을
쏜 뒤에 돌아갔다.

〈단어 및 어휘〉

· 子濯孺子(자탁유자): 鄭나라의 大夫.
· 庾(곳집 유): 곳집, 노적가리, 열여섯 말.

· 庾公之斯(유공지사): 衛나라의 大夫 庾公.

· 疾(병 질): 病也. 따라서 疾作이란, 疾病에 걸린 것을 말한다.

· 僕(마부 복/시중꾼 복): 御也. 侍從을 말한다.

· 夫(지아비 부): 지아비, 남편, 사내, 장정, 일군, 노동일을 하는 남자, 군인, 병정, 선생, 사부, 부역, 저, 3인칭 대명사, 대저,~도 다, ~구나! 歎辭.

· 尹公之他(윤공지타): 衛나라 大夫.

· 端(끝 단): 끝, 처음, 시초, 까닭, 단정하다, 바르게 하다, 바르다. 正 也. 따라서 端人이란, 마음이 바른 사람 또는 곧은 사람을 말한다.

· 小人(소인): 庾公이 스스로를 낮추어 말함이다.

· 抽(뽑을 추): 뽑다, 뽑아내다, 빼다, 없애다, 제거하다, 찢다, 부 수다, 싹트다, 싹이 나오다, 拔也. 따라서 抽矢란, 화살을 화살통 속에서 뽑아 쥔 것을 말한다.

· 扣(두드릴 구): 두드리다, 당기다, 덜다, 묻다.

· 輪(바퀴 륜): 바퀴, 수레, 땅 갈이, 둘레, 세로, 돌다, 우렁차다, 높다, 화살 끝을 두른 쇠테를 말한다.

· 金(쇠 금): 鏃(족 또는 촉)也. 화살촉 쇠를 말한다.

· 乘(탈 승/넷 승): 여기서는 넷 승. 四也. 넷, 네 번.

· 乘矢(승시): 네 개의 화살을 말한다.

〈문법연구〉

· 我不忍以夫子之道 反害夫子.

: 不忍~, '차마 ~하지 못하다.' 뒤의 해를 수식하여 '차마 해치지 못하다.' 以夫子之道에서 以는 도구를 나타내는 개사로 '선생의 도 (기술/방법)로서.' 反은 부사로 '도리어.'

下 25장

孟子曰 西子蒙不潔則 人皆掩鼻而過之.

孟子께서 말씀하셨다. <西子도 不潔한 것을 뒤집어쓰고 있으면 사람들 모두 코를 가리고 지나가게 될 것이다.

〈단어 및 어휘〉

· 西子(서자): 西施를 말한다. 戰國時代 楚나라의 絕世美人.
· 蒙(어두울 몽): 어둡다, 어리석다, 덮다, 숨기다, 입다, 무릅쓰다. 蒙(몽) 冒也. 입다.

雖有惡人 齊戒沐浴則可以祀上帝.

비록 추한 사람이 있더라도 목욕재계하면 즉, 가히 상제에게도 제사를 지낼 수 있는 것이다.>

〈단어 및 어휘〉

· 惡(악할 악/미워할 오): 악/악하다, 모질다, 불길하다, 더럽다, 악인, 오/미워하다, 어찌.
· 齊(가지런할 제): 가지런하다, 단정하다, 재빠르다, 민첩하다, 오르다, 같다, 동능하다, 좋다, 순탄하다, 다스리다, 여기서는 齋(재)와 通한다.

下 26장

08-26-01

孟子曰 天下之言性也 則故而已矣 故者以利爲本.

孟子께서 말씀하셨다. <천하에서 말하는 성이라 하는 것은 그러한 것일 뿐이니, 이미 그러한 것은 순응함을 근본으로 삼는다.>

〈단어 및 어휘〉

· 性(성품 성): 天命之謂性. 따라서 本性, 稟性, 人性을 뜻한다.
· 故(옛 고): 已然之辭, 先例, 이미 지나간 때, 옛일.
· 利(이로울 리): 이롭다, 이하다, 이롭게 하다, 유익하다, 편리하다, 통하다, 날카롭다, 이기다, 날래다, 탐하다, 이자, 이익, 승전, 여기서는 順也.
· 而已矣(이이의): ~일 뿐이다.

〈문법연구〉

· 天下之言性也.

: '천하에서 성을 말하는 것.' 이 문장은 명사형으로 문장의 주어를 이룬다. 之는 주어절 안의 주어 다음에 쓴 주격조사이다. 문장 앞에 주어절이나 부사절로 쓸 때 '之~也'로 연용해서 쓴다. 뒤의 08-26-02의 禹之行水也, 08-26-03 天之高也, 星辰之遠也도 같다.

08-26-02

所惡於智者 爲其鑿也 如智者 若禹之行水也 則無惡於智矣 禹之行水也 行其所無事也 如智者 亦行其所無事也 則智亦大矣.

지혜롭다고 하는 사람을 미워하는 것은 그가 천착하기 때문이다. 만일 지혜로운 사람이 우임금이 물을 흘러가도록 한 것과 같이 한다면, 지혜를 미워함이 없을 것이다. 우임금이 물을 흘러가도록 한 것은 인위적인 일이 없는 데로 흘러가도록 한 것이다. 만일 지혜로운 사람이 또한 인위적인 일이 없는 데로 행한다면, 지혜도 또한 클 것이다.

〈단어 및 어휘〉

· 惡(미워할 오): 미워하다. 싫어하다.
· 其(그 기): '아마도' 부사 적용례. 또는 '그것' 指示代名詞 또는 關係代名詞 용례로 볼 수도 있다.
· 鑿(뚫을 착): 뚫다, 구멍 내다, 파다, 끌, 정. 鑿(착)이란 穿鑿.
· 行水(행수): 治水를 말한다.
· 行其所無事也(행기소무사야): 事는 變故 또는 事故를 의미한다. 따라서 行其所無事也란, 自然스럽게 하는 것을 말한다.

〈문법연구〉

· 所惡於智者, 無惡於智矣.
: 여기에서 '동사+於+명사'에서 於 뒤의 명사는 앞의 동사의 목적어라는 것을 지시해주는 역할을 하므로 굳이 해석할 필요가 없다.

· 爲其鑿也
: 爲는 '때문'이라는 뜻이고, 그 경우 평서문일 때에는 반드시 也를 어미로 쓴다.

08-26-03

天之高也 星辰之遠也 苟求其故 千歲之日至 可坐而致也.

하늘이 높고 별들이 멀지만, 만일 그 故(연고)를 궁구하면 천년의
日至도 앉아서 알 수 있는 것이다.>

〈단어 및 어휘〉

· 故(연 고): 연고, 사유, 까닭, 이유, 도리, 사리, 친숙한 벗, 잘 아
  는 교우, 관례, 선례, 사건, 고의로 한 일, 일부러 한 일, 여기서
  는 道理, 事理, 理由. 등의 의미로 使用되었다.
· 日至(일지): 하지나 동지.
· 致(이를 치): 헤아리다. 이루다.

〈문법연구〉

· 千歲之日至, 可坐而致也.
: 이 문장은 원래 人可以坐而致千歲之日至也인데, 목적어인 千歲
之日至를 앞으로 보내고, 일반적 주어인 人을 생략하였다. 결국 목
적어가 앞으로 나갔기 때문에 可以를 可로 바꾸어 주었다. 일반적으
로 可以의 앞에는 대개 주어가, 可의 앞에는 뒤 문장에 올 서술어나
전치사의 목적어가 온다.

下 27장

08-27-01

公行子 有子之喪 右師往弔 入門 有進而與右師言者 有就右師之位

而與右師言者.

공행자가 아들의 상(喪)을 당함이 있자, (제후를 모시는) 우사(右師)가 조상하러 갔다. 그가 門에 들어서니, 어떤 이는 나아가서 그와 이야기하는 자가 있었으며, 우사(右師)의 자리에까지 따라가서 그와 이야기하는 자가 있었다.

〈단어 및 어휘〉

· 公行子(공행자): 齊나라의 大夫.
· 右師(우사): 齊나라의 官名으로 右相이던 王驩을 말한다.
· 就(나아갈 취): 나아가다, 이루다, 좋다, 따르다, 마치다, 끝내다, (길을) 떠나다, (한바퀴) 돌다, 좋다, 아름답다, 곧, 이에, 만일, 가령, 잘, 능히, 능하게, 進也 가까이 나아가는 것을 말한다.
· 與(줄 여): 偕也. 함께, 서로 더불어 부사적 용례이다.

〈문법연구〉

· 有進而與右師言者, 有就右師之位而與右師言者.
: 有는 동사로 쓰일 때는 '~을 갖는다'라는 뜻의 타동사이지만, 有~者로 연용이 될 때에는 '~한 사람이 있다, ~하는 경우가 있다'라는 뜻이 된다.

08-27-02
孟子不與右師言 右師不悅曰 諸君子皆與驩言 孟子獨不與驩言 是簡驩也.

孟子께서 우사(右師)와 더불어 말씀하시지 않으시니, 왕환이 기뻐하지 않으며 말하기를 <모든 군자가 다 나와 더불어 이야기 하려 하는데, 孟子께서만 유독 나와 더불어 이야기하지 않으니, 이것은 나를 소홀히 여기는 것이다.> 하였다.

〈단어 및 어휘〉

·驩(기뻐할 환): 기뻐하다, 즐거워하다, 말이 즐겁게 노는 모양. 여기서는 인명으로 말하는 자신을 말한다.
·簡(간략할 간): 대쪽, 편지, 문서, 간략하다, 질박하다, 가리다, 업신여기다, 검열하다.

08-27-03
孟子聞之曰 禮朝廷不歷位而相與言 不踰階而相揖也 我欲行禮 子敖 以我爲簡 不亦異乎.

孟子께서 그것을 들으시고 말씀하셨다. <禮에, 조정에서는 남의 자리를 지나가 서로 이야기하지 아니하며, 층계를 넘어서 서로 읍하지 아니하나니, 나는 禮를 행하고자 하는데, 왕환은 내가 소홀히 여긴다고 하니, 또한 이상하지 아니한가?>

〈단어 및 어휘〉

·禮(예도 예): 예도, 예절, 절(남에게 공경하는 뜻으로 몸을 굽혀 하는 인사), 인사, 예물, 의식, 책의 이름(예기), 경전의 이름, 단술(=감주), 감주, 朝廷의 禮를 말한다.
·歷(지날 력/책력 력): 지나다, 겪다, 세월을 보내다, 다니다, 가다, 넘다, 넘치다, 성기다(물건의 사이가 뜨다), 어지럽다, 엇걸

다, 분명하다, 책력, 달력, 역법, 更涉也. 따라서 歷位란, 他人의 坐席을 넘어감을 말한다.

· 揖(읍할 읍/모을 집/모을 즙): 읍하다(인사하는 예의 하나), 사양하다, 모으다, 모이다 (집), 모으다, 모이다 (즙), 상대에게 恭敬을 나타내어 인사하는 禮의 하나.

· 子敖(자오): 王驩의 字이다.

〈문법연구〉

· 禮朝廷不歷位而相與言.

: 禮와 朝廷 앞에 장소나 위치를 나타내는 개사 於가 생략되었다고 볼 수 있다.

下 28장

08-28-01

孟子曰 君子所以異於人者 以其存心也 君子以仁存心 以禮存心.

孟子께서 말씀하셨다. <군자가 사람들과 다른 까닭은 그 마음을 보존하고 있기 때문이다. 군자는 仁으로서 마음을 보존하고, 禮로서 마음을 보존한다.>

〈단어 및 어휘〉

· 人(사람 인): 여기서는 一般人.

· 於(어조사 어): ~에, ~에게, ~로부터, ~에 비해, 있다, 살다,

까마귀.

· 以(써 이): ～으로써, ～을, ～때문에, ～에, ～라 생각하다, ～라 여기다, 이미, ～하고(순접).

· 存心(존심): 본래의 道德心을 갖춘 마음을 말한다.

〈문법연구〉

· 以其存心也.

: 以～也, '～때문이다.' 以 A 爲 B라는 문형에서 보면 여기서 '爲 B'에 該當하는 말은 異於人이다. 이 문장은 원래 '君子以其存心異於 人'인데 異於人을 强調하여 앞으로 보낸 것으로 생각할 수 있다.

08-28-02
仁者愛人 有禮者敬人.

인(仁)한 자는 사람들을 사랑하고, 예(禮)가 있는 자는 사람을 공경한다.

08-28-03
愛人者人恒愛之 敬人者人恒敬之.

사람을 사랑하는 자는 사람들이 항상 그를 사랑으로 대하고, 사람을 공경하는 자는 사람들이 항상 그를 공경히 대한다.

〈단어 및 어휘〉

· 恒(항상 항): 항상, 늘, 恆과 동자.

· 之(갈 지): 앞의 문장이나 단어를 받는 대명사로 여기서는 '그 사람'

08-28-04

有人於此 其待我以橫逆 則君子必自反也 我必不仁也 必無禮也 此
物奚宜至哉.

여기에 어떤 사람이 있어, 그가 나에게 횡포함으로써 대하면 즉,
군자는 반드시 스스로 반성하길, '내가 반드시 인(仁)하지 못하였
고, 반드시 예(禮)가 없이하였다. 이런 일이 어찌하여 마땅히 이를
수 있었겠는가?'라고 한다.

〈단어 및 어휘〉

· 有(있을 유): 있다, 존재하다, 가지다, 소지하다, 독차지하다, 많
다, 넉넉하다, 친하게 지내다, 알다, 소유, 자재, 소유물, 경계,
혹, 또, 若此. '어떤'
· 橫逆(횡역): 橫暴, 無禮함을 말한다.
· 反(돌이킬 반): 反省이다.
· 必(반드시 필): 期必. 반드시, 틀림없이.
· 物(물건 물): 事也. 事項, 用務. '일'을 말한다.
· 宜(마땅 의): 정말로, 果然, 부사적 용례이다.

〈문법연구〉

· 君子必自反也.
: 自가 동사의 목적어로 사용될 때는 언제나 동사 앞에 위치한다.
自反 자신을 돌아보다.

· 奚宜至哉.

: '어찌하여 (마땅히) 이런 일이 생겨났겠는가?' 여기서 宜는 당연함을 나타내는 강한 추측의 의미로 사용되었다.

08-28-05

其自反而仁矣 自反而有禮矣 其橫逆由是也 君子必自反也 我必不忠.

그가 스스로 돌아보아도 인(仁)하였고, 스스로 돌아보아도 예(禮)하였는데, 그 橫逆이 이와 같다면, 군자는 반드시 스스로 반성하길, '내가 반드시 충(忠/성실) 하지 못하였다.'라고 한다.

〈단어 및 어휘〉

• 忠(충성 충): 충성, 공평, 정성, 공변되다(한쪽으로 치우치지 않고 공평하다), 정성스럽다, 충성하다, 誠實. 즉 자기 할 바를 다하는 것을 말한다.

〈문법연구〉

• 其自反而仁矣 自反而有禮矣.
: 而은 역접으로 '~하였으나.'

• 其橫逆由是也.
: 由(유) 猶也, 如也. '같다.'라는 뜻이다.

08-28-06

自反而忠矣 其橫逆由是也 君子曰 此亦妄人也已矣 如此則與禽獸奚擇哉 於禽獸又何難焉.

스스로 반성해 보아도 충(忠) 하였는데도, 그 橫逆이 이와 같다면 君子는 말하기를 <이 사람은 또한 망령된 사람일 따름이다. 이와 같다면 禽獸와 무엇이 구별되겠는가? 금수에 있어서 또 힐난해서 무엇하겠는가?>라 한다.

〈단어 및 어휘〉

- 妄(망령될 망): 망령되다, 어그러지다, 허망하다, 헛되다, 속이다, 잊다, 잊어버리다, 거짓, 제멋대로, 함부로, 대개(대부분), 모두, 널리.
- 妄人(망인): 妄靈된 사람을 말한다.
- 擇(가릴 택/사람 이름 역): 가리다, 분간하다, 고르다, 구별하다, 뽑다, 선택하다.
- 奚擇(해택): '무엇을 擇하리오, 또는 어찌 분간하리오'의 뜻이다.
- 難(어려울 난/힐난할 난): 詰難. 非難.

〈문법연구〉

- 此則與禽獸奚擇哉.
: 擇은 '가리다', '분간하다'. 奚～哉 반문법으로 '어떻게 ～하겠는가.' 奚擇哉: '어떻게 분간하겠는가?' '분간할 수 없다.' 즉 '금수와 같다.'

- 於禽獸又何難焉.
: 일종의 도치법. 禽獸를 강조하여 앞으로 도치시켰다. 於～는 대상을 나타내는 어조사. 又何難焉 무엇을 비난하겠는가?

08-28-07

是故君子有終身之憂 無一朝之患也 乃若所憂則有之 舜人也 我亦人
也 舜爲法於天下 可傳於後世 我由未免爲鄕人也 是則可憂也 憂之
如何 如舜而已矣 若夫君子所患則亡矣 非仁無爲也 非禮無行也 如
有一朝之患 則君子不患矣.

이렇기 때문에 군자는 종신(終身)의 근심이 있으나, 하루아침의
근심은 없는 것이다. 이내 마치 근심하는 바가 즉 있으니, 순(舜)
임금도 사람이며 나 또한 사람인데, 순(舜)임금은 천하에 법도가
되어 후세에 가히 전하셨거늘, 나는 오히려 평범한 사람에 면하지
못하고 있으니, 이것이 즉 가히 근심거리가 되는 것이다. 근심하
기를 어떻게 할 것인가? 순임금과 같이할 뿐이다. 무릇 君子가 걱
정할 바를 말하자면 없으니(대개 군자(君子)로 말한다면 걱정하는
일이 없으니/즉 '군자는 걱정할 일이 없다'라는 의미), 仁이 아니
면 행하지 아니하며, 禮가 아니면 행하지 않는 것이다. 만일 하루
아침의 근심거리가 있더라도 즉 군자는 걱정하지 않는 것이다.

〈단어 및 어휘〉

· 乃(이에 내): 이에, 곧, 이렇게, 그래서, 만일, 단지, 겨우, 어쩌
  면, 너, 저번에.
· 由(말미암을 유): 말미암다, 따르다, ~로부터, ~에서, ~을 따
  라서, 마치 ~와 같다. 猶也 오히려, 지금도 역시. 여기서는 '여
  전히'로 하는 것이 좋다.
· 鄕人(향인): 鄕里의 일반 百姓을 말한다. 즉 보통 사람이다. 微
  賤한 시골 사람.

· 亡(없을 무/망할 망): 망하다, 멸망하다, 도망하다, 달아나다, 잃다, 없어지다, 없애다, 죽다, 잊다, 업신여기다, 죽은, 고인이 된, 無也.

〈문법연구〉

· 乃若所憂則有之.

: 乃若 '이에', '그래서 만약'. 所憂則有之 '걱정하는 바는 이것이 있다.' 뒤의 '若夫君子所患則亡矣'와 일종의 대구를 이루어 '若夫君子所患則亡矣'를 해석할 수 있는 단서를 제공한다.

· 由未免爲鄕人也.

: 由未~, '여전히 아직 ~못했다'라는 뜻이다. 여기서 '由'는 '~과 같다'라는 의미를 가져 '由未~'는 '아직 ~하지 못한 상태와 같으니'라는 의미가 된다. 전체적인 해석은 '여전히 鄕人 됨을 면치 못한 상태와 같으니'

· 非仁無爲也 非禮無行也.

: '부정어구+부정어구' 형태로 '~아니면, ~아니다' 구문이다.

예) 人非父母면 無從而生. (明心寶鑑)
: 사람은 부모가 아니면 어디서부터이든 태어날 수 없다.

예) 人生斯世 非學問 無以爲人. (擊蒙要訣)
: 사람이 이 세상에 태어나 가르침을 받고 배우지 아니하면 사람이 되지를 못 한다.

08-29-01

禹稷 當平世 三過其門而不入 孔子賢之.

우임금과 후직이 세상을 평정하실 때에는, 그 문을 3번이나 지나가도 들어가지 못하셨던 것을, 공자께서는 그것을 현명히 여기셨다.

〈단어 및 어휘〉

· 當(마땅 당): 마땅하다, 맡다, 주관하다, 당면하다, 곧 ~하려 하다.
· 禹(성씨 우): 하우씨(우(禹) 임금), 임금, 곱자로 재다, 느슨하다, 돕다, 帝舜의 臣下로 洪水를 잘 다스려 大功을 세웠다.
· 稷(피 직): 피(볏과의 한해살이풀), 기장(볏과의 한해살이풀), 여기서는 周의 始祖인 后稷을 말한다.
· 平世(평세): 明君과 良臣이 있는 太平한 世上을 말한다.
· 賢(어질 현): 어질다, 현명하다, 존경하다, 어진 이로 대우하다.

08-29-02

顔子當難世 居於陋巷 一簞食 一瓢飮 人不堪其憂 顔子不改其樂 孔子賢之.

안자께서 난세를 당하여, 누추한 곳에 거처하시며 한 그릇의 밥과 한 바가지의 물을 마심에, 사람들도 그 근심을 감내하지 못하거늘 안자께서 그 즐거움을 고치지 않으셨던 것을, 공자께서는 그것을 현명히 여기셨다. (즉 사람들도 안자가 그렇게 어렵게 생활하는 것을 걱정했지만 안자는 즐거움으로 여기며 생활했다는 의미)

<단어 및 어휘>

- 陋巷(누항): 貧村. 즉 가난한 마을이다.
- 簞(소쿠리 단): 소쿠리, 대밥그릇, 상자.
- 食(밥 식/밥 사): 식/음식, 먹다, 일식, 사/밥, 먹이, 기르다, 먹이다.
- 簞食(단사): 한 대광주리의 밥.
- 瓢飮(표음): 한 바가지의 물.

08-29-03

孟子曰禹稷顔回同道.

孟子께서 말씀하셨다. <우임금과 후직과 안회께서는 도(道)를 같이한다.>

<단어 및 어휘>

- 同道(동도): 나타난 行蹟은 다르지만 本質的으로는 같은 道理를 行하였다는 말이다.

08-29-04

禹思天下有溺者 由己溺之也 稷思天下有餓者 由己餓之也 是以 如是其急也.

禹임금께서 생각하시기를, 天下에 물에 빠진 자가 있으면 자기가 그를 빠뜨린 것과 같이 여기셨으며, 后稷은 생각하기를, 天下에 굶주린 자가 있으면 자기가 굶수리게 한 것과 같이 여겼다. 이러므로 이처럼 서두신 것이다.

〈문법연구〉

· 思天下有溺者, 由己溺之也.

: 思~ 由~, '~을 ~과 같이 생각하다.' '溺之'는 타동사로서 빠뜨린다는 의미가 된다. 여기서는 일종의 명사화로 '빠진 것'으로 해석할 수 있다.

· 禹思天下有溺者 由己溺之也 稷思天下有餓者 由己餓之也.

: 여기서 동사 思는 긴 목적어를 가진다. 이런 경우 먼저 새기는 것도 한 방법이 된다. 즉 '우는 생각하기(思)를 천하에 물에 빠진 자가 있으면 자기가 그를 빠뜨린 것처럼 했다.'라고 해석하면 내용을 이해하기 쉬운 경우가 많다.

· 是以.

: 이 때문에, 그러므로, 以是에서 是(이것)가 대명사이므로 전치사 앞으로 도치된 형태임.

· 如是其急也.

: 急은 서두르다. 이처럼 그렇게 서두른 것이다.

08-29-05
禹稷顔子 易地則皆然.

우임금과 후직과 안자께서 처지를 바꾸게 되면 즉 모두 그렇게 하셨을 것이다.

〈단어 및 어휘〉

· 易(바꿀 역/쉬울 이): 바꾸다, 고치다, 교환하다, 무역하다, 다르다, 어기다(지키지 아니하고 거스르다), 배반하다, 쉽다, 용이하다.
· 地(땅 지): 立場, 狀況의 뜻. 따라서 易地는 '立場을 바꾸다'라는 뜻이다.

08-29-06

今有同室之人 鬪者 救之 雖被髮纓冠而救之 可也.

지금 한집안의 사람이 싸우는 것에 있어 구해주길, 비록 머리를 풀어헤치고 갓끈을 매지 않고 구해주더라도 가할 것이다.

〈단어 및 어휘〉

· 鬪(싸울 투): 싸우다, 만나다, 鬪(싸울 투)의 본자.
· 被(입을 피): 披와 통용. '흐트러뜨리다'라는 뜻.
· 被髮(피발): 머리를 풀어 헤침. <-> 束髮(속발): 머리를 묶다.

〈문법연구〉

· 有同室之人 鬪者.
: 同室之人과 鬪者는 동격이다. 즉 有 다음의 명사를 수식하려면 그 동사 뒤에서 수식한다. 위와 같은 경우 同室之人은 '한 방에 있는 사람(어떤 의미에서는 가족이나 가까운 사람 등을 의미)'과 '싸우는 사람'은 같은 동격이다. 이 경우는 '한 방에서 싸우는 사람'으로 해석한다.

· 雖被髮纓冠而救之.

: 被髮纓冠而이란, '머리를 흐트러뜨린 채, 冠을 쓴다.'라는 의미이다. 즉 '바쁘다'라는 의미로 여기에 而가 붙어서 상태를 나타내는 부사구로 쓰였다. 즉 '머리도 묶지 않고 관을 쓴 채로'라는 부사구가 된다.

08-29-07

鄕隣 有鬪者 被髮纓冠而往救之則惑也 雖閉戶 可也.

향리의 이웃이 싸움이 있는 것에 머리를 풀어헤치고 갓끈을 매지 않고 가서 구해주는 것은 즉 의혹을 사게 된다. 비록 문을 닫아버리더라도 가할 것이다.

〈단어 및 어휘〉

· 隣(이웃 린): 이웃, 이웃한 사람, 이웃하다, 보필하다, 근접한, 이웃한, 인접한.

· 惑(미혹할 혹): 잘못 생각하다, 의아스럽게 여기다.

· 閉(닫을 폐): 닫다, 막다, 막히다, 가리다, 감추다, 마치다, 입추, 입동, 자물쇠, 도지개(트집 난 활을 바로잡는 틀).

〈문법연구〉

· 雖閉戶 可也.

: 可也, '(그래도) 좋다'라는 의미.

下 30장

公都子曰 匡章通國 皆稱不孝焉 夫子與之遊 又從而禮貌之 敢問何也.

公都子가 말하였다. <匡章은 온 나라 사람들이 모두 불효자라 칭하거늘, 夫子께서 그와 더불어 交遊하시고 또 따라서 예우하시니, 감히 묻겠습니다. 무엇 때문인지요?>

〈단어 및 어휘〉

・公都子(공도자): 孟子의 弟子.

・通國(통국): 全國民, 온 나라를 통틀어서.

・與(줄 여): 偕也. 함께, 더불어. 부사적 용법이다. 따라서 與之遊란, 그 사람과 함께 交遊하는 것을 말한다.

・從(따를 종): 相從. 따라서 從而禮貌란, 禮貌를 차려 대하는 것을 말한다.

・禮貌(예모): 예의를 지킴, 예절에 맞는 몸가짐.

孟子曰 世俗所謂不孝者五 惰其四肢 不顧父母之養 一不孝也 博奕好飮酒 不顧父母之養 二不孝也 好貨財私妻子 不顧父母之養 三不孝也 從耳目之欲 以爲父母戮 四不孝也 好勇鬪狠 以危父母 五不孝也 章子有一於是乎.

孟子께서 말씀하셨다. <세속에서 소위 불효라는 것에 다섯 가지라 있다. 그 사지(四肢)를 게을리하여 부모의 봉양을 돌보지 않는 것

을 첫 번째 불효라 하고, 바둑과 장기를 좋아하고 음주를 좋아하여 부모의 봉양을 돌보지 않는 것을 두 번째 불효라 하고, 재화를 좋아하고 처자(妻子)만을 사사로이 대하여 부모의 봉양을 돌보지 않는 것을 세 번째 불효라 하고, 눈과 귀의 욕망만을 쫓아 부모를 욕되게 하는 것을 네 번째 불효라 하고, 용맹을 좋아하여 분함을 못 참아 다툼을 벌여 부모를 위태롭게 되면 다섯 번째의 불효가 되는 것이다. 광장이 이것에 한 가지라도 있었던가?>

〈단어 및 어휘〉

· 惰(게으를 타): 게으르다, 나태하다, 소홀히 하다, 업신여기다, 삼가지 아니하다, 불경스럽다, 게으름, 사투리, 천하고 바르지 아니한 말씨, 懶怠.
· 四肢(사지): 手足을 말한다.
· 顧(돌아볼 고): 돌아보다, 응시하다, 생각하다.
· 博(넓을 박): 여기서는 '쌍륙 박, 노름 박'
· 奕(클 혁): 부피, 규모 등이) 크다, 아름답다, 겹치다, 잇닿다(서로 이어져 맞닿다), 근심하다(속을 태우거나 우울해하다), 시름겨워하다, 익히다, 배우다, 아름다운 모양, 가볍게 춤추는 모양, 바둑 혁.
· 博奕(박혁): 쌍륙과 바둑. 轉하여 도박(賭博)을 뜻함.
· 私(사사 사/사사로울 사): 사사(사삿일), 사삿일, 가족, 집안, 간통, 편복, 은혜, 가신, 사처, 오줌, 총애하는, 개인적으로 특별히 사랑하는 것, 개인, 가족, 사사로이 하다, 자기 소유로 하다, 편애하다, 간통하다.
· 戮(죽일 륙): 여기서는 '치욕을 당하다'의 뜻으로 쓰였다. 戮(륙)

僇也, 羞辱也.

· 狠(개 싸우는 소리 한/사나울 한): 판본에 따라 很(흔)으로 된 책
도 있다.

· 很(패려 궂을 흔): 패려 궂다, 사납다, 다투다, 거스르다, 매우.

〈문법연구〉

· 以爲父母戮.

: 爲가 '주어+술어, 즉 명사+동사'를 목적어로 가지는 경우. 이 경
우 '명사가 동사를 당하다.' 이 문장에서 以는 앞의 문장(從耳目之欲)
을 받는다. 즉 대명사 之가 생략되었다고 볼 수 있다. 눈과 귀가 하
고자 하는 것을 따르다가 (그래서) '부모가 욕을 당하다.'로 해석.

예) 兎不可復得 身爲宋國笑. (韓非子)
: 토끼는 다시 얻지(잡지) 못하고, 자신은 송나라의 웃음(조롱)거
리가 되었다.

예) 何以爲我擒.
: 어찌하여 나에게 사로잡혔는가?

예) 身死人手 爲天下笑者 何也. (史記)
: 몸이 남의 손에 죽임을 당하여 천하의 웃음거리가 된 것은 무엇
때문인가?

08-30-03

夫章子子父責善而不相遇也.

무릇 광장은 자식이 아버지를 선(善)으로 책하다 서로 합치되지
못하였을 뿐이다.

〈단어 및 어휘〉

· 遇(만날 우): (우연히)만나다, 조우하다, 상봉하다, 대접하다, 예
  우하다, (뜻을) 얻다, 합치다, (뜻이) 맞다, 짝하다, 맞서다, 막다.
· 不相遇(불상우): 서로 뜻이 合致하지 않는 것을 말한다. 즉 서로
  意見이 對立됨을 말한다.

08-30-04
責善朋友之道也 父子責善 賊恩之大者.

責善은 朋友지간의 道이다. 부자간에 責善은 은혜를 해치는 큰 것
이 된다.

08-30-05
夫章子豈不欲有夫妻子母之屬哉 爲得罪於父 不得近 出妻屛子 終身
不養焉 其設心以爲不若是 是則罪之大者 是則章子已矣.

무릇 광장이 어찌 부부(夫妻)와 모자(母子)라는 권속을 두고자 아
니했겠는가마는, 아버지에게 죄를 얻어 가까이할 수 없었기 때문
에, 아내를 내치고 아들을 물리쳐서 종신토록 그들의 봉양을 받지
않았던 것이다. 그 마음가짐이 이와 같지 아니하면 그것은 즉 죄
가 크게 된다고 여겼던 것이다. 이것이 즉 광장일 뿐이었다.

〈단어 및 어휘〉

· 屬(무리 속/이을 촉): 무리(모여서 뭉친 한 동아리), 동아리(같은
  뜻을 가지고 모여서 한패를 이룬 무리), 벼슬아치, 혈족, 붙다,
  부착하다, 거느리다, 복종하다, 수행하다./(촉) 잇다 (촉), 모이

다, 불러 모으다, 글을 짓다, 글을 엮다, 부탁하다, 권하다.

· 屛(병풍 병): 가리어 막다. 여기서는 '물리치다'로 새긴다. 병풍, 담, 감추다, 숨다.

· 已矣(이의): 그만이다, ~할 뿐이다.

下 31장

08-31-01

曾子居武城 有越寇 或曰寇至 盍去諸 曰無寓人於我室 毁傷其薪木 寇退則曰 脩我牆屋 我將反 寇退 曾子反 左右曰 待先生如此之忠且 敬也 寇至則先去 以爲民望 寇退則反 殆於不可 沈猶行 曰是非汝所 知也 昔沈猶有負芻之禍 從先生者七十人 未有與焉.

증자(曾子)께서 무성 땅에 거처하실 적에 월나라 도적이 쳐들어왔었는데, 혹자가 말하기를 <도적이 이르렀으니 어찌 떠나가지 않으시렵니까?> 하니, <사람들을 나의 집에 들여 장작과 나무를 손상하지 못하게 하라> 하시고, 도적이 물러가자 <나의 담장과 가옥을 수리하라. 내 장차 돌아가겠노라> 하셨다. 도적이 물러가고 증자(曾子)께서 돌아오셨다. 좌우의 문인이 <선생님을 모심에 이렇듯 마음을 다하고 또 공경하였는데, 도적이 이르자 먼저 떠나셔서 백성들이 그 본(좋지 않은)을 따르게 하시고, 도적이 물러가자 돌아오셨으니, 아마도 불가한 듯합니다> 하니, 심유행이 말했다. <이는 그대들이 알바가 아니로다. 옛직에 우리 집안에(沈猶氏의 집에) 부추(負芻)라는 자의 화(禍)가 있었는데, 선생님을 쫓던 제자 70명 중에서 그 환란을 당한 사람은 없었다.>

〈단어 및 어휘〉

- 曾子(증자): 이름은 參. 그의 父 曾晳과 함께 孔子의 弟子였다. 曾子는 孔子의 後期 弟子이면서, 顔淵과 子思, 孟子와 함께 儒家에서 亞聖으로 尊崇되는 人物이다.
- 武城(무성): 魯나라의 邑名이다.
- 寇(도둑 구): 도둑, 원수, 약탈하다, 外敵이 侵略할 구. 여기서는 '外敵의 侵略'을 뜻한다.
- 或(혹 혹/나라 역): 誰人. 어떤 사람. 혹, 혹은(그렇지 아니하면), 혹시(그러할 리는 없지만 만일에), 또, 어떤 경우에는, 어떤 이, 어떤 것, 있다, 존재하다, 괴이쩍어하다, 의심.
- 寓(붙어살 우): 머무르다, 임시로 살다, 붙어살다, 가탁하다.
- 牆屋(장옥): 담과 집 또는 지붕.
- 左右(좌우): 曾子의 門人(弟子)들을 말한다.
- 待(기다릴 대): 기다리다, 대비하다, 갖추어 놓고 기다리다, 대접하다, 대우하다, 모시다, 시중들다, 돕다, 거들다, 의지하다, 기대다, 더하다, 더해 주다.
- 民望(민망): 百姓들의 본보기.
- 沈猶行(심유행): 沈猶는 성으로 曾子의 弟子이다.
- 負芻(부추): 人名.

〈문법연구〉

- 盍去諸.

: 盒 또는 盍(덮을 합/어찌 아니할 합): 何不. 어찌~하지 않는가. 덮다, 합하다, 어찌 아니하다(何不 두 글자가 합쳐진 글자). 諸(어조사 제): 之乎의 뜻. 따라서 이 문장은 '何不去之乎'로 바꿀 수 있다.

여기서 '去之'의 '之'는 대명사로 '그곳/여기'를 나타낸다.

> 예) 微子去之 箕子 爲之奴 比干 諫而死. (論語)
> : 미자(微子)는 그곳을 떠나가고 기자(箕子)는 종이 되고 비간(比干)은 간하다가 죽었다.

· 無寓人於我室 毁傷其薪木.
: 문장이 본동사는 毁傷이다. 無는 이를 부정하는 조동사로 ~하지 말라. 寓人於我室은 전체문장 속에서 '이유/원인'을 나타내는 부사구 역할을 한다. 즉 '내 집에 사람을 들임으로 인하여(들여서)'라는 의미를 갖는다. 이렇듯 한문에서는 아무런 문장 성분 없이 문장 속에서 역할로 문법적 기능을 드러내는 경우가 많다.

· 殆於不可.
: 殆(태), '대개', '대체로', '거의', '아마~ 한 듯하다' 여기서는 '아마 ~한 듯하다'로 새긴다. 즉 '아마 불가한 듯합니다.'라는 의미.

08-31-02
子思居於衛 有齊寇 或曰寇至 盍去諸 子思曰 如伋去 君誰與守.

자사께서 위나라에 거처하실 적에, 제나라 도적이 침입하였는데, 혹자가 말하기를 <도적이 이르렀으니, 어찌 떠나지 않으시렵니까?>하니, 자사가 말했다. <만일 내가 떠나간다면 군주는 누구와 더불어 지킬 것인가?>

〈단어 및 어휘〉

· 子思(자사): 공자의 孫子로 이름은 伋(급), 子思는 字이다.

- 如(같을 여): 같다, 따르다, ~와 같다, ~또는, ~에 따라서, 만약, 그리고.
- 伋(생각할 급): 생각하다, 속이다, 거짓. 여기서는 자사의 이름으로 사용되었다.

〈문법연구〉

- 君誰與守.

: 誰는 의문대명사로 '누구', 원래는 개사 與(~과 함께)의 목적어로 개사 뒤에 위치해야 하지만 의문대명사이기 때문에 도치되었다. '군주는 누구와 함께 지키겠느냐'

08-31-03

孟子曰 曾子子思同道 曾子師也父兄也 子思臣也微也 曾子子思易地則皆然.

孟子께서 말씀하셨다. <曾子와 子思는 道를 같이 하니, 曾子는 스승이며 연장자요, 子思는 臣下며 微賤하였다. 曾子와 子思가 처지를 바꾸신다 하더라도 즉 모두 그렇게 하였을 것이다.>

〈단어 및 어휘〉

- 微(작을 미): 작다, 자질구레하다, 정교하다, 정묘하다, 자세하고 꼼꼼하다, 적다, 많지 않다, 없다, 어렴풋하다, 또렷하지 아니하다, 어둡다, 밝지 아니하다, 쇠하다, 賤也, 微賤. 여기서는 君主보다 낮은 地位, 곧 臣下를 의미한다.

下 32장

儲子曰 王使人瞷夫子 果有以異於人乎 孟子曰 何以異於人哉 堯舜
與人同耳.

儲子가 여쭈었다. <王이 사람으로 하여금 선생님을 엿보게 하니,
과연 사람들과 달리하심이 있으십니까?> 孟子께서 말씀하셨다.
<어찌 다른 사람과 다르겠는가? 堯舜도 사람과 같으시다.>

〈단어 및 어휘〉

· 儲(쌓을 저): 쌓다, 저축하다, 태자.
· 儲子(저자): 齊나라 사람으로 姓이 儲(저)이고 名은 未詳이다.
· 瞷(지릅뜰 한/엿볼 간): 한/눈을 치뜨다, 곁눈질하다, 간/엿보다.
  瞷(간) 竊視.
· 果(과실 과): 果然, 참으로 또는 생각한 대로, 과일, 굳세다, 결
  단성이 있다, 과연, 정말로.
· 有以(유이): ~이 있다, 방법이 있다, ~할 수 있다.
· 於(어조사 어): ~에, ~에게, ~로부터, ~보다도.

下 33장

齊人有一妻一妾而處室者 其良人出則必饜酒肉而後反 其妻問所與
飲食者則盡富貴也 其妻告其妾曰 良人出則必饜酒肉而後反 問其與

飲食者 盡富貴也 而未嘗有顯者來 吾將瞯良人之所之也 蚤起施從良
人之所之 徧國中 無與立談者 卒之東郭墦間之祭者 乞其餘不足 又
顧而之他 此其爲饜足之道也 其妻歸告其妾曰 良人者所仰望而終身
也 今若此 與其妾訕其良人而相泣於中庭 而良人未之知也 施施從外
來 驕其妻妾.

제나라 사람 중에 한 아내와 한 첩을 한 집에 두고 있는 자가 있
었는데, 그 남편이 나가면 반드시 술과 고기를 배부르게 먹은 이
후에 돌아왔다. 그 아내가 더불어 마시고 먹었던 바를 물으면 다
부(富)하고 귀(貴)한 자라 하였다. 그 첩에게 말하기를 '남편이 나
가면 반드시 술과 고기를 실컷 먹고 돌아오니, 그 함께 먹고 마신
자를 물으면, 모두 부귀한 자들인데, 일찍이 현달한 자가 찾아온
적이 없으니 내 장차 남편이 가는 곳을 엿보리라.'하고, 일찍 일어
나 남편이 가는 곳을 따라갔다. 장안을 두루 둘러도 더불어 말하
는 이가 없더니, 마침내 동쪽 城郭 무덤가의 제사 지내는 자에게
가서 그 남은 것들을 먹고 부족하면 또 돌아보고 딴 곳으로 가니,
이것이 그가 실컷 충족하는 방법이었다. 그 처가 돌아와 그 첩에
게 말하기를 '남편은 우러러보고 終身하여야 할 사람인데 지금 이
와 같다.' 하고는 그 첩과 더불어 그 남편을 힐난하며 뜰에서 서로
울고 있었으나, 남편은 그것을 모르고 잘난 체하며 밖으로부터 돌
아와서 그 처와 첩에게 교만하게 굴었다.

〈단어 및 어휘〉

· 良人(양인): 男便과 아내가 서로를 가리키는 말이다.
· 饜(포식할 염): 飽食. 여기서는 동사로 '~을 배부르게 먹는 것'을

말한다. 포식하다, 실컷 먹다, 물리다, 싫증을 느끼다, 흐뭇하다.

· 反(돌이킬 반/돌아올 반): 돌이키다, 돌아오다, 되돌아가다, 되풀
이하다, 반복하다, 뒤집다, 뒤엎다, 배반하다, 어기다(지키지 아
니하고 거스르다), 어긋나다, 반대하다, 歸家를 말한다.

· 盡(다할 진): 다하다, 완수하다, 극치에 달하다, 최고에 달하다, 다
없어지다, 사망하다, 죽다, 모든, 전부의, ~만, 다만 ~뿐, 모두.

· 與(줄 여/함께할 여/더불 여): 더불다(둘 이상의 사람이 함께하
다), 같이하다, 참여하다, 참여하다, 주다, 베풀어주다, 허락하다,
인정하다, 간여하다, 간섭하다, 돕다, 협조하다, 偕也. 함께.

· 顯者(현자): 世上에 드러난 사람. 有名 人士. 여기서는 부자.

· 瞷(엿볼 간/눈 부릅뜰 한): 竊視 몰래 엿보는 것 또는 살펴보는
것을 말한다. 간/엿보다, 보다, 한/지릅뜨다(고개를 수그리고 눈
을 치올려서 뜨다), 눈을 치뜨다, 곁눈질.

· 蚤起(벼룩 조/일어날 기): 早起와 같다. 蚤는 '일찍'이라는 의미
도 가진다.

· 施(베풀 시/자랑할 시/옮길 이): 베풀다(일을 차리어 벌이다, 도
와주어서 혜택을 받게 하다), 실시하다, 미치게 하다, 나누어 주
다, 뽐내다, 과장하다, '둘러간다'라는 뜻으로 음은 '이' 施(이)
迤也 비스듬히 가다, 바르지 아니하다. 따라서 施從(이종)이란,
비스듬히(邪施) 둘러서 들키지 않도록 尾行한다는 뜻이다.

· 徧(두루 변/두루 미칠 편): 두루 미치다(영향이나 작용 따위가
대상에 가하여지다), 두루 다니다, 두루 퍼지다, 널리 퍼져 있다,
널리 ~하다, 보편적)으로 ~하나, 두루, 遍也. 두루.

· 國(나라 국): 도시, 특히 都邑地를 指稱할 때가 많다. 國中은 國
都中으로 온 장안을 말한다. 따라서 徧國中(변국중)이란, 장안을

두루 돌아다니는 것을 말한다.

- 卒(마침 졸): 마치다, 죽다, 끝내다, 모두, 죄다, 갑자기, 별안간, 돌연히, 마침내, 드디어, 기어이, 무리(모여서 뭉친 한 동아리), 집단, 군사, 병졸, 遂也. '드디어, 마침내'
- 墦(무덤 번): 冢也, 塚也. 무덤. 따라서 墦間은 墓地의 사이를 말한다.
- 道(길 도): 方法, 技術.
- 訕(헐뜯을 산): 윗사람을 誹謗하다. 詈(리)也, 怨詈. 원망하면서 빗대어 꾸짖거나 욕하는 것을 말한다.
- 中庭(중정): 안마당.
- 施施(시시/이이): 의기양양한 모양, 음은 '시시' 또는 '이이'. 施施(이이)는 訑訑와 같다.

〈문법연구〉

- 齊人有一妻一妾而處室者.

: '有 A 者' 꼴로 'A 한 것/사람이 있다' '~有'는 '~중에(가운데)'로 해석하는 경우가 많다. 齊人有~者. 제나라 사람 중에 ~하는 자가 있다. 處室者에서 ~하는 자가 되어야 하므로 處室에 동사적 의미가 내포되어야 한다. 이때 處室은 室은 '아내의 房'이므로, 處室은 '아내와 함께 居處한다'라는 말이다. 결국 전체적인 내용은 '제나라 사람 중에 부인 한 명과 첩 한 명이 함께 거처하는 자가 있었다.'

- 其妻問所與飮食者則盡富貴也.

: 問~, '~을 묻다.' 뒤에는 명사형이 와야 하므로 '所與飮食者'는

명사형이다. 與는 '함께 ~을 하다.' 所~者 꼴로 '~한 자(것, 사람)', '所與飮食者' '함께 먹고 마신 사람. 그 처가 함께 먹고 마신 사람을 물으면 모두 부귀한 자였다.'

예) 此四德者 是婦人之所不可缺者 爲之甚易. (明心寶鑑)
: 이 네 가지 덕은 이는 부인이 빼놓을 수 없는 것이니 그것을 행하기가 매우 쉽다.

예) 吾之於人也 誰毁誰譽 如有所譽者 其有所試矣. (論語)
: 내가 남에 대해서 누구를 헐뜯고 누구를 칭찬하겠는가? 만약 칭찬하는 사람이 있다면 아마 시험한 것이 있어서일 것이다./其~矣: '아마 ~일 것이다'

예) 人病 舍其田而芸人之田 所求於人者 重 而所以自任者 輕. (孟子)
: 사람의 병통은 그 밭을 버리고 남의 밭을 김매는 것이니, 남에게 구하는 것은 중하고 스스로 책임지는 것은 가볍다.

· 未嘗有顯者來.

: 未嘗有~ '여태까지 ~한 적이 없다.' 뒤에는 동사나 동사구가 올 수 있다. 顯者는 부자를 의미. 즉 顯者來. 부자가 오다. 未嘗有顯者來. '여태까지 부자가 온 적이 없다.'

예) 有殘賊竊盜者 則聲罪而斷首 有叛負亡逸者 則擒獲而正法. (洪聖源註/千字文)
: 사람을 해치거나 절도하는 자가 있으면 그 죄를 성토하여 머리를 베고, 배반하거나 도망하는 자가 있으면 사로잡아 법을 바로잡는다.

· 吾將瞯良人之所之也: 之는 主格助詞. 所之는 간 곳.

· 良人者所仰望而終身也.

: 所~, '~하는 사람.' 뒤의 '仰望而終身(우러러보며 평생을 함께
할)'에 걸린다. 남편이란 사람(良人者)은 우러러 바라보(仰望)며(而)
평생을 함께할(終身) 사람(所)이다(也).

08-33-02

由君子觀之 則人之所以求富貴利達者 其妻妾不羞也 而不相泣者幾
希矣.

군자의 입장으로 말미암아 살펴보건대 지금 사람 중에 부귀와 영
달을 구하는 자들은 그 처와 첩이 부끄러워 않고 또 서로 울지 않
는 자는 거의 없을 것이다.

〈단어 및 어휘〉

· 由(말미암을 유): ~부터. 즉 위의 '齊人의 이야기로부터'라는 의
  미이다.
· 所以(소이): ~하는 바, ~하는 방법.
· 利達(리달): 榮達과 같다.
· 希(바랄 희): 바라다, 동경하다, 희망하다, 사모하다, 앙모하다,
  드물다, 성기다(물건의 사이가 뜨다, 稀와 통용. '드물다', '적다'
  라는 뜻.
· 幾希(기희): 幾는 庶幾로 거의, 希는 稀也로 稀有이다.

萬章章句 上

凡九章

上 1장

09-01-01

萬章問曰 舜往于田 號泣于旻天 何爲其號泣也 孟子曰怨慕也.

萬章이 물었다. <舜임금이 밭에 가서 하늘을 우러러 울부짖으며 우셨다는데, 어째서 그 울부짖으며 우신 것입니까?> 孟子께서 말씀하셨다. <자신이 원망스럽고 부모를 흠모하였기 때문이다.>

〈단어 및 어휘〉

· 萬章(만장): 齊나라 사람으로 孟子의 弟子이다.

· 于(어조사 우): 於也. ~에서, ~로부터.

· 號泣(호읍): 부르짖으면서 우는 것.

· 旻(하늘 민): 하늘, 가을 하늘, 불쌍히 여기다.

· 旻天(민천): 朱子는 旻을 '불쌍히 여기다'로 해석하여 旻天을 '세

상을 불쌍히 여기는 하늘'로 풀이하였고, 趙岐는 '가을 하늘'로 풀이하였다.

·何爲(하위): 어찌하여, 무엇 때문에.

·怨慕(원모): 자신을 탓하고 부모를 그리워하는 마음.

09-01-02

萬章曰 父母愛之 喜而不忘 父母惡之 勞而不怨 然則舜怨乎 曰長息 問於公明高曰 舜往于田則吾旣得聞命矣 號泣于旻天 于父母則吾不 知也 公明高曰 是非爾所知也 夫公明高 以孝子之心爲不若是恝 我 竭力耕田 共爲子職而已矣 父母之不我愛 於我何哉.

萬章이 말하였다. <부모가 사랑하시거든 기뻐하고 잊지 말며, 부모가 미워하시거든 노력하되 원망하지 말아야 하니, 그렇다면 舜께서는 원망하셨습니까?> 孟子께서 말씀하셨다. <長息이 公明高에게 묻기를 '舜께서 밭에 가신 것은 내 이미 가르침을 들었거니와 旻天과 父母에게 號泣한 것은 제가 알지 못하겠습니다.' 하니, 公明高가 말하기를 '이는 네가 일 바가 아니다.' 하였으니, 무릇 공명고는 효자의 마음으로서 이처럼 근심이 없을 수 없다(무관심할 수 없다)고 여겼던 것이다. (그러니) 내가 힘을 다하여 밭을 갈아, 자식 된 직분을 다해서 바칠 뿐이니, 부모가 나를 사랑하지 않는 것을 나에게 있어 어찌 할 수 있겠는가?>

〈단어 및 어휘〉

·惡(싫어할 오): 嫌也, 不好. 미워하다.

·勞(일할 노): 일하다, 힘들이다, 애쓰다, 지치다, 고달프다, 고단

하다(몸이 지쳐서 느른하다), 괴로워하다, 근심하다(속을 태우거
나 우울해하다), 수고롭다, 위로하다, 竭力, 盡力. 힘써 노력하는
것, 애쓰는 것.

· 長息(장식): 公明高의 제자.

· 公明高(공명고): 曾子의 제자.

· 命(목숨 명): 목숨, 생명, 명령, 규정, 말, 언약, 하늘의 뜻, 가르
침, 명령하다, 가르치다, 운명. 여기서는 가르침이나 말로 해석.

· 得(얻을 득): 얻다, 만족하다, 적합하다, 깨닫다, 알다, 할 수 있
다, 해야 한다.

· 是(이 시/바를 시): '이것'이란 다음에 오는 '我竭力耕田 共爲子
職而已矣 父母之不我愛 於我何哉'를 指稱한다.

· 爾(이 이): 汝也. 二人稱代名詞로 '너'를 말한다.

· 恝(걱정 없을 개/여유 없을 괄): 개/걱정 없다, 근심 없다, 괄/여
유가 없다, 소홀히 하다. 여기서는 '無愁之貌/걱정 근심이 없는
모양'이라고 해석해도 '소홀히 하다' 정도로 해석해도 그 뜻은
모두 통한다.

· 而已矣(이이의): ~할 뿐이다, 而已는 한정 矣는 어기를 강화하
는 작용을 한다.

· 共(함께 공): 함께, 함께하다, 같게 하다, 공손하다, 바치다, 향하
다, 팔짱 끼다. 共恭敬, 供也.

〈문법연구〉

· 舜往于田則吾旣得聞命矣.
:~則 '~함은', '~은'으로 주어구를 나타내는 개사. 여기서 命(명)

은 諭也, '깨닫게 되다.' 따라서 聞命이란, '들어서 알다'라는 말이다.

· 夫公明高 以孝子之心爲不若是恝.
: 夫(부) '저' 또는 大抵(대체로 보아서)의 발어사로도 볼 수 있다.
以~爲~, '~을 ~라 여기다.' 공명고(公明高)는 효자의 마음(孝子之
心)을(以) 이렇게(是) 근심 없는/관심 없는(恝) 것(若)처럼(으로) 여기
지는(爲) 않는다(不).

09-01-03
帝使其子九男二女 百官牛羊倉廩備 以事舜於畎畝之中 天下之士 多
就之者 帝將胥天下而遷之焉 爲不順於父母 如窮人無所歸.

堯임금께서 그 자식들 9남 2녀로 하여금 百官과 牛羊과 倉廩을
갖추어 舜을 畎畝의 가운데서 섬기게 하시니. 천하의 선비들이 순
임금에게 몰려왔으므로, 이에 堯임금께서는 천하의 인심을 살펴
서 그에게 (帝位를) 물려주려 하였으나, (舜은) 부모에게 不順하여
窮塞한 이가 돌아갈 데가 없는 듯이 하였다.

〈단어 및 어휘〉

· 事(일 사/섬길): 恭敬. 즉 섬기는 것을 말한다.
· 廩(곳집 름): 곳집, 창고, 녹미, 저장하다.
· 畝(이랑 무/이랑 묘): 무/이랑, 밭두둑, 사방 백 보의 넓이, 묘/이
랑, 밭의 넓이.
· 畎畝(견무) 畎은 밭도랑, 畝는 밭이랑. 여기서는 田野.
· 胥(서로 서): 서로, 모두, 보다, 기다리다, 잠깐, 아전. 胥(서) 相

視. 觀察. 엿보다, 살펴보다.

- 將(장수 장): 장수, 거느리다, 장차, ~하려 하다, 원하건대, 행하다, 나아가다.
- 遷(옮길 천): 遷位. 즉 天子의 자리를 禪讓하는 것을 말한다.
- 順(따를 순): 和也. 和順. 부모에게 사랑받는 것.

〈문법연구〉

- 帝使其子九男二女 百官牛羊倉廩 備 以事舜於畎畝之中.

: 使~ 以~, '~로 하여금 ~하게 하다.' 결과의 以라고 할 수 있다. 즉 여기에는 대명사 之가 생략되었는데 대명사 之는 앞의 내용 '帝使其子九男二女 百官牛羊倉廩'을 받는다. 또 '百官牛羊倉廩 備'에서 百官牛羊倉廩가 주어가 되고 備는 동사가 된 형태이다. 즉 百官牛羊倉廩 備를 '백관과 우양과 창고를 갖추다.'라고 해석하여 '百官牛羊倉廩'을 동사 '備'의 '목적어'인 것으로 해석하지만 문법적으로는 百官牛羊倉廩이 주어이고 備가 동사인 형태이다. 따라서 해석은 '百官牛羊倉廩이 갖추어지다(備)'이다. 물론 해석 시에는 百官牛羊倉廩을 備의 목적어로 보고 해석하는 것이 부드럽다.

09-01-04

天下之士悅之 人之所欲也 而不足以解憂 好色人之所欲 妻帝之二女 而不足以解憂 富人之所欲 富有天下 而不足以解憂 貴人之所欲 貴爲天子 而不足以解憂 人悅之 好色 富貴 無足以解憂者 惟順於父母 可以解憂.

(자기에 대해서) 천하의 선비들이 기뻐하는 것은 사람들이 바라는 바인데도, (그것으로도 순임금의) 근심을 족히 풀어줄 수 없었고,

미인을 얻는 것은 사람들이 바라는 바인데, 장가 들기를 요임금의 아름다운 두 딸로 하였어도, 족히 근심을 풀어줄 수 없었고, 부유한 것은 사람들이 바라는 바인데, 부유하길 온 천하를 차지하였어도 족히 근심을 풀어줄 수 없었고, 귀해지는 것은 사람들이 바라는 바인데, 귀하게 되길 천자가 되고서도 족히 근심을 풀어줄 수가 없었다. 사람들이 기뻐하는 것과 미색, 부(富)와 귀(貴)도 족히 순임금의 근심을 풀어주지 못했지만, 오직 부모에 순응하는 것만이 가히 근심을 풀어줄 수 있는 것이었다.

〈단어 및 어휘〉

· 悅(기쁠 열): 기쁘다, 기뻐하다, 심복하다(마음속으로 기뻐하며 성심을 다하여 순종하다), 사랑하다, 기쁨.
· 解(풀 해): 풀다, 벗다, 깨닫다, 설명하다, 풀이하다, 가르다, 분할하다, 떼어내다.
· 憂(근심 우): 근심, 걱정, 질병, 고통, 괴로움, 환난, 친상, 상중, 근심하다(속을 태우거나 우울해하다), 걱정하다, 애태우다, 고생하다, 괴로워하다, 두려워하다.
· 解憂(해우): 근심이 풀리는 것. 또는, 근심을 푸는 것.
· 足以(족이): 하기에 족하다.
· 可以(가이): 가능하다, 할 수 있다, 해도 좋다.

〈문법연구〉

· 天下之士悅之.
: 天下之士悅之는 직역하면 '천하의 선비들이 그를 기뻐해하다'이

다. 문법적으로 '기뻐해하다'라는 어색한 표현이지만 의미상으로는 '천하 선비들이 그를 기쁘게 여기다/천하 선비들이 그를 좋아하다' 정도의 의미이다. 悅之의 之는 대명사로서 '그'이며 여기서는 '순임금/또는 자신'을 나타낸다.

09-01-05

人 少則慕父母 知好色則慕少艾 有妻子則慕妻子 仕則慕君 不得於君 則熱中 大孝 終身慕父母 五十而慕者 予於大舜見之矣.

사람은 어렸을 때에는 즉 부모를 사모하다가, 異性을 알게 되면 즉 미인을 사모하고, 처자가 있게 되면 즉 처자를 사모하고, 벼슬을 하게 되면 군주를 사모하고, 군주에 들지 못하게 되면 즉 마음이 달아오르게 마련이다. 대효(大孝)는 평생토록 부모를 사모하는 것이다. 나이 50이 되어서도 부모를 사모한 이를 나는 위대한 순임금에게서 보았다.

〈단어 및 어휘〉

· 慕(그릴 모): 그리다, 사랑하는 마음으로 간절히 생각하다, 그리워하다, 사모하다, 높이다, 우러러 받들어 본받다, 바라다, 원하다.
· 艾(쑥 애): 쑥, 그치다, 기르다, 아름답다. 艾(애) 美貌, 예쁘다.
· 少艾(소애): 예쁜 소녀.

〈문법연구〉

· 予於大舜 見之矣.
: 일종의 도치 용법. '나는 대순에게서 그것을 보았다.'

上 2장

09-02-01

萬章問曰 詩云娶妻如之何 必告父母 信斯言也 宜莫如舜 舜之不告
而娶 何也 孟子曰 告則不得娶 男女居室 人之大倫也 如告則廢人之
大倫 以懟父母 是以不告也.

萬章이 물었다. <『詩經』에 이르기를 '妻를 얻어 장가 들기를 어찌해
야 하는가? 반드시 부모에게 아뢴다.' 하였으니, 이 말을 믿는다면
마땅히 舜과 같아서는 아니 될 듯합니다. 舜이 아뢰지 않고 장가든
것은 어째서 입니까?> 孟子께서 말씀하셨다. <고하면 장가들 수 없
었기 때문이었다. 남녀가 한 집에 거처하는 것은 사람의 크나큰 윤
리인데, 만일 고하면 즉 사람의 크나큰 윤리가 폐(廢)하게 되고, 이
로써 부모를 원망하게 될 것이다. 이러므로 고하지 않으신 것이다.>

〈단어 및 어휘〉

· 娶(장가들 취): 장가들다, 아내를 취하다.
· 不得(부득): 얻을 수 없다, 할 수 없다.
· 男女居室(남녀거실): 夫婦가 함께 居하는 것을 말한다.
· 如(같을 여): 같다, 비슷하다, 어찌, 만일, 마땅히 ~해야 한다.
· 懟(원망할 대): 원망하다, 고민하다, 근심하다. 懟(대) 讎怨, 怨望.

〈문법연구〉

· 必告父母 信斯言也.
: '반드시 부모에게 고해야 하는 것은 이 말은 진정함이라.' 일종

의 도치로서 강조하는 문구를 앞으로 도치시킴. 또 뒤의 信斯言也의 信은 '진정으로'라는 부사.

· 宜莫如舜.
: '마땅히 순과 같아서는 안 된다.' 莫 금지의 경우. '~해서는 안 된다', '~하지 말라'

· 廢人之大倫 以懟父母.
: 以 다음에 대명사 之의 생략. 之는 앞의 廢人之大倫을 받는다. 따라서 이 문장의 해석은 '廢人之大倫를 이유로 부모를 원망하다'라는 의미가 된다.

09-02-02
萬章曰 舜之不告而娶則吾旣得聞命矣 帝之妻舜而不告 何也 曰帝亦知告焉則不得妻也.

萬章이 말하였다. <舜께서 아뢰지 않고 장가든 것은 제가 이미 가르침을 들었거니와, 堯임금께서 舜에게 시집보내면서 아뢰지 않은 것은 어째서입니까?> 孟子께서 말씀하셨다. <堯임금 역시 아뢰었다면 시집보낼 수 없었음을 아셨기 때문이다.>

〈단어 및 어휘〉

· 命(목숨 명): 목숨, 생명, 명령, 말, 가르침, 명령하다, 가르치다. 命(명) 教諭. 가르침.
· 聞命(문명): 들어서 알다.

・妻(아내 처): 아내, 시집보내다, 아내로 삼다. 사위로 삼는다는 말이다.

・焉(어찌 언): 어찌, 이에, 곧, 그래서, 이, 여기, ~인가, ~인 것이다.

09-02-03

萬章曰 父母使舜完廩捐階 瞽瞍焚廩 使浚井 出 從而揜之 象曰 謨 蓋都君 咸我績 牛羊父母 倉廩父母 干戈朕 琴朕 弤朕 二嫂 使治 朕棲 象往入舜宮 舜在牀琴 象曰鬱陶思君爾 忸怩 舜曰惟茲臣庶 汝其于予治 不識 舜不知象之將殺己與 曰奚而不知也 象憂亦憂 象 喜亦喜.

萬章이 말하였다. <부모가 순임금으로 하여금 창고를 고치게 해 놓고서 사다리를 치워 버리고, 고수는 창고에 불을 질렀습니다. 우물을 파게 하고서 나오는데 묻어 버렸습니다. 象이 말하기를 '순임금(都君)을 묻어버린 것은 내 공적이로다. 소와 양은 부모님 것이고 곡식 창고도 부모님의 것이며, 방패와 창은 내 것이고 가야금도 내 것이며 활(弤)도 내 것이며, 두 형수로 하여금 내 잠자리를 돌보게 하리라.'라 하고, 상이 가서 순임금의 궁에 들어가니, 순임금이 평상에서 가야금을 타고 있었으므로, 상이 말하기를, '형이 그립고 궁금하고 답답하여 왔을 뿐입니다.'라 하며, 부끄러워하며 계면쩍어하니, 순임금이 말하기를 '오직 이제부터는 여러 신하들을 나와 함께 다스리자'라고 하셨다 하니, 알지 못하겠습니다. 舜은 장차 象이 자신을 죽이려 한 것을 모르셨습니까?> 孟子께서 말씀하셨다. <어찌 알지 못하셨겠는가마는, 象이 근심하면 또한 근심하시고, 象이 기뻐하면 또한 기뻐하신 것이다.>

〈단어 및 어휘〉

· 完(완전할 완): 완전하다, 온전하다, 지켜서 보전하다, 다스리다,
수선하다, 끝내다, 일을 완결 짓다, 完成시키다.

· 廩(곳집 름): 倉庫, 곳집.

· 捐(버릴 연): 버리다, 없애다, 주다, 기부하다. 去也, 棄也. 除去. 치우다.

· 階(섬돌 계): 섬돌(집채의 앞뒤에 오르내릴 수 있게 놓은 돌층계),
층계, 한 계단, 품계, 벼슬 차례, 사다리, 梯也. 사다리를 말한다.

· 瞽: 소경 고.

· 瞍: 소경 수.

· 浚(깊을 준): 깊다, 깊게 하다, 바닥을 치우다. 治井, 浚渫. 우물
치는 것을 말한다.

· 從(따를 종): 이어서, '우물을 파고 나오게 하고서 뒤이어 또'라
는 뜻이다. 就也. 나아가다, 좇아가다.

· 揜(가릴 엄): 蓋也. 가리다. 덮다.

· 象(코끼리 상): 舜의 異腹同生.

· 謨(꾀 모): 꾀, 계책, 그릇의 이름, 꾀하다, 계획하다, 속이다, 없
다, 謀也. 圖謀이다.

· 都君(도군): 舜을 指稱함.

· 咸(다 함): 다(남거나 빠진 것이 없이 모두), 모두, 소금기, 짜다,
소금기가 있다, 두루 미치다(영향이나 작용 따위가 대상에 가하
여지다), 널리 미치다, '모두'의 뜻.

· 績(길쌈할 적): 길쌈하다, 삼다, 잇다, 성과, 일, 공적. 功也. 功績
이다.

· 朕(나 짐): 自稱. 予也. '나'

· 弤(붉은 칠한 활 저): 琱弓. 붉은 옻칠을 한 활. 또는 그림을 새겨 넣은 활을 말한다.
· 棲(깃들일 서): 깃들이다, 살다, 거처하다, 쉬다, 휴식하다, 쌓다, 저장하다, 집, 보금자리, 평상, 침상, 바쁜 모양, 床也, 寢牀. 보금자리, 잠자리.
· 牀: 평상 상.
· 鬱陶(울도): 마음이 답답하게 근심함, 찌는 듯한 더위. 매우 그리워서 사무치는 狀態. 思慕함이 甚하여 氣分이 鬱寂한 것을 말한다.
· 忸(익을 뉴/부끄러워할 뉵): 여기서는 '부끄러워하다'의 뜻.
· 怩: 부끄러워할 니.
· 忸怩赧色(뉵니난색): 얼굴을 붉히면서 부끄러워하다, 겸연쩍어하다.
· 惟(생각할 유): 생각하다, 사려 하다, 늘어세우다, 마땅하다, 들어맞다, ~이 되다, 오직, 오로지, 오직, 홀로, 생각건대, ~와(접속사), ~으로써, 때문에, 예, 思慮. 떠오르다. 생각하다.
· 玆(이 자/검을 현): 이, 이에, 여기, 이때, 지금, 검다, 흐리다. 현/검다, 흐리다 (현).
· 臣庶(신서): 百官을 뜻한다.
· 其(그 기): 그, 그것, 만약, 만일, 아마도, 혹은(그렇지 아니하면), 어찌, 어째서, 장차, 바야흐로, 이미, 마땅히, 이에, 그래서, 기약하다, 가벼운 命令을 나타낼 때 쓰는 調音素.
· 于(어조사 우): ~에서, ~부터, ~까지, 향하여 가다
· 奚(어찌 해): 어떻게 해서, 而의 앞에 있으므로 述語의 性格을 갖는다.
· 奚而(해이): 어찌하여, 어째서.

〈문법연구〉

· 汝其于予治.

: '너는 나를 위하여 다스려라.' 于에는 於, 爲와 같은 용법이 있다.
여기서는 '~를 위하여'라는 목적격 개사로 쓰였다.

· 不識.

: 한문에서 종종 나오는 표현으로 '~인지 모르겠습니다만' 이라는
양보절 의미. 또는 不識~與? 꼴로 '~을 몰랐을까요?' 라고 해석할
수 있다. 즉 舜은 象이 자기를 죽이려 한다는 것을 몰랐을까요?

예) 然則廢釁鐘與 曰 何可廢也 以羊易之 不識 有諸. (孟子)
: 그렇다면 종의 틈을 바르는 것을 폐지하오리까?' 하니, (왕이)
말하기를, '어찌 폐지할 수 있겠는가? 양으로 바꾸어 쓰라.'라고
하셨다는데 잘 알 수가 없습니다마는 그런 일이 있었습니까.

예) 孔子曰 於斯時也 天下殆哉岌岌乎 不識 此語 誠然乎哉. (孟子)
: 공자께서 '이때는 천하가 매우 위태로웠다. 하셨다' 하니, 알지
못하겠습니다. 이 말이 사실입니까.

09-02-04

曰然則舜僞喜者與 曰否 昔者有饋生魚於鄭子産 子産使校人 畜之池
校人 烹之 反命曰始舍之 圉圉焉 少則洋洋焉 攸然而逝 子産曰得其
所哉 得其所哉 校人出曰孰謂子産智 予旣烹而食之 曰得其所哉 得
其所哉 故君子可欺以其方 難罔以非其道 彼以愛兄之道來 故誠信而
喜之 奚僞焉.

말하기를, <그렇다면 순임금은 거짓으로 기뻐하신 것입니까?> 말
씀하시기를, <아니다. 옛적에 살아있는 물고기를 정나라 자산(子

産)에게 준 사람이 있었는데, 자산이 교인(校人-연못을 맡은 아전)
으로 하여금 연못에 기르게 하였다. 교인이 삶아 먹고 복명하여
말하기를, '처음에 물고기를 연못에 놓았을 때는 어릿어릿하더니
조금 있다가 점점 활기를 찾아, 힘차게 헤엄쳐 멀리 갔습니다.'라
하니, 자산 왈: '그 살 곳을 얻었도다! 그 살 곳을 얻었도다!'라 하
였는데, 교인이 나오며 왈: '누가 자산을 지혜롭다 하는가? 내 이
미 삶아 먹었는데도 살 곳을 얻었도다! 살 곳을 얻었도다!'라고 하
는구나. 고로 군자를 가히 그 방도로서 속일 수야 있겠지만, 그 도
(道)가 아닌 것으로서는 속이기가 어려운 것이다. 象이 형을 사랑
하는 도(道)로서 왔기 때문에, 참으로 믿고 기뻐하신 것이지, 어찌
순임금이 거짓으로 그랬겠는가?>

〈단어 및 어휘〉

· 與(줄 여/함께할 여): 歟也. 어조사.
· 畜(쌓을 축/기를 휵): 축/짐승, 가축, 쌓다, 모으다, 휵/기르다, 양
  육하다.
· 饋(음식을 보낼 궤/권할 궤/먹일 궤/선물할 궤): 보내다, (음식
  을) 권하다, 먹이다, 식사, 선사하다, 보내준 음식이나 물.
· 校人(교인): 연못 등을 관장하는 관리. 연못지기.
· 反命(반명): ①사신으로 갔다가 돌아와서 보고함. 復命 ②명령에
  복종하지 아니함.
· 舍(집 사/버릴 사): 집, 가옥, 여관, 버리다, 포기하다, 폐하다, 내
  버려 두다, 바치다, 베풀다(일을 차리어 벌이다), '놓아준다'라는
  뜻. 捨也. 放生.

- 圉(마부 어): 마부, 마구간, 감옥, 몸이 괴로운 모양, 마부 어, 어릿어릿할 어.
- 圉圉焉(어어언): 힘이 없어 비실비실하는 모양.
- 洋洋焉(양양언): 힘이 나서 생기 있는 모양.
- 攸(바 유): 바, 곳, 장소, 처소, 이, 이에, 달리다, 빠르다, 아득하다, 위태롭다, 오래다, 장구하다, 달릴 유.
- 攸然(유연): ①빨리 달리는 모양, 헤엄치는 모양 ②태연한 모양, 침착하고 여유 있는 모양.
- 欺(속일 기): 속이다, 업신여기다, 보기 흉하다, 추하다, 거짓, 허위, 기만, 欺罔. 속이는 것을 말한다.
- 方(모 방): 모, 네모, 방위, 장소, 도리, 의리, 본뜨다, 모방하다, 바르다, 대등하다.
- 罔(그물 망): 그물, 없다, 속이다, 어둡다.
- 難罔(난망): 속이기 어려움.
- 誠信(성신): 진실로 믿음.

〈문법연구〉

- 子産使校人 畜之池.

: 子産은 인명, 使는 사역동사로 '뒤의 명사로 하여금 동사 하게 하다.' 校人은 연못지기, 畜은 동사로서 '기르다.' 之는 앞에 나온 물고기를 받는 대명사이고 池는 기르는 장소이다.

- 校人出曰孰謂子産智.

: 曰~은 '~(을)를 말하다', '~라 하다'. 謂는 '~을 ~라 이르다',

'~라 (평가)다'로 해석할 수 있다. 孰謂子産智는 '누가 자신을 지혜롭다 했는가' 정도로 해석된다.

• 君子可欺以其方, 難罔以非其道.

: 方은 여기서는 '道理'를 말한다. 罔(망)은 '속이는 것'으로 앞의 欺와 의미가 같다. 하지만 한문에서는 같은 말의 반복을 꺼리므로 罔을 사용했다. 전체적인 해석은 '도리로서는 속일 수 있으나, 도리가 아닌 것으로는 속이기가 어렵다'라는 말이다. 그리고 여기서 속이는 대상은 바로 '君子'이다. 이처럼 가능동사는 앞에 목적어가 오는 경우가 많다. 하지만 '可以'를 사용하면 주어가 앞에 온다.

上 3장

09-03-01

萬章問曰 象日以殺舜爲事 立爲天子則放之 何也 孟子曰封之也 或曰放焉.

萬章이 물었다. <象이 날마다 舜을 죽이려는 것을 일삼았거늘, 즉위하여 天子가 되어서는 그를 추방한 것은 어째서입니까?> 孟子께서 말씀하셨다. <그를 封해주었는데, 或者들이 '추방하였다.'라고 하는 것이다.>

〈단어 및 어휘〉

• 放(놓을 방): 置也. 放置이다. 즉 한곳에 留置시켜 떠나지 못하게 함, 또는 追放의 뜻이 있다.

- 或(혹 혹/나라 역): 誰人. 어떤 사람.
- 焉(어찌 언/어조사 언): 어찌, 어떻게, 어디, 어디에, 보다, ~보다 더, 이에, 그래서, 이(지시대명사), ~느냐, ~도다, 그러하다, ~와 같다, 문장 끝에서 쓰이는 경우 '於+是/之/彼'와 같은 역할을 하는 경우가 많다.

〈문법연구〉

- 象日以殺舜爲事.
: 한문에서 日이 부사로 사용되는 경우 '날마다', '매일'이라는 의미를 갖는다.

- 或曰放焉.
: 或曰~, '혹자는~라 말한다.' 放焉은 '放+於+之'로 대체하여 '그곳에서 추방하다(방치하다)'로 해석할 수 있다. 하지만 문장의 끝에 위치하는 단순한 종결사로 보아도 무방하다.

09-03-02

萬章曰 舜流共工于幽州 放驩兜于崇山 殺三苗于三危 殛鯀于羽山 四罪而天下咸服 誅不仁也 象至不仁 封之有庳 有庳之人 奚罪焉 仁人 固如是乎 在他人則誅之 在弟則封之 曰仁人之於弟也 不藏怒焉 不宿怨焉 親愛之而已矣 親之 欲其貴也 愛之欲其富也 封之有庳 富貴之也 身爲天子 弟爲匹夫 可謂親愛之乎.

萬章이 말하였다. <순임금이 공공(共工)을 유주에 유배 보내고, 환두(驩兜)를 숭산으로 내쫓고, 삼묘(三苗)를 삼위에서 죽이고, 곤을

우산에서 베어 죽였습니다. 네 사람을 죄로 다스리니 온 천하가 다 복종하게 되었습니다. 어질지 않은 이를 죽인 것입니다. 상은 지극히 어질지 못한데도 유비 땅에 제후로 봉하였으니, 유비의 사람이 어찌 죄가 있겠습니까? 어진 사람도 진실로 이처럼 다른 사람이면 죽이고, 아우이면 제후에 봉한단 말입니까.> (孟子께서) 말씀하시기를 <仁한 사람은 아우에게 있어 노여움을 감추지 아니하며, 원망을 묵혀두지 아니하고, 親愛할 뿐이다. 친히 한다면 그 貴해지기를 바라는 것이요, 사랑한다면 그 부유해지기를 바랄 것이니, 유비에 봉한 것은 부유하게 하고 존귀하게 해 준 것이다. 자신은 천자가 되었는데도 아우는 그대로 필부가 된다면 가히 친애(親愛)한다고 말할 수 있겠는가?>

〈단어 및 어휘〉

- 流(흐를 류): 흐르다, 번져 퍼지다, 전하다, 방랑하다, 떠돌다, 흐르게 하다, 흘리다, 거침없다, 귀양 보내다, 흐름, 사회 계층, 갈래, 분파, 流配. 즉 귀양 보내는 것을 말한다.
- 共工(공공): 본래 官名이나 堯帝 때 驩兜(환두)와 함께 나쁜 일을 꾸민 사람을 뜻한다.
- 驩(기뻐할 환): 기뻐하다, 말의 종류.
- 兜(투구 도): 투구, 쓰개, 도솔천.
- 殺(죽일 살): 塞也. 追放하여 한 곳에 가두어 두는 것을 말한다.
- 苗(모 묘): 모, 모종, 남방 오랑캐 종족 명.
- 三苗(삼묘): 國名이다.
- 殛(죽일 극): 죽이다, 사형에 처하다, 誅也. 誅責. 罪人을 죽이는 것.

- 鯀(곤어 곤): 곤어, 사람 이름. 人名으로 禹王의 父를 말한다.
- 誅(벨 주): 베다, 책하다, 치다, 덜다, 형벌, 處罰.
- 痺(낮을 비): 낮다, 키가 작다, 낮다, 짧다. 有痺는 地名이다.
- 固(굳을 고): 굳다, 단단하다, 굳어지다, 굳히다, 완고하다, 고루하다, 우기다(억지를 부려 제 의견을 고집스럽게 내세우다), 가두다, 감금하다, 本來. 본디, 처음부터. 부사적 용례이다.
- 在(있을 재): 有也, 察也. 있다, 살피다.
- 宿(잘 숙/별 수): (잠을) 자다, 숙박하다, 묵다, 오래 되다, 나이가 많다, 한 해 묵다, 지키다, 찾아 구하다, 머물게 하다. 즉 속 깊이 품는다는 말이다.

〈문법연구〉

- 封之有痺.

'封 A B' 'A를 B로 봉하다.' 또는 '～에 봉하다.' 목적어와 목적격 보어의 구문이다. 여기서 '有痺'가 고유 명사인지 아닌지를 파악하는 것이 해석의 초점이 된다. 일반적으로 한문에서 고유명사를 파악하는 일이란 간단하지 않다. 결국, 多讀을 통하여 한문 지식의 저변을 넓혀가야 하겠지만 좀 더 고급 한문 해석을 위해서는 고유명사임을 파악하는 것은 전후 문맥이나 다른 문장에서 사용되는 경우 등으로 유추하여 판단할 수 있어야 한다.

09-03-03

敢問 或曰放者何謂也 曰象不得有爲於其國 大子使吏治其國而納其貢稅焉 故謂之放 豈得暴彼民哉 雖然 欲常常而見之 故源源而來 不及貢 以政接于有痺 此之謂也.

감히 묻겠습니다. <어떤 사람들은 추방하였다고 하는데 무엇을 말함입니까?> 孟子께서 말씀하셨다. <상이 그 나라에 다스려냄이 있지 못하자, 천자가 관리로 하여금 그 나라를 다스리게 하고 그 세금을 상에게 바치게 했기 때문에, 이것을 추방했다고 말한 것이다. 어찌 저 백성들에게 포학하게 할 수 있었겠느냐? 비록 그러나 언제든지 만나보고자 하였으므로 끊임없이 오게 하셨으니, '朝貢에 미치지 아니하여 政事로써 有庳의 군주를 접견하였다.' 하였으니, 이를 두고 한 말이다.>

〈단어 및 어휘〉

· 爲(할 위): 여기서는 治(다스리다)와 같다.

> 예) 凡爲天下國家 有九經 所以行之者 一也. (中庸)
> : 무릇 천하와 국가를 다스리는 데에는 아홉 가지 법이 있는데 이를 행하는 방법은 하나이다.

> 예) 彼小人之使爲國家 菑害並至. (大學)
> : 저러한 소인에게 국가를 다스리게 하면 재앙과 피해가 아울러 이를 것이다.

· 雖然(수연): 비록 그렇다 해도, 그렇지만.
· 常常(상상): 종종, 늘, 항상, 終始, 늘.
· 源(근원 원): 근원, 기원, 출처, 수원(물이 발원하는 곳), 발원지.
· 源源(원원): 연이어 끊이지 않는 모양.
· 貢(바칠 공): 바치다, 이바지하다, 천거하다, 고하다, 공물(신령이나 부처 앞에 바치는 물건), 구실(고대 중국 하나라 때의 세법), 朝貢이다.

〈문법연구〉

· 豈得暴彼民哉.

: 해석은 '어찌 백성에게 횡포하게 할 수 있겠는가?'로 반문법이다. '어찌 ~할 수 있겠는가?', 즉, '~할 수 없었다.'

· 故謂之放과 此之謂也.

: 謂之과 之謂의 차이는 謂之는 '之를(은/는/가) ~이라 한다'이고, ~之謂는 '~을 말한다.'이다. 또 특징 중의 하나는 謂之는 앞에 나온 내용을 다시 '之'로 받아 '그것을 ~라 한다'라는 경우가 대부분이다. 본문의 해석은 故謂之放은 '그래서 이것(之)을 추방이라고 한다.'이고, 此之謂也은 이것(此)을 말한다. 즉 후자는 목적어를 전치시킨 꼴이라 할 수 있다.

예) 孔子曰 侍於君子有三愆 言未及之而言 謂之躁 言及之而不言 謂之隱 未見顏色而言 謂之瞽. (論語)
: 공자께서 말씀하셨다. '군자를 모시는데 실수하기 쉬운 잘못이 셋이 있다. 윗사람의 말이 끝나지 않았는데 말하는 것은 조급함이라 하고, 윗사람이 말했음에도 대꾸를 하지 않는 것은 속을 감추는 것이라 하며, 윗사람의 안색을 살피지 않고 함부로 말하는 것을 소경이라 한다.' 謂之의 之는 각각 앞 문장 言未及之而言, 言及之而不言, 未見顏色而言을 받아 '그것을 ~라 한다' 형태이다.

예) 從流下而忘反 謂之流. (孟子)
: 물줄기를 따라 흘러내려 돌아오는 것을 잊음을 流라 한다. 謂之에서 之는 앞 문장 從流下而忘反을 받는다.

예) 喜怒哀樂之未發 謂之中. (中庸)
: 희로애락이 생겨나지 않는 것을 '중'이라 한다.

예) 富貴不能淫 貧賤不能移 威武不能屈 此之謂大丈夫. (孟子)
: 귀가 (그의 마음을) 미혹(淫) 시킬 수 없고, 빈천이 (그의 마음을) 변하게 할 수 없으며, 威武가 (그의 마음을) 굽힐 수 없으니, 이것을 대장부라고 말한다(之謂).

예) 金重於羽者 豈謂一鉤金與一輿羽之謂哉. (孟子)
: 쇠가 깃털보다 무겁다는 것이 어찌 한 갈고리의 쇠와 한 수레의 깃털을 말하는 것이겠는가?

예) 大而化之之謂聖, 聖而不可知之之謂神. (孟子)
: 대인이면서 주위 사람들이 교화되는 이를 聖이라 하고, 聖하여 (신통하고 오묘하여) 감히 헤아릴 수 없는 경지에 도달한 것을 神이라 한다

上 4장

09-04-01

咸丘蒙問曰 語云盛德之士 君不得而臣 父不得而子 舜南面而立 堯帥諸侯 北面而朝之 瞽瞍亦北面而朝之 舜見瞽瞍 其容有蹙 孔子曰 於斯時也 天下殆哉岌岌乎 不識 此語誠然乎哉 孟子曰否 此非君子之言 齊東野人之語也 堯老而舜攝也 堯典曰 二十有八載 放勳乃徂落 百姓如喪考妣三年 四海遏密八音 孔子曰 天無二日 民無二王 舜旣爲天子矣 又帥天下諸侯 以爲堯三年喪 是二天子矣.

咸丘蒙이 물었다. <고어(古語)에 이르기를 '덕이 높은 선비는 군주도 그를 신하로 삼을 수 없고, 아버지도 그를 아들로 삼을 수가 없다.'라 하니, 순임금이 남쪽을 향하여(南面) 서자 요임금이 제후들을 거느리고 북쪽으로 향해서(北面) 그에게 조회하였고, 고수(瞽瞍)도 또한 북쪽으로 향해서 그에게 조회를 하였습니다. 순임금이 고수를 보자 그 용모에 불안한 기색이 있었습니다.' 하거늘,

孔子께서 말씀하시기를 '이때 천하가 매우 어지러웠다.' 하셨는데, 모르겠습니다. 이 말이 진실로 그러하였습니까?> 孟子께서 말씀하시기를 <아니다. 이는 君子의 말이 아니라 齊나라 동쪽 野人들의 말이다. 堯임금께서 늙으셔서 舜이 攝政하신 것이다. 「堯典」에 이르기를 '28년 만에 放勳(堯임금)이 마침내 돌아가시니, 백성들이 아버지와 어머니의 상과 같이 3년 喪을 지냈으며, 四海에는 팔음을 그쳤다.' 하였으며, 孔子께서 말씀하시기를 '하늘에 두 해가 없으며, 백성들에게 두 임금이 없다.' 하셨으니, 舜임금이 이미 천자가 되고서, 또 (순이 이미 천자인데도) 천하의 제후들을 거느리고 요임금을 위하여 3년 상을 치렀다면, 이것은 천자가 둘이 있게 되는 것이다.>

⟨단어 및 어휘⟩

· 咸丘蒙(함구몽): 孟子의 弟子로 齊나라 사람이다.
· 語云(어운): 語는 '옛말에' 정도로 해석할 수 있다. 내용은 '盛德之士로부터 岌岌乎!'까지 引用된 부분.
· 而(말 이을 이): 너, 당신, ~하고(연접), 또한, 아울러, 이로부터, 즉, 이로 인하여, 다만, 오히려, ~로부터, ~이다, ~하게, ~히(상태).
· 南面(남면): 天子의 位에 오른 것을 象徵한다.
· 帥(장수 수/거느릴 솔): 수/장수, 우두머리, 솔/거느리다, 앞장서다, 모이다.
· 瞽瞍(고수): 舜의 父.
· 蹙(줄 축): 줄어들다, 줄다, 닥치다, 긴박하다, 찡그리다, 고생하다. 여기서는 顰蹙(빈축)을 말하고 不安한 模樣을 말한다.

- 殆(거의 태): 거의, 대개(대부분), 장차, 반드시, 마땅히, 위태하다, 위험하다, 의심하다, 지치다, 危也, 危殆이다.

- 岌岌(급급): 산이 높고 가파름, 아슬아슬하게 위급함.

- 岌(높을 급): 높다, 위태롭다, 급한 모양, 성한 모양.

- 乎哉(호재): ~입니까? ~인가? 이구나, 하구나.

- 攝(다스릴 섭): 당기다, 다스리다, 잡다, 돕다, 대리하다, 겸하다.

- 載(실을 재) : 싣다, 기재하다, 이다, 수레 타다, 두다, 해, 1년.

- 堯典(요전): <書經> 虞書의 篇名을 말한다.

- 放勳(방훈): 堯帝의 이름이다.

- 徂(갈 조): 가다, 나아가다, 미치다(공간적 거리나 수준 따위가 일정한 선에 닿다), 이르다(어떤 장소나 시간에 닿다), 시작하다, 비롯하다, 막다, 저지하다, 죽다, 처음으로, 비로소, 殂也. 따라서 徂落은 殂落이다.

- 徂落(조락): 세월이 흘러 떨어지다, 죽다, 천자가 죽다.

- 考(상고할 고): 상고하다, 곰곰이 생각하다, 밝히다, 조사하다, 묻다, 죽은 아비, 시험.

- 妣(죽은 어미 비): 죽은 어머니.

- 考妣(고비): 돌아가신 父母를 말한다. 즉 生日父, 死日考이며, 生日母, 死日妣이다.

- 遏(막을 알): 막다, 저지하다, 가리다, 단절하다.

- 遏密(알밀): 遏은 止也이고 密은 靜也라. 樂器 소리가 멎어서 그친 것을 말한다.

- 八音(팔음): 金石絲竹匏土革木의 八種으로 된 樂器의 音.

- 矣(어조사 의): ~이다(가장 많은 용법), 이미 그러하다, 일 것이다(추측), 일 뿐이다(단정), ~일 것인가(의문), ~이구나(감탄).

<문법연구>

· 舜旣爲天子矣 又帥天下諸侯 以爲堯三年喪 是二天子矣.

: 舜이 이미 天子가 되었는데도, 또 그가 天下의 諸侯들을 거느리고 堯임금의 三年喪을 치른다고 하면, 그것은 두 天子가 있는 것이 된다. '舜旣爲天子矣, 又帥天下諸侯' 이 문장은 '순은 이미 천자가 되었고 게다가 천하 제후를 통솔하는데'라는 부사절이 된다. 한문에서는 이처럼 문장의 흐름으로 부사적인 해석이 필요한 경우가 많음에 주의해야 한다. 한편 이 문장에서 '以爲'는 '여기다, 간주하다, 생각하다.' 등의 의미가 아니다. 이 문장에서는 以 다음에 대명사 之가 생략된 형태라 볼 수 있다. 그리고 '爲'는 '행하다'로 해석된다. 즉 전체적인 해석은 '천하제후(天下諸侯)를 이끌고(帥) 그들로써(以) 요임금(堯)의 삼년상(三年喪)을 했다(爲)면 이것(是)이 두(二) 천자(天子)이다(矣)'가 된다.

09-04-02

咸丘蒙曰 舜之不臣堯則吾旣得聞命矣 詩云 普天之下 莫非王土 率土之濱 莫非王臣 而舜旣爲天子矣 敢問瞽瞍之非臣如何 曰是詩也非是之謂也 勞於王事而不得養父母也 曰此莫非王事 我獨賢勞也 故說詩者不以文害辭 不以辭害志 以意逆志 是爲得之 如以辭而已矣雲漢之詩 曰周餘黎民 靡有孑遺 信斯言也 是周無遺民也.

咸丘蒙이 말하였다. <舜이 堯를 臣下로 삼지 않은 것은 내 이미 가르침을 들었거니와,『詩經』에 이르기를 '온 하늘 아래가 王의 땅이 아님이 없으며, 온 땅 안에 王의 신하가 아님이 없다.' 하였으나, 舜임금께서 이미 천자가 되셨으니, 감히 묻겠습니다. 瞽瞍를 신하

로 삼지 않으신 것은 무엇 때문입니까?> 말씀하시기를 <이 詩는 이를 이른 것이 아니다. 王事에 수고로워하여 부모를 봉양할 수가 없어 '이는 王事가 아님이 없거늘, 나만 유독 어질고(또는 더욱) 수고로울 뿐이다.' 한 것이다. 고로 시를 설명하는 자가 글자로써 말을 해하지 않고, 말로써 뜻을 해하지 말고, 뜻으로써 뜻을 만나야 이것이 그것을 얻는 것이 된다. 만일 말로써만 할 뿐이라면 「雲漢」의 詩에 '주나라의 살아남은 백성이 남은 자가 없다'라고 하니, 진실로 이 말대로라면 이는 주나라에 남은 백성 없는 것이다.>

〈단어 및 어휘〉

- 詩(시 시): 詩經 小雅 谷風之什 中의 北山篇.
- 率(거느릴 솔, 따를 솔, 이끌 솔): 여기서는 '따라간다'라는 뜻. 率은 循也이고, 濱은 涯也이다. 따라서 率土之濱이란, '땅끝 닿는 데까지'라는 말이다.
- 濱(물가 빈/끝 빈): 옛날에는 땅이 바닷가에서 끝난다고 생각하였으므로, 땅의 바닷가란 말은 땅의 끝을 意味한다. 그리고 땅의 끝까지 따라간다는 말은 모든 땅을 意味한다.
- 率土之濱(솔토지빈): 온 천하, 온 세계.
- 如何(여하): 어떠한가? 어떻게, 왜.
- 是(옳을 시): 옳다, 바로잡다, 이것, 그래서, 곧, 이에, 때문에, ~야말로 ~하다.
- 賢(어질 현): 어질다, 착하다, 낫다, 많다, 지치다, 두텁다.
- 說(말씀 설): 말, 설복하다, 설명하다, 말하다, 충고하다.
- 辭(말씀 사): 말, 문체, 소송, 구두 진술, 언사, 말하다.

- 意(뜻 의): 마음. 意中.
- 逆(거스를 역): 거스르다, 배반하다, 마중하다, 헤아리다, 미리, 불행, 설문해자는 '逆, 迎也'로 '돌아서 맞이하다'의 뜻이 기본뜻이라 밝히고 있음.
- 志(뜻 지): 여기서는 全體의 意味 또는 大意를 말한다.
- 而已矣(이이의): ～일 뿐이다.
- 矣(어조사 의): ～이다, 이미 그러하다, ～일 것이다, 오직 ～뿐, 이도다, ～하고.
- 雲漢(운한): 詩經 大雅 蕩之什 中의 雲漢篇.
- 黎(검을 려): 검다, 많다, 무렵. 黎民은 '머리가 검은 百姓'이란 뜻인데, 一般的으로 '百姓'이란 뜻으로 쓰인다.
- 靡(쓰러질 미): 쓰러지다, 복종하다, 늦추다, 없다, 늦추다. 여기서는 '없다'로 사용되었다.
- 孑(외로울 혈): 외롭다, 혼자, 남다.
- 遺(남길 유): 나머지, 잔여.
- 孑遺(혈유): 잔여, 약간의 나머지, 단 하나 남은 것.
- 遺民(유민): '망하여 없어진 나라의 백성'을 말한다.
- 也(잇기 야): 잇대어 붙임, 잇닿다, ～이다, ～은, ～야말로, ～란, ～야, ～여.

〈문법연구〉

- 舜之不臣堯則吾既得聞命矣.
: 之는 주격조사이다. 臣이 동사로 사용되어 '～을 신하로 삼다' 聞命은 일종의 관형어로서 '들어서 알다' 정도가 된다.

· 以意逆志 是爲得之.

: 의역하면 '마음으로 詩의 큰 뜻을 헤아려야, 이것(是)이 그것(之로 여기서는 詩)을 이해할 수 있는 것이다.'이다. 이 문장에서 逆은 '헤아리다', '생각하다'라는 의미로 사용되었다.

· 如以辭而已矣 雲漢之詩.

: 여기서 如는 '만약'으로 부사구를 이끈다. 해석은 '만약 뜻으로서만 한다면'

09-04-03

孝子之至 莫大乎尊親 尊親之至 莫大乎以天下養 爲天子父 尊之至也 以天下養 養之至也 詩曰永言孝思 孝思維則 此之謂也.

효자의 지극한 것으로는 어버이를 높이는 것보다 더 큰 것이 없고, 어버이를 높이는 것으로는 천하로써 봉양하는 것보다 더 큰 것이 없다. 천자의 아버지가 됨은 높임의 지극한 것이고, 천하로써 봉양하는 것은 봉양의 지극한 것이다. 『詩經』에 이르기를 '길이 효도하기를 생각하노니, 효도하기를 생각함이 곧 천하의 대법이 된다.'라고 하였으니, 이를 두고 한 말이다.

〈단어 및 어휘〉

· 詩曰(시왈): <詩經> 大雅의 下武之篇을 말한다.
· 爲(할 위): 하다, ~이다, ~하게 되다, 만들다, ~라 여기다, 있다, ~로 삼다, 하게 하다, 위하여.
· 乎(어조사 호): ~인가? ~로구나, ~에서, ~보다도, ~라고 하면 ~도다.
· 維(벼리 유): 벼리, 밧줄, 오직, 생각하다, 유지하다, ~와.

· 維則(유칙): 법칙이 됨.

〈문법연구〉

· 莫大乎尊親.
: 莫大乎~, '~보다 큰 것은 없다.' 형용사+乎(於, 于)~, '~보다 형용사 하다'

· 永言孝思.
: 孝思. 효도하려는 마음. 효도하고자 하는 생각. 여기서 言은 의미 가 없는 조음소로 사용되었다.

09-04-04

書曰 祗載見瞽瞍 夔夔齊栗 瞽瞍亦允若 是爲父不得而子也.

『書經』에 이르기를 '고수를 만남에 공경하고 삼가길 두려운 듯이 하였다. 고수 또한 참으로 믿고 따랐다.'라 하였으니, 이것이 아버 지가 자식을 마음대로 할 수 없는 것이다.

〈단어 및 어휘〉

· 祗(다만 지/땅귀신 기): 지/다만, 오직, 겨우, 마침, 편안하다, 공 경하다, 삼가다, 기/땅귀신.
· 載(실을 재): 싣다, 이다, 행하다, 지니다, 기록하다, 일, 비로소, 거듭, 해, 여기서는 '섬기다'라는 뜻을 나타낸다.
· 祗載(지재): 공손히 섬김.
· 夔(조심할 기): 조심하다, 뛰다, 두려워하여 삼가는 모양, 외발 짐승.

· 夔夔(기기): 두려워서 조심하는 모양.

· 栗(밤 률): 밤, 많은 모양, 단단하다, 두려워하다.

· 齊栗(제율): 齊栗은 齊慄과 같은 말로 '함께 두려워하는 것 또는 삼가고 두려워하는 것'을 말한다.

· 夔夔齊栗(기기제율): 공손하고 두려워하는 모습.

· 允(믿을 윤): 信也, 진실로.

· 若(같을 약/따를 약): 같다, 이와 같다, 만약, 이에, 따르다, 좋다, 이러한.

· 允若(윤약): 믿고 따름.

· 而(말 이을 이): 그리고, 그러나, ～로서, ～에, 곧, 그러하다, 만일, ～이지만.

〈문법연구〉

· 是爲父不得而子也.

: 不得而는 부사적으로 '어쩔 수 없이'라는 의미를 가진다. 여기서는 동사로 쓰여 '아버지라도 자식을 어찌할 수 없다'로 해석된다.

　　예) 不得已而之景丑氏宿焉. (孟子)
　　: 어쩔 수 없이 景丑氏에게 가서 그곳에서 자다.

上 5장

09-05-01

萬章曰 堯以天下與舜 有諸 孟子曰否 天子不能以天下與人.

萬章이 말하였다. <堯임금께서 天下를 舜에게 주었다 하니, 그런

일이 있었습니까?> 孟子께서 말씀하셨다. <아니다. 天子는 天下를 남에게 줄 수 없는 것이다.>

〈단어 및 어휘〉

- 以(써 이): ~으로써, ~을, ~에 따라서, ~때문에, ~에게, ~라여기다, ~에서, ~하고(연접), 너무.
- 諸 (모두 제/어조사 저): 제/모두, 모든, 이, 저, 저/~은, ~에, 이여(영탄), 之於의 합자, 之乎(이를 ~는가?)의 합자.
- 與(여): 予也. 주다, 遷位한다는 말이다.
- 諸(저): 之乎의 縮約이다.

〈문법연구〉

- 堯以天下與舜.

: 두 개의 목적어를 가지는 동사의 경우 직접목적어에 해당하는 단어 앞에 以를 붙여 준다. 뒤의 天子不能以天下與人도 같다.

09-05-02

然則舜有天下也 孰與之乎 曰天與之.

<그렇다면 순임금이 천하를 가진 것은 누가 준 것입니까?> 말씀하시기를, <하늘이 준 것이다.>

09-05-03

天與之者 諄諄然命之乎.

하늘이 주었다는 것은 일일이 세세히 명하신 것입니까?

〈단어 및 어휘〉

· 諄(타이를 순): 타이르다, 지성스럽다, 정성스럽다, 돕다.

· 諄諄(순순): 자세히 타이르는 모양. 諄諄然은 '자세하게', '자세히'

09-05-04

曰否 天不言 以行與事 示之而已矣.

이르시기를, <아니다. 하늘은 말이 없기에, 행실과 하는 일로서 보
여주실 뿐이로다.>

〈단어 및 어휘〉

· 與(더불 여/줄 여): 위하여, 및, ～보다는, 어조사, 而也. '～와',
'그리고' 말 이음 接續詞 용례이다.

09-05-05

曰以行與事 示之者 如之何 曰天子能薦人於天 不能使天 與之天下
諸侯能薦人於天子 不能使天子 與之諸侯 大夫能薦人於諸侯 不能使
諸侯 與之大夫 昔者堯薦舜於天而天受之 暴之於民而民受之 故曰天
不言 以行與事 示之而已矣.

<행실과 일로써 보여준다는 것은 어떻게 하는 것입니까?> 말씀하
시기를, <천자는 능히 사람을 하늘에 천거할 수 있지마는, 능히
하늘로 하여금 그에게 천하를 주도록 하지는 못한다. 제후는 능
히 사람을 천자에게 천거할 수가 있지마는, 능히 천자로 하여금
그에게 제후를 주도록 하지는 못한다. 대부는 능히 사람을 제후
에게 천거할 수가 있지마는, 능히 제후로 하여금 그에게 대부를

주도록 하지는 못한다. 옛적에 堯임금께서 舜을 하늘에 천거하여
하늘이 받아들였고, 백성들에게 드러냄에 백성들이 받아들였다.
그러므로 하늘은 말하지 않고 행실과 일로써 보여줄 뿐이라고 한
것이다.>

〈단어 및 어휘〉

· 薦(천거할 천): 천거하다, 드리다, 올리다, 늘어놓다, 진술하다,
깔다, 우거지다, 견뎌 내다, 이겨내다, 줄곧, 계속, 거듭, 자리,
깔개, 거적(짚으로 쳐서 자리처럼 만든 물건), 薦擧. 推擧. 人才
를 어떤 자리에 推薦하는 것을 말한다.
· 使(부릴 사): 부리다, 시키다, 사신, ~에게 ~을 시키다, 가령,
만약.
· 暴(사나울 폭/드러낼 폭): 사납다, 난폭하다, 조급하다, 갑자기,
쬐다, 따뜻하게 하다, 顯也, 示也.

〈문법연구〉

· 以行與事 示之者.
: 以를 직접목적어를 이끄는 개사로 보면 편하다. 특히 동사의 직
접목적어가 동사 앞으로 도치될 때는 以를 붙여 준다. 전체적인 해
석은 '행동(行)과(與) 일(事)을(以) 그에게 보여주는(示之) 것(者)은'

· 使天與之天下
: 與는 予也로 '주다'라는 意味이다. 즉 수여동사로 두 개의 목적
어를 갖는다.

09-05-06

曰敢問薦之於天而天受之 暴之於民而民受之 如何 曰使之主祭而百
神享之 是天受之 使之主事而事治 百姓安之 是民受之也 天與之人
與之 故曰天子不能以天下與人 舜相堯二十有八載 非人之所能爲也
天也 堯崩 三年之喪畢 舜避堯之子於南河之南 天下諸侯朝覲者 不
之堯之子而之舜 訟獄者不之堯之子而之舜 謳歌者不謳歌堯之子而
謳歌舜 故曰天也 夫然後之中國 踐天子位焉 而居堯之宮 逼堯之子
是篡也 非天與也.

감히 묻겠습니다. <하늘에 사람을 천거하여 하늘이 받아들였고,
백성들에게 드러냄에 백성들이 받아들였다는 것은 어떻게 한 것
입니까?> 말씀하시기를, <그로 하여금 제사를 주재케 하였더니,
여러 신들이 기꺼이 그것을 흠향하였으니, 이것은 하늘이 그를 받
아들인 것이고, 그로 하여금 일을 주재하게 했더니 일이 잘 다스
려지고 백성들이 편안하게 되었으니, 이것은 백성들이 그를 받아
들인 것이다. 하늘이 그에게 주었고, 백성들이 그에게 주었기 때
문에, '天子는 天下를 남에게 줄 수 없다.'라고 하는 것이다. 舜이
堯임금을 돕기를 28년 하였으니, 이는 사람이 능히 할 수 있는 바
가 아니며, 바로 하늘인 것이다. 요임금이 돌아가시고 3년 상을
마치자, 순임금은 남하의 남쪽으로 요임금의 아들(단주)을 피하였
다. 임금을 찾아뵈러 오는 천하의 제후들이 요임금의 아들한테로
가지 않고 순임금에게로 왔고, 소송을 제기하는 자들도 요임금의
아들한테로 가지 않고 순임금에게로 왔으며, 덕을 찬양하여 노래
하는 자들도 요임금의 아들을 찬양하여 노래하지 않고 순임금을
찬양하여 노래하였다. 그러므로 天運이라 한 것이다. 그러한 뒤에
장안으로 가서 天子의 자리에 나아갔으니, 만일 堯임금의 궁궐에

居하며 堯임금의 아들을 핍박하였다면, 이는 簒奪이지 하늘이 준 것이 아니다.>

〈단어 및 어휘〉

· 享(누릴 향): 누리다, 드리다, 제사 지내다, 흠향하다, 마땅하다, 합당하다, 잔치, 연회.

· 安(편안할 안): 편안, 편안하다, 편안하게 하다, 안존하다(아무런 탈 없이 평안히 지내다), 즐거움에 빠지다, 즐기다, 좋아하다, 어찌, 이에, 곧, 어디에. 使之主事而事治 百姓安之에서 安之는 '그것을 좋아하다'로 해석할 수 있다.

· 相(서로 상): 서로, 외모, 자세, 보조하다, 재상. 相(상) 輔相, 輔佐.

· 有(있을 유): 있다, 존재하다, 알다, 소유, 어떤, ~만큼 되다, 생기다, 또.

· 載(실을 재/떠받을 대): 싣다, (머리에) 이다(물건을 머리 위에 얹다)(=戴), 오르다, 올라타다, 시행하다, 비롯하다, 맡다, 해, 年也.

· 南河(남하): 당시의 帝都인 冀州의 南쪽에 있는 豫州 말한다.

· 覲(뵐 근): 뵈다, 알현하다, 만나다, 보다, 謁見. 따라서 朝覲은 임금을 拜謁하는 것을 말한다.

· 訟(송사할 송): 송사하다, 고소하다, 다투다, 쟁론하다, 신원하다(가슴에 맺힌 원한을 풀어 버리다), 꾸짖다, 자책하다, 드러내다, 버젓하다.

· 獄(옥 옥): 옥, 감옥, 송사, 판결, 죄.

· 訟獄者(송옥자): 訴訟을 하는 사람들을 말한다.

· 謳(노래 구): 노래, 노래하다, 읊조리다.

- 中國(중국): 黃河를 中心으로 한 地域을 말하며, 中原과 같은 意味이다.
- 踐(밟을 천): 밟다, 오르다, 실천하다, 실행하다.
- 逼(핍박할 핍): 脅迫, 가까이 가다. 다가서다. 좁다, 쪼그라들다.
- 篡(빼앗을 찬): 빼앗다, 찬탈하다.

〈문법연구〉

- 使之主祭而百神享之.
: 使之의 之는 일반 사람을 나타내는 대명사로 '그'이다. 享之의 之는 대명사로 앞에 나온 내용인 '祭'를 받는 것으로 해석할 수도 있고 享을 타동사화 하는 식으로 간주하는 일반적인 해석으로 '그것을 흠향토록 하다'라고 해석할 수 있다. 해석은 '使之主祭/그에게 제사를 주관토록 하다.' 使之主事而事治 百姓安之도 마찬가지이다.

09-05-07
太誓曰 天視自我民視 天聽自我民聽 此之謂也.

서경(書經) 태서(泰誓) 편에 이르기를 '하늘이 보되 우리 백성을 통해서 보고, 하늘이 듣되 우리 백성을 통해서 듣는다.'라고 한 것은, 이를 두고 한 말이다.

〈단어 및 어휘〉

- 誓(맹세할 서): 맹세하다, 서약하다, 경계하다, 고하다, 아뢰다 (말씀드려 알리다), (마음에) 새기다, (군령을) 내리다, 삼가다.
- 自(자): 從也. ~로부터, 따라서, 통해서.

上 6장

09-06-01

萬章問曰 人有言 至於禹而德衰 不傳於賢而傳於子 有諸 孟子曰不
不然也 天與賢則與賢 天與子則與子 昔者舜薦禹於天十有七年 舜崩
三年之喪畢 禹避舜之子於陽城 天下之民 從之 若堯崩之後 不從堯
之子而從舜也 禹薦益於天七年 禹崩 三年之喪畢 益避禹之子於箕山
之陰 朝覲訟獄者 不之益而之啓曰吾君之子也 謳歌者 不謳歌益而謳
歌啓曰吾君之子也.

萬章이 물었다. <사람들의 말에 '禹王에 이르러 德이 衰하여 어진
이에게 전해지지 않고 아들에게 전해졌다.' 하니, 그런 일이 있었
습니까?> 孟子께서 말씀하셨다. <아니다. 그렇지 않다. 하늘이 현
자에게 주려 하면 즉 현자에게 주고, 하늘이 아들에게 주려 하면
아들에게 준 것이다. 옛날 순임금이 우를 하늘에 추천하고 17년
만에 순임금이 돌아가셨다. 3년 상을 마치고 우는 순임금의 아들
을 피해서 양성으로 갔는데, 천하의 백성들이 그를 따라갔다. 마
치 요임금이 돌아가신 후에 요임금의 아들을 쫓지 않고 순임금을
쫓은 것과 같은 것이었다. 우임금이 익(益)을 하늘에 천거한 지 7
년 만에 우임금이 돌아가셨다. 3년 상을 마치고 익(益)은 우임금
의 아들을 피해서 기산의 북쪽으로 갔는데, 조회하는 자와 송사
(送辭)하는 자들이 益에게 가지 않고 啓에게 가서 '우리 임금의 아
들이다.' 하며, 謳歌하는 자들이 益을 구가하지 않고 啓를 구가하
면서 '우리 임금의 아들이다.' 하였다.

〈단어 및 어휘〉

- 諸(모두 제/어조사 저): 제/모든, 여러, 저/~은, 이, 저, ~에, ~여, 이여, 之於, 之乎의 합자. 여기서는 之乎의 縮約.
- 與(더불 여/줄 여): 子也, 授與, 贈與, '주다'라는 타동사的 용례이다.
- 有(있을 유): 있다, 가지다, 많다, 알다, ~만큼 되다, 또, ~와.
- 畢(마칠 필): 마치다, 끝내다, 다하다, 완성하다, 드리다, 빠르다, 날렵하다, 마침내, 다, 모두.
- 舜之子(순지자): 舜帝의 아들이었던 商均을 말한다.
- 若(같을 약): 如也. '마치, 처럼' 부사적 용례이다.
- 益(더할 익): 더하다, 이롭다, 유익하다, 돕다, 보조하다, 많다, 넉넉해지다, 풍부해지다, 진보하다, 향상되다, (상으로) 주다, 이익, 여기서는 伯益. 禹帝의 賢臣이다.
- 啓(계): 禹帝의 아들 이름이다.

〈문법연구〉

- 不傳於賢而傳於子.

: 동사+於+명사 형태로 於 뒤의 명사는 동사의 대상이 된다. 즉 여기서는 '전하는 대상'이 '賢'이 된다. '賢'은 명사로 '현명한 사람' 이다.

09-06-02

丹朱之不肖 舜之子 亦不肖 舜之相堯 禹之相舜也 歷年多 施澤於民 久 啓賢能敬承繼禹之道 益之相禹也 歷年少 施澤於民未久 舜禹益 相去久遠 其子之賢不肖 皆天也 非人之所能爲也 莫之爲而爲者 天 也 莫之致而至者 命也.

단주(요임금의 아들: 丹朱)는 불초하였고, 순임금의 아들 또한 불초하였다. 순임금이 요임금을 도운 것과 우임금이 순임금을 도운 것은 지나온 햇수가 많아서 백성에게 은택을 베푼 지 오래되었다. 계(啓)는 능히 현명하여 우임금의 도(道)를 계승할 수 있었다. 익益이 禹王을 도운 것은 지난 햇수가 적어 백성들에게 은택이 베풀어짐이 오래되지 않았으니, 舜·禹·益의 도움이 오래됨과 그 아들의 어질고 불초함이 모두가 하늘의 뜻이지, 사람이 능히 할 수 있는 바가 아니다. 되려고 하지 않아도 되는 것은 하늘(天)이요, 이루려고 하지 않아도 이루어지는 것은 명(命)인 것이다.

〈단어 및 어휘〉

· 丹朱(단주): 堯帝의 아들.
· 不肖(불초): 肖는 似也라, 따라서 不肖는 그 아버지를 닮지 않은 것을 말하고 이에 '못났다'라는 뜻이 있다.
· 相(서로 상): 輔相, 輔佐를 말한다.
· 施澤(시택): 은혜/은택을 베풀다.
· 致(이를 치): 이르다, 도달하다, 도달하게 하다, 나아가다, 지극히 하다.
· 至(이를 지): 이르다, 도달하다, 힘쓰다, 지극히, 크게.

〈문법연구〉

· 非人之所能爲也.
: 非는 문장 전체를 부정한다. 之는 주격조사. 所能爲는 '사람이 능히 할 수 있는 것(바).

· 莫之爲而爲者 天也 莫之致而至者 命也.

: 莫은 부정대명사로 뒤에 동사와 목적어 어순은 도치시킨다. 즉
之爲는 원래 爲之로 '그것을 하다'인데 대명사 '之'가 도치되어 爲 앞
으로 나왔다. 而는 역접, 莫之致而至者도 마찬가지이다.

09-06-03
匹夫而有天下者 德必若舜禹而又有天子薦之者 故仲尼不有天下.

필부로서 천하를 차지하는 자는 덕(德)은 반드시 순임금과 우임금
같아야 하고, 또 그를 천거해 줄 천자가 있어야 한다. 고로 공자께
서는 천하를 갖지 못한 것이었다.

〈단어 및 어휘〉

· 薦(천거할 천/꽂을 진): 천거하다, 드리다, 올리다, 늘어놓다, 진
  술하다, 깔다, 우거지다.

〈문법연구〉

· 匹夫而有天下者.
: 而는 자격을 나타내는 개사 '~로서' 주로 명사 + 而 꼴로 쓰인다.

예) 矢人而恥爲矢也. (孟子)
: 화살을 만드는 사람으로서 화살을 만드는 것을 부끄러워 하느니라.

예) 人而不仁 如禮何. (論語)
: 사람으로서 어질지 아니하면 예의를 어떻게 하리오.

예) 人而無志 終身無成. (論語)
: 사람으로서(이면서) 뜻이 없으면 죽도록 이루는 것이 없을 것이니라.

09-06-04

繼世而有天下 天之所廢 必若桀紂者也 故益伊尹周公 不有天下.

대를 이어 천하를 차지해 오다가 하늘이 폐하는 바는 반드시 걸과 주와 같은 자이여야 한다. 고로 익과 이윤과 주공께서 천하를 차지하지 못한 것이었다.

〈단어 및 어휘〉

· 世(인간 세): 代也. 世代를 말한다.
· 以(써 이): 因也. '그것을 가지고, 그것으로 인하여'
· 廢(폐할 폐): 폐하다, 못 쓰게 되다, 버리다, 그치다, 부서지다, 쇠퇴하다, 크게, 매우, 棄也. 버림을 받다.
· 伊尹(이윤): 姓이 伊이고, 字가 尹이며, 이름은 摯이다.

09-06-05

伊尹相湯 以王於天下 湯崩 太丁未立 外丙二年 仲壬四年 太甲顚覆湯之典刑 伊尹放之於桐三年 太甲悔過 自怨自艾 於桐處仁遷義三年 以聽伊尹之訓己也 復歸于亳.

이윤이 탕 임금을 도와 천하에 왕이 되게 하였다. 탕 임금이 돌아가시자 태정(太丁)은 왕위에 서기 전에 죽었고, 외병(外丙)은 두 살이었고, 중임(仲壬)은 4살이었다. 태갑(太甲)은 왕위에 올라서 탕 임금의 제도(典刑)를 전복하였다. 이윤은 태갑을 동(桐)으로 추방했는데, 태갑이 죄를 뉘우치고 스스로를 원망하며 스스로 수양해서, 동(桐)에서 仁에 처하고 義에 옮긴 지 3년 만에, 이윤이 자기를 훈계함을 듣고서 다시 박(亳) 땅으로 돌아오게 되었다.

〈단어 및 어휘〉

· 太丁(태정): 殷王 成湯의 太子였다고 함. 王의 자리에 올라보지
  못하고 일찍 죽었다.
· 外丙(외병)과 仲壬(중임): 太丁의 아우.
· 太甲(태갑): 太丁의 子로 王位에 오름.
· 顚覆(전복): 뒤 엎는 것. 즉 破壞 또는 壞亂이다.
· 典刑(전형): 制度와 規範 등을 말한다.
· 放(놓을 방): 놓다, 놓이다, 석방되다, 내쫓다, 추방하다, 내놓다,
  꾸어주다, 버리다, 달아나다, 떠나가다, 널리 펴다, 넓히다, (꽃
  이) 피다, (빛을) 발하다, 追放.
· 桐(오동나무 동): 湯王의 墓가 있는 地名이다.
· 艾(쑥 애/다스릴 예): 애/쑥, 늙은이, 나이, 아름답다, 예/베다, 징
  계하다, 낫, 다스리다. 艾(예=乂) 治也.
· 亳(땅이름 박): 殷나라의 首都를 말한다.

〈문법연구〉

· 以聽伊尹之訓己也.
: 伊尹之訓己는 '이윤이 자기를 훈계함'이라는 명사절로 聽의 목적
어를 이룬다. 즉 之는 목적어절 속의 주격조사이다.

· 於桐處仁遷義三年 以聽伊尹之訓己也.
: 以 다음의 대명사 之가 생략된 형태라고 볼 수 있다. 之는 대명사로
서 앞의 문장 於桐處仁遷義三年을 받는다. 즉 해석은 '桐에서 인의롭게
살아 (以之=이로서/이렇게 함으로써) 이윤이 자기를 훈계함을 들었다.'

또는 '以~也' 형태로 '~이기 때문에'로 해석할 수도 있다. 따라서 '以聽伊尹之訓己也 復歸于亳'의 해석은 '이윤의 훈계를 들었기 때문에 다시 박 땅으로 돌아왔다'이다.

09-06-06

周公之不有天下 猶益之於夏 伊尹之於殷也.

주공께서 천하를 차지하지 못하신 것은 익이 하나라에 있어서와 이윤이 은나라에 있어서와 같은 것이었다.

〈단어 및 어휘〉

· 猶(같을 유/오히려 유): 오히려, 가히, 다만, 이미, 크게, 지나치게,~부터, 그대로, 마땅히, 마치~와 같다.

〈문법연구〉

· 周公之不有天下.
: 之는 주어절의 주어 다음에 쓴 주격조사이다. 有는 '가지다', '소유하다'

· 益之於夏, 伊尹之於殷.
:~之於~, '~이 ~에 대하여.' 여기서는 之와 於 사이에 不有天下가 생략된 형태라고 보고 해석하면 좋다.

예) 仁之於父子也, 義之於君臣也, 禮之於賓主也, 智之於賢者也, 聖人之於天道也, 命也, 有性焉, 君子不謂命也. (孟子)
: 인이 부자에 대한 것, 의가 군신에 대한 것, 예가 빈주에 대한

것, 지가 현자에 대한 것, 성인이 천도에 대한 것은 명이지만, 거기에는 성이 있기 때문에 군자는 명을 말하지 않는다.

09-06-07

孔子 唐虞禪 夏后殷周繼 其義一也.

공자께서는 말씀하시기를 '당나라(요임금)와 우나라(순임금)는 선양을 하였고, 하(夏)·은(殷)·주(周)는 계승을 하였으나, 그 뜻은 같은 것이었다.'라 하셨다.>

〈단어 및 어휘〉

· 唐虞(당우): 요임금과 순임금이 다스리던 나라 이름이자, 그들의 성이기도 하다.
· 禪(선 선): 선, 좌선, 봉선, 좌선하다, 선위하다, 전수하다. 禪(선) 授也. 禪位, 禪讓을 말한다.
· 夏后(하후): 夏란 禹王이 다스린 나라로 夏后 또는 夏后氏라고 한다.

上 7장

09-07-01

萬章問曰 人有言 伊尹以割烹要湯 有諸.

만장이 물었다. <사람들 말에 있어, 이윤께서 요리(割烹)로서 탕왕에게 벼슬을 구했다 하는데, 그런 일이 있었습니까?>

<단어 및 어휘>

· 以(써 이): 用也, 因也, 與也. 사용해서, 말미암아, 또는 가지고.
· 割烹(할팽): 음식물을 자르고 삶는 것. 요리하는 것을 말한다.
· 要(요긴할 요): 求也. 즉 登用해주기를 求하는 것을 말한다.

<문법연구>

· 有諸.
: 諸는 대개 문장 끝에 나올 때는 之乎의 준 말이다. 문장 중간에 나올 경우는 之於의 준 말이다. 해석은 거의 앞의 내용을 받아 '그런 일이 있었는가?'이다.

09-07-02
孟子曰否 不然 伊尹耕於有莘之野而樂堯舜之道焉 非其義也 非其道也 祿之以天下 弗顧也 繫馬千駟 弗視也 非其義也 非其道也 一介 不以與人 一介 不以取諸人.

孟子께서 말씀하셨다. <아니다. 그렇지 않다. 이윤은 유신(有莘)의 들에서 밭을 갈면서 요순(堯舜)의 도(道)를 즐기고 있었다. 그 의 (義)가 아니고 그 도(道)가 아니면 천하로서 녹을 준다 해도 뒤도 돌아다보지 아니했고, 메인 말 4천 필을 준다고 해도 뒤도 돌아다 보지 않았었다. 그 의(義)가 아니고 그 도(道)가 아니면 한 포기의 풀이라도 남에게 주지 않았으며, 한 포기의 풀이라도 남에게 받지 아니하였다.

<단어 및 어휘>

· 有莘(유신): 莘은 나라 이름이고, 有는 한 글자로 된 명사 앞에
  붙여서 음을 돕는 조음소이다.

  예) 有朋, 有宋, 有明.

· 繫(맬 계): 매다, 묶다, 얽다, 매달다, 끈, 줄.
· 駟(사마 사): 사마(한 채의 수레를 끄는 네 필의 말), 말(말과의
  포유류), (네 사람이)함께 수레를 타다, 쫓다.
· 繫馬千駟(계마천사): 繫馬는 매어 놓은 말(馬)을 말하고, 駟는
  네 匹의 말(馬)이다. 따라서 四千 마리의 매어 놓은 말(馬)로서
  이는 富와 權勢를 나타낸다고 볼 수 있다.
· 介(낄 개): (사이에) 끼다, 소개하다, 깔끔하다, 얌전하다, 믿다, 크
  다, 크게 하다, 작다, 적다, 강직하다, 굳게 지키다, 여기서는 草芥
  (초애) 草芥(초개)로 작은 풀 포기, 즉 아주 하찮은 것을 비유한다.

<문법연구>

· 祿之以天下.
: '그에게 천하를 녹으로 주다.' 祿은 '녹을 내리다.' 之는 대명사로
'그', 以天下는 두 개의 목적어를 갖는 동사의 목적어로 '以'는 그 목
적어를 이끄는 개사.

· 一介 不以與人 一介 不以取諸人.
: 不以 다음에 대명사 之의 생략. 一介 不以之與人 一介 不以之取

諸人 꼴로 한 개라도 그것을 다른 사람에게 주지 않고, 초개라도 다른 사람에게서 취하지 않다. 즉 一介는 以 다음에 와야 하지만, 강조해서 앞으로 보내었다. 諸는 之於의 준 말이고, 여기에서 之는 또한 一介를 받는다.

09-07-03

湯使人以幣聘之　囂囂然曰我何以湯之聘幣爲哉　我豈若處畎畝之中由是以樂堯舜之道哉.

湯王이 사람을 시켜 폐백으로서 그를 초빙하자, 囂囂然(태연하게)히 말하기를 '내가 어찌 탕왕의 폐백으로서 어찌할 수 있겠는가(어찌 폐백으로 움직이겠는가). 내가 어찌 농사나 지으며 요순의 道를 즐기는 것만 하겠는가(밭이나 갈며 살겠다).'라 하였다.

〈단어 및 어휘〉

· 幣(비단 폐/화폐 폐): 화폐, 비단, 폐백, 재물, 주로 黑赤色의 禮
物用 비단.
· 囂(떠들썩할 효): 떠들썩하다, 공허한 모양, 욕심이 없는 모양.
· 囂囂(효효): 自得無欲한 模樣./囂囂然: 거리낌 없이.
· 何以(하이): 무엇으로, 어떻게, 왜.
· 聘(부를 빙): 부르다, 찾아가다, 안부를 묻다, 구하다, 장가들다,
招聘. 禮를 갖추어 부르는 것.
· 聘幣(빙폐): 공경의 뜻으로 보내는 예물, 예를 갖추어 부르는 예물.
· 由是(유시): 이로 인하여, 따라서.
· 畎(밭도랑 견): 밭도랑, 시골.

- 畝(이랑 무/이랑 묘): 무/이랑(본음), 묘/이랑.
- 畎畝之中(견묘지중): 논·밭 이랑의 가운데. 농사·농촌을 가리킨다.

〈문법연구〉

- 何以湯之聘幣爲哉.

: 何의 원래 위치는 爲 다음이다. 以~爲는 '~을 가지고 ~하다', '~을 ~로 여기다' 등의 용법. 何는 부사적으로 '어찌'라고 해석하는 경우가 많다. 동시에, 何는 의문대명사 '무엇'으로 쓰이기도 한다. 또 명사의 앞에서 명사를 수식하는 의문형용사로 '무슨', '어떤'으로 해석되는 경우가 있다.

예) 의문대명사: 何以工夫爲? 공부를 해서 '무엇'을 할 것인가. 이 말은 공부로 何의 원래 위치는 爲 다음이다. 다음 예도 마찬가지이다. 何爲則民服. 何를 부사적으로 해석하면 동사 爲를 수식화하여 '어떻게 하면 백성이 복종하게 되는가.' 이나 何를 의문대명사로 보면 동사 위의 목적어로 '무엇을 하면 백성이 복종하는가'

예) 의문형용사: 何器也? '무슨' 그릇입니까. 是何意耶. 이것이 '무슨' 뜻이냐.

- 我豈若處畎畝之中 由是以樂堯舜之道哉.

: 豈若~哉, '어찌 ~하는 것만 하리오.', '어찌 ~하는 것과 같겠는가.' 의미상으로는 '차라리 ~하는 게 낫다' 由是以樂堯舜之道哉의 해석은 '따라서(由是) 그것으로써(以) 요순의 도(堯舜之道)를 즐김(樂) 같겠(若)는가(哉)' 여기서 '그것으로써(以)'는 앞의 문장 '處畎畝之中'을 받는다. 윗글의 해석은 '(차라리)농사 지으며 요순의 도를 즐기는 게 낫다.'

09-07-04

湯三使往聘之 旣而 幡然改曰 與我處畎畝之中 由是以樂堯舜之道
吾豈若使是君 爲堯舜之君哉 吾豈若使是民 爲堯舜之民哉 吾豈若於
吾身 親見之哉.

湯王께서 세 번 보내어 초빙하시자, 이윽고 幡然히 고쳐 말하기를
'밭에서 농사짓고 살면서 이것으로 말미암아 요순의 도(道)를 즐기
는 것보다, 내가 어찌 이 군주로 하여금 요순의 군주처럼 만들어주
는 것만 같을 수야 있겠는가? 내가 어찌 이 백성들로 하여금 요순
의 백성같이 만들어주는 것만 같을 수야 있겠는가? 내가 어찌 내
몸으로서 친히 그것을 보는 것만 같을 수야 있겠는가?'라 하였다.

〈단어 및 어휘〉

· 旣而(기이): 이윽고, 얼마 후에, 그러고서야.
· 幡然(번연): 飜然也. 돌연, 느닷없이, 갑자기.

〈단어 및 어휘〉

· 吾豈若使是君 爲堯舜之君哉.
: 豈若~哉. '차라리 ~하는 게 낫다.' 의미상으로 해석은 '차라리
임금으로 하여금 堯·舜과 같은 임금이 되도록 하는 것이 낫다.'
동시에 전체문장 '與我處畎畝之中 由是以樂堯舜之道 吾豈若使是
君 爲堯舜之君哉.' 내 밭 가운데 처하여 이대로 堯·舜의 道를 즐기
기보다는 내가 차라리 임금을 堯·舜과 같은 임금으로 만드는 게 낫
다. 계속되는 문장 吾豈若使是民 爲堯舜之民哉 吾豈若於吾身 親見之
哉도 마찬가지이다.

<참고>

與~豈若~(여~기약~): ~하기보다는 ~하는 것이 낫다. (與其
(與)~ 豈若(豈如, 孰若, 孰與, 不若, 不如)~, ~하기보다는~하는 게
낫다.)

이 구문은 전체적인 문장을 보고 익숙해지기 전에는 해석이 용이하지
않은 경우가 많다. 이 구문은 뒤에 따르는 단어들이 있는데 寧, 豈若, 不
若, 不如 등의 구문이다. 모두 '~하기보다 ~가 낫다'라는 뜻이다.

예) 與其富而畏人 不若貧而無屈. (孔子家語)
: 부유하면서 남을 두려워하는 것은 가난하면서 남에게 굽히지 않
는 것만 못하다.

예) 與其病後能服藥 不若病前能自防. (明心寶鑑)
: 병이 난 후에 약을 먹기보다는, 병이 나기 전에 스스로 예방하는
것이 더 낫다.

09-07-05
天之生此民也 使先知覺後知 使先覺覺後覺也 予天民之先覺者也 予
將以斯道覺斯民也 非予覺之而誰也.

하늘이 이 백성을 나게 하심에, 먼저 일머리를 아는 사람으로 하
여금 뒤에 알게 될 사람을 깨우치게 하고, 먼저 이치를 깨달은 사
람으로 하여금 뒤에 깨달을 사람을 깨우치게 하였다. 나는 하늘이
낳은 백성 가운데서 먼저 깨달은 자이다. 내가 장차 이 도(道)로써
이 백성을 깨닫게 하려 하는데, 내가 깨닫게 해 주지 않는다면 누
가 하겠는가?

〈단어 및 어휘〉

・斯(이 사): 이, 이것, 잠시, 잠깐, 천하다, 낮다.
・斯道(사도): 堯舜의 仁義之道를 말한다.
・覺(깨달을 각/깰 교): 느끼다, 깨닫다, 각성하다, 잠에서 깨(어나)다.

〈문법연구〉

・非予覺之而誰也.
: 而는 일종의 가정 '~라면.' 覺은 타동사로 '~을 깨닫게 하다.'

09-07-06
思天下之民 匹夫匹婦 有不被堯舜之澤者 若己推而內之溝中 其自任
以天下之重如此 故就湯而說之 以伐夏救民.

천하의 백성을 생각함에, 평범한 남자 여자라도 요순의 은택을 입
지 못하는 자가 있다면 마치 자기가 그들을 도랑 속에 밀어 넣은
것같이 하였다. 그가 천하의 중책을 자임한 것이 이와 같았기 때
문에, 고로 탕왕에게 나아가 하나라를 쳐서 백성들을 구제하도록
유세한 것이었다.

〈단어 및 어휘〉

・被(입을 피): 입다, 당하다, 덮다.
・推(밀어 올릴 추): 여기서는 '뒤에서 밀 퇴'.
・內(안 내/ 들일 납): 내/안, 속, 아내, 몰래, 가까이하다, 늘이다,
납/들이다, 받아들이다. 여기서는 納과 같다.
・其(그 기): 그, 그것, 키, ~의, 만약, 아마도, 이에.

· 就(나아갈 취): 나아가다, 이루다, 좇다, 따르다, 마치다, 끝내다, 곧, 이에, 잘, 능히.

· 說(말씀 설/달랠 세/기쁠 열): 여기서는 '유세하다'로 음은 '세' 이다.

〈문법연구〉

· 若己推而內之溝中.

: 己推而에서 而는 순접으로 자기가 밀어서. 內之溝中에서 內는 동사로 '안으로 넣다'라는 의미이다. 之는 대명사. 溝中은 장소를 나타내는 부사로 '고랑 안' 즉 內之溝中은 '고랑 안으로 그를 밀어 넣다.'라는 말이 된다. 여기서 之는 諸(之+於)로 파악할 수도 있다. 또 이 之는 有不被堯舜之澤者를 받는다.

· 其自任以天下之重如此.

以는 '여기다'라는 의미로 번역하면 좋은 경우가 많다. 해석은 '자임하여~라 생각하다(여기다)' 정도이다. 한편 'A 以 B'구문으로 판단하면 'B로써 A(동사) 하다/A를 B로써 하다/B를 A(동사) 하다'로 해석할 수 있다. 후자가 더 자연스럽고 정형화된 구문에서 접근하기 때문에 활용이 수월하다. 이 경우 해석은 '그가 천하의 중책을 자임한 것이 이와 같았다'로 해석할 수 있다. 즉 여기서는 B가 동사 A의 목적어가 되는 경우이다.

예) 王語暴以好樂 暴未有以對也. (孟子)
: 왕께서 제게 음악(音樂)을 좋아한다고 말씀하셨는데, 저는 대답하지 못했습니다./여기서는 'B를 A 하다'로 '음악을 좋아한다고

말하다'이다.

예) 聖人有憂之 使契 爲司徒 教以人倫. (孟子)
: 聖人이 이것을 걱정하여 契(설)을 司徒로 삼아 人倫을 가르치게
하였으니./教以人倫-B를 A 하다.

예) 許人以諾而不能信 將何以立於世. (小學)
: 허락하였으나 신용을 지키지 못한다면, 장차 어떻게 세상에 서
겠는가?/許人以諾-사람에게 허락을 하다.

09-07-07
吾未聞枉己而正人者也 況辱己以正天下者乎 聖人之行不同也 或遠
或近 或去或不去 歸潔其身而已矣.

나는 아직 자기를 굽히면서 남을 바로잡았다는 자를 듣지 못하였
는데, 하물며 자기를 욕되게 하면서 천하를 바로잡을 수 있었겠는
가? 성인의 행실이 같지 않아서, 혹 멀리 물러나 있기도 하고 혹
가까이 있기도 하며, 혹 떠나가기도 하고 혹 떠나가지 않기도 하
되, 그 몸을 깨끗이 함에 귀결될 뿐인 것이다.

〈단어 및 어휘〉

· 枉(굽을 왕): 굽다, 휘다, 굽히다, 복종하다, 잘못, 과실.
· 辱(욕될 욕): 욕되다, 수치스럽다, 더럽히다, 무덥다, 거스르다,
  치욕, 수치.
· 遠(멀 원): 官職을 떠나 隱遁하는 것을 말한다.
· 近(가까울 근): 君主를 섬기는 것을 말한다.
· 潔(깨끗할 결): 깨끗하다, 맑다, 조촐하다, 간결하다, (품행이) 바
  르다, 청렴하다.

〈문법연구〉

·況辱己以正天下者乎.

:況~乎, '하물며~에서야', 以 다음에 대명사 之가 생략된 형태이다. 之는 辱己로 '자신을 욕되게 하는 것으로'

09-07-08
吾聞其以堯舜之道要湯 未聞以割烹也.

나는 그가 요순의 도(道)로서 탕왕에게 구했음은 들었지만, 요리로서 구했다는 것은 듣지 못하였느니라.

09-07-09
伊訓曰 天誅造攻 自牧宮 朕載自亳.

「伊訓」에 이르기를 '하늘이 벌(誅)하시려 공격하길 목궁(牧宮/걸의 궁전)으로부터 하였으되, 나는 박에서부터 시작했다.'라 하였네.>

〈단어 및 어휘〉

· 造(지을 조): 짓다, 만들다, 이루다, 기르다, 넣다, 조작하다, 가짜로 꾸미다, 날조하다, 시작하다.
· 牧宮(목궁): 夏나라 桀王의 宮殿을 말한다.
· 朕(나 짐): 나, 짐(천자의 자칭), 조짐, 전조, 징조, 여기서는 伊尹, 또는 湯王의 自稱.
· 載(실을 재): 싣다, 적재하다, 기재하다, 수레에 타다, 행하다, 개시하다, 문서, 해.

上 8장

萬章問曰 或謂 孔子於衛主癰疽 於齊主侍人瘠環 有諸乎 孟子曰 否
不然也 好事者爲之也.

萬章이 물었다. <혹자가 이르기를 '孔子께서 衛나라에서는 癰
疽(옹저)를 주인으로 삼으셨고, 齊나라에서는 환관인 瘠環(척
환)을 주인으로 삼으셨다.' 하니, 그런 일이 있었습니까?> 孟子
께서 말씀하셨다. <아니다. 그렇지 않다. 好事者들이 그렇게 한
것이다.

〈단어 및 어휘〉

· 主(주인 주): 여기에서는 主人을 정한다는 의미로, 곧 宿泊할 곳
  을 찾는다는 말이다.
· 癰(악창 옹): 악창, 종기.
· 疽(등창 저): 등창, 악성 종기.
· 癰疽(옹저): 腫氣 같은 부스럼을 治療하는 醫員, 또는 衛靈公이
  側近에서 부리던 宦官.
· 侍人(시인): 내시. 환관.
· 瘠(파리할 척/여윌 척): 여위다, 파리하다(핏기가 전혀 없다), 메
  마르다, 궁핍하다, 빈약하게 하다, 송장.
· 瘠環(척환): 齊王의 宦官.
· 諸(어조사 저): 之也.

〈문법연구〉

· 主癰疽, 主侍人瘠環.

: 여기에서 主는 '주인으로 삼는다'라는 뜻의 동사이다. '주인으로 삼는다'라는 것은 '그 사람의 집에 머물면서 숙식을 제공 받는 것'을 말한다.

09-08-02

於衛主顔讐由 彌子之妻 與子路之妻 兄弟也 彌子謂子路曰 孔子主 我 衛卿可得也 子路以告 孔子曰 有命 孔子進以禮 退以義 得之不 得 曰有命 而主癰疽與侍人瘠環 是無義無命也.

위나라에서는 안수유의 집에 거처를 정하시었다. 미자의 아내는 자로의 아내와 자매(姉妹)지간으로, 미자가 자로에게 일러 말하길 '공자께서 우리 집에 거처를 정하신다면 위나라 재상을 가히 얻을 수 있을 것이다.'라 했다. 자로가 이 말을 고하였더니, 공자께서 말씀하시길, '모두 天命이 있는 것이다.'라 하셨다. 공자께서는 예 (禮)로서 나아가시고, 의(義)로서 물러나셨으니, 얻고 얻지 못하는 것을 '천명에 있다.'라고 하셨는데, 옹저와 환관 척환에 거처를 정 하셨다면, 이것은 의(義)도 없고 명(命)도 없는 것이 될 뿐이다.

〈단어 및 어휘〉

· 顔讐由(안수유): 衛나라의 어진 大夫라고 한다.
· 彌子(미자): 彌子瑕를 말하고 衛靈公의 幸臣 즉 寵愛를 받던 臣 下를 말한다.
· 以(써 이): 用也. 使用.

・而(말 이을 이): 그런데, 그러한데.

〈문법연구〉

・衛卿可得也.

: 衛卿이 동사 得의 목적어이기 때문에 조동사 可를 썼다. 해석은 '衛나라 卿의 자리를 얻을 수 있다.'이다.

・子路以告.

: 以 다음에서 之가 생략되어 있으며, 之는 孔子主我, 衛卿可得也를 받는다. 즉 '~에게 ~을 고하다.' 告는 이처럼 두 개의 목적어를 갖는 동사이다.

・得之不得.

: 得之의 之는 衛卿을 받으며 不得에서는 앞에서 之가 사용되었으므로 반복을 피해 사용되지 않았다. 해석은 '위나라의 경이 될 수 있고 없음.'

09-08-03
孔子不悅於魯衛 遭宋桓司馬 將要而殺之 微服而過宋 是時孔子當阨主司城貞子 爲陳侯周臣.

공자께서는 노나라와 위나라에서 기뻐하지 않으셨다. 송나라 환사마가 공자를 죽이려 하니, 변복을 하고 송나라를 지나치셨다. 이때 공자께서는 어려움을 당하셨지만, 사성정자를 주인으로 삼으셨는데, 그는 진나라 제후 주(周)의 신하가 되었다.

〈단어 및 어휘〉

· 悅(기쁠 열): 기쁘다, 기뻐하다, 심복하다(마음속으로 기뻐하며 성심을 다하여 순종하다), 사랑하다, 손쉽다, 기쁨.

· 不悅(불열): 이 문장에서는 歡迎 받지 못했다는 말.

· 遭(만날 조): (우연히)만나다, (나쁜 일을) 당하다, 두르다, 둘레, 바퀴(둘레를 세는 말), 遭難, ~(나쁜) 일을 당하다.

· 桓司馬(환사마): 송나라의 사마(군정을 맡아보는 대신)인 환퇴(桓魋)를 말한다.

· 要(기다릴 요): 도중에서 기다려 막음. 要(요) 要路. 길목에 潛伏해서 기다리는 것.

· 微(작을 미): 작다, 자질구레하다, 정묘하다, 자세하고 꼼꼼하다, 적다, 많지 않다, 없다, 어렴풋하다, 또렷하지 아니하다, 쇠하다, 쇠미하다.

· 微服(미복): 微賤한 사람들이 입는 服裝으로 變裝한 것을 말한다.

· 阨(막힐 액/길 험할 애): 액/막히다, 막아서 지키다, 고생하다, 고난, 애/길이 험하다, 좁다. 阨(액) 橫阨. 橫厄.

· 司城貞子(사성정자): 宋나라의 大夫이다.

〈문법연구〉

· 將要而殺之.

: 要는 '길목을 지켜 맞이한다'라는 뜻이다. 즉 '기다렸다가 죽이는 것'을 말한다. 之는 공자를 가리킨다.

· 爲陳侯周臣.

: 爲+관직 등은 '~이 되다'라는 의미이다. 대개 관직이나 직분을

표현할 때 나라나 소속기관, 벼슬, 이름(성)순으로 한다. 또 때에 따라서는 '성+직분'을 사용하는 경우가 있다. 이 경우는 직분이 상당히 일반적일 때이다. 비근한 예를 들면 '유 장군' 등의 명칭과 같은 경우이다. 위의 桓司馬(환사마)도 마찬가지이다. 따라서 陳侯周는 '陳나라의 侯 이름(성)은 周'가 된다.

09-08-04

吾聞 觀近臣以其所爲主 觀遠臣以其所主 若孔子 主癰疽與侍人瘠環 何以爲孔子.

내가 들기로, '近臣은 그의 집에 주인을 정하고 있는 사람을 가지고 살피고(어떤 사람이 그의 집에 거처하는가), 멀리서 벼슬하러 온 사람은 그가 거처하고 있는 집 주인을 보면 알 수 있다. (즉 근신은 어떤 사람들이 거기에 거처하고 있는가를 보고, 원신은 그가 주인으로 삼고 있는 사람을 보면 알 수 있다)'라 했다. 만약 孔子께서 옹저와 侍人 瘠環을 주인으로 삼으셨다면 어찌 孔子라 할 수 있겠는가?>

〈단어 및 어휘〉

· 觀(볼 관): 보다, 보이게 하다, 나타내다, 점치다, 모양, 생각.

· 近臣(근신): 현재 朝廷에 있는 사람.

· 遠臣(원신): 다른 나라에서 와서 벼슬을 살고 있는 臣下.

· 侍(모실 시): 모시다, 받들다, 시중들다, 기르다, 믿다, 권하다, 시중드는 사람.

· 侍人(시인): 곁에서 상전을 모시는 사람.

· 何以(하이): 왜, 어찌하여, 무슨 일로써.

〈문법연구〉

· 觀近臣以其所爲主 觀遠臣以其所主.

: 觀은 '보다'라는 의미에서 '평가하다', '알다'라는 의미가 있다. 主는 '주인으로 삼다'라는 뜻으로 사용되었다. 여기서 두 문장의 차이는 所爲主냐 所主냐의 차이이다. 우선 所主는 '주인으로 섬기는 사람'이라고 할 수 있다. 즉 누구 집에서 머무느냐로 알 수 있다는 말이다. 所爲主는 '주인으로 섬기게 되는 사람' 즉 '그 집에 찾아가는 사람'이라고 할 수 있다. 즉, '조정의 가까운 신하는 그가 자기 집에 유숙시키는 사람을 보면 그의 사람됨을 알 수 있고 먼 지역의 신하는 그가 누구의 집에서 유숙하는가를 보면 알 수 있다.'는 말이다.

· 何以爲孔子.

: 何의 원래 위치는 以 다음인데, 의문사이기 때문에 앞으로 나온 것이다. 즉, 이 문장은 원래 以何爲孔子라는 문장으로 'A를 가지고 B로 여기다(되다)'라는 뜻을 갖는 以 A 爲 B의 형식으로 쓴 것이다. 여기서 爲孔子란, 孔子는 곧 聖人이라는 전제조건을 깔고 있다.

上 9장

09-09-01

萬章問曰 或曰百里奚 自鬻於秦養牲者 五羊之皮 食牛 以要秦穆公信乎 孟子曰否不然 好事者爲之也.

萬章이 물었다. <혹자가 말하길, 백리해는 진(秦)나라의 소 기르는

자한테 다섯 마리의 양가죽을 받고 자신을 팔아 소를 먹이는 것으로서 진 목공에게 벼슬을 구했다 하는데, 믿을 수 있습니까?> 孟子께서 말씀하셨다. <아니다. 그렇지 않느니라. 일삼기 좋아하는 자들이 만들어 냈을 뿐이다.>

⟨단어 및 어휘⟩

· 百里奚(백리해): 虞의 賢人이었다.
· 鬻(죽 죽/팔 육): 죽/죽, 묽은 죽, 육/팔다, 속이다, 기만하다, 기르다.
· 食(밥 사/먹일 사/밥 식): 여기서는 '먹이다'
· 要(구할 요/허리 요): 求也, 要求. 구하다, 얻다.

⟨문법연구⟩

· 自鬻於秦養牲者 五羊之皮.

: 鬻(육) 賣也. '팔다', '값을 받고 물건을 주다.' 따라서 自鬻(자육)은 自身을 판다는 말이다. 自는 '자신'이라는 대명사로 사용되는 경우 타동사 앞에 위치한다. 於는 동사의 대상을 나타내는 개사로 鬻(육)의 대상으로 '於秦養牲者' '진나라의 동물을 기르는 자에게'이다. 五羊之皮는 부사로서 '양 다섯 마리의 가죽~의 가격으로'라는 의미를 가진다. 이처럼 한문은 동사에 따라 뒤에 나오는 단어들을 부사나 명사로서 적절하게 해석할 필요가 있다.

09-09-02
百里奚虞人也 晉人以垂棘之璧 與屈產之乘 假道於虞 以伐虢 宮之奇諫 百里奚不諫.

백리해는 우(虞)나라 사람이다. 晉나라 사람이 垂棘의 구슬과 屈땅에서 길러진 駟馬로써 虞나라에 길을 빌려 虢나라를 정벌하려 하자 궁지기는 간(諫)하였고 백리해는 간(諫)하지 않았다.

〈단어 및 어휘〉

· 虞(근심할 우): 염려하다, 근심하다, 편안하다, 나라 이름, 순임금 성.

· 棘(가시나무 극): 가시나무, 가시, 멧대추나무.

· 垂棘(수극): 晉나라의 地名으로 美玉의 산지.

· 璧(구슬 벽): 구슬, 쌓다, 둥근 玉을 말한다.

· 屈(굽힐 굴): 굽히다, 굽다, 구부러지다, 한쪽으로 휘다, 오그라들다, 움츠리다, 다하다, 꺾다, 억누르다, 베다, 자르다, 여기서는 지명으로 良馬가 産出되는 地名을 말한다.

· 乘(탈 승): 타다, 오르다, 헤아리다, 이기다, 업신여기다, 꾀하다, 다스리다, 곱하다, 수레 넷(숫자), 四匹也. 말 네 마리.

· 假(빌 가/거짓 가/멀 하): 가짜, 임시, 일시, 가령, 이를테면, 틈, 틈새, 빌리다, 빌려주다, 貸也. 여기서는 '빌리다.'라는 뜻이다.

· 虢(나라 이름 괵): 주나라 시기의 괵국, 성씨. 國名으로, 周와 同姓의 나라이다.

· 宮之奇(궁지기): 虞의 賢臣이다.

〈문법연구〉

· 以垂棘之璧.
: 以는 도구, '～로서', '수극의 구슬로서.'

・以伐虢.

　　: 以는 말 이을 而와 같다. 그러나 以는 앞의 내용을 받아서 연결하는 기능을 한다. 즉 '우나라에 길을 빌려서'라는 원인, 수단 이유를 함축한다. 假道於虞 以伐虢. '우나라에 길을 빌려서 괵나라를 치다.'

09-09-03

知虞公之不可諫而去之秦 年已七十矣 曾不知以食牛 干秦穆公之爲汚也 可謂智乎 不可諫而不諫 可謂不智乎 知虞公之將亡而先去之 不可謂不智也 時擧於秦 知穆公之可與有行也而相之 可謂不智乎 相秦而顯其君於天下 可傳於後世 不賢而能之乎 自鬻以成其君 鄕黨自好者不爲 而謂賢者爲之乎.

　　우공은 간(諫)함이 불가함을 알고 진나라로 떠나갈 적에, 나이가 이미 70이었다. 일찍이 소먹이는 것으로서 진나라 목공에게 벼슬을 구하는 것이 더러움이 됨을 몰랐다고 한다면, 어찌 지혜롭다 하겠는가? 가히 간(諫)할 수 없어 간(諫)하지 아니했으니, 가히 지혜롭지 않다고 말할 수가 있겠는가? 우공이 장차 망할 것을 알고 먼저 떠나가 버렸으니, 가히 지혜롭지 않다고 말할 수는 없는 것이다. 당시 진나라에 등용되어 목공이 가히 더불어 행할 만함을 알고서 그를 도왔으니, 가히 지혜롭지 않은가? 진나라 재상이 되어 그 군주를 천하에 드날리어 가히 후세에까지 전하게 하였으니, 현명하지 않다면 능히 할 수 있겠는가? 자기 몸을 팔아 군주를 성공시키려 하는 것은 향당에서 자기 놈만을 아끼는 사람도 하지 않는 일인데, 현명한 자가 그런 짓을 하였다고 말할 수 있겠는가?

<단어 및 어휘>

· 諫(간할 간): 간하다, 헐뜯다, 간하는 말.

· 干(구할 간/방패 간): 求也, 要求. 벼슬을 구하는 것을 말한다.

· 汙(더러울 오): 더럽다, 추하다, 욕되다, 때, 더러운 물건.

· 矣(어조사 의): ~이다, ~이었다(과거), ~일 것이다(추측), 이도다(감탄).

· 擧(들 거): 登用이다.

· 與(더불 여/줄 여): 더불다(둘 이상의 사람이 함께하다), 같이하다, 참여하다, 주다, 베풀어주다, 인정하다, 간여하다, 돕다, 협조하다, 偕也. 함께, 더불어.

· 相(서로 상): 서로, 도움, 보조자, 시중드는 사람, 접대원, 담당자, 정승, 모양, 형상, 자세히 보다, 돕다, 輔佐.

· 顯(나타날 현): 나타나다, 뚜렷하다, 분명하다, 명백하다, 밝다, 돌아가신 부모.

· 鬻(팔 육/죽 죽): 죽/죽, 묽은 죽. 육/팔다, 값을 받고 물건을 주다. 賣也.

· 鄕黨(향당): 시골, 五百戶 村里는 黨라 하고, 千二百五十戶 村里는 鄕이라 한다.

· 自好者(자호자): 名聲 얻기를 좋아하는 사람을 말한다.

<문법연구>

· 虞公之不可諫而去之秦.

: 虞公之不可諫에서 之는 주격조사. 去之~, '~을 떠나 ~로 가다'
之가 '가다'라는 동사로 사용될 때는 반드시 구체적인 목적지나 방향이 제시되어야 한다.

・曾不知以食牛 干秦穆公之爲汚也.

: 曾不知~ '일찍이 ~을 알지 못했다.' 干秦穆公之爲汚에서 之는 주격조사로 之 앞의 干秦穆公는 명사구가 된다. 즉 '진목공에게 간하는 것'이 문장 속의 'A 之爲 B'는 'A는 B가 되다'로 해석된다.

예) 禍之爲福.
: 禍가 福이 되다. 한편 B가 일반명사인 경우는 추상명사화 되는 경우가 많다.

예) 法之爲道前苦而長利. (韓非子)
: 법의 도리 됨은 처음에는 고통이 따르지만 나중에는 오래도록 이롭다.

예) 翁之爲醫 皆此類也.
: 단계옹의 의술은 모두 이러한 류이다.

예) 醫之爲書 至是始備 醫之爲道 至是始明.
: 의서는 이때 이르러서야 비로소 완비되었으며 의도는 이때 이르러서야 비로소 번영하게 되었다.

예) 麟之爲靈昭昭也. (獲麟解/韓愈)
: 기린의 신령함은 잘 알려져 있다.

・知穆公之可與有行也而相之.

: 知의 목적어는 穆公之可與有行로, 之는 주격조사이며 與는 '~와 더불어, 함께', 有行은 '도를 행하다'라는 일종의 <孟子>에서 보이는 관용어이다. 해석은 '穆公이 더불어 道를 행할 수 있음을 알다.' 而는 순접이다.

〈참고〉

・有爲: 사람이 마땅히 해야 할 일이나 도덕, 또는 덕을 행함.
・不爲: 사람이 하지 않는 것. (이루 하 참조)

萬章章句 下

凡九章

下 1장

10-01-01

孟子曰 伯夷 目不視惡色 耳不聽惡聲 非其君不事 非其民不使 治則
進 亂則退 橫政之所出 橫民之所止 不忍居也 思與鄕人處 如以朝衣
朝冠 坐於塗炭也 當紂之時 居北海之濱 以待天下之淸也 故聞伯夷
之風者 頑夫廉 懦夫有立志.

孟子께서 말씀하셨다. <伯夷는 눈으로 부정한 색을 보지 않았고,
귀로 부정한 소리를 듣지 않았으며, 그 君主가 아니면 섬기지 않
았고, 그 백성이 아니면 다스리지를 아니하였다. 치세에는 나아갔
고, 난세에는 물러났으며, 어지러운 정사가 나오는 곳과 어지러운
백성이 머무는 곳에는 차마 거하지 않았다. 향인과 더불어 거처하
는 것을, 마치 관복과 갓을 쓰고 숯덩이와 진흙더미에 앉는 것과
같이 생각했다. 폭군 주(紂)의 시대를 당하여, 북해의 해변에 거처

하며 천하가 맑아지기를 기다렸다. 고로 백이의 기풍을 듣게 되면, 분별없는 사나이도 분별 있게 되고 유약한 사나이도 뜻을 세울 수 있게 되는 것이다.

〈단어 및 어휘〉

· 事(일 사/섬길 사): 恭敬. 즉 섬기다.
· 使(하여금 사): 命令. 治也. 다스리다.
· 橫(가로 횡): 가로, 옆, 가로지르다, 방자하다, 거칠다.
· 橫政(횡정): 나쁜 政治, 악정.
· 不忍(불인): 견디어내지 못함을 말한다.
· 鄕人(향인): 시골 사람. 또는 속인(俗人).
· 朝衣(조의): 조정에 나갈 때 입는 예복(禮服).
· 朝冠(조관): 조회에 참여할 때 쓰는 관(冠). 朝巾.
· 塗炭(도탄): 진흙과 숯. 매우 더러운 곳이나 더러움을 비유하는 말.
· 紂(껑거리끈 주): 껑거리(소의 궁둥이에 대는 막대) 끈, 주 임금.
· 頑(완고할 완/탐할 완): 貪也. 頑夫(완부)는 愚鈍하고 利를 貪내던 者를 말함.
· 頑夫(완부): 욕심이 많은 사람.
· 廉(청렴할 렴): 청렴하다, 결백하다, 검소하다, 살피다, 살펴보다, 날카롭다, 예리하다, 끊다, 끊어지다, 곧다, 바르다, 값싸다.
· 懦(나약할 나): 나약하다, 여리다, 무기력하다, 부드럽다, 겁쟁이.
· 懦夫(나부): 연약하고 무능한 사람.

〈문법연구〉

・當紂之時.

: '當+시간, 또는 시간을 의미하는 어구'의 경우 '~할 때', '바로
~할 때'로 해석되는 경우가 많다.

예) 當是之時, 秦用商鞅, 楚魏用吳起. (孟子集註序)

예) 當在宋也 予將有遠行 行者必以贐. (孟子)
: 宋나라에 있을 때에는 내가 장차 遠行이 있었으니, 遠行하는 자
에게는 반드시 贐을 주는 것이다.

・思與鄉人處 如以朝衣朝冠 坐於塗炭也.

: 思(視/意) A 如(由/猶/似/若) B 형태로 'A를 B와 같이 생각하다',
'A를 B처럼 여기다', 'A를 B와 같이 보다'

예) 禹 思天下有溺者 由己溺之也 稷 思天下有飢者 由己飢之也 是
以 如是其急也. (孟子)
: 우(禹)임금은 세상에 물에 빠진 사람이 있으면 자기가 그를 빠뜨
린 것처럼 여겼고, 후직(后稷)은 세상에 굶주린 사람이 있으면 자
기가 그를 굶주리게 한 것처럼 여겼다. 그 때문에 이처럼 그들이
급하게 한 것이다.

예) 子曰 回也 視子猶父也 子 不得視猶子也 非我也 夫二三子也.
(論語)
: 공자가 말씀하시기를, '안회는 나를 아버지와 같이 여겼는데, 나
는 아들과 같이 여길 수 없었으니, 나 때문이 아니다. 무릇 저들
때문이다.'라고 하셨다.

예) 思天下之民 匹夫匹婦 有不與被堯舜之澤者 若己推而内之溝中
其自任以天下之重也. (孟子)
: 천하의 백성을 생각하기를 匹夫匹婦라도 堯舜의 은택을 더불어

입지 못한 자가 있으면, 마치 자기가 밀어서 그들을 도랑에 넣은 것과 같이 여겼다./思~若 형태이다.

· 居北海之濱 以待天下之淸.

: 以는 'A 以 B' 형태로 'A 해서 B 하다/A 하고 나서 B 하다'로 해석되는 경우이다.

예) 修其孝悌忠 入以事其父兄 出以事其長上. (孟子)
: 효와 제와 충과 신을 수양하게 하여, 들어가서는 부모와 형제를 섬기게 하며, 나가서는 어른을 섬기게 한다./入以事, 出以事

예) 子曰 我非生而知之者 好古敏以求之者也. (論語)
: 공자가 말씀하시길, '나는 나면서 그것을 아는 사람이 아니다. 옛것을 좋아하여 민첩하게 해서 그것을 구하는 사람이다.'/敏以求

예) 老吾老 以及人之老幼吾幼 以及人之幼. (孟子)
:자기 어르신을 공경하는 마음으로 다른 어른을 공경하고, 자기 자식을 사랑하는 마음으로 남의 자식을 보살핀다./여기서 以는 앞 문장을 바로 '이어서 ~하다'로 해석하기보다는 '~하고 그것으로 써 ~하다'를 함축하고 있다. 그러나 번역 시에는 '~하고서 ~하다'로 해석해도 무방하다.

10-01-02

伊尹曰何事非君 何使非民 治亦進 亂亦進 曰天之生斯民也 使先知覺後知 使先覺 覺後覺 予天民之先覺者也 予將以此道 覺此民也 思天下之民 匹夫匹婦 有不與被堯舜之澤者 若己推而內之溝中 其自任以天下之重也.

伊尹은 '누구를 섬긴들 나의 군주가 아니며, 누구를 다스린들 나의 백성이 아니겠는가?'라 하고, 치세에도 또한 나아가고 난세에도 또한 나아가서 말하기를 '하늘이 이 백성을 나게 하심에, 먼저 일머리를 아는 사람으로 하여금 뒤에 알게 될 사람을 깨우치게 하고, 먼저 이치를 깨달은 사람으로 하여금 뒤에 깨달을 사람을 깨우치게 하였다. 나는 하늘이 낳은 백성 가운데서 먼저 깨달은 자이다. 내가 장차 이 도(道)로써 이 백성을 깨닫게 하려 한다'고 하였다. 천하의 백성을 생각하기를 匹夫匹婦라도 堯舜의 은택을 더불어 입지 못한 자가 있으면, 마치 자기가 밀어서 그들을 도랑에 넣은 것과 같이 여겼다. 그는 스스로 천하로서 임무(重任)로 중히 여기었다.

〈단어 및 어휘〉

· 亂(어지러울 난/란): 어지럽다, 어지럽히다, 손상시키다, 음란하다, 무도하다, 포악하다, 널리 퍼지다, 난리.
· 先知(선지): 먼저 아는 것. 미리 앎. 또는 그러한 사람.
· 後知(후지): 뒤늦게 각성하는 것. 또는 그러한 사람.
· 被(덮을 피/입을 피): (옷을) 입다, 당하다, 씌우다, 덮다, 미치다 (영향이나 작용 따위가 대상에 가하여지다), 더하다, 베풀다(일을 차리어 벌이다, 도와주어서 혜택을 받게 하다), 받다, 받아 가지다.
· 抽(밀(밀어 올릴) 추): 여기서는 '밀(뒤에서 밀) 퇴'
· 溝(도랑 구): 도랑(매우 좁고 작은 개울), 시내, 해자(성 밖을 둘러싼 못), 도랑 파다.
· 匹夫匹婦(필부필부): 한 사람의 지아비와 한 사람의 지어미. 곧 일반 백성을 이른다.
· 任(맡길 임): 맡기다, 주다, 책임을 맡다, 맡은 일, 책무, 재능, 마음대로.

· 何事非君 何使非民.

: 직역하면 '무엇을 섬긴들 임금이 아니겠으며, 무엇을 부린들 백성이 아니겠는가.' 何事, 何使에서 의문대명사는 도치되어 동사 앞에 위치한다. 이때 何는 '누구', 또는 '무엇'이라는 뜻이다. 본래 어순은 事何非君인데 의문대명사 '何'가 도치되어 앞으로 간 것이다.

· 使先知 覺後知 使先覺 覺後覺.

: '使 A B' 형으로 'A에게 B 하게 하다/A로 하여금 B 하게 하다'로 해석한다. 敎, 令, 俾, 將, 遣, 勸, 命, 說 등의 동사가 유사한 문법적 기능을 가진다.

예) 子曰 聽訟 吾猶人也 必也使無訟乎. (大學)
: 공자가 말씀하시길, '송사를 판결하는 것은 나도 남과 같으나, 반드시 송사가 없게 해할 것이다.

예) 孔子過之 使子路問津焉. (論語)
: 공자가 그곳을 지나가시며 자로로 하여금 그들에게 나루터를 묻게 하였다.

예) 何以異於敎玉人彫琢玉哉. (孟子)
: 옥인으로 하여금 옥을 다듬고 조각하게 하는 것과 어떤 것이 다르겠습니까?

예) 勸君敬奉老人言 莫敎乳口爭長短. (明心寶鑑)
: 그대에게 권하여 늙은 사람의 말을 공경히 받들게 하고, 젖 냄새 나는 입으로 하여금 길고 짧음을 나투세 하시 밀라.

· 有不與被堯舜之澤者.

: 與는 부사로서 '함께' 不與~는 '~을 함께 하지 못하다.' 被堯舜
之澤는 요순의 은혜를 입다. 해석은 '요순의 은택(堯舜之澤)을 입음
(被)에 함께하지 못한 사람(不與者)이 있으면(有)'

10-01-03

柳下惠 不羞汗君 不辭小官 進不隱賢 必以其道 遺佚而不怨 阨窮而不
憫 與鄉人處 由由然不忍去也 爾爲爾 我爲我 雖袒裼裸裎於我側 爾焉
能浼我哉 故聞柳下惠之風者 鄙夫寬 薄夫敦.

유하혜는 더러운 임금 섬기기를 부끄럽게 생각지 아니하였고, 작
은 관리도 사양하지 아니하였다. 나아가서는 현명함을 숨기지 않
았고, 반드시 그 도(道)로서만 하였으며, 버림을 받아도 원망하지
않았고, 액궁에 빠져도 근심하지 아니하였다. 향리의 사람과 더불
어 거처하여도 너그럽게 하여 차마 떠나가지 못하였다. '너는 너
고 나는 나다. 비록 내 곁에서 웃통을 벗고 벌거벗는다 한들, 네가
어찌 능히 나를 더럽힐 수가 있겠는가?'라 하였다. 고로 유하혜의
기풍을 듣게 되면 비루(鄙陋)한 사나이도 너그럽게 되고, 천박한
사나이도 후덕하게 되는 것이다.

〈단어 및 어휘〉

· 柳下惠(유하혜): 孔子와 같은 時代에 살았던 賢人.
· 羞(부끄러워할 수): 수줍다, 부끄러워하다, 부끄럽게 하다, 수치.
· 汗(더러울 오): 혼탁한 물, 더럽다, 더럽히다, 汚와 같은 글자.
· 遺(남길 유): 남기다, 잃다, 버리다, 잊다, 빠뜨리다.
· 佚(편안할 일): 편안하다, 숨다, 속세를 떠나다. 失也 亡也, 잃다,

없어지다.

- 阨(좁을 애/막힐 액/곤궁할 액): 塞也, 막히다, 困窮하다, 고생하
  다, 고난.
- 窮(다할 궁): 다하다, 마치다, 막히다, 궁벽하다, 궁하다, 가난하
  고 어렵다
- 由由然(유유연): 너그러운 모양.
- 不忍去也(불인거야): 차마 떠나지를 못했다.
- 袒: 웃통 벗을 단.
- 裼: 웃통 벗을 석.
- 裸: 옷 벗을 나, 벌거숭이 나.
- 裎: 벌거숭이 정.
- 袒裼裸裎(단석나정): 옷차림을 제대로 갖추지 않는 상태를 말한다.
- 浼(더럽힐 매): 汚也, 더럽히다, 오염되다, 청탁하다.
- 鄙夫(비부): 吝嗇한 사람.
- 薄夫(박부): 薄情한 사람.

〈문법연구〉

- 佚而不怨. 阨窮而不憫.

: 'A 而 不 B' 문형의 구문이다. 해석은 'A 하면서 B 하지 않다/A
하지만 B 하지 않다'이다. 참고로 '不 A 而 B' 문형도 있는데 이는
'A 하지 않고서 B 하다'로 해석되는 경우가 많다.

  예) 莫之禦而不仁. 是不智也. (孟子)
  : 어느 누구도 그것을 막지 않는데도 인하지 못하니, 이는 지혜롭
  지 않은 것이다.

예) 君子 周而不比 小人 比而不周. (論語)
: 군자는 두루 사귀고 편벽하지 않으며, 소인은 편벽하고 두루 사
귀지 않는다.

예) 送君回還舊府 亦如藺相如不與秦璧而完趙也. (唐音註解)
: 오늘에 그대를 보내 옛 관청으로 돌아감이 역시 '인상여'가 진나
라에 벽옥을 주지 않고 벽옥을 완전히 조나라로 가져온 것과 같다.

· 焉能浼我哉.

:焉能~哉, '어찌 ~할 수 있겠는가' 이 구문은 '焉 A 哉'의 하나
로 '어찌 A인가?/어찌 A 하는가?/무엇을 A 하는가?'로 해석된다. 예
문의 경우 조동사 能이 추가된 형태로 '어찌 ~할 수 있겠는가'로
번역된다.

예) 臧氏之子 焉能使予 不遇哉. (孟子)
: 장 씨란 사람이 어찌 나로 하여금 만나지 못하게 할 수 있었겠
는가?

예) 不能行義 則焉用學問爲哉. (擊蒙要訣)
: 의를 행할 수 없다면, 학문을 어디에 쓰겠는가?

10-01-04

孔子之去齊 接淅而行 去魯 曰遲遲 吾行也 去父母國之道也 可以速
則速 可以久則久 可以處則處 可以仕則仕 孔子也.

孔子께서 齊나라를 떠나실 적에 일던 쌀을 건져서 가셨으며, 魯나
라를 떠나시면서 '더디고 더디도다! 내 걸음이여'하셨으니, 부모의
나라를 떠나는 道理이셨다. 가히 빠르게 하고자 하면 빨리 떠나셨
고, 가히 더디게 하고자 하면 더디게 하셨고, 隱遁하실 만하면 은
둔하시고, 벼슬할 만하면 벼슬한 이는 孔子이시다.>

〈단어 및 어휘〉

· 接(이을 접): 잇다, 접촉하다, 모으다, 가까이하다, 받다, 承也.
· 淅(일 석): 쌀을 일다, 씻은 쌀, 바람 소리, 처량하다, 쌀을 이는
  것을 말한다. 接淅而行은 밥을 할 때까지 기다리지 못하고 밥하
  려고 담가 놓은 쌀을 받아서 가는 것을 말한다.
· 遲(더딜지/늦을지): 더디다, 늦다, 느리다, 지체하다, 천천히 하
  다, 굼뜨다, 기다리다, 무렵.
· 遲遲(지지): 매우 더딘 것. 즉 발걸음이 잘 떨어지지 않는 것을
  말한다.
· 處(곳 처/살 처): '야(野)에 있다', '벼슬을 하지 않다'라는 뜻도
  있다.

〈문법연구〉

· 孔子之去齊.
之는 주격조사. 이 문장은 부사구로서 '공자가 제나라를 떠날 적
에', 또는 '공자가 제나라를 떠나면서'로 해석한다.

10-01-05
孟子曰 伯夷 聖之淸者也 伊尹 聖之任者也 柳下惠 聖之和者也 孔
子 聖之時者也.

孟子께서 말씀하셨다. <백이는 성인(聖人)으로서 맑(淸)았던 분이
고, 이윤은 성인으로서 천하로서 지임(自任)했던 분이고, 유하혜는
성인으로서 조화(和)로운 분이고, 공자는 성인으로서 때에 맞게
하신 분이었다.

<단어 및 어휘>

- 任(맡길 임): 맡기다, 주다, (공을) 세우다, 배다, 임신하다, 맞다, 당하다, (책임을) 맡다, 지다, 견디다, 보증하다, 여기서는 책임 감이나 사명감.
- 時(때 시): 時中을 말하며 때에 맞게 절제하여 中庸을 지키는 것을 의미한다.

10-01-06

孔子之謂集大成 集大成也者 金聲而玉振之也 金聲也者始條理也 玉振之也者 終條理也 始條理者 智之事也 終條理者 聖之事也.

공자를 집대성(集大成)하신 분이라고 하는 것이다. 集大成이라는 것은 쇠북 종소리를 내어 옥의 소리로 걷어 들이는 것이다. 쇠북 종소리라는 것은 條理를 시작한다는 것이고, 옥의 소리로 걷어 들인다는 것은 條理를 끝맺는다는 것이다. 조리를 시작한다는 것은 智의 일이고, 조리를 끝맺는 것은 聖의 일인 것이다.

<단어 및 어휘>

- 集大成(집대성): '모아서 크게 이룬다'라는 뜻. 여러 樂器가 演奏하는 가락들을 모아서 크게 完成하는 것을 말한다.
- 金(쇠 금): 쇠로 만든 악기.
- 聲(소리 성): 소리를 울려 餘韻을 길게 늘어뜨리는 것.
- 玉(구슬 옥): 옥으로 만든 악기.
- 振(떨칠 진): 떨치다, 떨다, 진동하다, 구원하다, 받아들이다, 정돈하다, 收也, 소리를 거두어들인다는 말이다. 즉 소리를 收拾하

여 거두어들임으로써 餘韻을 남기지 않고 끝마치는 것.

· 條理(조리): 맥락, 사물의 가닥. 노래의 가닥, 調和.

· 由(말미암을 유): 말미암다, 겪다, 따르다, 역시, ~로 인하여, ~에서, 쓰다, 행하다, 마치~와 같다: 猶와 通用.

〈문법연구〉

· 集大成也者.

: ~也者(~라는 것은. ~이란) '~者', '夫~者', '所謂~者'도 같은 의미로 사용된다.

  예) 義也者 易言難行.
  : 의란 말하기 쉬워도 행하기는 어렵다.

  예) 友也者 不千金買之也.
  : 친구란 천금으로도 살 수 없다.

10-01-07

智譬則巧也 聖譬則力也 由射於百步之外也 其至 爾力也 其中 非爾力也

智를 비유하면 工巧함이요, 聖을 비유하면 力이니, 百步 밖에서 활을 쏘는 것과 같다. 그 이르는 것은 너의 힘이요, 적중하는 것은 너의 힘이 아니다.>

〈단어 및 어휘〉

· 譬(비유할 비): 비유하다, 설명하다, 깨우치다, 인도하다, 깨닫다.

· 由(말미암을 유): 말미암다, 겪다, 따르다, 역시, ~로 인하여, ~에서, 쓰다, 행하다, 마치 ~와 같다.

· 爾(너 이): 너, 어조사(語助辭), 같이, 그(其), 뿐, 이(此), 그러하다.

〈문법연구〉

· 其中.

: 中 '화살이 과녁에 맞는 것'을 말한다. 其至에서 至가 '닿다/이르다' 라는 의미를 가진 자동사인 것처럼 中도 자동사로 '맞다'라는 뜻이다.

下 2장

10-02-01

北宮錡問曰 周室班爵祿也 如之何.

北宮錡가 물었다. <周나라 王室에서 爵祿을 나누는 것은 어찌하였 습니까?>

〈단어 및 어휘〉

· 錡(가마솥 기): '쇠뇌 틀 의', 여기서는 '사람 이름 의'로도 읽을 수 있다.
· 北宮錡(북궁의): 衛나라 사람.
· 班(나눌 반): 나누다. 이별하다, 서성거리다, 돌아오다, 돌아가다, 주다.
· 如之何(여지하): 어찌, 어떻게, 어떠한가, 어찌하랴.

〈문법연구〉

· 周室班爵祿也.

: 也는 주어나 주어절, 부사나 부사절 뒤에 쓰는 어기사이다. 이 문장에서는 주격조사 之가 생략된 형태라고 할 수 있다. 즉 원래는 周室之班爵祿也로 '주나라 왕실이 작록을 나누는 것'이다.

· 如之何

: '그와 같은 것은 어떠한 것입니까?', '그와 같은 것을 어떻게 하는 것입니까?'라는 뜻으로 구체적인 내용이나 방법을 묻는다. 반면에 如何는 앞에서 말한 내용에 대한 상대방의 느낌이나 태도를 묻는 것으로, '어떻습니까?'로 해석하면 좋다. 여기서는 전자와 같다.

예) 哀公問於有若曰 年飢, 用不足, 如之何 有若對曰 徹乎 曰二, 吾猶不足, 如之何其徹也. (論語)
: 애공이 유약에게 물었다. '흉년이 들어 나라의 재산이 부족하니 어찌하면 좋겠소?' 유약이 대답했다. '세금을 10분의 1만 걷으면 어떻습니까?' 애공이 말했다. '10분의 2로도 부족한데 어찌 10분의 1만 걷는단 말이오.'

예) 子路問 聞斯行諸. 子曰 有父兄在, 如之何其聞斯行之. (論語)
: 자로가 공자에게 물었다. '선생님, 좋은 가르침을 들으면 곧바로 실천해야 합니까?' 공자가 대답했다. '아버지도 계시고 형님도 계시는데, 어찌하여 들은 것을 바로 실천해야 하겠느냐.'

10-02-02

孟子曰 其詳不可得而聞也 諸侯惡其害己也 而皆去其籍 然而軻也嘗聞其略也.

孟子께서 말씀하셨다. '그 자세한 것은 들을 수가 없었다. 제후들이 그것이 자기들에게 손해가 된다고 해서 싫어하여, 모두 그 전적을 없애버렸다. 그러나 내가 일찍이 그 대략을 들은 적이 있다.

〈단어 및 어휘〉

· 得(얻을 득): 얻다, 손에 넣다, 알다, 할 수 있다, 해야 한다.
· 也(어조사 야): ～이다, ～느냐, 역시, ～하자!, ～는, ～야말로,
  ～하고(병렬), ～도 또한, 그리고.
· 惡(싫어할 오/악 악): 미워하다, 싫어하다.
· 籍(문서 적/온화할 자): 文獻이나 문서, 기록을 의미한다.
· 軻(수레 가): 수레, 가기 힘들다, 높다, 일이 뜻대로 되지 아니하
  다, 여기서는 孟子의 名.

〈문법연구〉

· 其詳不可得而聞也.
: '그 자세한 것은 들을 수 없었다.' '可得而+동사'는 '동사할 수 있
다.' 其詳이 동사 聞의 목적어이기 때문에 '可'를 썼다.

10-02-03
天子一位 公一位 侯一位 伯一位 子男同一位 凡五等也 君一位 卿
一位 大夫一位 上士一位 中士一位 下士一位 凡六等.

천자(天子)가 한 지위, 공(公)이 한 지위, 후(侯)가 한 지위, 백(伯)
이 한 지위, 자(子)와 남(男)이 한 지위, 모두 다섯 등급이었다. 군
(君)이 한 지위, 경(卿)이 한 지위, 대부(大夫)가 한 지위, 상사(上
士)가 한 지위, 중사(中士)가 한 지위, 하사(下士)가 한 지위, 모두
여섯 등급이었다.

10-02-04
天子之制 地方千里 公侯 皆方百里 伯 七十里 子男 五十里 凡四等

不能五十里 不達於天子 附於諸侯 曰附庸.

천자의 제도는 사방 천 리, 공(公)과 후(侯)는 모두 사방 백 리, 백(伯)은 사방 70리, 자(子)와 남(男)은 사방 50리, 모두 네 등급이었다. 50리가 되지 못하면 천자와는 통(連繫)하지 못하기에 제후에 부속되는데, 부용(附庸)이라고 말한다.

〈단어 및 어휘〉

· 能(능할 능): 능히 할 수 있다, 잘하다, 재능이 있다, 미치다, 능력.
· 庸(떳떳할 용/쓸 용): 떳떳하다, 쓰다, (사람을) 채용하다, 고용하다, 범상하다, 평소, 보통, 법, 법도, 조세의 한 종류.
· 附庸(부용): 땅이 사방 오십 리가 되지 못하여 천자와 직접 교섭하지 못하고, 이웃의 제후국을 통하여 교섭하는 작은 나라.

〈문법연구〉

· 不能五十里 不達於天子.
: 不~, 不~ 문은 주로 앞 구는 원인이나 이유, 뒤는 그 결과문이다. 즉 '~아니면, ~이 아니다' 不達於天子는 '天子에게 連繫를 갖지 못한다'는 말. 전체적인 해석은 '50리가 되지 못하면 천자와는 통(連繫)하지 못한다.'

10-02-05
天子之卿受地視侯 大夫受地視伯 元士受地視子男.

천자의 경(卿)은 후(侯)에 준하여 토지를 받고, 대부는 백(伯)에 준하여 토지를 받고, 원사(上士)는 자·남(子·男)에 준하여 토지를 받았다.

<단어 및 어휘>

·地(땅 지): 領地를 말한다.
·視(볼 시): 보다, 보이다, 간주하다, 견주다, 본받다, 대우하다, 준하다, 比也, 準也.
·元士(원사): 上士를 말한다.

10-02-06

大國地方百里, 君十卿祿, 卿祿四大夫, 大夫倍上士, 上士倍中士, 中士倍下士, 下士與庶人在官者同祿, 祿足以代其耕也.

<단어 및 어휘>

·十(열 십): 十倍. 즉 열 배를 말한다.
·卿(벼슬 경): 벼슬(대부의 위), 장로에 대한 존칭, 그대.
·祿(녹 록): 녹봉, 관리의 봉급, 복, 봉급을 주다, 복을 주다.

<문법연구>

·祿足以代其耕也.
: 足以(족이), ~하기에 충분하다, 足以之(그것으로 충분하다)에서 대명사 之가 생략된 형태. '녹은 그 경작(경작해서 나오는 수입)을 대신하기에 충분하였다.'

10-02-07

次國地方七十里 君十卿祿 卿祿 三大夫 大夫 倍上士 上士 倍中士 中士 倍下士 下士 與庶人在官者 同祿 祿足以代其耕也.

다음 가는 나라는 땅이 사방 70里이니, 군주는 경의 녹 10배요, 경(卿)의 녹은 대부의 3배요, 대부(大夫)는 상사의 2배요, 상사는 중사의 2배요, 중사는 하사의 2배요, 하사와 평민으로서 벼슬에 있는 자는 녹이 같았으니, 녹이 족히 경작하는 것에 대신하였다.

10-02-08

小國地方五十里 君十卿祿 卿祿 二大夫 大夫 倍上士 上士 倍中士 中士 倍下士 下士 與庶人在官者同祿 祿足以代其耕也.

소국은 땅이 사방 50리가 되며, 군주는 경(卿)의 녹 10배이고, 경의 녹은 대부의 배이고, 대부는 상사의 배이고, 상사는 중사의 배이고, 중사는 하사의 배이고, 하사는 서민으로서 관직에 있는 자와 녹이 같으니, 녹은 족히 그 경작하는 것에 대신하였다.

10-02-09

耕者之所獲 一夫百畝 百畝之糞 上農夫 食九人 上次 食八人 中食七人 中次 食六人 下食五人 庶人在官者 其祿 以是爲差.

耕作하는 자가 받는 바는 한 사람이 百畝이니, 百畝를 가꾸어 上農夫는 아홉 사람을 먹일 수 있으며, 그다음은 여덟 사람을 먹일 수 있으며, 中農夫는 일곱 사람을 먹일 수 있으며, 그다음은 여섯 사람을 먹일 수 있으며, 下農夫는 다섯 사람을 먹일 수 있으니, 庶人으로 관직에 있는 자는 그 祿을 이로써 차등을 두었다.>

〈단어 및 어휘〉

· 獲(얻을 획): 得也. 獲得. 얻다, 얻어지다. 따라서 받는 것을 말한다.

- 畝(이랑 무/이랑 묘): 이랑(본래는 밭고랑 사이의 두둑을 말하나 두둑과 한 고랑을 포함한 단위로 씀), 100보의 넓이.
- 糞(똥 분): 똥, 거름, 치우다, 거름 주다, 제거하다, 더럽다.
- 百畝之糞(백묘(무)지분): 糞은 '거름 준다.'라는 뜻으로 百畝之糞은 百畝의 農地에 거름을 주어 農事를 짓는 것을 말한다.
  (이 부분은 앞의 梁惠王章句(上) 참고)
- 上(위 상): 땅의 肥沃度를 말한다.

〈문법연구〉

- 其祿 以是爲差.
: 以~爲~ '~을 ~으로 삼다(여기다).' 해석은 '그 녹은 이것으로 차이를 삼았다.'

下 3장

10-03-01

萬章 問曰 敢問友 孟子曰 不挾長 不挾貴 不挾兄弟而友 友也者 友 其德也 不可以有挾也.

萬章이 물었다. <감히 벗에 대하여 여쭙습니다> 孟子께서 말씀하셨다. <나이 많음을 내세우지 않으며, 貴함을 내세우지 않으며, 형제를 내세우지 않고 벗하는 것이다. 벗이란 그 德을 벗하는 것이요, 내세우는 것이 있어서는 아니 된다.

〈단어 및 어휘〉

- 友(벗 우): 交友之道를 말한다.

• 挾(낄 협/믿고 의지할 협): 끼다, 끼우다, 끼어 넣다, 두루 미치
다(영향이나 작용 따위가 대상에 가하여지다), 두루 통하다, 돌
다, 만나다, 모이다, 몸에 지니다, 믿고 의지하다, 사람을 사귈
때 그의 背景이나 財力 등에 依支하는 것은, 그것을 念頭에 두
고서 사귀는 것을 말한다.

• 長(길 장): 길다, 자라다, 어른, 높다, 오래되다, 늙다, 年長. 나이
든 어른.

• 貴(귀할 귀): 귀하다, (신분이) 높다, 귀중하다, 귀하게 여기다,
비싸다, 값이 높다, 바라다.

〈문법연구〉

• 問曰 敢問友.
:問曰~, '~(라는 내용을) 물었다' 또는 '~(다음)과 같이 물었다',
曰 다음에 내용이 나온다. 問友는 직역하면 '벗을 묻다'로 그 의미가
애매하다. 해석은 위의 본문 '~에 관해 묻다'가 되는데 이처럼 한문
에서는 타동사의 목적어가 타동사의 직접적인 대상이 아닌 경우 이
처럼 그 의미로 해석해야 하는 경우가 많다.

> 예) 人君爲治之要 只在恭己而坐朝 尊賢問道而已. (註解千字文)
> : 임금이 치적을 이루는 요체는 다만 몸을 공손히 하고 조정에 앉
> 아 賢者를 존경하고 이치를 물어 논의함에 달려 있을 뿐이다. 여기
> 서 問道는 '도를 묻다'이지만 그 내용은 '도에 관해서 묻다'이다.

10-03-02
孟獻子 百乘之家也 有友五人焉 樂正裘 牧仲 其三人則予忘之矣 獻
子之與此五人者 友也 無獻子之家者也 此五人者 亦有獻子之家 則

不與之友矣.

맹헌자는 백승(百乘) 집안사람으로 5인의 친구가 있었으니, 樂正
裘(악정구)와 牧仲(목중)이고, 그 밖의 3인은 잊어버렸노라. 獻子
가 이 5인과 더불어 사귄 것은 獻子의 집안을 염두에 두지 않았으
며, 이 다섯 사람 또한 獻子의 집안을 염두에 두었다면 그와 더불
어 벗하지 않았을 것이다.

〈단어 및 어휘〉

· 挾(낄 협): 끼다, 몸에 지니다, 만나다, 생각하다, 믿다, 두루 미
치다. 여기서는 의역하여 '내세우다'
· 長(길 장): 길다, 자라다, 어른, 높다, 오래되다, 늙다.
· 裘(갖옷 구): 갖옷, 가죽옷.

〈문법연구〉

· 無獻子之家者也.
: 無 다음에 挾이 생략되었다. 해석은 '헌자의 집안을 내세운 적이
없었다./헌자의 가문(獻子之家)이란 것(者)이 없었(無)다(也)' 다음에 나
오는 亦有獻子之家 則不與之友矣에서도 有 다음에도 挾이 생략되었다.

· 不與之友矣.
: 與之 '그와 더불어', 여기서는 삽입구로 부사어로 사용되었다. 즉
이 문장에서 동사는 友로 '친구로 삼다' 不는 동사 友를 부정한다.
矣는 '~이다.'인데 '이미 그렇다'와 비슷하다. 추측으로 '그럴 것이
다'로 쓰였다.

10-03-03

非惟百乘之家爲然也 雖小國之君 亦有之 費惠公 曰吾於子思則師之
矣 吾於顏般則友之矣 王順長息則事我者也.

오직 백승(百乘)의 집안만이 그렇게 했던 것은 아니었다. 비록 작
은 나라의 군주라도 또한 그렇게 한 사람이 있었다. 비(費)의 혜공
왈 '자사(子思)는 즉 나의 스승이시고, 안반은 나의 벗이고, 왕순
과 장식은 나를 섬기는 자들이다.'라 했다.

〈단어 및 어휘〉

· 費(쓸 비): 쓰다, 소비하다, 소모하다, 손상하다, 닳다, 비용, 용
  도, 여기서는 魯의 附庸國이라고 한다. 따라서 費惠公이란 費邑
  의 君主를 말한다.
· 子思(자사): 공자의 孫子.
· 師(스승 사): 尊也. 尊敬. '스승으로 모시다'
· 友(벗 우): 뜻을 같이하는 사람, 벗하다, 사귀다, 우애가 있다,
  사랑하다, 가까이하다, 敬也. 鄭重하게 禮義로서 대함이다.

〈문법연구〉

· 非惟百乘之家爲然也.
: 非惟~, '단지 ~만은 아니다', '다만 ~뿐만이 아니다', 不惟, 非
但, 非惟, 非特 非徒, 非直, 非獨과 같다.

> 예) 濂溪非徒愛蓮 愛君子耳. (愛蓮說/周惇頤)
> : 염계는 연꽃을 좋아했을 뿐만 아니라, 군자를 사랑했을 뿐(따름)
> 이다.

10-03-04

非惟小國之君 爲然也 雖大國之君 亦有之 晉平公之於亥唐也 入云
則入 坐云則坐 食云則食 雖疏食菜羹 未嘗不飽 蓋不敢不飽也 然終
於此而已矣 弗與共天位也 弗與治天職也 弗與食天祿也 士之尊賢者
也 非王公之尊賢也.

비록 작은 나라의 군주만이 그렇게 했던 것은 아니었다. 비록 대
국의 군주라도 그렇게 한 사람이 있었었다. 진(晉)나라의 平公이
해당(亥唐)에 있어서이다. 들어오라 하면 들어가고, 앉으라고 하면
앉고, 먹으라 하면 먹었고, 비록 거친 밥과 나물국이라 할지라도
일찍이 배불리 먹지 않는 일이 없었으니, 대개 감히 배불리 먹지
않을 수가 없었기 때문이었다. 그러나 끝내 이것일 따름이었다.
하늘이 준 관직을 더불어 함께하지 아니했고, 하늘이 준 직분을
더불어 다스리지도 아니했으며, 하늘이 준 녹을 더불어 먹지도 아
니했었다. 선비로서 현자(賢者)를 존경한 것이지, 왕(王)과 공(公)
으로서 현자(賢者)를 존경한 것이 아니었다.

〈단어 및 어휘〉

· 亥唐(해당): 晉나라의 賢人.
· 疏(거칠 소/소통할 소): 소통하다, 트이다, 드물다, 성기다(물건
  의 사이가 뜨다), 상소하다.
· 疏食(소사): 변변치 못한 음식.
· 菜羹(채갱): 나물국.

〈문법연구〉

· 晉平公之於亥唐也.

:~之於~, ~의 ~에 관해서(대해서)는.

> 예) 仁之於父子也, 義之於君臣也, 禮之於賓主也, 智之於賢者也, 聖
> 人之於天道也, 命也, 有性焉, 君子不謂命也. (孟子)
> : 인이 부자에 대한 것, 의가 군신에 대한 것, 예가 빈주에 대한
> 것, 지가 현자에 대한 것, 성인이 천도에 대한 것은 명이지만, 거
> 기에는 성이 있기 때문에 군자는 명을 말하지 않는다.

10-03-05
舜尙見帝 帝館甥于貳室 亦饗舜 迭爲賓主 是天子而友匹夫也.

순임금이 위로 올라 요임금을 뵈었을 적에는, 요임금은 사위에게
별궁에 유숙시키고, 또한 순임금에게 향연을 베풀어 번갈아 빈객
이 되기도 했으니, 이것은 천자이면서 필부를 벗으로 사귄 것이
었다.

〈단어 및 어휘〉

· 尙(오히려 상): 오히려, 더욱이, 또한, 아직, 풍조, 숭상하다, 높
  다, 높이다, 자랑하다, 더하다, 上也.
· 館(객사 관/묵을 관/집 관): 머물다, 마을, 관사, 객사, 별관.
· 甥(생질 생/사위 생): 생질, 사위.
· 貳室(이실): 副宮이다.
· 饗(대접할 향, 누릴 향/잔치할 향): 잔치하다, 흠향하다, 대접하
  다, 누리다, 드리다, 제사를 지내다.
· 迭(질): 서로 번갈아 드는 섯, 살마들다. 손님도 되었다가 土人
  도 되었던 것을 말한다.

〈문법연구〉

· 帝館甥于貳室.

: 문장의 동사는 '館'으로 '머물다'라는 뜻이다. 여기서는 일종의 사역으로 사용되었다. '館+명사+于' 형태로 '명사를~에서 머물게 하다.'

10-03-06

用下敬上 謂之貴貴 用上敬下 謂之尊賢 貴貴尊賢 其義一也.

아랫사람이 윗사람을 공경하는 것을 귀한 사람을 귀하게 여긴다고 하고, 윗사람이 아랫사람을 공경하는 것을 현자(賢者)를 존경하는 것이라고 한다. 귀한 사람을 귀하게 여기고 현자(賢者)를 존경하는 것에 그 뜻은 같은 것이다.>

〈단어 및 어휘〉

· 用(쓸 용): 以也. 여기서는 ~로서, 또는 ~로부터. 副詞格助詞 용례. 用은 사용하다 이외에 '~을 가지고', '~로 말미암아', '~로부터', '~로 인하여' 등의 뜻이 있다.

· 貴貴(귀귀): 貴를 貴로 여기다. 즉 앞의 貴는 動詞的 용례이고, 뒤의 貴는 귀한 사람이라는 名詞的 용례이다.

下 4장

10-04-01

萬章 問曰 敢問交際 何心也 孟子曰恭也.

萬章이 물었다. <敢히 묻겠습니다. 교제는 어떤 마음가짐입니까?>
孟子께서 말씀하셨다. <공손함이다.>

10-04-02
曰 卻之 卻之爲不恭 何哉 曰尊者賜之 曰其所取之者義乎 不義乎
而後受之 以是爲不恭 故弗卻也.

말하기를, <물건을 물리쳐 돌려보냄에, 즉 물건을 물리쳐 돌려보
내는 것을 공손하지 못하다고 하니, 무엇 때문입니까?> 말씀하시
기를 <존귀한 자가 보내 주는 것인데, '그가 취한 것이 의(義)로운
것인가? 의(義)롭지 못한 것인가?'를 (따진) 연후에 받는다면, 이것
은 공손치 못한 것이 된다. 고로 물리치지 않는 것이다.>

〈단어 및 어휘〉

- 卻(물리칠 각): 却의 本字이다. 물리치다, 물러나다, 피하다, 도
  리어. 退也, 不受. 받지 않고 되돌려 줌.
- 賜(줄 사): 주다, 하사하다, (은혜를) 베풀다(일을 차리어 벌이다,
  도와주어서 혜택을 받게 하다), 다하다, 은혜, 하사, 賚(줄 뢰)也.
  下賜, 恩德. 즉 윗사람(임금)이 아랫사람(신하)에게 물건을 내려
  주는 것을 말한다.
- 以(써 이): ~로써, ~에 따라, ~때문에, ~하여(순접), 사용하
  다, ~라 생각하다, 단지.
- 其(그 기): 將次. 바야흐로. 부사적 용례.
- 弗(아닐 불): 아니다, 거역하다, 떨다, 바로잡다.

〈문법연구〉

· 其所取之者義乎不義乎.

: 所+동사+之+명사(者) 형태로 '동사한 것', ~乎, 不~乎, '~인가
아닌가(~인지 아닌지).'

예) 仲子所居之室 伯夷之所築與 抑亦盜跖之所築與. (孟子)
: 중자가 사는 집은 백이가 지은 것인가? 아니면 도척이 지은 것
인가?

10-04-03

曰請無以辭却之 以心却之曰 其取諸民之不義也 而以他辭 無受 不
可乎 曰其交也道 其接也以禮 斯孔子受之矣.

묻기를 <청컨대, 말로써 물리침이 없이 마음으로 물리치며, '그것
은 백성에게서 취함이 의(義)롭지 않다.'라고 하며, 다른 말로 받
지 않는다면 가하지 않겠습니까?> 말하기를, <그 사귀기를 도(道)
로써 하고, 그 접촉하기를 예(禮)로써 한다면, 이것에 있어서는 공
자께서도 받으셨다.>

〈단어 및 어휘〉

· 辭(말씀 사): 말씀, 문체의 이름, 핑계, 사퇴하다, 알리다, 청하
다, 타이르다, 사양하다.

· 其(그 기): 그, 그것, 그런, 아마, 만약, 기약하다, 어찌, 해야 한
다, 기한, 기년. 若也. 만약, 萬一. 역시 부사적 용례.

· 諸(모두 제): 모두, 무릇, 그것, '之于' 또는 '之乎', 之於의 縮約.

· 斯(이 사): 이, 이것, 잠시, 쪼개다, 다하다, 이에, 즉, 곧.

〈문법연구〉

· 其接也以禮 斯孔子受之矣.

: 斯는 '~한다면' 또는 '~이면'이라는 의미의 접속사로 사용되었다.

　예) 子張問於孔子曰 何如斯可以從政矣. (論語)
　: 자장이 공자에게 물어 말하길, '어떻게 하면 (백성들을 잘) 다스
　릴 수 수 있습니까'

　예) 吳師來 斯與之戰 何患焉. (春秋左傳)
　: 오나라 군사가 오면(온다면) 그들과 싸워야 하니, 무엇을 걱정하
　십니까.

　예) 子曰 聖人 吾不得而見之矣 得見君子者 斯可矣. (論語)
　: 공자께서 말씀하시기를, '성인을 직접 만나 그를 볼 수 없으니,
　군자를 만나 볼 수 있다면 좋겠도다.'라 하셨다.

10-04-04

萬章曰 今有禦人於國門之外者 其交也以道, 其餽也以禮, 斯可受禦
與 曰不可 康誥 曰殺越人于貨 閔不畏死 凡民 罔不譈 是不待教而
誅者也 殷受夏 周受殷 所不辭也 於今爲烈 如之何其受之.

萬章이 말하였다. <지금 國門의 밖에서 사람을 막아서서 강도질하
는 사람이 있어, 그 사귀기를 道로써 하고, 그 주기를 禮로써 한다
면, 이에 강도질한 것을 받을 수 있습니까?> 孟子께서 말씀하셨다.
<不可하다. 「康誥」에 이르기를, '재화로 말미암아 사람을 죽여 넘
어뜨리면서 애써(閔) 죽음(死)을 두려워하지 않으니(不畏) 모든 백
성(凡民)이 미워하지 않음(不譈)이 없다(罔).'라 했으니, 이것은 교
명(教命)을 기다릴 것도 없이 죽여야 하는 것이다. 殷나라는 夏나
라에서 전수 받았으며, 周나라는 殷나라에서 전수 받아, 말하지

않는 바라도 지금까지 (그 법은) 명백한 것이었으니, 어찌 이것을
받을 수 있겠는가?>

〈단어 및 어휘〉

· 餽(보낼 궤): 음식을 보내다, 선사, 권하다, 먹이다.

· 禦(막을 어): 막다, 금하다, 사납다, 방어하다, 제사 지내다.

· 越(넘을 월): 넘다, 정도에 넘치다, 넘어뜨려 빼앗다, 월나라, 점
점, 더욱더.

· 于(어조사 우): ~에, ~에게, ~에서, 가다, 취하다, 탄식하다.

· 閔(위문할 민): 위문하다, 걱정하다, 근심, 고민하다, 가엾게 여
기다, 힘쓰다, 愍也. (事理에) 어둡다, 힘쓰다. 여기서는 '나쁜 일
을 恣行하는 뜻으로 새긴다.

· 罔(그물 망): 그물, 계통, 속이다, 어둡다, 없다, 하지 않아야 한
다, 亡(무)와 通하고 無也. '없다'

· 譈(원망할 대): 怨也, 怨望, 憎惡. 죽인다는 뜻도 있다.

· 不待敎(부대교): 君主의 命 즉 敎命을 기다리지 않고 處理하는
것을 말한다.

· 誅(벨 주): 베다, 죽이다, 책하다, 형벌.

· 不辭(불사): '論議할 것이 못됨/이야기할 것이 못됨을 이르는' 말이다.

· 烈(매울 렬/세찰 렬): 分明. 뚜렷함.

· 如之何(여지하): 그것을 어떻게 하랴? 어찌하랴.

〈문법연구〉

· 殺越人于貨.

: 殺越은 '죽이고 넘어뜨리다(그리고 빼앗다)'라는 동사가 된다. 동

사의 목적어는 人이며 그 동사의 대상은 貨(재물)로 于를 이용하여 분명하게 표시해두었다. 즉 해석은 '사람을 죽이고 물건을 빼앗다'가 된다.

· 於今爲烈.
: 지금도 분명하다. 지금도 뚜렷하다.

10-04-05

曰今之諸侯取之於民也 猶禦也 苟善其禮際矣 斯君子 受之 敢問何說也 曰子以爲有王者作 將比今之諸侯而誅之乎 其敎之不改而後 誅之乎 夫謂非其有而取之者 盜也 充類至義之盡也 孔子之仕於魯也 魯人 獵較 孔子亦獵較 獵較 猶可而况受其賜乎.

말하기를, <지금 諸侯들이 백성들에게 취함이 강도질과 같거늘, 만약 그 禮·際를 잘하면 이는 君子도 받는다니, 감히 묻겠습니다. 무슨 말씀입니까?> 孟子께서 말씀하셨다. <그대(子)가 왕자의 흥기(作)가 있다(有)고 여기면(以爲) 장차(將) 지금의 제후를 비교해(比)서(而) 그를 베겠는가, 가르침의 고치지 않는다면 그 후 그를 베겠는가. 무릇 그의 소유가 아닌 것을 취하는 것에 모두 도적이라고 말하는 것은, 그러한 부류를 통틀어 미루어나가 그 뜻(義)을 극단에 이르게 하는 것이다. (대체로 그의 소유물이 아닌데 그것을 취하는 사람을 도둑이라 하지만 그대는 비슷한 사례를 모아서 그 뜻을 극단으로 몰고 간 것이다) 공자께서 노나라에 벼슬을 하고 계실 적에, 노나라 사람들이 엽각/교(獵較:사냥한 것을 서로 빼앗고 비교함)를 하였고, 공자께서도 또한 獵較를 하시었다. 獵較가 오히려 가하다면, 하물며 주는 것을 받는 것에 있어서야.>

<단어 및 어휘>

· 苟(진실로 구): 진실로, 참으로, 다만, 단지, 만약. 만일, 일시적
  으로, 구차하다.

· 以爲(이위): ~라 여기다, ~을 만들다.

· 際矣(제의): 矣는 文章 中間에 使用되어 '~라면, ~한다면'의 假
  定 條件을 나타낸다.

· 比(견줄 비): 連也. 全部를 모조리 整列시키는 것으로 즉 일제히
  다 함께 처리하는 것을 말한다.

· 子(아들 자): 자네, 그대. 여기서는 萬章을 말한다.

· 充類(충류): 充은 擴大, 類는 類推하는 것. 따라서 充類(충류)란 극
  단적(極端的)인 의미로 유추(類推,類比)하여 생각함. 또는 유추를
  확대한다는 의미. 어의상으로는 '같은 종류의 무리에 채워 넣음.'

· 至義之盡(지의지진): 至義는 의미(뜻)의 한계를 말한다.

· 充類至義之盡也(충류지의지진야): 직역하면 '部類를 채워서 그
  뜻을 다함에 이르다.'인데 의미상으로는 '비슷한 사례를 확대해
  석하여 그 뜻을 달리 적용하다' 정도의 의미가 된다.

· 較(견줄 교/차이 각/다툴 각): 교/비교하다, 환하다, 견주다. 각/
  겨루다, 법도, 대강, 차이. 比較. 따라서 獵較(엽교/각)란, 사냥
  뒤 그 잡은 사냥물들의 多少를 견주어보는 것을 말한다. 위에서
  말한 것처럼 또 較를 '각'으로 音讀할 때에는 爭也, 鬪也라 競爭
  의 뜻이 있다.

· 獵較(엽교, 또는 엽각): 사냥한 것을 서로 빼앗고 그 결과를 보
  고 승패를 짓는 일종의 투기 놀이.

〈문법연구〉

·苟善其禮際矣 斯君子受之.

: 斯는 접속사로 사용되어 '~라면', '~한다면', '~인 즉'

> 예) 君行仁政 斯民親其上 死其長矣. (孟子)
> : 임금께서 인정(仁政)을 베푸시면, 백성들은 자신의 임금, 윗사람, 웃어른에게 친절하게 굴고 자기 윗사람을 위해 죽는 것을 두려워하지 않습니다.

> 예) 子曰 仁遠乎哉 我欲仁 斯仁至矣. (論語)
> : 공자께서 말씀하시길, '인은 멀리 있는가. 내가 인을 행하고자 하면 인에 바로 이르는 것이다.'라 하셨다.

·夫謂非其有而取之者 盜也.

: 夫는 대저, 해석은 '무릇 그의 소유가 아닌데 그것을 취하는 것을 도적이라고 하는 것은'으로 주어구이다.

·充類至義之盡.

: 之는 도치를 나타낸다. 즉, 이 문장은 본래 盡充類至義인데 充類至義를 강조하여 앞으로 내고 그것을 之로 표시해 준 것이다. 해석은 盡이 동사이고 充類至義가 목적어가 되어 '充類至義를 다하다' 정도이다.

한편 의미상으로는 充類至義는 '(유사한)종류를 채워서 의미를 결정하다.'라고 할 수 있다. 본문의 예를 들면 盜라는 것은 여러 종류의 노석이 있는네 보통은 훔치는 깃이 盜이지만 그 유시한 정도를 최대로 넓혀서 말한다면[盡] 자기의 소유가 아닌데 취하는 것을 다 盜라고 말할 수 있을 것이다. 그렇다면 길에서 작은 물건 하나를 주워서 갖더라도 도적이 된다는 것을 말한다.

· 孔子之仕於魯也, 孔子之仕也.
: 之는 주격조사이다. 이러한 주격조사 용법은 주로 주어절이나 부사절이며, 문장 앞에서 사용되는데 '之～也'로 연용 되는 경우가 많다.

10-04-06

曰然則孔子之仕也 非事道與 曰事道也 事道 奚獵較也 曰孔子先簿正祭器 不以四方之食 供簿正 曰奚不去也 曰爲之兆也 兆足以行矣 而不行而後去 是以未嘗有所終三年淹也.

말하기를 <그렇다면 공자께서 벼슬을 하신 것은 도(道)를 일삼기 위한 것이 아니었습니까?> 말씀하시기를, <도(道)를 일삼기 위한 것이었다.> <도(道)를 일삼으셨다면 어찌 엽교/각을 하실 수가 있었습니까?> 말씀하시기를, <공자께서는 먼저 祭器를 帳簿에 바로 잡아서, 사방의 음식을 가지고 장부에 적고 바르게 하는 데 사용(제공)하지 않았다> 말하기를 <어찌하여 떠나가지 않으셨습니까?> 말씀하시기를, <조짐을 보이신 것이다. 조짐이 족히 행할 수 있는데도 행해지지 않은 뒤에 떠나신 것이다. 이 때문에 일찍이(嘗) 삼년(三年)이 다하게(終) 머무른(淹) 장소(所)가 있지 않았(未)다.>

〈단어 및 어휘〉

· 事(일 사/섬길 사): 從事, 努力. 따라서 行事 내지는 實行함을 의미한다.
· 與(줄여/더불 여): 歟也. 語助辭로 '그런가?'라는 의미가 內包되

어 있다.

· 供(이바지할 공): 設也, 具也, 갖추다, 모시다, 베풀다, 설치하다.

· 簿正(부정): 장부에 적고 바르게 하다.

· 供簿正(공부정): 제기를 帳簿에 整理해 놓은 것을 말한다.

· 兆(조짐 조): 조짐, 점, 조(억의 만 배), 전조가 되다, 예시하다.
일의 端緖, 徵兆, 兆朕을 뜻한다. 또는 始也라, 처음, 비롯되다.
뜻도 있다.

· 未嘗(미상):~한 적이 없다, 일찍이 ~아니다.

· 淹(담글 엄/머무를 엄): 留也, 留久. 오래 머무는 것을 말한다.

· 仕(섬길 사): 섬기다, 벼슬하다, 벼슬, 선비.

〈문법연구〉

· 孔子先簿正祭器 不以四方之食 供簿正.
: 축자적인 해석은 <공자(孔子)는 먼저(先) 장부로(簿) 제사 그릇(祭
器)을 바르게 해(正) 사방의 음식(四方之食)을(以) 바치지(供) 않도록
(不) 장부(簿)를 바르게 했다(正)>이다. 여기서 簿正이라는 단어는 동
사 및 명사로 사용되었다. 즉 '簿正: 장부(帳簿)에 적힌 수효(數爻)대
로 갖춤'인데 簿正祭器는 결국 '제기를 장부에 따라 갖추다'가 된다.
不以四方之食 供簿正에서 동사는 供으로 不는 이 동사와 호응한다.
不以四方之食 供簿正의 해석은 '사방의 음식으로 簿正에 올리지(供)
않았다.'이다. 의역하면 '공자께서는 먼저 祭器를 帳簿에 바로잡아서,
사방의 음식을 바로잡은 제기(祭器)에 담지 않게 하셨다.'가 된다. 참
고로 朱子도 '先簿正祭器' 이 말의 뜻이 자세하지 않다고 하여 未詳이
라 하였으나 문맥상 위와 같이 설명하였을 뿐이니 참고하기 바란다.

10-04-07

孔子有見行可之仕 有際可之仕 有公養之仕 於季桓子 見行可之仕也 於衛靈公 際可之仕也 於衛孝公 公養之仕也.

공자께서는 가히 행할 만한 것을 보심(見行可)이 있으면 벼슬을 하시었고, 交際를 할 만하면 벼슬을 하시었고, 군주의 봉양함이 있으면 벼슬을 하시었다. 계환자에 있어서는 행함이 가함을 보시고 벼슬하시었고, 위영공(靈公)에 있어서는 交際가 가함에 벼슬을 하시었고, 위효공(孝公)에 있어서는 군주의 봉양이 있음에 벼슬을 하시었던 것이었다.>

〈단어 및 어휘〉

· 有(있을 유): 或也.
· 仕(섬길 사): 섬기다, 벼슬하다, 벼슬, 선비.
· 際(사이 제): 사이, 가장자리, 때, 교제, 교제하다, 회합하다, 이르다.
· 際可之仕(제가지사): 君主의 態度가 禮에 符合되므로 그에게 벼슬함.
· 公養之仕(공양지사): 君主가 賢者를 養成하려고 하는 禮를 할 경우에서의 선비.
· 季桓子(계환자): 魯나라 權門 季氏.

〈문법연구〉

· 孔子有見行可之仕.

: 見行可之仕은 '君主가 道를 行할 수 있을 만한가를 내다보고서 벼슬을 하는 것'을 말한다. 見行可之仕를 직역하면 '행함이 가한지(行可)를 보고서(見) 하는(之) 벼슬仕'을 의미한다.

下 5장

孟子曰 仕非爲貧也 而有時乎爲貧 娶妻非爲養也 而有時乎爲養.

孟子께서 말씀하셨다. <벼슬은 가난 때문에 하는 것은 아니지만,
때로는 가난 때문에 하는 경우가 있으며, 장가가는 것은 봉양 때
문에 하는 것은 아니지만, 때로는 봉양 때문에 하는 경우도 있다.>

〈단어 및 어휘〉

· 爲貧(위빈): 가난을 벗어나기 위해서.

· 而(말 이을 이): 雖然. 그러나, 그런데도.

· 乎(어조사 호): 여기서는 於와 같다.

· 娶(장가들 취): 장가 들다, 아내를 맞다.

· 爲養(위양): 집안일을 시키기 위해 아내를 얻는 것을 말함.

〈문법연구〉

· 有時乎爲貧.

: 時는 부사로 사용되면 '종종, 때때로, 때에 따라서는' 등의 의미
로 사용된다. 乎爲貧에서 乎는 於와 같다. 축자적인 해석은 '때로는
(時) 가난을 위함(爲貧)에(乎) 있다(有)'이다.

10-05-02

爲貧者 辭尊居卑 辭富居貧.

가난 때문에 하는 자는 높은 자리를 사양하고 낮은 자리에 거처하

여야 하며, 많은 녹을 사양하고 적은 녹에 거처해야 한다.

〈단어 및 어휘〉

· 尊(높을 조/술그릇 준): 높다, 높이다, 공경하다, 우러러보다, 따르다, 좇다, 어른, 높은 사람.
· 卑(낮을 비): 낮다, 낮추다, 겸손하게 대하다, 천하다, 천하게 여기다, 비루하다.
· 尊卑(존비): 地位의 高下를 뜻한다.
· 貧富(빈부): 여기에서는 俸祿의 厚薄을 뜻한다.
· 辭(말씀 사): 말씀, 사퇴하다, 알리다, 청하다, 타이르다, 사양하다.

10-05-03
辭尊居卑 辭富居貧 惡乎宜乎 抱關擊柝.

높은 자리를 사양하고 낮은 자리에 거처하며, 많은 녹을 사양하고 적은 녹에 거처하자면 어느 자리가 마땅하겠는가? 문지기(抱關)나 야경꾼(擊柝)일 것이다.

〈단어 및 어휘〉

· 抱(안을 포/던질 포): 안다, 품다, 둘러싸다, 가지다, 손에 넣다, 지키다, 받들다, 던지다, 버리다.
· 柝(딱따기 탁/쪼갤 석): 탁/딱따기, 터지다, 석/갈라지다, 쪼개다.
· 抱關擊柝(포관격탁) 抱關은 문지기, 擊柝은 야경꾼.
· 惡(악할 악/미워할 오): 악/악하다, 나쁘다, 재난, 악인 오/미워

하다, 어찌, 어디, 어느.

· 乎(어조사 호): ～인가? ～도다, 아(감탄), ～에, ～보다.

〈문법연구〉

· 惡乎宜乎.

앞의 乎는 '～에'의 뜻으로 於와 같다. 의문대명사 惡(어디/어느 곳)가 개사의 목적어가 되는 경우 의문대명사는 개사 앞으로 도치되어 앞으로 나왔다. 뒤의 乎는 어조사로 '～인가'의 뜻이다. 해석은 '어느 곳이 마땅하겠는가?'

예) 君子去仁 惡乎成名.
군자가 인을 떠난다면, 어디서 명예를 이루겠는가.

10-05-04

孔子嘗爲委吏矣 曰會計當而已矣 嘗爲乘田矣 曰牛羊 茁壯長而已矣.

공자는 일찍이 위리(委吏)가 되셔서 말씀하시길, <회계를 마땅히 할 뿐이로다.>라 하셨다. 일찍이 승전(乘田)이 되셔서 말씀하시기를, <소와 양이 무럭무럭 씩씩하게 자라나게 할 뿐이로다.>라 하셨다.

〈단어 및 어휘〉

· 委(위): 女子에게 穀食(=禾) 倉庫를 맡기다. 委者 倉庫, 庫間를 말한다.
· 委吏(위리): 창고의 출납을 담당하는 관리. 물건을 관리하는 관리.
· 乘(탈 승): 다스리다. 헤아리다.
· 乘田(승전): 가축사육담당자. '牧畜을 맡은 下級 官吏의 職責'을

말한다. 동물을 관리하는 관리.

· 茁(싹 절/싹 줄): 싹, 싹트다. 식물이 싹틀(촬), 동물이 자랄(촬),
싹(절). 여기서는 '살찌게 무럭무럭 자라는 모습'을 말한다.

· 茁壯(줄장): 튼실하다, 건장하다.

· 茁壯長(줄장장): 무럭무럭 자라다.

〈문법연구〉

· 會計當而已矣.

:~而已矣는 일반적으로 '~일 따름이다, ~일 뿐이다'로 해석된다.
하지만 이 경우 예문은 '회계가 맞을 따름이다, 회계가 맞을 뿐이다,
또는 회계가 마땅할 따름이다'로 그 의미는 이해되지만 해석이 부드
럽지 않다. 그래서 때에 따라서는 '~하기만 하면 된다, ~이면 될
뿐이다'라는 의미도 가지므로 이렇게 해석하면 원만한 해석이 가능
하다.

> 예) 學問之道 無他 求其放心 而已矣. (孟子)
> : 학문의 길은 별다른 것이 아니라 잃어버린 마음을 찾기만 하면
> 될 뿐이니라.

> 예) 何必曰利 亦有仁義而已矣. (孟子)
> : 어찌 이익을 말하는가 역시 인과 의가 있으면 될 뿐이다.

> 예) 故君子名之, 必可言也, 言之, 必可行也. 君子於其言, 無所苟而
> 已矣. (論語)
> : 그러므로 군자는 이름 하면(무엇인가를 지칭하다) 반드시 말할
> 수 있어야 하고, 말하면 반드시 실천할 수 있어야 한다. 군자는 말
> 에 있어 구차함이 없으면 될 뿐이다.

10-05-05

位卑而言高 罪也 立乎人之本朝而道不行 恥也.

낮은 지위에서 높은 말을 하는 것은 죄가 되고, 사람들의 조정에 서면서 도(道)가 행해지지 못하는 것은 수치스러움이 되는 것이다.>

〈단어 및 어휘〉

・本朝(본조): 자기 나라의 朝廷, 또는 朝廷의 윗자리.

〈문법연구〉

・立乎人之本朝而道不行.

: 乎(於)~는 처소격 개사로 '~에', '~에서' 而는 역접으로 '~인데도'. 人은 한문에서 일반명사로 사용될 때는 보통 '다른 사람/사람들'로 번역된다.

下 6장

10-06-01

萬章曰 士之不託諸侯何也 孟子曰 不敢也 諸侯失國而後 託於諸侯 禮也 士之託於諸侯 非禮也.

萬章이 말하였다. <선비가 제후에게 몸을 의탁하지 않는 것은 무엇 때문입니까?> 孟子께서 말씀하셨다. <감히 그렇게 하지 못하는 것이다. 제후가 나라를 잃어버린 이후에, 다른 제후한테 의탁하는 것은 禮이지만, 선비가 제후에게 의탁하는 것은 禮가 아니다.>

〈단어 및 어휘〉

· 士(선비 사): 卿, 大夫, 士에서의 士를 말하고, 여기서는 다른 나
  라에 가서 벼슬하지 않고 있는 선비를 말한다.

· 託(부탁할 탁): 부탁하다, 의탁하다, 핑계하다, 우의하다, 의지하
  다, 寄託. 몸을 依託해서 寄食하는 것으로, 벼슬하지 않고서 君
  主의 祿을 얻어먹는 것을 말한다.

· 侯(제후 후): 제후, 임금, 후작, 과녁, 오직, 아름답다.

10-06-02

萬章曰 君餽之粟則受之乎 曰受之 受之何義也 曰君之於民也 固周之.

萬章이 말하였다. <군주가 곡식을 보내 주면 받아야 합니까?> 말씀
하시기를, <받느니라.> <받는 것은 어떤 의(義)입니까?> 말씀하시
기를, <군주가 백성에 있어서, 본연적으로 구휼해 주는 것이니라.>

〈단어 및 어휘〉

· 餽(보낼 궤): 보내다(음식을), 먹이다, 선물(주로 음식). 여기서는
  王이 먹을 것을 보내주는 것을 말한다.

· 粟(조 속): 조(볏과의 한해살이풀), 오곡, 좁쌀, 양식, 녹, 소름,
  五穀의 總稱. 여기서는 穀食.

· 民(백성 맹): 백성, 서민, 유망민, 다른 나라에서 移住해온 百姓
  을 말한다.

· 周(두루 주/진휼할 주): 두루, 골고루, 널리 진실, 돌다, 구제하
  다, 주나라, 진휼(賑恤): 어려운 사람을 먹여 살림. 救恤, 救濟.
  두루 救援해 주는 것을 말한다.

〈문법연구〉

• 君餽之粟則受之乎.

: 餽는 일종의 수여동사로서 之는 간접목적어이고 粟은 직접목적어이다. 餽는 '(먹을 것으로)~에게 ~을 주다.'

10-06-03

曰周之則受 賜之則不受 何也 曰不敢也 曰 敢問其不敢 何也 曰抱關擊柝者 皆有常職 以食於上 無常職而賜於上者 以爲不恭也.

萬章이 말하였다. <구제해주면 받고 녹을 주면 받지 않는 것은 무엇 때문입니까?> <감히 하지 못하는 것이다.> <감히 묻겠습니다. 감히 하지 못하는 것은 어째서입니까?> <抱關 擊柝하는 자들도 모두 일정한 직책이 있어서 위에서 녹을 먹으니, 일정한 직책도 없이 녹을 받는 것을 不恭이라 여기는 것이다.>

〈단어 및 어휘〉

• 賜(줄 사): 베풀다, 하사하다, 내려주다, 은택, 은혜, 하사한 물품.
• 以(써 이): 사용하다, ~라 여기다, 하다, ~로써, ~에 의해, ~에, ~때문에, ~하기 위하여, 그리고, 그래서(순접).
• 上(위 상): 君主를 말한다.
• 以爲(이위): ~라 여기다, 가정하다, 생각하다, 믿다, 고려하다.

〈문법연구〉

• 敢問其不敢何也.

: 여기서 其는 앞의 士를 받아 '감히 묻건대, 그가 감히 받지 않는 것은 왜입니까'

・皆有常職 以食於上 無常職而賜於上者.

: 동사+於+명사 형태로 명사는 동사의 행위의 대상이 된다. 그러나 명사가 동사의 행위 대상이 아니 경우 '명사에 동사 당하다'라는 피동형이 된다. 이 경우 후자에 속한다. 以食於上에서 於는 피동을 나타내며 食의 음은 '사'이다. 賜於上者에서 역시 마찬가지이다.

10-06-04
日君餽之則受之 不識 可常繼乎 日 繆公之於子思也 亟問 亟餽鼎肉 子思不悅 於卒也 摽使者 出諸大門之外 北面稽首再拜 而不受日 今而後 知君之犬馬畜伋 蓋自是 臺無餽也 悅賢不能舉 又不能養也 可謂悅賢乎.

萬章이 말하였다. <군주가 구제해 주는 것은 즉 받는다 하였는데, 알지 못하겠습니다. 가히 항상 계속해서 받아도 좋습니까?> 말씀하시기를, <繆公이 子思에게 자주 문안하시고 자주 삶은 고기를 주시자, 子思는 기뻐하지 아니하여 끝내는 사신을 손짓하여 대문 밖으로 데리고 나가서는, 북쪽을 향하여 머리를 조아리며 재배하고 받지 않으시며 말씀하시기를 '지금에야 君主께서 개와 말로 나를 기름을 알았습니다.' 하셨으니, 이로부터 하인들이 물건을 갖다 줌이 없었으니, 현자(賢者)를 기뻐해 주면서도 능히 등용해 쓰지 않고, 또한 능히 봉양하지도 못하는데, 가히 현자를 기쁘게 한다고 말할 수 있겠는가?>

〈단어 및 어휘〉

・繆(얽을 무/잘못할 류): 무/얽다, 묶다, 삼 열 단 류/어긋나다, 잘

못하다. 인명에서는 '목'으로 발음하기도 한다.

· 繆公(목공): 魯나라 繆公.

· 亟(빠를 극/자주 기): 극/빠르다, 성급하다, 절박하다 기/자주, 갑자기. 數(삭)也. 여러 번. 자주로 사용되는 경우 음은 '기'이다. '빠르다'라는 뜻으로 쓸 때는 '극'이라고 읽는다.

· 鼎肉(정육): 熟肉也. 익힌 고기. 솥에 삶은 고기.

· 於卒(어졸): 마지막에는 또는 마침내는.

· 摽(칠 표): 치다, 손짓하다, 가슴 치다, 떨어지다. 麾也. 손짓하다.

· 諸(모두 제/어조사 저): 제/모두, 여러 저/~에서, ~에, ~는, 이, 이를, 之於의 합자.

· 北面(북면): 임금이 南面하고 있는 까닭에 臣下는 北쪽을 向하는 것이 臣下의 禮인 것에서 나왔다.

· 稽(상고할 계): 상고하다, 조사하다, 헤아리다, 조아리다.

· 稽首再拜: 稽首(계수) 머리를 숙였다가 한참 뒤에 드는 禮를 말한다. 再拜(재배) 拜는 禮의 가장 기본적인 것으로 두 손을 모아 가슴높이까지 올려다 대고 허리를 굽히는 것을 말한다.

· 伋(속일 급): 속이다, 생각하다. 여기서는 子思의 名이다.

· 畜(가축 축/기를 휵): 축/가축, 짐승, 비축하다 휵/기르다, 먹이다.

· 臺(하인 대): 賤官의 名稱, 특히 인군의 심부름하는 使者를 말한다.

〈문법연구〉

· 繆公之於子思也.

: 之는 주어구의 주어 다음에 붙인 주격조사이다. '목공이 자사에 대해서'라고 해석할 수 있다.

· 亟饋鼎肉.

: 饋는 두 개의 목적어를 취하는 동사로서 '~에게'에 해당하는 말이 동사 다음에, '~을'에 해당하는 말이 또 그다음에 위치한다. 이 문장에서는 '~에게'에 해당하는 말을 생략하였다. 이러한 동사로 與, 授, 作, 敎, 饋 등이 있다.

· 知君之犬馬畜伋.

: 君之犬馬畜伋이 동사 知의 목적어이다. 之는 목적어절 안의 주격조사이다. 한편 犬馬는 동사 畜(기르다)을 꾸며주는 부사로 사용되고 있다. '개나 말처럼/개나 말같이' 정도로 해석한다. 이처럼 한문에서는 품사가 고정되어 있기보다는 위치에 따라 정해지는 경우가 많기 때문에 해당 단어가 어느 위치에서 어떻게 사용되었는지를 유의하여 해석해야 한다. 犬馬는 일반적으로 명사로 쓰이지만, 이 문장에서는 동사 畜의 앞에 놓여있기 때문에 동사를 수식하는 부사로 사용되었음을 알 수 있다.

10-06-05
曰敢問國君 欲養君子如何 斯可謂養矣 曰以君命將之 再拜稽首而受其後廩人 繼粟 庖人 繼肉 不以君命將之 子思以爲鼎肉 使己僕僕爾亟拜也 非養君子之道也.

말하기를 <군주가 군자를 봉양하려 하면, 어떻게 해야 이것을 가히 봉양이라 말할 수 있습니까?> 말씀하시기를, <군주의 명령으로서 보내 주면 재배(再拜)하고 머리를 조아려 받는다. 그 후에는 창고지기는 곡식을 이어 주고, 푸줏간 사람은 고기를 이어 주되, 군주의 명령으로서 주지 않아야 한다. 자사께서는 삶은 고기로 자기

로 하여금 번거롭게 자주 절하도록 한 것은 군자를 봉양하는 도
(道)가 아니라고 여기셨다.>

〈단어 및 어휘〉

· 斯(이 사): 則也. ~하면, ~이면, ~인 즉.
· 將(장수 장/장차 장): 기를 장, 보낼 장. 장차, 무릇, 청컨대, 받
  들다, 지키다, 보내다, 기르다, 거느리다.
· 廩(곳집 름): 곳집, 창고, 녹미, 저장하다.
· 廩人(름인): 창고지기.
· 庖(부엌 포): 부엌, 음식, 요리인.
· 庖人(포인): 푸줏간 사람.
· 僕(시중꾼 복): 여기서는 '황송한 체할 복'
· 僕僕爾(복복이): '번거로운 모양'을 말한다.

〈문법연구〉

· 欲養君子如何 斯可謂養矣.[1]
: 斯는 조건(~라야 이에)이나 가정(~라면 이에)을 주로 나타내고,
앞의 단어나 문장을 받는 대명사로도 쓰인다.

  예) 士何如, 斯可謂之達矣? 선비가 어떠해야 이에 통달했다고 말
  할 수 있습니까? (조건)

  예) 觀過, 斯知仁矣. 허물을 살피면, 이에 인을 안다.(가정)

  예) 民, 斯爲下矣 백성, 이들이 아래가 된다.(대명사)

---

1) 임옥균 저/<文法으로 보는 『孟子』> 에서 인용.

· 不以君命將之.

: 之는 불특정한 것을 받는 대명사로 해석할 필요는 없다. '不以+명사
+동사' 형태 구문으로 '명사로 인하여(때문에) 동사 하지 않는다.'이다.

> 예) 凡珍物産本邑者 必爲邑弊 不以一枚歸 斯可曰廉者也. (牧民心書)
> : 무릇 본 고을에서 생산되는 진기한 물품은 반드시 그 고을에 폐
> 를 끼치게 된다. 그러므로 돌아갈 때 하나도 가지고 가지 않아야
> 만 청렴한 사람이라고 할 수 있다.

> 예) 不以細疵棄巨美. (抱朴子)
> : 작은 결점 때문에 크고 아름다운 일을 내버려 두지 않는다.

> 예) 君子 不以言擧人 不以人廢言. (論語)
> : 군자는 말을 잘한다고 해서 그 사람을 들어 쓰지 않으며, 사람이
> 나쁘다 하여 그의 좋은 말까지 버리지 않는다.

· 子思以爲鼎肉 使己僕僕爾亟拜也.[2]

: 以爲는 관용적으로 '~라고 여기다', '~라고 생각하다' 등으로
해석하지만, 이는 모든 동사를 다 받을 수 있는 爲 한 글자를 해석한
것이고, 以 다음에는 앞의 문장이나 명사를 받는 之가 생략되어 있
다. 이 문장에서의 之는 목공과 자사 사이에 있었던 전체를 가리키
므로, '이러한 일을 가지고'라는 등의 뜻을 내포하고 있다고 할 수
있을 것이다. 이처럼 以+명사가 아니고 以+동사일 때는 以 다음에
늘 之가 생략되어 있다.

10-06-06

堯之於舜也 使其子九男 事之 二女 女焉 百官牛羊倉廩備 以養舜於

---

2) 임옥균 저/<文法으로 보는 『孟子』> 에서 인용.

畎畝之中 後擧而加諸上位 故曰王公之尊賢者也.

요임금이 순임금에게 있어서, 그 아들 9명으로 하여금 그를 섬기게 하였고, 딸 2명으로 하여금 그에게 시집보내시었다. 많은 관리와 소와 양과 곡식 창고를 갖추어서 농사짓는 와중의 순(舜)을 봉양케 한 후에, 천거하여 높은 지위를 더하여 주었다. 고로 왕공(王公)이 현자를 존경하는 것이라고 말하는 것이다.

〈단어 및 어휘〉

· 廩(곳집 름): 곳집, 창고, 녹미, 저장하다.
· 女(계집 녀): 여자, 딸, 짝짓다, 시집보내다. 字也, 嫁也.
· 諸(어조사 저) 之於의 縮約.
· 畎畝(견무): 밭고랑과 이랑.

〈문법연구〉

· 後擧而加諸上位.

: 諸는 之於로 之는 舜을 받는다. 해석은 '뒤에 그를 등용하여 윗자리에 앉혔다'이다. 원래 '擧之'이나 뒤에 다시 加之於上位에서 之가 나오므로 앞의 擧之의 之는 생략하였다.

下 7장

10-07-01

萬章曰 敢問不見諸侯 何義也 孟子 曰在國曰市井之臣 在野曰草莽之臣 皆謂庶人 庶人不傳質爲臣 不敢見於諸侯禮也.

만장 왈 <제후를 만나 뵙지 않는 것은 어떤 의(義)인지 감히 여쭙겠습니다?> 孟子께서 말씀하시기를, <도성에 살고 있으면 시정(市井)의 신하라 말하고, 시골에 살고 있으면 초망(草莽)의 신하라고 말하는데, 모두를 서민이라고 부른다. 서민은 폐백을 통하고서 신하가 되지 않는 한, 감히 제후를 만나지 않는 것이 예(禮)인 것이다.>

〈단어 및 어휘〉

· 義(옳을 의): 道理 또는 意義, 의미.
· 國(나라 국): 都邑, 도읍지, 서울이다.
· 市井(시정): 市는 사람들이 모여 交易하는 곳을 말하고, 井은 우물로 사람들이 모이는 곳이라는 의미. 도시의 거리.
· 莽(풀 우거질 망): 풀이 우거지다, 덮다, 거칠다, 풀, 숲.
· 草莽(초망): 풀. 여기서는 野外의 뜻이다.
· 傳(오로지 전/전할 전): 전하다, 펴다, 전해 내려오다, 퍼지다, 옮기다, 알리다, 전기(사람의 일대기), 고서, 경서, 通也. 전하다.
· 質(바탕 질/폐백 지): 질/바탕, 진실, 묻다. 지/폐백, 예물. 贄와 通用. 벼슬할 때 처음 禮物로 바치는 物件.
· 傳質(전지): 君主를 만나러 갈 때 각기 그 身分에 맞게 禮物을 가지고 가는 것을 말한다.
· 於(어조사 어): ~에, ~로부터, ~에 있어서는, ~보다도 더욱, 이때.

〈문법연구〉

· 庶人不傳質爲臣 不敢見於諸侯禮也.
: 앞 절의 不는 傳質에 걸린다고 볼 수도 있으며 爲臣에 걸린다고

볼 수도 있다. 전자의 해석은 '傳質하지 않고 신하가 되다'이고, 만약 후자처럼 不가 爲臣을 부정한다면 '傳質하여 신하가 되지 않는 것'으로 해석하고 傳質은 일종의 부사구가 된다. 크게 보면 의미는 비슷한 것 같으나 뒤에 이어지는 '不敢見於諸侯禮也'과 연결하여 생각해보면, 不~, 不~ 구문으로 (~하지 않으면 ~하지 못한다는 구문) 번역은 후자가 자연스럽다.

전자의 해석은: 서인(庶人)은 폐백(質)을 전하지 않고(不傳) 신하로 있으므로(爲臣) 감히(敢) 제후에게(於諸侯) 알현(見)하지 않음(不)이 예(禮)이다(也)/즉, 서인은 폐백을 보내지 않고 신하로 있는 사람인데 감히 제후에게 찾아가 알현하지 않는 것이 예법이다.

후자의 해석은: 庶人은 폐백을 드려 신하가 되지 못하였으면 감히 제후를 만나보지 않는 것이 禮이다.

10-07-02

萬章日 庶人召之役則往役 君欲見之 召之則不往見之何也 日往役義也 往見不義也.

만장이 말하기를, <庶人은 부역하라 부르면 즉 가서 부역하는데, 군주가 보고자 해서 부르면 즉 가서 뵙지 않는 것은 무엇 때문입니까?> 孟子께서 말씀하셨다. <가서 부역하는 것은 의(義)가 되지만, 가서 뵙는 것은 禮가 아니기 때문이다.

〈단어 및 어휘〉

· 김(부를 소): 부르다, 불러들이다, 청하다, 부름. 招也, 招來. 請也. 부르다 또는 오라고 손짓하다. 또는 불러들이다.

- 役(부릴 역): 賦役을 말한다. 또는 일을 시키는 것이나 시키는 일을 하는 것을 말한다.

〈문법연구〉

· 庶人召之役則往役.

: 召는 '부르다'라는 의미이지만 실질적으로는 '불러서～하게 하다'라는 사역의 의미가 들어있다. 동시에 役이라는 문자 속에도 역시 '일을 시키다'라는 의미가 들어있다. 따라서 '庶人召之役'은 '서인은 불러서 일을 시키다'라는 의미로 해석하면 좋다.

10-07-03

且君之欲見之也 何爲也哉 曰爲其多聞也 爲其賢也 曰爲其多聞也 則天子 不召師 而況諸侯乎 爲其賢也 則吾未聞欲見賢而召之也 繆公 亟見於子思曰 古千乘之國 以友士 何如 子思不悅曰 古之人 有言曰 事之云乎 豈曰友之云乎 子思之不悅也 豈不曰以位則子君也 我臣也 何敢與 君友也 以德則子事我者也 奚可以與我友 千乘之君 求與之友而不可得也 而況可召與.

또한 君主가 만나보고자 함은 무엇이겠는가?> <그 들었던 것이 많고, 현명하시기 때문입니다> <그 견문이 많기 때문이라면 天子도 스승을 부르지 않는데 하물며 諸侯이겠는가? 그 현명하기 때문이라면 즉 나는 아직껏 현자를 보고자 하여 불렀다는 것을 듣지 못하였다. 목공(穆公)이 자주 子思를 뵙고 말하기를 '옛날에 千乘의 나라의 君主가 선비와 벗을 삼았다 했으니 어떻습니까?' 하자, 子思께서 기뻐하지 않으시며 '옛사람의 말에 섬긴다고 할지언정

어찌 벗한다고 하였겠습니까?' 하셨으니, 子思께서 기뻐하시지 않으신 것은, 어찌 '지위로서는 즉 당신은 군주이고 나는 신하인데, 어찌 감히 군주와 더불어 벗할 수가 있겠습니까? 덕(德)으로서는 즉 당신이 나를 섬기는 자인데, 어찌 가히 나와 더불어 벗으로 할 수 있겠습니까?'라고 하신 것이 아니겠는가? 千乘 나라의 군주도 그와 더불어 벗이 되어 주기를 구하였지만 가히 할 수 없었는데, 하물며 가히 부를 수 있겠는가?

〈단어 및 어휘〉

· 也哉(야재): ～이다(강한 단정), 인가?

· 哉(어조사 재): ～일 것인가, ～리오, 도다.

· 多聞(다문): 직역하면 '많이 듣는 것'정도이지만 의미가 확장되어 '견문이 넓은 사람/좋은 평판을 가진 사람' 등으로 사용된다.

> 예) 多聞 擇其善者而從之 多見而識之 知之次也. (論語)
> 많이 듣고 그리고 그중에 훌륭한 것을 택하여 따른다. 많이 보면서 문제를 인식한다. 이것이 앎의 순서이다.

> 예) 孔子曰 益者三友 損者三友 友直 友諒 友多聞 益矣. 友便辟 友善柔 友便佞 損矣. (論語)
> : 공자가 말하길, '도움을 주는 사람은 세 부류를 벗하고, 손해를 끼치는 사람도 세 부류를 벗한다, (자세가) 올바른 사람을 벗하고, 진실한 사람을 벗하고, 견문이 많은 사람을 벗하면, 발전하나, 자주 치우치는 사람을 벗하고, 늘 유약한 사람을 벗하고, 자주 아첨하는 사람을 벗하면, 퇴보한다.'

· 김(부를 소): 부르다, 초래하다, 불러들이다, 알리다, 청하다, 부름.

· 繆(얽을 무): 얽다, 묶다, 삼 열 단, 穆과 같은 뜻으로 쓰이는 경

우가 있음.

· 云(이를 운): 이르다, 말하다, 이처럼, 어조를 고르는 어조사.

· 云乎(운호): ~입니까, ~이겠지요, ~인가?

· 與(줄 여): 주다, 함께하다, 함께, ~와, ~보다는, ~인가, ~이여.

〈문법연구〉

· 且君之欲見之也 何爲也哉.

: 앞의 之는 주격조사. '君之欲見之' '임금이 그를 보고자 하다.' 何
爲는 이 단어만으로는 다양한 해석이 있을 수 있다. '어떻게 하겠는
가', '무엇 때문인가', '무엇을 위해서인가.' 등이다. 여기서는 앞 문장
'君之欲見之也'를 조건절이 아니라 단순한 주어절로 판단하면 '무엇
때문인가'로 해석할 수 있다.

· 豈不曰以位則子君也.

: 豈不曰은 '어찌~라 말하는 것이 아니겠는가?'로 反語助詞 용례
로 曰은 여기서는 마음속에서 말하는 것이므로 '생각한다'로 바꾸어
해석하는 것이 자연스럽다. 여기서 曰은 奚可以與我友까지 걸린다.
전체적인 해석은 〈'지위로써 하면 그대는 인군이오 나는 신하이니
어찌 감히 인군과 더불어 벗하며, 덕으로써 하면 그대는 나를 섬길
자이니 어찌 가히 나와 더불어 벗하리오' 라 하지 아니하리오.〉

· 敢與君友.

: 與는 偕也로 '함께, 더불어'이다. 해석은 '감히 임금과 함께(더불
어) 친구를 하다.'

10-07-04

齊景公田 招虞人以旌 不至 將殺之 志士不忘在溝壑 勇士不忘喪其
元 孔子奚取焉 取非其招不往也.

제나라 경공(景公)이 사냥터에서 털 달린 깃발(旌)로서 사냥터 관
리인(虞人)을 불렀는데, 이르지 않자 장차 그를 죽이려고 하였다.
(공자께서) '志士는 죽어 구덩이에 빠질 것을 잊지 않으며, 勇士는
싸움터에서 그 머리 잃어버림을 잊지 않는다.'라 하였는데, 공자께
서 무엇을 취하려 하셨겠는가? 그 부르는 방도가 아니면 가지 않
는 것을 취하신 것이었다.

〈단어 및 어휘〉

· 田(밭 전): 佃也, 畋也. 田獵. 사냥하는 것을 말한다.

· 招(부를 초/풍류 이름 소): 招來. 불러서 오게 하는 것을 말한다.

· 虞(근심할 우): 근심하다, 헤아리다, 편안하다, 순임금의 성

· 虞人(우인): 田獵地를 지키는 役人을 말한다.

· 旌(기 정): 기, 깃털 장식 깃발. 여기서는 사냥할 때 大夫를 부르
  는 깃발로 새의 깃을 깃대 끝에 단 것이다.

· 壑(골 학): 골짜기, 도랑.

· 溝壑(구학): 구렁.

· 元(으뜸 원): 목, 머리. 목숨.

〈문법연구〉

· 招虞人以旌.

: 招 A 以 B의 해석은 'A를 B로 부르다.' 이 경우 'B로 A를 부르

다'라는 말도 의미는 같은 것처럼 한문에서도 '招虞人以旌'을 '招以
旌虞人'이라고 말할 수 있다.

· 孔子奚取焉.
: 焉은 於是로 여기에서 是는 '앞에서 나온 虞人에 관한 일련의 사
건/또는, 虞人'을 받는다.

10-07-05
曰敢問招虞人何以 曰以皮冠 庶人以旃 士旂 大夫以旌.

萬章이 말하였다. <감히 묻겠습니다. 虞人을 부를 때 무엇으로 하
는 것입니까?> <가죽관(皮冠)으로 하는 것이다. 庶人은 붉은 깃발
旃으로 하고, 士는 두 마리 용이 그려진 旂로 하며, 大夫는 두 마
리 용이 그려지고 깃털이 달린 旌으로 하는 것이다.

〈단어 및 어휘〉

· 以(이): 用也, 使用, 사용하다. 쓰다.
· 皮冠(피관): 사슴 가죽으로 만든 모자로 田獵할 때 쓰는 것이다.
· 旃(기 전): 무늬 없는 붉은 비단으로 만든 깃발로 기 드림이 달림.
· 旂(기 기): 날아오르는 용과 내려오는 용(交龍)을 그리고 방울을
  단 붉은 기.
· 旌(기 정): 깃대 위에 犛牛(이우: 털이 아주 검고 꼬리가 긴 소)
  의 꼬리를 달고 이것을 새털로 장식한 기.

〈문법연구〉

・士旃.
: 招士以旃의 준말로 선비를 부를 때는 旃를 사용한다는 말이다.

10-07-06
以大夫之招 招虞人 虞人死不敢往 以士之招 招庶人 庶人豈敢往哉
況乎以不賢人之招 招賢人乎.

대부를 부르는 것으로서 관리인을 불렀으니, 관리인은 감히 가지
못한 것이고, 선비를 부르는 것으로서 서인을 부르니, 서인이 어
찌 감히 갈 수가 있었겠는가? 하물며 현명하지 않은 자를 부르는
것으로서 현인을 부르는 것에 있어서야?

〈문법연구〉

・大夫之招, 士之招, 不賢人之招.
: 之는 도치를 나타내는 구조조사이다. 이 문장들은 원래 招大夫,
招士, 招不賢人인데, 목적어인 大夫, 士, 不賢人을 강조하여 앞으로
내고, 그것을 之로 표시해 준 것이다. 是도 같은 용법이 있다.

예) 君子義之求, 凡夫利之貪也.
: 군자는 의를 구하고 범부는 이익을 탐한다.

예) 天命之謂性 率性之謂道 修道之謂敎. (中庸)
: 하늘의 명을 성이라고 하고 이 성질에 따르는 것을 도라고 하며
그 도를 닦는 것을 교라고 한다.

예) 渴者唯水是欲, 飢者唯食是願.
: 목마른 자는 오직 물을 원하고, 굶주린 자는 밥을 원한다.

· 況乎以不賢人之招 招賢人乎.

: 況乎~ 乎. '하물며 ~에 있어서 조차이겠는가?' 以不賢人之招에
서 以는 방법, 수단을 나타내는 개사로 '현명치 못한 사람을 부르는
방법으로.'

10-07-07

欲見賢人而不以其道 猶欲其入而閉之門也 夫義路也 禮門也 惟君子
能由是路 出入是門也 詩云 周道如底 其直如矢 君子所履 小人所視.

현인을 보고자 하면서 그 도(道)로서 않는다면, 마치 그를 들어오
게 하고자 하면서 문을 닫는 것과 같은 것이다. 의(義)는 길이고,
예(禮)는 문이다. 오직 군자만이 능히 이 길로 말미암아 이 문으로
들어갈 수 있는 것이다. 『詩經』에 이르기를 '周나라의 길이 숫돌
과 같으니, 그 곧음이 화살과 같다. 君子가 밟는 바요, 小人이 우
러러보는 바이다.' 하였다.>

〈문법연구〉

· 詩云(시운): 시경 小雅 大東篇.
· 底(숫돌 지/ 밑 저): 밑 저, 여기서는 '숫돌 지(砥와 통함)' 고운
  숫돌을 砥, 거친 숫돌을 礪(려)라 함. 砥也. 礪石(여석). 숫돌. 扁
  平한 것에 대한 비유이다.
· 矢(화살 시): 화살. 곧은 것에 대한 비유이다.
· 周道(주도): ①周나라의 서울에 통하는 길 ②큰길, 대로 ③주나
  라의 政令, 여기서는 ①과 ②의 뜻이 동시에 담겨있다.
· 履(밟을 리): 밟다, (신을) 신다, 행하다, 겪다, 신, 신발, 복, 복록

(복되고 영화로운 삶), 행실, 행동.

10-07-08

萬章曰 孔子君命召 不俟駕而行 然則 孔子非與 曰孔子 當仕有官職
而以其官 召之也.

만장이 말하였다. <공자께서는 군주가 명으로 부르면 수레에다
말을 매기를 기다리지도 않고 떠나셨다 하는데, 그렇다면 공자께
서 잘못하신 것입니까?> 孟子께서 말씀하시길, <공자께서는 마땅
히 벼슬을 하셔서 관직이 있으셨으니, 그 관직으로 불렀기 때문
이었다.>

〈단어 및 어휘〉

· 召(부를 소): 부르다, 초대하다, 초래하다.
· 俟(기다릴 사): 기다리다, 성(姓), 바람, 기대함.
· 不俟駕(불사가): 車馬 또는 수레를 準備할 겨를이 없을 정도로
  급히 만나러 가는 것을 말한다.
· 然則(연즉): 그렇다면, 그러면.

〈문법연구〉

· 孔子君命召.

: 이 문장에서는 君命 앞에 以가 생략되었다고 볼 수 있다. 이처럼
진제직으로 흐름을 파악할 수 있으면 생략이 가능하다. 따라서 이러
한 부분을 유추해서 해석하는 것이 중요하다.

下 8장

孟子謂萬章曰 一鄕之善士 斯友一鄕之善士 一國之善士 斯友一國之
善士 天下之善士 斯友天下之善士.

孟子께서 만장에게 일러 말하길 <한 고을의 善士라야 이 사람이
한 고을의 善士와 벗을 할 수 있고, 한 나라의 善士라야 이 사람
이 한 나라의 善士와 벗을 할 수 있고, 천하의 善士라야 이 사람
이 천하의 善士와 벗을 할 수 있다.>

〈단어 및 어휘〉

·斯(이 사): 쪼개다, 나누다, 이것, 이, 그리고, 그렇다면, 즉, ~의.

〈문법연구〉

·一鄕之善士 斯友一鄕之善士.
: 이 문장에서 斯는 조건이나 가정을 나타내는 접속사이다. 즉 斯
는 조건으로 '~라야, 또는 가정으로 '~라면'을 나타낸다. 여기서는
조건으로 사용되었다고 볼 수 있다.

예) 如知其非義 斯速已矣 何待來年. (孟子)
: 만일 그것이 옳지 않다는 걸 알았다면 속히 그만둘 일이지 어찌
  내년까지 기다리겠는가.

예) 敢問國君欲養君子 如何斯可謂養矣. (孟子)
: 감히 묻습니다만, 군주가 군자를 기르고자 한다면 어찌해야 이
  에 기른다고 말할 수 있습니까?

예) 觀過 斯知仁矣. (論語)
: 허물을 살펴보면 (그 사람의) 인함(仁)을 알 수 있다.

10-08-02

以友天下之善士 爲未足 又尙論古之人 頌其詩 讀其書 不知其人 可
乎 是以 論其世也 是尙友也.

천하의 善士를 벗함으로써 부족하게 여기고, 또 거슬러 올라가 옛
사람을 논하여 그 시를 암송하고 그 서적을 읽으며, 그 사람을 알
지 못함이 가하겠는가? 이러므로 그 세상을 논하는 것, 이것이 시
대를 초월하여 벗(尙友) 하는 것이다.

〈단어 및 어휘〉

· 尙(오히려 상): 높이다, 오히려, 더욱이, 또한, 숭상하다, 자랑하다.
· 頌(칭송할 소/기릴 송): 칭송하다, 기리다, 낭송하다, 외우다, 암
  송하다.
· 是以(시이): 이로 인해, 그래서, 이 때문에.
· 尙友(상우): 책 등을 통하여 옛 賢人(현인)을 벗으로 삼는 것.

〈문법연구〉

· 以友天下之善士爲未足.
: 以 A 爲 B는 'A를 가지고 B로 삼다(여기다/생각하다/하다)'. 한
문에서 爲는 우리나라 말 '하다'라는 동사와 비슷하여 모든 동사를
대신할 수 있으므로, 문장에 맞게 적절하게 해석해 주어야 한다. 해
석은 '천하의 훌륭한 선비를 벗하는 것도 아직 만족스럽게 여기지
않다'이다.

下 9장

齊宣王 問卿 孟子曰 王 何卿之問也 王曰卿不同乎 曰不同 有貴戚之卿
有異姓之卿 王曰請問貴戚之卿 曰君有大過則諫 反覆之而不聽則易位.

제선왕이 경(卿)에 관해 묻자 孟子께서 <王께서는 어떤 卿을 물으
십니까?> 하시니, 王이 <卿은 같지 않습니까?> 하자, <같지 않습
니다. 貴戚의 卿이 있으며, 異姓의 卿이 있습니다> 하시니, 王이
<請컨대 貴戚의 卿에 관하여 묻고자 합니다> 하자, 孟子께서 <군
주가 큰 과실이 있으면 간(諫)하고 반복하여도 듣지 아니하면 자
리를 바꿉니다.>라고 말씀하셨다.

〈단어 및 어휘〉

· 卿(벼슬 경): 벼슬(장관 이상의 벼슬), 장로에 대한 존칭, 임금이
  신하를 부르는 말, 선생, 그대, 상서롭다, 경, 상급장관, 재상.
· 戚(친척 척/근심할 척): 친척, 일가, 겨레, 도끼, 두꺼비(두꺼빗과
  의 양서류), 가깝다, 가까이하다, 친하다, 친하게 지내다, 근심하
  다, 속을 태우거나 우울해하다, 겨레, 친족, 친척, 가깝다, 친하다.
· 貴戚(귀척): 임금의 친척.
· 異姓之卿(이성지경): 성이 다른 卿.
· 大過(대과): 나라를 망칠 만큼의 큰 잘못.
· 易位(역위): 임금의 자리를 바꾼다는 말.

〈문법연구〉

· 齊宣王 問卿.

: 보통 問卿은 '경에게 묻다'로 해석될 수 있다. 그러나 위 본문의 전후 문맥을 보면 '경에 관해서 묻다'라는 것을 알 수 있다. 하지만 만약 問의 뒤가 사람 이름 등의 고유명사인 경우도 '그 사람에 관해서 묻다'로 번역한다. 대화의 상대자는 허사 '於'를 사용하여 나타내 준다. 이 '於'는 생략이 가능하지만 비교적 한정적이다. 예를 들어 아래 '공자가 老子에게 예를 묻다'의 경우를 보면 '問禮老聃'으로 일종이 성구를 만드는 경우이다. 하지만 '問+대화상대'가 되어 '~에 관해서 묻다'가 아닌 '~에게 묻다'의 경우도 많으므로 항상 전체문장 속에서 파악하여야 한다.

예) 孔子問禮於老子. (論語)
: 공자가 老子에게 예를 물었다.

예) 召貢市堂上, 率市民待令, 問立廛市民以王孫所負廛債 (朝鮮王朝實錄)
: 공시 당상(貢市堂上)을 불러 시민(市民)을 거느리고 대령(待令) 하게 하여 입전 시민(立廛市民)에게 왕손(王孫)이 가게에 지고 있는 빚에 관해 물었다.

예) 季路問事鬼神 子曰 未能事人 焉能事鬼 敢問死 曰 未知生 焉知死 (論語)
: 계로가 귀신을 섬기는 것에 대해 여쭈니, 공자께서 '사람을 잘 섬기지 못하는데 어찌 귀신을 섬기겠는가'라고 하셨다. 다시 감히 죽음에 대해서 여쭈니, 공자께서 말씀하시길, '삶도 알지 못하는데 어찌 죽음을 알겠는가'라고 하셨다.

예) 葉公 問孔子於子路 子路不對. (論語)
: 섭공(葉公)이 자로에게 공자의 인물됨을 물었는데, 자로가 대답 하지 못하였다.

위 예들에서 보는 것처럼 일반적으로 묻는 내용이 목적어로 바로 뒤에 위치하고 대화의 대상은 그 뒤에 허사 於를 사용하여 '~에게'

로 나타내준다. 이 경우 於를 가끔 생략하기도 하지만 어순은 잘 바꿔지 않는다.

· 何卿之問也.
: 之는 도치되었음을 나타내는 역할을 한다. 즉 何卿과 問이 도치되었다.

· 反覆之而不聽則易位.
: 之는 대명사로서 앞의 大過를 것을 받는다. 而는 순접으로 '~했는데,~인데'이다. 不聽 다음에 대명사 之가 생략된 것으로 보아도 좋다. 앞의 反覆之에서 나왔으므로 생략했다.

10-09-02
王勃然變乎色.

왕이 발끈하여 안색이 변하였다.

〈단어 및 어휘〉

· 勃(노할 발): 노하다, 발끈하다, 우쩍 일어나다, 갑작스럽다, 성하다(기운이나 세력이 한창 왕성하다), 갑자기, 밀치다.
· 勃然(발연): 얼굴빛이 갑자기 변하는 模樣, 발끈.
· 色(빛 색): 빛, 빛깔, 낯, 얼굴빛, 기색, 모양, 미색, 색정, 여색, 정욕, 갈래, 화장하다, 꾸미다. 여기서는 '낯빛'

〈문법연구〉

· 變乎色.

: 色은 얼굴빛을 말한다. 乎는 동사 뒤에서 동작의 대상을 나타낸다.

10-09-03

曰王勿異也 王問臣 臣不敢不以正對.

말씀하시기를, <왕께서는 이상하게 여기지 마십시오. 왕께서 신에
게 하문하시니 신이 감히 바르게 대답하지 않을 수 없었습니다.>

〈단어 및 어휘〉

· 異(다를 이): 다르다, 이상하다, 괴이하다, 의심하다. 여기서는
  의동사화 되어 '이상하게 생각하다', '이상하게 여기다'

  예) 諸侯用夷禮 則夷之. (韓愈/原道)
  : 제후가 오랑캐의 예를 쓰면 그를 오랑캐로 여겼다.

  예) 漁人甚異之 復前行 欲窮其林. (陶潛/桃花源記)
  : 부가 심이 이상하게 여기고 다시 앞으로 가면서 그 숲을 끝까지
  다 가보려 했다.

〈문법연구〉

· 王問臣 臣不敢不以正對.

: 바로 위에서 '~에 관해서 묻다'와 달리 여기서는 '問臣'이 '신하
에 관해서 묻다'가 아닌 '신하에게 묻다'가 되는 예이다.

  예) 太宰 問孔子曰 夫子聖人歟 對曰 丘也 博識强記 非聖人也. (緇門警訓)
  : 태재 비가 공자에게 물어 말하기를 '그대는 성인입니까' 하니 대답
  하기를 '나는 널리 알고 잘 기억할 뿐 성인은 아닙니다'라 하였다.

예) 今也父兄百官不我足也 恐其不能盡於大事 子爲我問孟子. (孟子)
: 지금(今)에야(也) 부형(父兄)과 백관(百官)은 나(我)를 만족해하지(足) 않습(不)니다(也). 대사에(於大事) 그(其) 다할 수 없음(不能盡)을 두려워합니다(恐). 그대(子)는 나를 위해(爲我) 孟子에게 여쭈어 주십시오(問孟子)

· 不敢不以正對.

: 不敢~ '감히 ~하지 못하다', 不敢不~ '감히 ~하지 않을 수 없다', '반드시 ~하지 않을 수 없다' 不以正對는 '不以+명사+동사' 형태로 '명사로 인하여(때문, 유, 원인, 조건 등으로) 동사할 수 없다'로 해석된다.

예) 不敢不盡心.
: 마음을 다하지 않을 수 없다.

예) 古之存身者 不以辯飾知 不以知窮天下 不以知窮德. (莊子)
: 옛날에 몸을 편안히 보존한 자는 변설로써, 지혜를 꾸미지 않았고, 지혜로써 천하를, 속속들이 규명하여 알려 하지 않았다.

예) 狗不以善吠爲良 人不以善言爲賢. (莊子)
: 개는 잘 짖는다고 좋은 개라 할 수 없으며, 사람은 좋은 말을 많이 한다고 해서 현인이라 할 수 없다.

10-09-04

王色定然後 請問異姓之卿 曰君有過則諫 反覆之而不聽則去.

王이 얼굴빛이 안정된 후에 <청컨대 異姓의 卿에 관하여 묻고자 합니다> 하자, 孟子께서 말씀하셨다. <君主가 잘못이 있으면 諫하고, 반복하여도 듣지 않으면 떠나갑니다.>

〈단어 및 어휘〉

· 色定(색정): 變했던 顔色이 제빛으로 돌아옴을 말한다.

告子章句 上

凡二十章

上 1장

11-01-01

告子曰 性猶杞柳也 義猶桮棬也 以人性爲仁義 猶以杞柳爲桮棬.

고자가 말하였다. <性은 구기자나무나 버드나무와 같고 義는 (그것으로 만든) 잔과 그릇과 같다. 사람의 性으로서 인의(仁義)를 하는 것은 杞柳로써 잔과 그릇을 만드는 것과 같다.>

〈단어 및 어휘〉

· 告子(고자): 孟子와 同時代人.
· 杞(구기자 기): 소태나무 기. 갯버들.
· 杞柳(기류): 가는 가지로 버들고리, 키 등을 만들기에 고리버들이라 함. 위 문을 해석하는 경우 넓은 의미에서 '버드나무'로 보면 전체적인 이해가 용이함.

· 桮(술잔 배/그릇 배): 나무를 구부려서 만든 그릇.

· 桊: 나무 그릇(특히 나무를 휘어 만든 둥근 그릇) 권, 코뚜레 권.

· 桮桊: 버드나무 가지 등을 구부려서 만든 그릇.

· 猶(오히려 유): 오히려, 가히, 다만, 이미, 크게, 지나치게. ~와
같다.

〈문법연구〉

· 以人性爲仁義, 猶以杞柳爲桮桊.

: 以 A 爲 B는 'A로 B를 만들다(여기다, 삼다, 하다)'라는 뜻으로
문장에 맞게 적절하게 해석해 주어야 한다. 해석은 '인성으로 인의
를 만드는 것은 버드나무로 그릇을 만드는 것과 같다.'

11-01-02
孟子曰 子能順杞柳之性而以爲桮桊乎 將戕賊杞柳而後 以爲桮桊也
如將戕賊杞柳 而以爲桮桊 則亦將戕賊人 以爲仁義與 率天下之人而
禍仁義者 必子之言夫.

孟子께서 말씀하셨다. <자네가 능히 杞柳의 性을 해치지 않고서
桮桊를 만들 수 있다고 여기는가? 장차 고리버들을 상하게 하고
해친 뒤에야 그릇을 만드니 만일 고리버들을 상하게 하고 해친 뒤
에 써 그릇을 만들면 곧 또한 장차 사람을 상하게 해야 仁義가 되
겠는가? 天下의 사람을 몰아서 仁義를 해칠 것은 반드시 그대의
말일 것이다.>

〈단어 및 어휘〉

· 順(따를 순): 順承. 따르다, 순응하다.

· 將(장수 장/장차 장/거느릴 장): 장수, 인솔자, 장차, 문득, 거의, 대부분, 마땅히~하여야 하다.

· 戕(죽일 장): 죽이다, 살해하다, 상하게 하다.

· 戕賊(장적): 손상시키다, 해치다, 몸을 해롭게 함.

· 人(사람 인): 人性. 사람의 本性을 말한다.

· 與(더불 여/줄 여): 여기서는 歟也. 그런가?

· 率(거느릴 솔/비율 률): 거느리다, 좇다, 따르다, 소탈하다, 꾸밈 없다, 경솔하다, 가볍다. 引導.

· 禍(재앙 화): 재앙, 재화, 사고, 허물, 재앙을 내리다, 화를 입히 다, 해치다.

上 2장

11-02-01

告子曰 性猶湍水也 決諸東方則東流 決諸西方 則西流 人性之無分 於善不善也 猶水之無分於東西也.

告子가 말하였다. <性은 여울물과 같다. 동쪽으로 터놓으면 동으 로 흐르고 서쪽으로 터놓으면 서로 흐르니 인성(人性)이 선(善)과 불선(不善)으로 나누어짐이 없는 것이 마치 물이 동서로 나누어짐 이 없는 것과 같다.>

〈단어 및 어휘〉

· 湍(여울 단): 물이 고여서 맴도는 모양. 湍水는 여울물.

· 諸(모두 제/어조사 저/김치 저): 之於의 縮約.

· 分(나눌 분): 區分 또는 分別. 여기서는 無分으로 區分이 없다는 말이다.

〈문법연구〉

· 人性之無分於善不善也 猶水之無分於東西也.

: 之는 둘 다 주격조사로 하나는 주어절에서 하나는 술어절에서 기능하고 있다. 於는 앞 동사의 대상이 되는 문장이나 단어를 이끈다.

11-02-02

孟子曰 水信無分於東西 無分於上下乎 人性之善也 猶水之就下也 人無有不善 水無有不下.

孟子께서 말씀하셨다. <물이 진실로 동서로 나누어짐이 없더라도 상하로는 나누어짐이 없는가? 인성(人性)이 선한 것은 마치 물이 그 아래로 취하려는 것과 같다. 인성은 선하지 않음이 없고 물도 아래로 취하지 않음이 없다.>

〈문법연구〉

· 無有不善 水無有不下.

: '善하지 않은 사람이 있지 아니하고'라는 일종의 二重否定 句法으로 강한 肯定을 말하고 있다. 즉 사람이라면 누구나 다 善한 바탕이 있다는 말이다. 또 水無有不下에서 不은 서술어(동사, 형용사)를

부정하므로, 下는 '내려가다'라는 동사이다. 한편 無有는 無와 같다.

> 예) 雖無有質 誰能間之. (左傳)
> : 비록 인질이 없더라도 누가 그들 사이를 떼어놓을 수 있겠는가.

> 예) 左師公曰 今三世以前 趙王之子孫侯者 其繼有在者乎 曰 無有. (戰國策)
> : 좌사공이 말했다. '지금부터 삼 대 이전에 조나라 군주의 자손 가운데 후(侯)에 봉해진 자의 후계자 중에서 현재 자리에 있는 자가 있습니까.' (태후가) 말했다. '있지 않소(없소).'

11-02-03

今夫水 搏而躍之 可使過顙 激而行之可使在山 是豈水之性哉 其勢則然也 人之可使爲不善 其性 亦猶是也.

이제 저 물을 쳐서 튀게 하면 가히 이마를 지나게 할 수 있다. 세차게 가게 한다면 가히 산에 있게 할 수도 있다. 이것이 어찌 물의 성(性)이리요? 그 형세가 즉 그러한 것이다. 사람이 不善을 행하게 함도 그 성(其性)이 또한 이와 같은 것이다(역시 물의 경우와 같이 외부의 힘으로 그렇게 되는 것이다).

〈단어 및 어휘〉

· 搏(두드릴 박/칠 박): 擊也. 두드리다, 치다, 어루만지다, 박(악기).
· 躍(뛸 약): 跳也. 跳躍. 뛰어오르다. 뛰어 오르다.
· 顙(이마 상): 이마, 뺨, 이마를 땅에 대고 절하다
· 激(격할 격/물결 부딪쳐 흐를 격): 세차다, 치다, 물을 쳐서 위로 올리는 것.
· 勢(형세 세): 狀況을 뜻한다.

〈문법연구〉

· 水搏而躍之 可使過顙.

: 水는 주어로 躍之에서 之는 水를 가리키는 指示代名詞 용례로
서, 앞의 동사 躍을 타동사화 한다. 해석은 '물을 손으로 쳐서 뛰어
오르게 한다'는 말이다. 使는 뒤의 동사에 작용하며 '동사시키다' 使
過顙은 '이마를 넘어가게 하다'

· 人之可使爲不善其性 亦猶是也.

: 使爲不善其性의 해석은 '그 성을 선하지 않게 하다.'이다. 예문에
서 之는 두 가지로 해석할 수 있다. 첫 번째, 人과 可使가 도치되었
음을 나타내는 役割을 한다. 이 경우 可使人爲不善이 된다. 두 번째
는 之를 주격조사로 보는 경우이다.

上 3장

11-03-01

告子曰 生之謂性.

告子가 말하였다. <生의 본질을 性이라 한다.>

〈문법연구〉

· 生之謂性.

: 之는 生과 謂가 도치되었음을 나타낸다. 生謂之性이라고도 할
수 있다. 해석하면 전자는 '생을 성이라 한다'이고 후자는 '생은 이것

이 성이다' 정도이다.

예) 此之謂大丈夫. (孟子)
: 이를 대장부라 한다.

예) 今我之謂矣.
: 오늘의 우리를 두고 이른 말이다.

〈참고〉

此之謂大丈夫는 '목적어+之+謂+보어'의 형식으로 ～을(목적격 어기사)～이라 부른다. 한편 謂 자 뒤에 쓰여서 謂之 라고 하면, '주어+謂+之+보어'의 형식 '목적어를 ～이라 부른다. 결국 두 가지 다 같은 의미이나 전자는 목적어를 강조하는 문장형식이다.

예) 百濟所治 謂之晉平郡晉平縣. (宋書)
백제가 다스린 곳을 그곳이 진평군 진평현이다.

예) 結怨於人 謂之種禍, 捨善不爲 謂之自賊. (明心寶鑑)
: 남과 원수를 맺는 것은 재앙의 씨를 심는 것이요, 착한 것을 버리고 착한 일을 하지 않는 것은 스스로를 해치는 것이다.

11-03-02
孟子曰 生之謂性也 猶白之謂白與 曰然 白羽之白也 猶白雪之白 白雪之白 猶白玉之白與 曰然.

孟子께서 말씀하셨다. <生의 본질을 性이라 함은 白色을 白이라 함과 같은가?> <그렇습니다.> <그렇다면 흰 깃털의 흰색과 흰 눈의 흰색과 같으면, 흰 눈의 흰색과 백옥의 흰색과 같은가?> <그렇습니다.>

〈단어 및 어휘〉

· 也(어조사 야): 역시, 뿐만 아니라, ~야, ~도, 혹은, ~인가. ~여,
  ~은(잠깐 멈추는 어기), ~하다.
· 猶(오히려 유): 마치 ~와 같다, 아직, ~조차도.
· 猶~與(유~여): 마치 ~와 같은가.

11-03-03

然則犬之性 猶牛之性 牛之性 猶人之性與.

그렇다면 개의 성(性)과 소의 성(性)이 같다면 소의 성(性)과 사람
의 성(性)은 같은가?

上 4장

11-04-01

告子曰 食色 性也 仁內也 非外也 義外也 非內也.

告子가 말하였다. <食色이 性이니, 仁은 내면에 있어, 外面에 있는
것이 아니며, 義는 外面에 있어, 內面에 있는 것이 아니다.>

〈단어 및 어휘〉

· 食色(식색): 식욕과 성욕으로 본능을 말한다.

11-04-02

孟子曰 何以謂仁內義外也 曰彼長而我長之 非有長於我也 猶彼白而

我白之 從其白於外也 故謂之外也.

孟子께서 말씀하셨다. <어째서 仁은 內面에 있고 義는 外面에 있다 하는가?> <저들이 어른이어서 내가 그를 어른으로 대하는 것이요, 나에게 연장자가 있지 않으니, 저 흰 것을 내가 희다고 여기는 것과 같다. 밖에 있는 흰 것을 쫓기 때문에 밖이라 이르는 것이다.>

〈단어 및 어휘〉

· 何以(하이): 무엇으로, 어떻게, 왜, 何以之(그것으로 어떻게)의 之가 생략된 형태.
· 長(길 장/어른 장): 길다, 낫다, 자라다, 맏이, 어른, 길이, 우두머리, 여기서는 동사로 '어른으로 대접하다/나이를 먹다'라는 의미도 가진다.

〈문법연구〉

· 彼長而我長之.
: 앞의 長은 自動詞로 '나이를 먹다.' 뒤의 長은 타동사로 '나이 먹은 사람으로 여기다/나이 먹은 사람으로 대접하다. 彼白而我白之 역시 앞은 '희다'라는 형용사이나 뒤의 白은 '희다고 여기다.'라는 타동사이다. 而 '그래서' 順接의 接續詞.

11-04-03
曰(異於)白馬之白也 無以異於白人之白也 不識 長馬之長也 無以異於長人之長與 且謂長者義乎 長之者義乎.

孟子께서 말씀하셨다. <백마의 흰 것과 노인 백발의 흰 것이 다름
이 없는데(같다고 생각한다는 의미), 알지 못하겠도다. 늙은 말(長
馬)의 나이 많음과 노인의 나이 많음이 다름이 없다는 것인가? 또
어른을 일러 義라 하는가? 어른으로 여김이 義인가?>

〈단어 및 어휘〉

· 無以(무이): ~할 수 없다. ~할 방법이 없다./ 有以(유이): ~할
  수 있다. ~할 바가 있다.

〈참고〉

일반적으로는 以 다음에 전치사의 목적어가 나와야 하지만 그렇
지 않은 경우가 많다. 그래서 이렇게 以 다음에 아무것도 없는 경우
해석이 난이하다. 이 경우는 이렇게 생각할 수 있다. <以 다음의 목
적어가 강조되면 앞으로 나간다. 그러면 그 자리에는 대명사 之가
들어오게 된다. 그런데 이 경우 之는 생략된다> 이 경우 以는 '以之
의 줄임말이다'라고 생각하면 가장 편하다.

> 예) (異於)白馬之白也 無以異於白人之白也.
> : 以를 '以之'의 형태로 여기면 (異於)白馬之白也 無以之異於白人
> 之白也이다. 그리고 之는 앞의 (異於)白馬之白也를 받는다. 이렇게
> 생각하면 해석이 비교적 용이하다.

· 與(줄 여): 주다, 참여하다, 돕다, ~와, ~인가, ~이도다, ~보다도.
· 也(어조사 야): ~이야, ~이다, ~인가? ~야말로, ~하면, ~도 ~하다.
· 乎(어조사 호): ~인가? ~도다, ~에서, ~하면.

11-04-04

曰吾弟則愛之 秦人之弟則不愛也 是以我爲悅者也 故謂之內 長楚人
之長 亦長吾之長 是以長爲悅者也 故謂之外也.

告子가 말하였다. <내 아우면 사랑하고, 진나라 사람의 아우이면
사랑하지 않으니, 이것은 나를 기쁨으로 여기는 것이다. (내 안의
요소가 주가 되는 것을 의미) 그러므로 내면에 있다는 것이요, 초
나라 사람의 어른을 어른으로 여기며, 또한 내 어른을 어른으로
여기니, 이는 어른을 위주로 기쁨을 삼는 것이다. (나 밖의 요소가
주가 되는 것을 의미). 그러므로 외면에 있다 하는 것이다.>

〈단어 및 어휘〉

・長(길 장/어른 장): 여기서는 '어른'과 '어른을 공경하다'로 사용
  되었다.

〈문법연구〉

・是以我爲悅者.
: 以~, 爲~, '~을 ~로 여기다(삼다/생각하다/하다)'

> 예) 先須大其志 以聖人爲準則 一豪不及聖人 則吾事未了. (栗谷/自
> 警文)
> : 먼저 마땅히 그 뜻을 크게 하라 선인을 기준으로 삼아 털끝만치
> 라도 성인에게 미치지 못하면 내가 해야 할 일은 아직 끝나지 않
> 은 것이다.

> 예) 埏埴以爲器 當其無 有器之用. (老子)
> 찰흙을 이겨 그릇을 만들지만, 그 속이 비어야 그릇의 쓸모가 있다.

11-04-05

曰耆秦人之炙 無以異於耆吾炙 夫物則亦有然者也 然則耆炙 亦有
外與.

孟子께서 말씀하셨다. <진나라 사람이 구운 고기도 맛이 있어 하
고 내가 구운 고기도 맛있어 함에 차이가 없음은 무릇 사물인즉
또한 그러함이 있는 것이다. 그렇다면 고기를 맛있어 하는 것은
또한 밖에 있는가.>

〈단어 및 어휘〉

· 耆(늙을 기): 늙은이, 어른, 스승, 즐기다, 이르다.
· 炙(구울 자/구울 적): 굽다, 가까이하다(적), 고기구이(적), 적.

上 5장

11-05-01

孟季子問公都子曰 何以謂義內也.

맹계자가 공도자에게 물었다. <어찌하여 의가 안에 있다고 말하는
것인가?>

〈단어 및 어휘〉

· 孟季子(맹계자): 孟子의 從氏인 孟仲子의 동생.
· 公都子(공도자): 齊나라 사람으로, 孟子의 弟子.
· 何以(하이): 무엇을 가지고, 무슨 까닭에.

11-05-02

曰行吾敬故 謂之內也.

말씀하시기를, <내 공경을 행하는 것이니 안에 있다 말하는 것이다.>

11-05-03

鄕人 長於伯兄一歲則誰敬 曰敬兄 酌則誰先 曰先酌鄕人 所敬在此 所長在彼 果在外 非由內也.

<鄕人이 伯兄보다 한 살 위이면 누구를 공경하는가?> <형을 공경한다.> <술을 따르는 것은 누구에게 먼저 하는가?> <향인에게 먼저 따른다.> <공경할 사람은 여기 있고 나이 많은 어른으로 여길 사람은 저기에 있으니 결국 밖에 있고 안으로부터 말미암지 않음이다.>

〈단어 및 어휘〉

· 鄕(시골 향): 시골, 마을, 고향, 태어난 곳, 곳, 장소, 지구, 메아리, 울림, 음향.
· 伯兄(백형): 맏형을 말한다.
· 誰(누구 수): 누구, 무엇, 묻다.
· 酌(술 부을 작): 술을 붓다, 따르다, 짐작하다, 취하다.
· 果(열매 과): 마침내, 끝내, 결국.

〈문법연구〉

· 鄕人長於伯兄一歲則誰敬.
: 예문의 해석은 '마을 사람(鄕人)이 맏형(伯兄)보다(於) 한 살(一歲) 연장(長)이면(則) 누구(誰)를 공경하겠느냐(敬)'이다. 長은 동사로

사용되어 '나이가 많다' 於는 비교문에서 사용되어 ~보다. 誰敬에서 誰는 敬의 목적어인데 의문사이므로 앞으로 도치되었다.

· 所敬在此 所長在彼.
: 해석은 (우리가) 공경하는 사람은 여기에 있고 연장자로 여기는 사람은 저기에 있다 '이다. 所는 주어와 술어 사이에 사용되어 '~하는 바', '하는 것', '하는 사람'으로 사용된다. 예문에서는 사람을 나타낸다.

예) 斯民也 三代之所以直道而行也. (論語)
: 이 백성은 삼대 시대에 정직한 도를 행했던 자들이다. (所以直道而行/정직한 도를 행했던 자)

예) 良人者所仰望而終身也. (孟子)
: 남편이라고 하는 자는 (우리가) 우러러보고 평생을 살 사람이다.

11-05-04
公都子不能答 以告孟子 孟子曰 敬叔父乎 敬弟乎 彼將曰 敬叔父 曰弟爲尸則誰敬 彼將曰 敬弟 子曰 惡在其敬叔父也 彼將曰 在位故也 子亦曰 在位故也 庸敬 在兄 斯須之敬 在鄕人.

公都子가 능히 답하지 못하여 孟子께 고하니, 孟子께서 말씀하셨다. <'숙부를 공경해야 하느냐 동생을 공경해야 하느냐' 하면 저 사람이 장차 '숙부를 공경한다' 할 것이다. 말하기를 '동생이 시동(尸童)의 위치에 있게 되면 누구를 공경하느냐' 하면 저 사람이 장차 말하길 '동생을 공경한다' 할 것이다. 그대가 말하길 '어찌 그 숙부를 공경함이 있느냐(어디로 갔느냐)' 하면 저 사람이 장차 말하길 '(아우가 시동의)지위에 있기 때문이다' 할 것이다. 그대 또한 '(마을 사람이 손님의)지위에 있기 때문이다'라고 말하라. 평상

시 공경은 형에게 있고 잠시의 공경은 향인에게 있느니라.>

〈단어 및 어휘〉

· 將(장수 장/이끌 장/장차 방): 장수, 인솔자, 문득, 청컨대, 무릇, 만약, 거의, 將次, 또는 조동사적으로 사용되어 '~하려 하다.'
· 尸(주검 시/시동 시): 尸童. 祭祀를 지낼 때, 돌아가신 祖上 대신에 아이를 꾸며서 제단 위에 앉혀놓고 그에게 절하는 풍습.
· 惡(어찌 오/싫어할 오/악 악): 어찌, 어디, 어떻게.
· 庸(떳떳할 용): 떳떳하다, 쓰다, (사람을) 채용하다, 고용하다, 범상하다, 어리석다, 크다, 평소, 범상, 보통, 常也. 늘, 언제나.
· 斯(이 사/천할 사): 이, 이것, 잠시, 잠깐, 천하다, 낮다, ~하면, ~인 즉.
· 斯須(사수): 暫時, 臨時로 잠깐이다.

〈문법연구〉

· 惡在其敬叔父也.

: 어디(惡)에 그 (其) 숙부(叔父)를 공경함(敬)이 있(在)느냐(也). 惡在~, '~은 어디에 있느냐.' 惡(오)은 장소를 나타내는 의문사로 원래 형태는 '在惡(어디에 있는가?)'이지만 동사 在 앞으로 나갔다. 여기서는 '(조금 전까지만 해도) 숙부를 공경한다 했는데 그 숙부를 공경함이 어디로 갔느냐'라는 의미의 질문.

예) 惡在其爲民父母也. (孟子)
: 백성의 부모 됨은 어디에 있는가.

예) 人命在天.
　: 人命은 하늘에 있다. → 人命在惡 인명은 어디에 있다. → '惡' 의
　문사 이므로 '在' 앞으로 나가서, 人命惡在 인명은 어디에 있는가.

11-05-05

季子聞之曰 敬叔父則敬 敬弟則敬 果在外 非由內也 公都子曰 冬日
則飲湯 夏日則飲水 然則 飲食 亦在外也.

계자가 그 말을 듣고 말했다. <숙부를 공경해도 공경이고 동생을
공경해도 공경이니 결국 밖에 있지 안에 말미암은 것은 아니다>
공도자가 말하기를 <겨울에는 뜨거운 국물을 마시고 여름에는 찬
물을 마시니 그렇다면 마시고 먹고자 하는 것이 또한 밖에 있는
것인가.>

上 6장

11-06-01

公都子曰 告子曰 性 無善無不善也.

公都子가 말하였다. <告子는 '性은 善도 없고 不善함도 없다' 합니다.

11-06-02

或曰性可以爲善 可以爲不善 是故 文武興則民好善 幽厲興則民好暴.

혹자가 말하길 '성(性)은 가히 선이 되기도 하고 가히 불선이 되기
도 합니다. 이러므로 文王이나 武王 같은 왕이 일어나면 백성들이
선을 좋아하고 幽王이나 厲王 같은 왕이 일어나면 백성들이 포학
함을 좋아한다' 합니다.>

〈단어 및 어휘〉

- 性(성품 성): 타고난 사람의 천성, 바탕, 성질, 성별, 남녀, 여기
  서는 告子가 말한 性은 앞에 나왔던 食慾과 色慾 같은 本能的인
  것을 뜻한다.
- 或(혹 혹): 만일, 행여, 誰人. 어떤 사람.
- 可以(가이): ~할 만하다.
- 文武(문무): 문왕과 무왕을 말한다.
- 幽(그윽할 유): 그윽하다, 멀다, 아득하다, 깊다, 조용하다, 고요
  하다(조용하고 잠잠하다), 가두다, 갇히다, 귀신, 초현실적인 것.
- 厲(사나울 려/갈 려): 갈다(표면을 매끄럽게 하기 위하여 다른
  물건에 대고 문지르다), 사납다, 빠르다, 맑다, 미워하다, 화.
- 幽厲(유려): 幽王(유왕)과 厲王(여왕)을 말한다.

11-06-03

或曰有性善 有性不善 是故以堯爲君而有象 以瞽瞍爲父而有舜 以紂
爲兄之子 且以爲君而有微子啓王子比干.

或者는 말하기를 '性이 선한 이도 있으며, 선이 불선한 이도 있으
니, 이 때문에 堯를 君主로 삼고도 象이 있었으며, 瞽瞍를 아버지
로 삼고도 舜이 있었으며, 紂王을 형의 아들로 삼고, 또 君主로 삼
고도 微子 啓와 王子 比干이 있었다. (즉 주(紂)가 형의 아들이지
만 동시에 그들에게는 임금이 되기도 했다는 말)' 하니,

〈단어 및 어휘〉

- 象(코끼리 상): 코끼리, 상아, 꼴, 모양, 형상, 여기서는 인명으로

舜의 異腹 동생. 순이 제위를 물려받기 전에 가업을 이어받기 위해 순을 해치려고 하였다.

- 瞽(소경 고): 소경(눈동자가 없는 장님), 시력을 잃다, (마음이) 어둡다, 어리석다.
- 瞍(소경 수): 소경, 어르신, 여위다.
- 瞽瞍(고수): 舜의 父. 象을 편애하여 순을 해치려고 하였다.
- 紂(끙거리 주): 상(은)나라의 마지막 천자.
- 微子啓(미자계): 紂의 이복형으로 이름이 啓이다.
- 比干(비간): 미자, 기자와 함께 상 말기의 세 명의 어진 사람으로 꼽힌다.

11-06-04
今日性善 然則彼皆非與 孟子曰 乃若其情則可以爲善矣 乃所謂善也.

지금 말씀하신 것처럼 성(性)이 선하다면 저 사람들이 모두 틀린 것입니까?> 孟子께서 말씀하시기를, <비록 그렇다 할지라도, 그 성정이 즉 가히 선이 됨은 결국 선함을 이르는 바이다.

〈단어 및 어휘〉

- 乃若(내약): '비록 그렇다 할지라도.' 또는 때에 따라서는 '~과 같은 것', 또는 '만약'이라는 의미로 풀이해도 되고, 대부분의 경우 발어사로 보고 번역을 생략해도 된다.

  예) 君子 有終身之憂 無一朝之患也 乃若所憂則有之. (孟子)
  : 군자는 일생을 다하여 해야 할 근심은 있으나, 하루아침에 일어나는 걱정은 없는 것이다. (만약) 근심하는 것이라면 이런 것이 있다.

11-06-05

若夫爲不善 非才其罪也.

만일 무릇 불선(不善)함을 하게 되는 것은 재질(바탕)이 그 죄가
아니다.

〈단어 및 어휘〉

· 若夫(약부): ~에 대해서, ~와, ~같은, 그런데. 또 바로 앞 절
  의 '乃若'처럼 (내약) 若夫는 '저 ~과 같은 것'이라는 의미로 풀
  이해도 되고, 발어사로 보고 번역을 생략해도 된다.
· 情(정 정/뜻 정): 뜻, 마음의 작용, 사랑, 인정, 본성, 사정, 실상,
  사실, 진상, 사정, 상태, 본래의 모습, 실정.
· 才(재주 재): 재주, 재능, 본바탕, 근본, 기본, 겨우.

11-06-06

惻隱之心 人皆有之 羞惡之心 人皆有之 恭敬之心 人皆有之 是非之
心 人皆有之 惻隱之心仁也 羞惡之心義也 恭敬之心禮也 是非之心
智也 仁義禮智 非由外鑠我也 我固有之也 弗思耳矣 故曰求則得之
舍則失之 或相倍蓰而無算者 不能盡其才者也.

측은(惻隱)지심은 사람들이 모두 가지고 있고 수오(羞惡)지심도
사람들이 모두 가지고 있다. 공경지심은 사람들이 모두 가지고 있
고 시비지심도 사람들이 모두 가지고 있다. 측은지심은 인(仁)이
요, 수오지심은 의(義)요, 공경지심은 예(禮)요, 시비지심은 지(智)
요, 인의예지(仁義禮智)가 밖에서 연유해서 나에게 녹아든 것이
아니고 내가 고유하게 있는 것이다. (이를) 생각하지 않을 뿐이로

다. 때문에 말하길 구하게 되면 얻고 버리게 되면 잃게 되나니 혹 서로 2배, 5배가 되어 헤아릴 수 없게 되는 것은 그 재질을 능히 다하지 못하기 때문이다.

〈단어 및 어휘〉

· 羞(부끄러울 수): 부끄러워하다, 수줍어하다, 미워하다, 싫어하 다, (음식을) 올리다, 부끄럼, 치욕.

· 鑠(녹일 삭/태울 삭): 銷也. 鎔也. 鎔鑠(용삭). 녹이다, 녹다, 아름 답다.

· 固(굳을 고): 굳다, 완고하다, 굳게, 반드시, 진실로, 본래, 이미.

· 弗(아니 불): 아니다, 말다, 근심하다(속을 태우거나 우울해하 다), 걱정하다, 다스리다, 어긋나다.

· ~耳矣(이의): 爾矣와 같고, ~할 뿐이다. ~할 따름이다.

· 舍(집사/버릴 사): 捨也. 捨와 通用.

· 蓰(다섯 곱 사): 다섯 곱, 풀 이름.

· 倍蓰(배사): 두 배와 다섯 배. 즉 '여러 곱절'이란 意味이다.

· 算(셈 산): 셈, 계산, 나이, 수명, 슬기, 셈하다, 數也. 계산하다. 따라서 無算이란, 計算할 수 없다는 말.

〈문법연구〉

· 惻隱之心 人皆有之.

: 한문의 전형적인 문장 중의 하나이다. '사람에게는 모두 惻隱之 心이 있다'라는 문장을 한문에서는 '惻隱之心 人皆有之'로 표현한다. 이를 다시 우리말로 옮기면 '惻隱之心은 사람이 모두 이것을 가지고

있다/또는 측은지심 이것을 모든 사람이 가지고 있다' 정도가 된다.
모든 언어들이 가지는 특징 중의 하나는 강조하는 단어나 내용을 문
장 앞으로 보내는 것이다. 이때 한문이 가지는 두드러진 특징은 강
조하는 부분을 앞으로 보내고 이를 다시 받아서 반복한다는 점이다.
만약 우리의 언어 감각으로 '모든 사람은 측은지심을 가진다.'를 한
문으로 옮긴다면 '人皆有惻隱之心'이 될 것이다. 그러나 한문은 '惻
隱之心 人皆有之'로 표현한다. 人皆有之에서 之는 앞의 惻隱之心을
가리킨다. 뒤의 羞惡之心 人皆有之 恭敬之心 人皆有之 是非之心 人
皆有之 모두 같은 용법이다. 한편 이는 강조의 용법이라 보기보다는
한문에서는 '긴 목적어는 목적어를 앞으로 보내고 그 목적어가 빠져
나간 자리에 '之'자를 넣는다.'라고 보는 게 더 타당해 보인다.

> 예) 廣土衆民 君子欲之. (孟子)
> : 땅을 넓히고 백성을 모여들게 하는 것은 군자가 하고자 하는 일이다.

> 예) 人必自侮然後人侮之. (孟子)
> : 사람이 자신을 업신여기게 되면, 그러한 후에는 '틀림없이 다른
> 사람이 그를 업신여긴다'라는 말이 된다.

> 예) 身體髮膚 受之父母. (小學)
> : 몸과 머리 피부는 부모에게서 받은 것이다./受身體髮膚父母에서
> 목적어인 身體髮膚를 앞으로 전치시키고 그 자리에 '之'를 넣었다.

> 예) 父母臥命 俯首聽之. (사자小學)
> : 부모님께서 누어서 명하시거든 머리를 숙이고 이것을 들을 지
> 니라.

11-06-07

詩曰天生蒸民 有物有則 民之秉夷 好是懿德 孔子曰 爲此詩者 其知

道乎 故有物必有則 民之秉夷也 故好是懿德.

『詩經』에 이르기를 '하늘이 뭇 백성들을 내시니, 사물이 있으면 법칙이 있도다. 사람들이 떳떳한 本性을 가지고 있는지라 이 아름다운 덕을 좋아한다.' 하였으니, 孔子께서 말씀하시기를 '이 詩를 지은 자는 그 道를 알 것이다. 그러므로 사물이 있으면 반드시 법칙이 있으니, 사람들이 떳떳한 덕을 가진지라, 이 아름다운 덕을 좋아한다.' 하셨다.>

〈단어 및 어휘〉

・烝(무리 증/찔 증): 詩經에는 丞으로 되어 있다. 찌다, 데우다, 많다, 백성. 烝民(증민)은 庶民, 百姓이다. '온 백성'을 말한다.
・秉(잡을 병): 잡다, 쥐다, 장악하다, 처리하다, 지키다, 간직하다, 따르다, 순종하다, 자루.
・夷(오랑캐 이): 오랑캐, 죽이다, 안온하다, 떳떳하다, 공경하다. 여기서는 彝와 통용된다. 詩經에는 彝로 되어 있다. 의미는 '변하지 아니하는 본 마음'을 말한다.
・懿(아름다울 의): 아름답다, 크다, 기리다, 훌륭하다.
・詩(시 시): 詩經 大雅 蕩之什 中의 烝民篇.

〈문법연구〉

・爲此詩者.
: 한문에서 爲는 우리나라 말의 '하다'와 유사한 단어로 거의 모든 동사를 대신하여 표현할 수 있다. 여기에서는 作과 같은 의미로 사용되었다.

・其知道乎.

其～乎는 감탄이나 추측, 가벼운 권유 등을 나타낸다. 여기서는 '아마 ～일 것이다.

　예) 知我者 其天乎. (論語)
　: 나를 알아주는 것은 아마 하늘일 것이다.

　예) 修己而安百姓 堯舜 其猶病諸. (論語)
　: 자신을 닦아 백성을 편안하게 하는 것은 요순도 아마 오히려 부족하게 여겼을 것이다.

　예) 始作俑者 其無後乎. (孟子)
　: 처음 허수아비 인형(순장 시 사용하는 인형)을 만든 사람은 아마도 후손이 없을 것이다.

上 7장

11-07-01

孟子曰 富歲子弟多賴 凶歲子弟多暴 非天之降才爾殊也 其所以陷溺其心者然也.

孟子께서 말씀하셨다. <풍년엔 자제들이 서로 의지함이 많고 흉년에 자제들이 포악함이 많아지니 하늘이 내린 재질이 이렇게 다름이 아니라 그 마음이 빠지게 하는 외부 요인이라는 것이 그렇기 때문에 그런 것이다.

〈단어 및 어휘〉

・富歲(부세): 豐年을 말한다.

- 賴(힘입을 뢰/게으를 뢰): 힘입다, 기대다, 의지하다, 착하다, 게으르다.
- 殊(죽일 수): 죽이다, 끊다, 결심하다, 다르다. 異也, 差異를 말한다.
- 爾(너 이): 너, 그, 이, 이처럼, 그리하여. 여기서는 '그렇게/이렇게' 정도이다.
- 陷溺(함닉): 구멍에 빠지다, 誘因해 빠뜨리다.

〈문법연구〉

- 富歲子弟多賴.
: 한문 해석 시 부사적 의미를 갖는 단어나 문장을 잘 파악해야 하는 경우가 많다. 이 문장에서 富歲는 보기에는 명사로 보이지만 역할은 부사적으로 활용된다. '풍년에는', '풍년이 되면'

- 其所以陷溺其心者.
: 해석은 '그 마음이 빠지게 하는 외부 요인(富歲와 凶歲)이라는 것이 그렇기 때문에 그런 것이다.'이다. 以 다음에는 之(이유가 되는 富歲와 凶歲)가 생략되어 있다. 즉 풍년이냐 흉년이냐에 따라 마음이 달라진다는 말이다. 한편 '其 ~ 者'는 '그 ~것'이라는 의미를 갖는다.

11-07-02
今夫麰麥 播種而耰之 其地同 樹之時又同 勃然而生 至於日至之時 皆熟矣 雖有不同 則地有肥磽 雨露之養 人事之不齊也.

지금 저 보리를 파종하고 흙으로 덮어주되 그 땅이 같고 심는 때 또한 같아서 패연히 돋아난다. 결실을 보는 때에 이르러 모두 익는 것이 비록 같지 않음이 있게 된다면 그것은 땅의 비옥하고 척박함과 비와 이슬의 길러줌과 사람의 일이 가지런하지 않음이 있는 것이다.

〈단어 및 어휘〉

• 麰(보리 모): 보리, 대맥.
• 耰(곰방메 우): 곰방메, 갈다, 씨앗 덮다.
• 浡(일어날 발): 일어나다, 성하다, 용솟음치다./ 浡然(발연) 우쩍 돋아나는 모양.
• 勃然(발연): 싹이 무럭무럭 나오는 모습.
• 日至(일지): 하지와 동지를 말한다. 여기서는 곡식이 익는 계절인 夏至를 말한다.
• 磽(메마른 땅 교): 메마른 땅, 척박한 땅, 돌이 많은 땅, 땅의 높낮이가 심하다.

11-07-03
故凡同類者 擧相似也 何獨至於人而疑之 聖人與我同類者.

고로 무릇 종류가 같은 것은 거의 서로 같게 된다. 어찌 유독 사람에 이르러 그것을 의심하는가? 성인과 나는 종류가 같은 것이다.

〈단어 및 어휘〉

• 擧: 들 거, 오를 거, 모두 기, 대개 거.
• 疑(의심할 의): 의심하다, 믿지 아니하다, 미혹되다, 두려워하다, 머뭇거리다, 주저하다, 같다, 비슷하다. 의문, 아마도.

〈문법연구〉

· 何獨至於人而疑之.

: 何獨~, '어찌 유독~이겠는가?', 至於人, '사람에 이르러', 疑之, '이를 의심하다' 之는 앞의 '擧相似也'로 '대개 비슷함'

11-07-04

故龍子曰 不知足而爲屨 我知其不爲蕢也 屨之相似 天下之足同也.

그러므로 龍子가 말하기를 '발을 모르고 신을 만들어도 나는 그것이 삼태기가 되지 않는 것을 안다.' 하였으니, 신이 비슷함은 天下 사람들의 발이 같기 때문이다.

〈단어 및 어휘〉

· 爲(할 위): 하다, 위하다, 다스리다, 되다, 이루어지다, 생각하다, 삼다, 행위. 여기서는 '만들다'
· 屨(신발 구): 신다, 자주, 여러 번, 삼신. 참고) 屝(비) 짚신, 履 (리) 가죽신.
· 蕢(상할 괴/삼태기 궤): 상하다, 썩다, 흙덩이, 붉은 비름, 삼태기 (흙을 담아 나르는 그릇), 簣也.

〈문법연구〉

· 屨之相似.

: '신발이 서로 비슷함.' 之는 주어절의 주어 다음에 붙인 주격조사이다.

· 爲屨, 爲蕢.

: 爲는 문맥상에서 그 의미를 찾아 해석해 주어야 하는 동사로, 여기서는 爲屨, 爲蕢는 '삼다/만들다'로 해석된다.

〈문법연구〉

· 不知足而爲屨 我知其不爲蕢也.

: '발을 모르고 신을 만들어도 나는 그것이 삼태기가 되지 않는 것을 안다.' 전체문장에서 앞 문장 不知足而爲屨가 부사절로 일종의 양보절로 기능하고 있다. 즉 '～일지라도', '～하더라도'.

11-07-05

口之於味 有同耆也 易牙先得我口之所耆者也 如使口之於味也 其性與人殊 若犬馬之於我不同類也 則天下何耆 皆從易牙之於味也 至於味 天下期於易牙 是天下之口相似也.

(사람의) 입이 미각에 대해서는 비슷함이 있다. 易牙는 나보다 먼저 입맛에 대해서 터득한 사람이다. 만일 입이 맛에 있어서 그 성(性)이 사람들과 다르기가 마치 개나 말이 나에게 있어서 다른 부류라 한다면 천하가 어떤 맛이 역아의 미각을 따를 수 있는가? 미각에 이르러 천하가 역아에 기약하는 이것이 천하 사람의 입이 서로 유사한 것이다.

〈단어 및 어휘〉

· 耆(늙은이 기/즐길 기): 嗜也. 好也. 즐기다, 좋아하다.

· 易牙(역아): 齊桓公 때의 料理를 잘 만들던 사람.

・天下(천하): 여기에서는 '천하 사람'이라고 번역한다.

・如使(여사): 만일, 가령. 가정을 나타낸다.

・期(기약할 기): 기약하다, 약속하다, 기다리다, 바라다, 기대하다, 알맞다, 가르치다, 더듬거리다, 기간, 期待.

〈문법연구〉

・如使口之於味也 其性與人殊 若犬馬之於我不同類也.

: 如使~는 '만일 ~라면'이라는 의미이지만 그 안에는 '만일 ~하게 한다면'이라는 사역의 의미가 들어있다. 따라서 如使口之於味也 其性與人殊는 '입맛으로 하여금 그 성질이 다른 사람과 다르게 하다.'라는 의미가 된다. 뒤의 若犬馬之於我不同類也는 앞의 其性與人殊을 한정하여 '(그 성질의 다른 정도가) 나와 견마가 같지 않은 것처럼'이라는 한정의 정도를 나타낸다. 한편 之는 주격조사이다.

예) 如使人之所欲莫甚於生, 則凡可以得生者, 何不用也. (孟子)
: 만약 사람의 바라는 바가 삶보다 더 큰 것이 없다면 모두 살기 위한 방도를 무엇인들 사용하지 않겠는가.

・天下何耆.

: 何는 명사 耆 앞에 쓰인 의문형용사로서 '어떤', '무슨'이라고 해석한다. 天下何耆는 동사 從의 주어이며 목적어는 易牙之於味이다. 즉 '천하의 어떤 耆(입맛)이 ~을 따르겠는가'라는 의미가 된다.

예) 子貢 問曰 賜也 何如 子曰 女器也 曰 何器也 曰 瑚璉也. (論語)
: 자공(子貢)이 '저는 어떻습니까?' 하고 묻자, 공자께서 '너는 그 릇이다.' 라 하셨다. '어떤 그릇입니까?' 하고 다시 묻자, '호(瑚)와 연(璉)이다.'라고 대답하셨다.

예) 顔淵曰 舜何人也 予何人也 有爲者 亦若是 我亦當以顔之希舜爲
法. (擊蒙要訣)
: 안연이 말하기를 '순임금은 어떤 사람인가? 나는 어떤 사람인
가? 훌륭한 행동을 하는 자는 또한 이와 같을 뿐이니, 나 또한 마
땅히 안연이 순임금이 되기를 바란 마음가짐을 본보기로 삼아야
한다'고 했다.

11-07-06

惟耳亦然 至於聲 天下期於師曠 是天下之耳相似也.

오직 귀 또한 그러하니 음악 소리에 있어서 천하가 악사 사광에
기약하는 이것이 천하 사람의 귀가 서로 유사한 것이다.

〈단어 및 어휘〉

· 曠(빌 광/밝을 광): 비다, 비우다, 공허하다, 황폐하다, 헛되이 지
내다, 탁 트이다, 밝다.
· 師曠(사광): 중국 고대의 유명한 음악가로 晉나라 平公의 太師
였다.
· 惟(오직 유/생각할 유): 생각하다, 사려하다, ~이 되다, 오직, 오
로지, 생각건대, ~으로써, 때문에, 예, 대답, 雖也. ~이라 하더
라도. 생각건대.

11-07-07

惟目亦然 至於子都 天下莫不知其姣也 不知子都之姣者 無目者也.

눈 또한 그러하니 자도에 이르러 천하가 그 아름다움을 알지 못함
이 아무도 없었으니 자도의 아름다움을 알지 못하는 사람은 눈이
없는 사람일 것이다.

<단어 및 어휘>

· 都(도읍지 도): 도읍, 서울, 도시, 마을, 동네, 그루터기(풀이나 나무 따위의 아랫동아리), 우두머리, 수령, 아아(감탄사), 대충.

· 子都(자도): 중국 고대의 유명한 미남자.

· 姣(예쁠 교): 예쁘다, 음란하다, 아름다움. 美也, 媚也. 美貌를 말한다.

<문법연구>

· 天下莫不知其姣也.

: 莫에는 주어가 포함되어는 대명사로 '~하는 사람이 없다', '~하는 것이 없다', 또는 '모든 ~이 ~하다'라고 해석한다. 예를 들어 '莫不知其姣也'라고만 할 때 주어는 '누구' 또는 '모든 사람'이 되어 해석은 '모든 사람이 그가 예쁜 것을 안다/그가 예쁜 것을 모르는 사람은 없다.'가 된다.

11-07-08

故曰口之於味也 有同耆焉 耳之於聲也 有同聽焉 目之於色也 有同美焉 至於心 獨無所同然乎 心之所同然者何也 謂理也 義也 聖人先得我心之所同然耳 故理義之悅我心 猶芻豢之悅我口.

고로 말하길 입이 미각에 있어서 맛있어 함이 같은 것이 있고, 귀는 소리에 있어서 좋은 소리에 같음이 있는 것이 있고, 눈은 미색에 있어서 아름답게 여김이 같은 것이 있다. 마음에 이르러 오로지 같은 바에 가함이 없겠는가? 마음이 같은 바에 그렇다는 것은 무엇 때문인가? 이(理)와 의(義)로 말함이다. 성인은 먼저 나의 마음이 같은 바를 먼저 얻으셨을 뿐이다. 고로 의리(義理)가 나의 마음을 기쁘게 해주는 것은 마치 가축의 고기가 나의 입을 즐겁게 해주는 것과 같다.

〈단어 및 어휘〉

· 然(그럴 연): 可也. 옳게 여기는 것을 말한다.
· 芻(꼴 추/풀 먹는 짐승 추): 소 말 양 등의 초식동물을 말함.
· 豢(기를 환): 기르다, 치다, 꾀다, 가축.
· 芻豢(추환): 풀이나 곡식을 먹는 가축, 가축을 기름, 잘 차린 음식.

〈문법연구〉

· 口之於味也 有同耆焉.
:〜之於〜는 '〜이 〜에 대해서', '〜관해서' 이 문장은 口有同耆於味也라고 쓸 수도 있다. 焉은 於是의 의미를 갖는 어미로 여기에서 是는 味를 받는다. 이어지는 문장에서도 같은 용법이 적용된다.

예) 或問禘之說 子曰 不知也. 知其說者之於天下也 其如示諸斯乎 指其掌. (論語)
: 혹이 체제사의 내용에 관해서 묻자 공자께서 말씀하시기를, <나도 잘 모르겠다. 그 내용을 아는 사람은 천하에 관해서라면 여기에 놓고 보는 것과 같을 것이다.>라고 하시며 손바닥을 가리키셨다.

예) 聖人之於天道也 命也. (孟子)
: 성인이 천도에 대한 것은 명이다.

예) 君子之於禽獸也 見其生不忍見其死. (孟子)
: 君子는 禽獸에 대해서 사는 것은 보고 죽는 것은 차마 보지 못한다.

上 8장

孟子曰 牛山之木嘗美矣 以其郊於大國也 斧斤伐之 可以爲美乎 是
其日夜之所息 雨露之所潤 非無萌蘖之生焉 牛羊 又從而牧之 是以
若彼濯濯也 人見其濯濯也 以爲未嘗有材焉 此豈山之性也哉.

孟子께서 말씀하셨다. <牛山의 나무가 일찍이 아름다웠는데 큰 나
라의 교외에 있게 되어 도끼와 낫으로 그것을 베어내면 가히 아름
다움이 되겠는가? 日夜에 生長하는 바와 雨露가 윤택하게 하는 바
에 싹이 나오는 바가 없지 않으나, 소나 양이 또 쫓아서 그것을
뜯어먹으면 이러므로 마치 저것처럼 민둥산이 되는 것이다. 사람
들이 그 민둥산을 보고 일찍이 목재가 있지 않았다 여기니 이것이
어찌 산의 성(性)이 될 수 있으리오?>

〈단어 및 어휘〉

· 牛山(우산): 齊나라 東南方에 位置한 山이라고 한다.

· 於(어조사 우): ~에서, ~부터, ~보다. 여기에서는 '~에서(위
  치를 지정)'로 사용되었다.

· 國(나라 국): 도시, 서울.

· 大國(대국): 큰 수도. 큰 도시.

· 斧(도끼 부): 도끼, 도끼의 무늬, (도끼로) 베다, (도끼로) 찍다.

· 斧斤(부근): 도끼를 말한다.

· 以(써 이): 사용하다, 쓰다, ~라 생각하다, 하다, ~로써, 바, 원
  인, ~때문에, ~하기 위해.

• 也(어조사 야): 역시, 뿐만 아니라, ~야, 이다, ~느냐? 또한, 어기조사(잠시 쉼).

• 焉(어찌 언): 어찌, 이에, 곧, 어찌하여, 어떻게, ~인가? ~이다.

• 息(숨쉴 식): 殖과 通한다. 따라서 養也, 生也. 生長. 따라서 所息은 '자라는 것'을 말한다. 숨 쉬다, 호흡, 쉬다, 자라다, 번식하다.

• 萌(싹 맹/움 맹/황량 나물 명): 움(풀이나 나무에 새로 돋아 나오는 싹), 싹, 백성, 서민, 촌사람, 시골뜨기, 조심, 시초, 죽순, 어리석은 모양, 비롯하다, 시작되다, 草芽, 始也.

• 櫱(그루터기 얼): 그루터기, 움, 허물, 재앙.

• 萌櫱(맹얼): 싹.

• 從而(종이): 연이어, 계속해서, 뒤따라서.

'而'가 시간을 나타내는 단어 뒤에 놓여 접미사로 쓰이는 경우.

예) 久而: 오랫동안./繼而: (시간상으로)이어서, 계속해서./今而: 이제./五十而: 오십에.

예) 繼而有師命不可以請. (孟子)
: 곧이어서 전쟁의 명령이 내렸기 때문에 청할 수 없었다. 不可以請이 다음에 之가 생략 되었다. 그것을 청할 수 없었다.

• 是以(시이): 이 때문에, 그래서.

• 濯(씻을 탁): 씻다, 상앗대, 헹구다.

• 濯濯(탁탁): 원래는 光潔로서 깨끗한 것을 의미한다. 여기서는 산이 헐벗은 모양.

〈문법연구〉

· 以其郊於大國也.

: 以~也, ~때문에, ~이기 때문에, ~이어서.

· 非無萌蘗之生焉.

: 之는 술어절 속의 主格助詞로 主語에 該當하는 牛山은 생략되었다. 즉 牛山에는 '새싹의 자람이 없는 것은 아니다.' 즉 '우산에서는 새싹이 자란다.' 焉은 於是의 줄임말이다. 非無~는 이중부정으로서 긍정을 의미한다. '~이 없는 것은 아니다.' 즉 '있다.' 예) 公館非無酒. 공관에 술이 없는 건 아니다.

· 牛羊 又從而牧之.

: 從은 타동사이므로 목적어 之가 있어야 하지만 뒤의 생략되었다. 이 경우 之는 앞의 牛羊을 받는다. 이 경우 해석은 '우양을 풀어 놓고'로 해석할 수 있다. 또는 從而를 하나의 부구로 보면 '계속해서/쉬지 않고'라는 뜻으로 해석할 수도 있다.

11-08-02

雖存乎人者 豈無仁義之心哉 其所以放其良心者 亦猶斧斤之於木也 旦旦而伐之 可以爲美乎 其日夜之所息 平旦之氣 其好惡與人相近也 者 幾希 則其旦晝之所爲 有梏亡之矣 梏之反覆 則其夜氣不足以存 夜氣不足以存 則其違禽獸不遠矣 人見其禽獸也 而以爲未嘗有才焉 者 是豈人之情也哉.

비록 사람에게 보존된 것 가운데 어찌 인의(仁義)의 마음이 없겠

는가? 그 양심을 내친 까닭이 또한 나무에 도끼와 낫질하는 것과
같은 것이다. 아침마다 그것을 베어내니 가히 아름다움이 되겠는
가? 그(其) 낮밤으로(日夜之) 자라는 것(所息)과 새벽(平旦)의(之)
기운(氣)(새벽의 맑은 기운)에 그(其) 좋아하고 싫어함(好惡)이 다
른 사람들과(與人) 서로 비슷한(相近也) 것(者)이 어찌(幾) 드물까
(希)마는 그 아침저녁으로 하는 바가 이지러지고 없어지게 함이
있는 것이다. 이지러지게 하는 것이 반복적이면 그 밤의 기운이
보존됨이 부족하게 되고, 밤의 기운이 보존됨이 부족하면 그 금수
에 나아가게 됨이 멀지 않게 된다. 사람들이 그 금수를 보고 일찍
이 하늘로부터 받은 재질이 없었다 여기는 것은 이 어찌 사람의
정(本情)이겠는가?

〈단어 및 어휘〉

· 雖(비록 수): 비록, 아무리~하여도.

· 於(어조사 어): ~에, ~에게, ~로부터, ~을, 비유컨대, 의지하
다, 아(감탄사).

· 放(놓을 방): 放逸함을 말한다.

· 良心(양심): 仁義의 本然的인 善心을 말한다.

· 旦旦(단단/아침 단): 매일매일, 날마다.

· 日夜(일야): 밤낮으로.

· 平旦(평단): 새벽, 동틀 녘.

· 平旦之氣(평단지기): 사물과 접하지 않았을 때의 청명(淸明)한
기운.

· 幾(몇 기): 몇, 기미, 거의 , 때, 어찌.

· 梏(수갑 곡): 수갑, 쇠고랑, 채우다, 묶다.

· 有(있을 유): 或也, 又也. 또한.

· 梏(수갑 곡/클 각): 꿰다, 어지럽히다. 束縛하다, 묶다.

· 夜氣(야기): 밤사이의 平靜하고 맑은 氣象을 말한다. 즉 여기서
  는 밤의 휴식에 의해 보충되는 밤기운.

· 違(다를 위): 異也. 다르다, 差異點, 떨어지다.

· 情(정 정): 본래 모습.

· 也哉(야재): ~이구나, 인가? 입니까? 也는 단정, 哉는 감탄을 나타냄.

〈문법연구〉

· 雖存乎人者 豈無仁義之心哉.
: 존재 동사(無)의 주어를 해석하는 경우 '~중에로' 해석하면 보
다 이해가 쉽다. 豈無~哉는 '어찌 없겠는가.' 전체 해석은 '비록 사
람이 가지고 있는 것 중에 어찌 仁義之心이 없겠는가.'라고 해석하
면 된다.

· 其所以放其良心者.
: 其 ~者는 같이 쓰여서 '그 ~것'으로 해석하면 좋다.

· 其日夜之所息 平旦之氣 其好惡與人相近也者 幾希.
: 이 문장의 동사(술어)는 '~이 드물다'라는 꼴로 '希'로 볼 수 있
다. 주어는 '其好惡與人相近也者'이고 '其好惡~'의 '其'는 앞의 '其日
夜之所息 平旦之氣'라고 볼 수 있다. 전체적인 의역은 '밤낮으로 자
라는 것과 새벽 기운에 대해서 싫어함과 좋아함이 서로 비슷하다'라

는 의미가 된다. 축자적인 해석은 다음과 같다. 그(其) 낮밤의(日夜之) 자라는 것(所息)과 새벽(平旦)의(之) 기운(氣)에 그(其) 좋아하고 싫어함(好惡)이 사람들 사이에(與人) 서로 근접함(相近)이라는(也) 것(者)이 어찌(幾) 드물까(希) 마는(則). 한편 주자는 幾를 '거의'라는 부사로 보아 '거의 드물다.'고 해석하였다.

· 有梏亡之.
: 梏과 亡은 동사로 사용되었다. 之는 '良心'을 가리키는 指示代名詞. 또는 其好惡與人相近也者를 받는다고도 볼 수 있다.

11-08-03
故苟得其養 無物不長 苟失其養 無物不消.

고로 진실로 그 기름(養)을 얻으면 사물마다 자라지 않음이 없고, 진실로 그 기름(養)을 잃으면 사물마다 사라지지 않음이 없게 된다.

〈단어 및 어휘〉

· 物(물건 물): 사람을 포함하여 존재하는 모든 것이 이에 해당하므로 <것>이라고 번역하였다.
· 苟(진실로 구/구차할 구): 적어도. 참말로. 부사적 용례.

〈문법연구〉

· 無物不長 苟失其養 無物不消.
: 존재 동사 有와 無 다음에 주어가 오는 경우, 이 주어의 수식은

주어 다음에 위치한다. 無物不長에서 주어는 物이고 이를 수식하는 단어는 不長으로 物不長은 '자라지 않는 물건'이 된다. 그래서 전체적인 해석은 '(어떤 물건이라도)자라지 않는 물건이란 없다.' 가 된다. 無物不消도 마찬가지이다. 이 구문의 특징은 '無+명사+不+동사(형용사)' 형태이다. 즉, 無 다음에 오는 명사를 꾸며주는 말은 그 명사 다음에 오는 경우가 많은데 예문에서는 不長과 不消가 物을 꾸며주고 있다.

예) 蓋五行之變 至於不可窮 然無適而非陰陽之道. (近思錄集解)
: 오행(五行)의 변함이 다할 수 없음에 이르나 가는 곳마다 음양(陰陽)의 도(道) 아님이 없다./無適而非~: 어디를 가더라도~이 아닌 것이 없다.

예) 五行 不言用 無適而非用也. (周書)
: 오행에 용(用)을 말하지 않음은 어디를 가든 쓰이지 아니함이 없기 때문이다.

예) 古之帝王 先正其心 以正朝廷 近而百官 遠而萬民 無一不歸於正. (承政院日記)
: 옛 제왕은 먼저 그 마음을 바르게 하여 조정을 바르게 했습니다. 이로써 가깝게는 백관이 멀리는 백성들 중에 어느 하나라도 바름으로 돌아가지 않은 자가 없었습니다.

예) 恥過而遂非 所聞所行 無一不歸於下愚之習. (小學集註)
: 어리석은 사람은 허물을 부끄럽게 여겨(숨기기만 하다가 고치지 못하고) 잘못된 길로 나아가면 어느 하나라도 어리석은 자의 배움으로 돌아가지 않음이 없다.

11-08-04
孔子曰 操則存 舍則亡 出入無時 莫知其鄉 惟心之謂與.

孔子께서 말씀하시기를 '잡아두면 보존하고 놓아버리면 잃어버리니 무시로 출입하니 아무도 그 향방을 모르게 되는 것이니 오직 마음을 이름 하는 것이라' 하셨다.

〈단어 및 어휘〉

· 操(잡을 조): 잡다, 부리다, 운동, 절개.
· 舍(집 사): 집, 여관, 버리다, 포기하다, 폐하다, 내버려 두다, 기부하다, 바치다, 베풀다, 여기서는 捨(버릴 사)와 通用.
· 無時(무시): 항상, 시도 때도 없이.
· 鄕(고을 향): 시골, 마을, 태어난 곳, 메아리, 울림, 음향, 추세, 여기서는 向과 通用. 방향.
· 與(줄 여): 주다, 참여하다, 따르다, 만일, ~와, ~인가? 이구나.

〈문법연구〉

· 莫知其鄕.
: 莫은 부정대명사로서 주어 역할을 같이 한다. '어느 누구도~하는 사람이 없다,' '어떤 것도~하는 것이 없다'라고 해석한다.

> 예) 故諺有之曰 人莫知其子之惡 莫知其苗之碩. (大學)
> : 그러므로 속담에 '사람은 자식의 나쁜 점은 알지 못하고 자기 집의 하찮은 묘목도 결국 큰다는 걸 알지 못한다.'고 말했다.

> 예) 學莫便乎近其人 學之經 莫速乎好其人. (荀子)
> : 학문의 도는 사람을 가까이하는 것보다 좋은 것이 없고 학문의 지름길은 사람을 좋아하는 것보다 빠른 깃이 없다.

上 9장

11-09-01

孟子曰 無或乎 王之不智也.

孟子께서 말씀하셨다. <왕의 智慧롭지 못함이 異常할 것이 없구나!>

〈단어 및 어휘〉

・或(혹 혹/ 나라 역): 惑과 通用. 이상하게 여기다.
・乎(어조사 호): ~에, ~에서. 처소격 개사.

〈문법연구〉

・無或乎 王之不智也.

: 여기서는 無或이 술어이고 主語인 我가 생략된 것으로 봐야 한다. 之는 전치사 乎의 목적어절의 주어인 王 다음에 쓴 주격조사이다. 해석은 '(나는) 王이 지혜롭지 못한 것에 대해서 異常하게 생각하는 것이 없다.'가 된다.

11-09-02

雖有天下易生之物也 一日暴之 十日寒之 未有能生者也 吾見 亦罕矣 吾退而寒之者至矣 吾如有萌焉 何哉.

비록 천하에 잘 자라는 식물이 있다고 하더라도 하루 동안 햇볕을 쬐어주고 십 일 동안 춥게 해주면 능히 살아남는 것이 있지 않게 된다. 내가 왕을 보는 것 또한 드물고, 내가 물러나면 춥게 하는 것들이 이르니 내가 싹이 있은들 어찌할 수 있겠는가?

<단어 및 어휘>

· 易(바꿀 역/쉬울 이) 쉽다는 뜻이다.

· 生(날 생): 長也, 生長. 따라서 易生(이생)이란 쉽게 자라는 것을 말한다.

· 暴(사나울 폭/쬘 폭/사나울 포): 曝와 通用. 曝也, 溫之, 햇볕 쪼이는 것으로 氣溫을 따뜻하게 한다는 뜻.

· 罕(드물 한): 希也, 希者 稀也. 稀寡이다. 여기서는 王을 만날 기회가 적음을 말한다.

<문법연구>

· 雖有天下易生之物也.

: 天下 앞에 장소를 나타내는 於가 생략되어 있고도 볼 수 있고, 易生을 强調하는 말로 부사로 다루어 '매우'로 해석할 수 있다. 也는 이어지는 두 문장 가운데 앞 문장 뒤에 써서 뒤의 문장과 이어진다는 것을 보여준다.

· 如有萌焉何.

: 如之何(그것을 어떻게 할 것인가)와 같은 구문으로 之 대신 有萌焉이 들어간 형태로 '싹이 있은들 어떻게 할 것인가'이다.

11-09-03

今夫奕之爲數小數也 不專心致志 則不得也 奕秋 通國之善奕者也 使奕秋 誨二人奕 其一人 專心致志 惟奕秋之爲聽 一人 雖聽之 一心 以爲有鴻鵠 將至 思援弓繳而射之 雖與之俱學 弗若之矣 爲是其

智弗若與 曰非然也.

이제 저 바둑의 수 됨이 비록 몇 수 안되나, 마음을 오로지 하고 뜻을 다하지 못하면(不專心致志) 얻을 수 없다. 혁추(奕秋)는 나라에서 바둑 잘 두기로 통달한 사람이다. 혁추로 하여금 두 사람에게 바둑을 가르치게 하여 그 한 사람은 專心致志하여 오직 혁추의 말을 잘 듣고, 또 한 사람은 비록 듣기는 하지만 마음은 큰 고니가 장차 이르러오면 화살과 주살을 잡아당겨서 그것을 맞출 생각하고 있다면 비록 그 두 사람이 비록 함께 배우더라도 그와 같지 않을 것이니, 이것이 그 지혜가 서로 같지 않아서 되는 것이더냐?> 대답하기를, <그렇지 않습니다.>

〈단어 및 어휘〉

· 奕(클 혁/바둑 혁): 바둑 혁. 奕(혁) 奕也. 圍棋. 바둑 두는 것을 말한다.
· 數(수 수/자주 삭): 技也, 技術.
· 致(이를 치/빽빽할 치): 이르다(어떤 장소나 시간에 닿다), 도달하다, 다하다, 이루다, 부르다, 보내다, 그만두다, 주다, 내주다, 다하다, 極也. 盡也.
· 志(뜻 지): 뜻, 마음, 본심, 사사로운 생각, 감정, 뜻하다, 여기서는 바둑에 뜻을 둔 意味로 바둑 두는 技藝 정도로 새긴다.
· 專心致志(전심치지): 오직 한 가지 일에만 마음을 집중함.
· 弈秋(혁추): 바둑을 잘 두는 名人으로 이름이 秋라고 함.
· 誨(가르칠 회): 가르치다, 보이다. 敎也, 敎誨.
· 聽(들을 청): 듣다, 들어 주다, 받아들이다, 살피다, 밝히다, 따르

다, 순종하다.

· 鴻(큰 기러기 홍): 기러기, 넓다.

· 鵠(고니 곡): 고니, 백조, 과녁, 정곡

· 鴻鵠(홍곡):큰 기러기와 고니.

· 援(당길 원/도울 원): 돕다, 당기다, 잡다, 매달리다, 구원하다, 뽑다, 도움, 잡아당기다.

· 繳(주살의 줄 격/작): 주살의 줄, 감기다, 깃의 심, 다투다. 따라서 援弓繳란, 주살 맨 활을 당긴다는 말이다.

〈문법연구〉

· 誨二人奕.

: 誨는 일종의 수여동사로서 '~에게'에 해당하는 말이 동사 다음에, '~을'에 해당하는 말이 또 그다음에 온다. 이런 동사로는 與, 授, 作, 敎, 饋 등이 있다.

· 惟奕秋之爲聽.

: 일반적으로 '명사+之爲(之)+동사'의 경우 之爲(之)는 도치를 나타내는 경우가 많다. 이 구절은 원래 爲聽於奕秋인데, 奕秋를 강조하여 앞으로 내면서 구절 앞에 썼기 때문에 於를 생략하고 강조하는 말 惟를 붙였으며, 도치된 문장이라는 것을 之爲(之)를 써서 나타냈다. 즉 '혁추의 말을 듣다'이다. 만약 之만을 이용한 도치 구문이라면 '惟爲奕秋聽/오직 혁추에게서 들었다.' 문장이 원래 문장이 된다.

다음에서 보듯이 '之爲'처럼 도치 기능을 하는 구조조사로는 之,

是, 有, 來, 于, 斯, 云, 厥, 焉, 於와 같은 어조사가 있다.

예) 故人苟生之爲見 若者必死 苟利之爲見 若者必害. (荀子/禮論)
: 그러므로 사람이 진실로 살기만을 바라본다면 그런 사람은 아마
죽을 것이고, 이익만을 바라본다면 그런 사람은 아마 손해를 입을
것이다. 이 문장은 故人苟見生 若者必死 苟見利 若者必害의 도치
된 문장으로 파악할 수 있다. 또는 '명사+之爲+동사'를 피동문 형
태로 파악해서 '명사가 동사 당하다'라는 의미로 해석할 수도 있
다. 그래서 奕秋之爲聽은 '혁추(의 말)를 듣게 되었다'로 해석할
수 있다.

예) 唯仁之爲守 唯義之爲行. (荀子)
: 오직 인(仁)을 지키고, 오직 의(義)를 행하게 되는 것이다.

예) 唯陳言之務去. (韓愈/與李翊書)
: 진부한 말들을 제거하도록 노력해야 한다./陳言: 상투적인 말.

· 爲是其智弗若與.

: 爲는 '때문'이라는 뜻이다. 與는 '～인가'를 나타내는 의문 어기
사이다. 其智弗若는 문말에 之가 생략되어 '그 지혜가 같지 않다'로
비교의 대상이 잘 나타나 있지 않다. 이는 바로 앞 문장 '雖與之俱學
弗若之矣'에서 보듯이 그 비교 대상인 之를 언급하였기 때문이다.
따라서 해석은 '이는 그의 지혜로움이 그만 같지 못해서이기 때문인
가'라고 해석할 수 있다.

예) 不見儲子 爲其爲相與. (孟子)
: 제나라로 가서는 저자를 보지 않으니, 그가 정승이 되었기 때문
인가.

上 10장

孟子曰 魚我所欲也 熊掌 亦我所欲也 二者 不可得兼 舍魚而取熊掌
者也 生亦我所欲也 義亦我所欲也 二者 不可得兼 舍生而取義者也.

孟子께서 말씀하셨다. <물고기는 내가 바라는 바이고 곰 발바닥도
또한 내가 바라는 바이다. 두 가지를 함께 얻을 수 없다면 물고기
를 버리고 곰 발바닥을 취할 것이다. 삶(生) 또한 내가 바라는 바
이고 義 또한 내가 바라는 바이나, 두 가지를 함께 얻을 수 없다
면 삶을 버리고 의를 취할 것이다.>

〈단어 및 어휘〉

· 掌(손바닥 장): 손바닥, (동물의) 발바닥, 솜씨, (손바닥으로) 치
다, 맡다, 주관하다, 바로잡다, 고치다.
· 熊掌(웅장): 곰의 발바닥으로 만든 요리로 珍味를 의미.
· 兼(겸할 겸): 겸하다, 아우르다, 둘러싸다, 겸용하다, 얻다, 쌓다,
포개다, 겹치다, 다하다.
· 舍(집 사/버릴 사): 버리다, 捨와 通用.

11-10-02

生亦我所欲 所欲 有甚於生者 故不爲苟得也 死亦我所惡 所惡 有甚
於死者 故患有所不辟也.

삶 또한 내가 바라는 바이다. 바라는 바가 삶보다 심한 것이 있기
때문에 구차히 얻으려 하지 않는 것이다. 죽음 또한 내가 싫어하

는 바이다. 싫어하는 바가 죽음보다 심한 것이 있기 때문에 환난에도(이라 할지라도) 피하지 못할 바가 있다.

〈단어 및 어휘〉

· 於(어조사 어): ～보다. 比較格助詞 용례이다.
· 苟(구차할 구): 구차하다, 단지, 다만, 혹은, 만일 ～한다면. 苟且. 군색스럽고 구구함을 말한다.
· 惡(어찌 오/싫어할 오): 미워하다, 싫어하다.
· 患(근심 환): 근심, 걱정, 병, 질병, 재앙, 근심하다(속을 태우거나 우울해하다), 걱정하다, 미워하다, 앓다, 병에 걸리다, 患難.
· 辟(피할 피/임금 벽/비유할 비/그칠 미): 피하다, 벗어나다, 숨다, 물러나다, 임금 (벽), 여기서는 避也. 피하다.

〈문법연구〉

· 所欲 有甚於生者.
: 존재 동사(有無) 앞에 나온 명사는 일종의 부사적 역할을 하는 경우가 많다. 또 해석은 '그 명사들 중에서(그 명사 가운데서)'라고 해석하는 경우가 많다. 예문에서도 所欲을 '원하는 것 중에서/바라는 것 중에서'라고 해석하면 좋다. 해석은 '원하는 것 중에는 사는 것보다 더 한(원하는) 것이 있다'이다. 구문 'A 於 B'는 'B보다 A 하다'라고 해석한다.

예) 無望民之多於鄰國也. (孟子)
: 백성이 이웃 나라보다 많아지기를 바라지 마십시오.

예) 不賞而民勸 不怒而民威於鈇鉞. (中庸)
: 상을 주지 않아도 백성들이 권면하며, 성내지 않아도 백성들이
도끼보다 더 두려워한다.

예) 食儲帑藏 必盈溢於始至. (小學)
: 식량의 저축과 창고가 반드시 처음 (이곳에) 이르렀을 때보다 가
득 넘치게 되다.

11-10-03

如使人之所欲 莫甚於生 則凡可以得生者 何不用也 使人之所惡 莫
甚於死者 則凡可以辟患者 何不爲也.

만일 사람들이 바라는 바로 하여금 삶보다 어느 것도 심함이 없다
면 무릇 가히 삶을 얻는 것이라면 무엇인들 쓰지 않으리오? 사람
들이 싫어하는 바로 하여금 어느 것도 죽음보다 심함이 없다면 무
릇 가히 근심을 피하는 것이라면 무엇인들 하지 않으리오?

〈단어 및 어휘〉

· 如使(여사): 만약. 가령. 설령. 설사. 若使.

· 使(부릴 사): 부리다, 쓰다, 파견하다, ~에게 시키다, 가령, 만
약, 사신.

· 辟(임금 벽/피할 피/비유할 비): 벽/임금, 제후, 허물, 편벽되다,
피/피하다, 숨다, 비/비유하다.

· 用(쓸 용): 여기서는 行也.

〈문법연구〉

· 凡可以得生者 何不用也.

: 凡可以得生者는 일종의 부사구로서 가정을 나타낸다. '무릇 생을 얻을 수 있는 것이라면', 何는 무엇인들.

11-10-04

由是則生而有不用也 由是則可以辟患而有不爲也.

이것으로 인하여 삶을 바라나 (구차히) 쓰지 못함이 있고, 이것으로 인하여 가히 근심을 피할 수 있으나 (피)하지 않음이 있는 것이다.

〈단어 및 어휘〉

· 由(말미암을 유): 쓰다, 좇다, 말미암다. 道理. 따라서 由是란, '이런 방법으로서.' 또는 由는 猶와 같은 것으로 볼 수도 있다. 이 경우 由是의 해석은 '이처럼'

11-10-05

是故 所欲 有甚於生者 所惡 有甚於死者 非獨賢者有是心也 人皆有 之 賢者 能勿喪耳.

이런 까닭에 원하는 것 중에 사는 것보다 더 원하는 것이 있고, 미워하는 것 중에는 죽음보다 미워하는 것이 있다. 오로지 현자만이 이러한 마음이 있는 것이 아니라, 사람들 모두 그것을 가지고 있으나 현자만이 능히 잃지 않을 뿐이로다.

〈단어 및 어휘〉

· 喪(잃을 상): 잃다, 잃어버리다, 죽다, 달아나다, 잊어버리다, 허비하다, 失也. 喪失이다.

<문법연구>

· 非獨賢者有是心也.

: 非獨~, '단지 ~만이 아니다.' 유사한 형태로 '非(獨, 徒, 特, 直, 但) A 而(又, 況) B'와 같은 것들이 있다.

> 예) 非獨孤之喜幸 社稷生民之福也. (三國史記)
> : 유독(홀로, 단지) 과인의 기쁨[喜]과 다행[幸]일 뿐만이 아니라, 사직과 살아 있는 백성들의 복입니다.

> 예) 非獨不知神之爲神, 亦不知聖人之爲聖也. (王弼注/老子道德經)
> : 단지 신이 신이 되는 것을 모를 뿐만 아니라 성인이 성인 됨을 알지 못한다.

11-10-06

一簞食 一豆羹 得之則生 弗得則死 嘑爾而與之 行道之人弗受 蹴爾而與之 乞人 不屑也.

밥 한 그릇과 국 한 그릇을 얻으면 살 수 있고 얻지 못하면 죽게 되더라도, 꾸짖으며 주면 길 가는 이도 받지 않으며, 발로 차고 주면 乞人도 달갑게 여기지 않는다.

<단어 및 어휘>

· 簞(대그릇 단/소쿠리 단): 소쿠리(대나 싸리로 엮어 테가 있게 만든 그릇), (대로 만든 둥근) 밥그릇, 상자, 호리병 박.

· 一簞食(일단사): 한 대그릇의 밥./食은 명사로 사용될 때 '사'

· 豆(콩 두): 제기 두, 나무 그릇 두. 콩(콩과의 한해살이풀), 제기 (제사에 쓰는 그릇), 제수(제사에 드는 여러 가지 재료), 술 그릇.

- 羹(국 갱): 국, 끓인 국(채소 따위에 물을 많이 붓고 간을 맞추어 끓인 음식), 삶다, 끓이다.
- 一豆羹(일두갱) 한 나무 그릇의 국.
- 嘑: 부르짖을 호, 꾸짖을 호.
- 爾(너 이) 語助辭, 然也, 嘑爾, 蹴爾의 爾는 然과 같이 형용하는 말 뒤에 붙여 쓰는 어조사이다.
- 與(줄 여): 予也 주다.
- 蹴(찰 축): 발로)차다, 줄이다, 다가가다, 쫓다, 뒤쫓다, 삼가다 (몸가짐이나 언행을 조심하다), 불안해하다.
- 蹴爾(축이): 발로 차는 것, 또는 밟는 것을 말한다.
- 屑(가루 설/달갑게 여길 설): 潔也. 洽足. 달갑게 여기다.

〈문법연구〉

- 嘑爾而與之, 蹴爾而與之.
: 예문에서 之는 대명사로 각각 一簞食, 一豆羹을 받는다.

11-10-07
萬鍾則不辯禮義而受之 萬鍾於我何加焉 爲宮室之美 妻妾之奉 所識 窮乏者得我與.

만종의 재물을 예의(禮義)에 분별치 않고 받으면 만종이 나에게 어찌 도움(加)이 되겠는가? 궁실(집)의 아름다움과 처첩의 받듦을 위하여 (내가) 아는 궁핍한 자에게 내게 감사함을 누리고자 함 일 것이다.

〈단어 및 어휘〉

· 鍾(쇠북 종/술병 종): 쇠북, 술잔, 술병, 되(분량을 헤아리는 데 쓰는 그릇 또는 부피의 단위) 이름, 부피의 단위, 늘리다, 당하다, 주다, 양을 세는 단위로 여러 설이 있는데, 주자는 64말이라고 하였다.

· 得我(득아): 나에게 감사를 느끼다. '나를 얻다'라는 의미에서 '내 마음에 들다', '나에게 만족을 주다', '내 마음을 잡다' 등의 의미가 파생된 것으로 보임.

> 예) 且爲所識窮乏者得我 而勉强以副其意 豈誠心與直道哉. (論語集註)
> : 내가 알고 있는 궁핍(窮乏) 한 사람이 내 마음에 들기 위하여 억지로 그의 뜻에 부응(副應) 한다면 어찌 진실한 마음이며 또한 곧은 도이겠는가.

〈문법연구〉

· 於我何加焉.

: 何加는 원래 加何인데 何가 의문사이기 때문에 앞으로 나갔다. 何는 '무엇'이라는 뜻의 의문대명사이다. 축자적인 해석은 '만종(萬鍾)이 나에게(於我) 무엇을(何) 보태주는(加)가(焉)'이다.

· 爲宮室之美 妻妾之奉 所識窮乏者得我與.

: 所識窮乏者에서 행동의 주체는 '나', 따라서 所識窮乏者는 '내가 아는 궁핍한 자'로 해석할 수 있다.

11-10-08

鄕爲身 死而不受 今爲宮室之美 爲之 鄕爲身 死而不受 今爲妻妾之

奉 爲之 鄕爲身 死而不受 今爲所識窮乏者得我而 爲之 是亦不可以
已乎 此之謂失其本心.

지난번에는 몸을 위하여 죽어도 받지 않다가 오늘 궁실의 아름다
움을 위하여 그것을 받고, 지난번에는 몸을 위하여 죽어도 받지
않다가 오늘 처첩의 봉양을 위하여 그것을 받고, 지난번에는 몸을
위하여 죽어도 받지 않다가 오늘 알고 지내던 궁핍한 자가 나를
알아줌을 위하여 그것을 받는다면 이것은 또한 그치는(하지 않는)
것이 가하지 않겠는가? 이것을 이르러 그 본심을 잃었다 한다.

〈단어 및 어휘〉

· 鄕(고을 향): 여기서는 '접때 향', 向과 같다. 嚮, 曏과 통함. 嚮
也. 먼저, 접때.
· 奉(받들 봉): 받들다, 바치다, 섬기다, 힘쓰다, (제사를) 지내다,
기르다, 양육하다, 준수하다, 보전하다, 대우하다, 녹봉.

〈문법연구〉

· 是亦不可以已乎.
: 是亦~乎는 '이 또한 ~인가'라는 구문. 전체적인 해석은 '이 또
한 그만둘 수 없는가?' 已는 '그치다'는 의미.

예) 君子曰 學不可以已. (荀子)
: 군자가 말하기를 '학문은 중단해서는 안 된다.'

上 11장

11-11-01

孟子曰 仁人心也 義人路也.

孟子께서 말씀하셨다. <仁은 사람의 마음이요, 義는 사람의 길이다.

11-11-02

舍其路而不由 放其心而不知求 哀哉.

그 길을 잃어버리고도 따르지 않고, 그 마음이 흩어졌는데 구할
줄 모르니, 슬프도다!

〈단어 및 어휘〉

· 舍(집 사/버릴 사): 捨와 通用. 버리다.
· 由(말미암을 유): 말미암다, 쓰다, 보좌하다, 꾀하다, 같다, 길,
  도리, 까닭, 말미, 휴가, 從也. 따르다.
· 放(놓을 방): 놓다, 놓이다, 내쫓다, 추방하다, 내놓다, 꾸어주다,
  버리다, 달아나다, 떠나가다, 널리 펴다, 넓히다, (꽃이) 피다,
  (빛을) 발하다, 내걸다, 게시하다.

〈문법연구〉

· 舍其路而不由.
: 서술어를 부정하는 不 가 있는 것으로 보아 由가 서술어라는 것
을 알 수 있다. 由가 동사로서 사용될 때 의미는 '따르다'이다. 해석
은 '그 길(其路)을 버리(舍)고(而) 따르지(由) 않고(不)'

11-11-03

人有鷄犬放則知求之 有放心而不知求.

사람들이 닭과 개가 나가면 그것을 구해올 줄 알면서, 마음이 흩어져 있는데도 구할 줄 모른다.

11-11-04

學問之道 無他 求其放心而已矣.

학문의 도는 다름이 없다. 그 잃어버린 마음을 찾는 것일 뿐이다.>

上 12장

11-12-01

孟子曰 今有無名之指 屈而不信 非疾痛害事也 如有能信之者 則不遠秦楚之路 爲指之不若人也

孟子께서 말씀하셨다. <지금 無名指가 굽혀서 펴지지 않는 것이 있어 아프거나 일에 해가 되지 않아도, 그것을 펴주는 자가 있으면 秦·楚의 길을 멀다 하지 않으니, 이는 손가락이 남과 같지 않기 때문이다.

〈단어 및 어휘〉

· 無名指(무명지): 藥指(약지), 네 번째 손가락을 말한다.
· 屈(굽힐 굴): 굽히다, 굽다, 구부러지다, 한쪽으로 휘다, 꺾다, 억누르다, 베다, 자르다, 굳세다.

- 信(믿을 신): 믿다, 신임하다, ~에 맡기다, 마음대로 하다, 편지, 소식, 확실히. 伸의 假借字로 여기서는 '펴다'
- 屈伸(굴신): 몸을 굽히거나 펴는 일.
- 秦楚之路(진초지로): 먼 거리를 뜻한다.

〈문법연구〉

- 如有能信之者.
: 如는 '만일'이라는 가정을 나타내는 말이다. 有는 목적어를 갖는 타동사이지만, 有 ~者로 연용이 될 때에는 '~사람이 있다', '~것이 있다', '~경우가 있다.'라고 해석하면 된다. 信之의 之는 대명사로서 信이 동사로 사용되고 있음을 알 수 있다. 之는 앞의 無名指를 받는다.

- 不遠秦楚之路.
: 이 문장에서 동사는 遠으로 타동사이다. 즉 '멀다고 여기다'이고 목적어 秦楚之路를 가진다. 즉 '秦楚之路를 멀다고 여기지 않다.'

- 爲指之不若人也.
: 爲~也 꼴로 '~때문'이라는 뜻이다. 이때에는 평서문인 경우에 어미를 반드시 也로 쓴다. 以~也 꼴도 '~때문'이라는 뜻으로 많이 사용된다.

> 예) 爲其養小以失大也. (孟子)
> : 그가 작은 것(小)을 기르고 큰 것(大)을 잃어버리고 있기 때문이다.

예) 所貴乎講學者 爲其實用也. 학문을 강론하는 것을 귀하게 여기
는 것은 그 실용성 때문이다.

〈참고〉

한편 爲 다음에 之가 생략된 꼴이 있는데 이 경우는 바로 앞에 나
오는 명사를 대신하는 대명사의 경우이므로 구별을 할 필요가 있다.
이 경우 해석은 '그를 위해서', '그 때문에' (=爲之)

예) 君暴政, 民爲怨君也. 임금이 폭정 하니, 백성이 그 때문에 임
금을 원망했다.

예) 子之履弊 父爲買履也.
: 아들의 신이 해어지니, 아버지가 그를 위해서 신을 사 주었다.
여기서 爲 다음에 생략된 대명사 之는 앞의 아들(子)을 받는다.

또 爲指之不若人也에서 之는 주격조사로 개사 爲의 목적어절인
指之不若人 안에서 사용되었다.

11-12-02
指不若人 則知惡之 心不若人 則不知惡 此之謂不知類也.

손가락이 다른 사람과 같지 않으면 그것을 싫어할 줄 알고, 마음
이 다른 사람과 같지 않으면 미워할 줄 모르니, 이것을 이르러 경
중의 類를 알지를 못한다고 한다.

〈단어 및 어휘〉

· 惡(싫어할 오/어찌 오/악 악): 싫어하다.

• 類(무리 류): 무리, 떼, 종류, 품별, 선례, 모양, 법, 치우치다, 대략. 比肩. 견주다.

〈문법연구〉

• 指不若人 則知惡之.
: 不若은 비교로 '~만 못하다'로 해석할 수도 있지만 '~과 다르다'로 해석할 수도 있다.

　예) 不恥不若人 何若人有. (孟子)
　: 부끄러워하지 않음이 남과 같지 못하면 무슨 남과 같음이 있겠는가?

　예) 以指喻指之非指 不若以非指喻指之非指也 以馬喻馬之非馬 不若以非馬喻馬之非馬也. (莊子)
　: 손가락을 가지고 손가락이 손가락 아님을 밝히는 것은 손가락 아닌 것을 가지고 손가락이 손가락 아님을 밝히는 것만 못하고, 말(馬)을 가지고 말이 말 아님을 밝히는 것은 말이 아닌 것을 가지고 말이 말 아님을 밝히는 것만 못하다.

〈참고〉

　'~과 다르다'는 표현으로는 '異於~'와 '差於' 등이 있다. 이는 비교라 하기 보다는 단순묘사적인 표현이다.

　예) 我則異於是 無可無不可. (論語)
　: 나는 이들과 달라서 가(可)한 것도 없고 불가(不可)한 것도 없다.

　예) 學者於是非之原毫釐有差則害流於生民禍及於後世. (世宗實錄)
　: 배우는 자는 옳고 그른 근본 원리에 호리(毫釐)라도 다름이 있으면, 백성에게 해를 입히고 후세에까지 화가 미친다.

上 13장

孟子曰 拱把之桐梓 人苟欲生之 皆知所以養之者 至於身 而不知所以養之者 豈愛身不若桐梓哉 弗思甚也.

孟子께서 말씀하셨다. <한 아름의 오동나무와 가래나무, 사람들은 진실로 그것을 기르고자 한다면, 모두 그것을 잘 기르는 방법을 알고자 하지만, (그러나) 자신의 몸에 이르러 잘 기르는 방법을 알지 못한다. 어찌 몸을 아끼는 것이 오동나무와 가래나무만 같지 못하는가? 생각하지 않음이 심함이다.>

〈단어 및 어휘〉

· 拱(팔짱 낄 공): 팔짱 끼다, 마주 잡다, 두르다, 껴안다. 한 아름이다.
· 把(잡을 파): 잡다, 한 손으로 쥐다, 한 움큼, 줌, 묶음.
· 拱把(공파): 한 주먹(아름)에 들어올 정도의 크기.
· 桐梓(동재) 오동나무와 가래나무.
· 苟(진실로 구): 진실로, 다만, 만약, 겨우, 잠시, 구차하게, 구차하다.
· 所以(소이): 일이 생기게 되는 원인이나 이유, 조건을 말하며, 여기서는 '方法'으로 새긴다. 많은 경우에 '~것' 정도로 해석해도 무방하다.
· 若(같을 약): 及也. 따라서 不若이란 '~만 못하다'

〈문법연구〉

· 拱把之桐梓, 人苟欲生之.

: 拱把之桐梓를 강조하기 위하여 앞으로 도치시킨 문장이다. 원래 문장은 人苟欲生拱把之桐梓이다. 도치된 문장에서 之는 대명사로 拱把之桐梓이다.

· 豈愛身不若桐梓哉.
: 豈~哉, '어찌 ~이겠는가', 愛身不若桐梓에서 愛身이 주어로 '몸을 사랑함이', 不若~, '~만 못하다'

上 14장

11-14-01
孟子曰 人之於身也 兼所愛 兼所愛則兼所養也 無尺寸之膚不愛焉則無尺寸之膚不養也 所以考其善不善者 豈有他哉 於己 取之而已矣.

孟子께서 말씀하셨다. <사람이 자기 신체에 대해서 두루(兼) 사랑한다. 두루 사랑하게 되면 두루 기르게 된다. 한 치와 한 자의 살이라도 사랑하지 않음이 없다면 한 치와 한 자의 살이라도 기르지 않음이 없을 것이다. (즉 자신의 살갗을 사랑한다면 당연히 그 살갗을 잘 길러주려 하게 된다) 그 잘 기르고 기르지 못하는 것을 살펴보는 까닭이 어찌 다름이 있겠는가? 자기에 있어 취하기 따름이다.

〈단어 및 어휘〉

· 兼(겸할 겸) '아우르다. 다하다.'로 여기서는 '어느 것 하나 남김 없이, 두루' 즉 모두 다'라는 뜻이다.
· 所(바 소): 當也. 당하다, 곧 ~하려 하다.

· 尺寸(촌척): 한 자, 한 치.
· 考(생각할 고/살필 고): 생각하다, 깊이 헤아리다, 살펴보다, 오
래 살다, 장수하다, 치다, 두드리다, 맞다, 맞추다, 어울리다, 慮
也. 생각하다.

〈문법연구〉

· 人之於身也.
:~之於~, '~이 ~에게 있어서', '~에 대해서.'

· 無尺寸之膚不愛焉, 無尺寸之膚不養也.
: 이 문장은 문장 구조를 파악하기 위해서 尺寸之膚에서 尺寸之를
떼어 놓고 생각하면 좀 더 용이하다. 즉 無膚不愛焉, 無膚不養也로
해석이 용이하다.

1. 우선 '無+명사+不+동사'는 '어떤 명사라도 동사 하지 않는 것이
   없다'로 해석한다. 즉 '어떤 피부라도 사랑하지 않는 것이 없으
   면, 어떤 피부라도 기르지 않는 것이 없다.' 즉 '어떤 피부를 사
   랑하면 그 피부를 기른다.'라는 의미가 된다.
2. 일반적으로 존재 동사 '無'나 '有' 다음에 명사가 오면 이 명사는
   그 뒤에서 꾸며주는 경우가 많다. 여기서는 不愛와 不養이 앞의
   膚를 꾸며주고 있다. 이 경우 해석은 '사랑하지 않는 피부가 없
   다면 기르지 않는 피부도 없다.' 결국 '피부를 사랑하면 그 피부
   를 기른다.'라는 의미가 된다. 한편 無尺寸之膚不愛焉에서 焉은
   於是의 의미를 가지며, 여기에서 是는 尺寸之膚를 받는다.

예) 故苟得其養 無物不長 苟失其養, 無物不消. (孟子)
: 그러므로 만일 알맞은 길러줌을 얻으면 어떤 물건이라도 자라지 않음이 없고, 만일 알맞은 길러줌을 잃으면 어떤 물건이라도 사라지지 않는 것이 없다.

예) 工夫至此而無終食之違 則存養之熟 無適而非天理之流行矣. (論語集註)
: 공부가 이에 이르면 밥을 먹는 사이라도 어김이 없으면 곧 존양함이 익혀져 어디를 가든지 천 리의 유행이 아님이 없느니라./無適而非~ 어디를 가더라도 ~이 아닌 것이 없다. '無+명사+不+동사'의 확장형으로 '명사' 자리에 '동사'가 들어간 문형이다.

예) 以保富貴之心 奉君則無往不忠. (明心寶鑑)
: 부귀를 보전할 마음으로 임금을 받든다면, 어디를 가더라도 충성 되지 않음이 없을 것이다./無往不忠: 어디를 가더라도 충성하지 않을 곳이 없다.

예) 無一念之不實 無一言之不實 則表裏一於誠也. (續海東小學)
: 한 가지의 생각도 부실한 것이 없고, 한 마디의 말도 부실한 것이 없으면, 겉과 속이 한결같이 성실할 것이다.

11-14-02
體有貴賤 有大小 無以小害大 無以賤害貴 養其小者 爲小人 養其大者 爲大人.

신체에 귀하고 천한 것이 있고 큰 것과 작은 것이 있으니, 작은 것으로서 큰 것을 해쳐서는 안 되며, 천한 것으로서 귀한 것을 해쳐서는 안 된다. 그 작은 것을 기르는 사람은 소인이 되고 그 큰 것을 기르는 사람은 대인이 된다.

〈단어 및 어휘〉

・賤(천할 천): 천하다, 천히 여기다, 경멸하다, 업신여기다, 낮다, 싸다.

· 無(없을 무): 없다, 아니다, 아니하다, 말다, 금지하다, ~하지 않다,
따지지 아니하다, ~아니 하겠느냐? 무시하다, 업신여기다, ~에
관계없이, 여기서는 '~하지 말라', '~해서는 안 된다'로 사용 되었
다. 즉 勿과 같다. 無以小害大, 無以賤害貴. 작은 것으로서 큰 것을
해쳐서는 안 되며, 천한 것으로서 귀한 것을 해쳐서는 안 된다.

11-14-03
今有場師 舍其梧檟 養其樲棘 則爲賤場師焉.

지금 정원사가 있어 그 오동나무와 가래나무를 버려두고 그 멧대
추나무와 가시나무를 기르면 천한 정원사가 되는 것이다.

〈단어 및 어휘〉

· 場師(장사): 庭園의 일을 맡은 벼슬아치. 정원사. 원예사.
· 檟(개오동나무 가): 개오동나무.
· 梧檟(오가): 벽오동나무와 가래나무, 둘 다 좋은 材木.
· 樲棘(이극): 멧대추나무 또는 신 대추나무(酸棗)와 가시나무.

11-14-04
養其一指而失其肩背而不知也 則爲狼疾人也.

그 하나의 손가락을 기르고 그 어깨와 등을 잃어버림을 알지 못하
면, 아픈 이리(狼) 같은 사람이 된다.

〈단어 및 어휘〉

· 養(기를 양): 治療.

- 狼(이리 랑): 狽(패)也, 獛(단)也. 이리, 늑대.
- 狼疾(랑질): 성미가 고약하여 쉽게 뉘우칠 수 없음으로, 주로 하찮은 일에 마음이 쏠려 큰일을 놓치는 경우를 말한다.

11-14-05

飮食之人 則人賤之矣 爲其養小以失大也.

음식만을 생각하는 사람은 사람들이 천하게 여기나니, 그가 작은 것(小)을 기르고 큰 것(大)을 잃어버리고 있기 때문이다.

〈단어 및 어휘〉

- 飮食之人(음식지인): 물욕에 사로잡힌 사람. 또는 먹고 마시는 것을 즐기는 사람. 또는 먹고 사시는 데에 치중하는 사람.

〈문법연구〉

- 爲其養小以失大也.
: 爲~也 문으로 '~때문이다.' 여기서 以는 말 이을 而와 용법이 같지만 문법적으로 보면 以 다음에 之가 생략되었다고 볼 수 있다. 之는 앞의 其養小를 받는다. '그 작은 것을 기르는 것으로 큰 것을 잃는다.'라는 의미가 된다.

> 예) 享多儀 儀不及物曰不享 惟不役志于享 爲其不成享也. (孟子)
> : '享(향)은 禮儀를 중시하니, 의례 물건에 미치지 못하면 不享이라 하니, 이는 享에 뜻을 두지 않기 때문이다.' 하였으니, 그것이 예를 이루지 못했기 때문이다.

11-14-06

飲食之人 無有失也 則口腹 豈適爲尺寸之膚哉.

먹고 마시는 것을 즐기는 사람이 잃어버림이 없다면 입과 배가 어찌 다만 한 자나 한 치의 피부만을 위한 것이겠는가?>

〈단어 및 어휘〉

· 適(갈 적): 가다, 이르다, 알맞다, 적합하다, 만일, 이, 다만 등의 뜻을 가진다. 위 문장에서 두 가지로 해석할 수 있다.

1. 專一, 但也. 다만, 오직, 한갓. 이 경우 해석은 <어찌 다만 척촌의 살이 될 뿐이리오.>
2. 이르다, 알맞다, 적당하다. 이 경우는 <어찌(豈) 자와 촌(尺寸)의(之) 살갗(膚)을 위함(爲)에만 이르겠(適)는가(哉).>

上 15장

11-15-01

公都子問 曰鈞是人也 或爲大人 或爲小人何也 孟子曰 從其大體 爲大人 從其小體 爲小人.

공도자가 물어 말하길 <고른 것이 사람인데 혹자는 대인이 되고 혹자는 소인이 되니 무엇 때문입니까?> 孟子께서 말씀하셨다. <그 큰 體를 따르면 대인(大人)이 되고 그 작은 체(體)를 따르면 소인(小人)이 된다.>

<단어 및 어휘>

· 鈞(서른 근 균): 均也, 同也. 같다. 30근, 저울추, 달다, 고르다,
  고르게 함, 하늘.
· 或(혹 혹): 또, 어떤 경우에는, 어떤 이, 어떤 것, 誰人. 어떤 사람.
· 從(따를 종): 隨也. 좇다.

<문법연구>

· 鈞是人也.
: 是를 도치의 구조사로 볼 수 있다. 즉 원래는 '人鈞也-사람은 고
르다(균일하다)'라는 문장을 是를 사용하여 도치시켜 鈞是人也로 만
들었다. 이 경우 일종의 수사기법으로 문장을 해석하면 '고른 것, 이
것이 사람인데'로 해석되어 원래 문장과 의미는 같지만 표현방법이
달라지게 하는 방법이다.

11-15-02
日鈞是人也 或從其大體 或從其小體 何也 日耳目之官 不思而蔽於
物 物交物則引之而已矣 心之官則思 思則得之 不思則不得也 此天
之所與我者 先立乎其大者 則其小者不能奪也 此爲大人而已矣.

<똑같은 사람으로 혹자는 그 大體를 따르고 혹자는 그 小體를 따
르는 것은 어째서입니까?> <귀와 눈의 기능은 생각하지 못하여
사물에 가려지니, 事物이 事物과 사귀게 되면 이끌릴 뿐이요, 마
음의 기능은 생각할 수 있으니, 생각하면 얻고, 생각하지 않으면
얻지 못한다. 이는 하늘이 나에게 부여한 것이니, 먼저 그 큰 것에
서게 되면 그 작은 것이 능히 빼앗지 못하게 된다. 이것이 대인이

될 뿐이로다.

〈단어 및 어휘〉

· 心之官(심지관): 생각하는 기능을 가진 마음의 사유기관.

· 耳目之官(이목지관): 감각기능.

· 蔽(가릴 폐): 가리다, 덮어 싸다, 숨기다, 시들다, 울타리.

· 引(끌 인): (수레를) 끌다, 당기다, 이끌다, 인도하다, 늘이다, 연
장하다, 맡다, 바루다(비뚤어지거나 구부러지지 않도록 바르게
하다), 퍼지다.

〈문법연구〉

· 耳目之官 不思而蔽於物.

: 而는 순접. 蔽於物은 피동으로 '물건에 가려지다.' 동사+於+명사
형태로 피동을 만든다.

예) 君子役物 小人役於物. (荀子)
: 군자는 사물을 부리고 소인은 사물에 부림을 당한다.

예) 勞心者治人 勞力者治於人. (孟子/滕文公)
: 마음을 수고롭게 하는 사람은 다른 사람을 다스리고, 힘을 수고
롭게 하는 사람은 다른 사람에게 다스림을 받는다.

예) 懷王故內惑于鄭袖 外欺于張儀. (史記/屈原列傳)
: 회왕은 그런 까닭에 안으로 정수에게 현혹되었고, 밖으로는 장
의에게 속았다.

예) 不信乎朋友, 不獲乎上矣. (中庸)
: 벗에게 신임을 얻지 못하면, 윗사람에게도 신임을 얻지 못할 것이다.

· 此天之所與我者.

: 之는 보어절의 주어 다음에 쓴 주격조사로 '所+동사+者'는 '~한 것'으로 해석할 수 있다.

· 先立乎其大者.

: 일반적으로 타동사 다음의 乎는 그다음 말이 동사의 목적어라는 것을 지시해주는 역할을 하는 경우가 많다. 이 경우 해석이 필요하지 않은 경우가 많다.

上 16장

11-16-01

孟子曰 有天爵者 有人爵者 仁義忠信 樂善不倦 此天爵也 公卿大夫 此人爵也.

孟子께서 말씀하셨다. <하늘이 준 작위가 있고, 사람들이 준 작위도 있으니, 仁義忠信으로 善하기를 좋아하고 게을리하지 않으면 이것은 하늘로부터 받은 작위이다. 公卿과 大夫 이것은 사람들이 준 작위이다.>

〈단어 및 어휘〉

· 爵(벼슬 작): 벼슬, 작위, 술잔, 참새, (벼슬을) 주다. 즉, 天爵이란, 하늘이 내려준 爵位(벼슬).
· 樂(풍류 아/즐거울 락/좋아할 요): 악/음악, 풍류, 연주하다, 락/즐기다, 즐겁다, 즐겁게 하다, 요/좋아하다, 바라다.
· 倦(게으를 권): 게으르다, 싫증 나다, 고달프다.

〈문법연구〉

・有天爵者 有人爵者.

: 有가 타동사로 쓰일 때는 '~을 갖는다.'이다. 또 자동사로 쓰이는 경우는 주로 有~者로 연용이 될 때인데 이 경우는 '~인 것이 있다', '~한 사람이 있다', '~한 경우가 있다'라는 뜻이 된다. 예문의 해석은 '하늘이 준 벼슬이 있고, 사람이 준 벼슬이 있다'이다.

11-16-02
古之人 脩其天爵而人爵從之.

옛날 사람은 天爵을 닦으면 人爵이 그것을 따랐다.

〈단어 및 어휘〉

・脩(닦을 수): 仁義忠信의 德을 修行하는 것을 말한다.

11-16-03
今之人 脩其天爵 以要人爵 旣得人爵 而棄其天爵 則或之甚者也 終亦必亡而已矣.

지금 사람들은 天爵을 닦으며 人爵을 바라고, 이미 人爵을 얻고는 그 天爵을 버리니, 疑惑됨이 심한 것이다. 끝내 人爵마저 잃게 될 뿐이다.>

〈단어 및 어휘〉

・要(허리 요/요긴할 요): 요긴하다, 중요하다, 요약하다, 모으다, 원하다, 바라다, 요구하다, 맞히다, 적중하다, 얻다, 취득하다.
・棄(버릴 기): 버리다, 그만두다, 꺼리어 멀리하다, 물리치다, 잊다.

・或(혹 혹): 혹시, 어쩌면, 미혹하다. 의심하다. 의혹.

・亡(망할 망/없을 무): 멸망하다, 멸망시키다, 도망하다, 달아나다, 없어지다, 없애다, 죽다, 업신여기다, 죽은, 고인이 된, 失也. 亡失. 잃어버린다는 말이다.

〈문법연구〉

・脩其天爵 以要人爵.

: 예문에서 以는 '말 이을 而'로 바꾸어 쓸 수 있다. 하지만 약간 뉘앙스가 다르다. 말 이을 而의 경우 두 문장의 서술에 대한 단순한 열거이고 以의 경우는 앞의 서술이 뒤의 서술의 원인이나 이유인 경우이다. 즉 예문을 보기로 설명하면 '脩其天爵해서 (이것을 가지고) 要人爵 한다'라는 의미를 갖는다.

上 17장

11-17-01

孟子曰 欲貴者 人之同心也 人人 有貴於己者 弗思耳.

孟子께서 말씀하셨다. <貴하게 되고자 하는 것은 사람마다 같은 마음이며, 사람 사람마다 자기에게 귀함이 있는 것을 생각지 않을 뿐이다.>

〈단어 및 어휘〉

・有貴於己者.

: 自己 몸에 貴한 것을 가지고 있다. 즉 天爵을 의미한다.

· 耳(귀 이)
: '~오직 일 뿐이다.'라는 斷定助辭.

〈문법연구〉

· 欲貴者 人之同心也.
: 문법적으로는 欲을 사역동사로 보기도 하고 형용사 貴를 사역동사로 보기도 한다. 즉 형용사에도 사역동사적 역할이 있다고 볼 수도 있고 欲을 '~하게 하고자 하다'로 해석하여 사동동사로 파악하기도 한다. 바로 다음에 이어지는 절에서 '趙孟之所貴 趙孟 能賤之'의 '賤之/천하게 만들다'도 형용사의 사역용법이라고 볼 수 있다.

예) 是欲臣妾我也 是欲劉豫我也. (胡銓/戊午上高宗封事)
: 이는 우리를 노예로 삼고 우리를 유예같이 만들려고 한다./劉豫: 宋나라 人.

예) 老者安之 朋友信之 少者懷之. (論語)
: 늙은이는 편안하게 해주고, 붕우(朋友)는 미덥게 하고, 젊은이는 사랑으로써 품는다./安之와 信之에서 사역적용법이 보인다.

11-17-02

人之所貴者 非良貴也 趙孟之所貴 趙孟 能賤之.

사람들이 貴하게 해준 바는 진실로 貴함이 아니니, 趙孟이 귀하게 해준 것을 趙孟이 능히 천하게 할 수 있다.

〈단어 및 어휘〉

· 良(어질 량): 어질다, 좋다, 훌륭하다, 아름답다, 길하다, 잠깐,

남편, 여기서는 眞實. 진실로, 참말로.

- 趙孟(조맹): 春秋時代 晉나라 權勢를 專斷하던 인물. 孟의 뜻은 長也라, 우두머리를 의미한다.
- 賤(천할 천): 천하다, 천히 여기다, 경멸하다, 경시하다, 업신여기다, 낮다, 싸다.

〈문법연구〉

- 趙孟 能賤之.
: 賤은 일반적으로 형용사로 '천하다/비천하다'로 사용되는 경우가 많다. 예문에서는 대명사 之를 목적어로 하는 동사로 사용되었음을 알 수 있다. 해석은 '천하게 여기다/천하게 하다'이다. 일종의 형용사의 사역용법이다.

예) 匠人 斲而小之. (孟子)
: 장인(匠人)이 깎아서 작게 하다.

11-17-03

詩云 旣醉以酒 旣飽以德 言飽乎仁義也 所以不願人之膏粱之味也 令聞廣譽施於身 所以不願人之文繡也.

『詩經』에 이르기를 '이미 술로서 취하였고 이미 덕으로서 배부르다.' 하였으니, 仁義에 배불러서 사람들이 기름지고 맛난 음식으로 여기는 미각을 원치 않는 것을 말한 것이다. 좋은 풍문과 넓게 드날린 명예가 자신에게 베풀어져, 사람들이 좋은 옷을 만들어주려는 것(칭찬하거나 높게 평가하는 것)을 원치 않는 것이다.

<단어 및 어휘>

· 詩云(시운): 시경 「大雅 旣醉」篇.

· 飽(배부를 포): 배부르다, 속이 꽉 차다, 옹골지다, (내용이) 충실하다, 물리다, 만족하다, 배불리, 족히, 충분히, 充足.

· 粱(찰 기장 량): 기장(볏과의 한해살이풀), 조(볏과의 한해살이풀), 좋은 곡식.

· 膏(기름 고): 기름, 살진 고기, 은혜, 고약, 기름지다, 기름지게 하다.

· 膏粱(고량): 기름지고 찰진 음식.

· 令(명령 령): 명령, 가령, 하여금, 법령, 명령하다, 포고하다, 아름답다, 좋다, 착하다.

· 聞(들을 문): 듣다, 들어서 알 다, 방문하다, 소문, 널리 알려지다, 명망.

· 令聞(영문): 좋은 소문. 令者 善也, 美也.

· 廣譽(광예): 널리 알려진 名譽.

· 令聞廣譽(영문광예): 훌륭한 소문과 널리 퍼진 명예.

· 繡(수놓을 수): 수놓다, 오색을 갖추다, 수, 비단.

· 文繡(문수): 紋繡와 같다. 즉 華麗하게 繡가 놓인 衣服.

· 譽(기릴 예): 기리다, 칭찬하다, 명예, 즐기다.

· 所以(소이): 그래서, ~한 까닭은, 그러니까, 이유, 원인.

<문법연구>

· 所以不願人之膏粱之味也, 所以不願人之文繡也.

: 以는 기본적으로 '~을 가지고', '~로서', '~ 때문에'라는 뜻을 갖는다. 이 以는 주로 두 가지 형태로 쓰이는데, 以+명사(구)인 경우

와 以+동사(술어 구조)인 경우이다. 以+명사(구)인 경우에는 '(명사)를 가지고, 명사 때문에, 명사로'라고 해석하면 된다. 그런데 예문처럼 '不願人之膏粱之味也', '不願人之文繡也'는 '~이다'라는 술어절로 일종의 결과절로 말을 맺고 있다. 이 문장과 같이 以+동사(술어 구조)인 경우는 '以+之+동사(술어 구조)'에서 之가 생략된 형태로 볼 수 있다. 즉 이 경우 之는 이 술어 구조의 원인이나 이유를 가지고 있다고 볼 수 있고 대부분 앞에서 나온 내용을 받아서 문장을 이어 간다. 所以不願人之膏粱之味也은 所以之不願人之膏粱之味也에서 之가 생략된 형태이고, 之는 앞의 飽乎仁義也을 받는다. 해석은 '인의에 배불러서 그 때문에 고량의 맛을 돌아보지 않는다'는 문장이다. 所以不願人之文繡也에서는 令聞廣譽施於身을 받는다. 한편 所以는 '이유', '까닭', '원인' 등을 나타내며 해석 시에도 '~하는 까닭', '~하는 이유' 등으로 해석하기도 하나 본문에서 보는 것처럼 '~하는 것'으로 해석해도 무방하다.

上 18장

11-18-01
孟子曰 仁之勝不仁也 猶水勝火 今之爲仁者猶以一杯水 救一車薪之火也 不熄則謂之水不勝火 此又與於不仁之甚者也.

孟子께서 말씀하셨다. <仁이 不仁을 이긴다는 것은 마치 물이 불을 이긴다는 것과 같다. 오늘날 인을 하려는 사람은 술진 하나의 물로서 한 수레의 장작더미의 불을 끄려는 것과 같다. 그 불이 꺼지지 않으면 물이 불을 이길 수 없다 말하니, 이것은 또 不仁에

심한 자에게 참여하여 함께하는 것이다.

〈단어 및 어휘〉

· 熄(꺼질 식): 꺼지다, 끄다. 滅火, 鎭火.
· 與(줄 여): 주다, 편이 되다, 따르다, 돕다, 닮다, 비슷하다, 참여하다, 함께하다, ～와, ～인가? ～도다.

〈문법연구〉

· 不熄則謂之水不勝火.
 : 'A+謂之+B' 형태로, 'A 이것을 B라고 말한다', 또는 'A 이것을 B라 한다'로 해석한다. 그러나 해석 시에는 단순하게 'A를 B라 한다', 또는 때에 따라서 'A는 B이다'로 해석해도 무방하다. 그러나 문법적으로는 한 문장 안에서 바로 앞에서 언급한 것(A)을 다시 之(이것)로 받고 B라고 서술하는 것이다. 예문의 해석은 '꺼지지 않으면(不熄) 곧(則) 말하기를(謂) 이것(之)을 물(水)은 불(火)을 이기지 못한다(不勝)고 한다.'

> 예) 孔子曰 侍於君子有三愆 言未及之而言 謂之躁 言及之而不言 謂之隱 未見顏色而言 謂之瞽. (論語)
> : 공자께서 말씀하셨다. '군자를 모실 때 세 가지 허물이 있으니, 말을 안 해야 할 때 말을 하는 것, 이것을 조급한 짓이라 하고, 말을 해야 할 때 말하지 않는 것, 이것을 숨기는 것이라 하며, 안색을 살피지 않고 말하는 것, 이것을 소경이라 한다.'

> 예) 不好學者 雖存謂之行尸走肉耳.
> : 배우지 않는 자는 비록 살아 있어도 행시주육(걸어다니는 시체나 살아있는 고깃덩어리)에 지나지 않는다.

<참고>

A 曰 B도 A 謂之 B와 해석이 같다. 즉 'A를 B라 한다' 정도로 해석한다.

> 예) 天子適諸侯曰巡狩. (孟子)
> : 천자(天子)가 제후(諸侯)를 만나러 가는 것을 순수(巡狩)라 한다.

11-18-02

亦終必亡而已矣.

또한 끝내 반드시 잃어버릴 뿐이로다.

上 19장

11-19-01

孟子曰 五穀者 種之美者也 苟爲不熟 不如荑稗 夫仁 亦在乎熟之而已矣.

孟子께서 말씀하셨다. <五穀이라는 것은 종자 중에 아름다운 것이나, 만약 익지 않으면 荑稗(피 종류)만도 못하니, 仁 또한 잘 익게 하는 데에 있을 따름이다.>

<단어 및 어휘>

· 五穀(오곡): 벼(稻) 수수(黍), 피 또는 조(稷), 보리(麥), 팥(菽) 등을 말하며, 여기서는 穀食의 總稱.
· 美(아름다울 미): 善也.
· 苟(진실로 구/구차할 구): 若也. 만약, 다만.

- 爲(할 위): '~한 경우가 된다면'이란 뜻이다.
- 苟爲(구위): 만일. 苟或(구혹)과 같다.
- 荑(싹 제): 띠풀 싹(삘기), 돌피(피의 한 종류), 개피.
- 稗(피 패): 피, 잘다.

〈문법연구〉

- 亦在乎熟之而已矣.

: 在乎(在於)는 현대 중국어에서도 그렇듯이 '~에 있다', '~에 달려 있다.'라는 뜻이다. 在乎~而已矣의 형태로 '~에 달려 있을 뿐이다.' 예문에서 之는 대명사로서 仁을 받는다.

> 예) 然則是所重者在乎色樂珠玉 而所輕者在乎人民也. (上秦皇逐客書/李斯)
> : 그렇다면 이는 중한 것은 여색과 음악과 보옥에 있고 경한 것은 백성에게 있다. (여색과 음악과 보옥을 중시하고, 사람을 경시한다는 의미)

上 20장

11-20-01

孟子曰 羿之敎人射 必志於彀 學者 亦必志於彀.

孟子께서 말씀하셨다. <羿가 사람들에게 활쏘기를 가르칠 때 반드시 활을 가득 잡아당기는(彀) 데에 뜻을 두고 가르치게 된다. 활을 배우는 사람도 또한 반드시 활을 가득 잡아당기는(彀) 데에 뜻을 두어야 한다.

<단어 및 어휘>

· 羿(사람 이름 예): 예(궁술의 명인), 날아오르다.

· 志(뜻 지): 뜻, 마음, 본심, 사사로운 생각, 뜻하다, 뜻을 두다. 期
也. 단단히 뜻을 품다. 결심하다. 즉 '반드시 ~하리라'라고 결심
하는 것을 말한다.

· 彀(당길 구): 당기다, 활을 쏘다, 과녁, 활시위를 당기는 정도.

<문법연구>

· 羿之敎人射.

: '敎 A B' 형태로 'A에게 B를 가르치다.' 之는 주격조사이다. 두
개의 목적어를 갖는 동사이다. 해석은 '사람에게 활 쏘는 것을 가르
치다.' 羿之敎人射 必志於彀 문장을 보면 예문은 때를 나타내는 부
사구이다. 즉 羿之敎人射은 '활쏘기를 가르칠 때(또는 가르치는 경우
등)'로 시간적 상황이나 조건을 나타낸다. 한문에서는 이런 시간이나
조건을 나타내는 문법적 구조물이 발달하여 있지 않아 전체적인 문
맥에서 파악해야 하는 경우가 많다. 특히 부사적 역할을 하는 단어
나 문장을 파악하는 것이 한문을 보다 더 완숙하게 해석하는데 매우
중요하다.

11-20-02

大匠誨人必以規矩 學者亦必規矩.

큰 장인이 사람을 기르칠 때 반드시 길이와 각을 재는 도구(規矩)
로 한다. 배우는 사람도 또한 반드시 길이와 각을 재는 도구(規矩)
로서 하게 된다.

〈단어 및 어휘〉

· 規(법 규/그림쇠 규): 법, 꾀, 동그라미, 그림쇠, 바로잡다, 본뜨다.

· 矩(곱자 구): 곱자, 직각자, 네모.

· 規矩(규구): 그림쇠와 곱자. 즉 컴퍼스와 직각자.

〈문법연구〉

· 學者亦必規矩.

: 한문에서는 같은 낱말의 중복을 피하려고 앞이나 뒤에 반복되어 나오는 것을 생략하는 경우가 많다. 그래서 어떤 한 문장만을 떼어 놓고 해석을 하려면 어색한 경우가 많다. 예문도 앞 문장 大匠誨人 必以規矩이 없다면 어떻게 해석해야 하는지 다소 불분명하다. 앞 문 장으로부터 規矩 앞에 以가 생략되었음을 알 수 있는 문장이다.

告子章句 下

凡十六章

下 1장

12-01-01

任人 有問屋廬子曰 禮與食 孰重 曰禮重.

任나라 사람이 옥려자에게 물었다. <禮와 食 중에 무엇이 重합니까?> 대답하기를 <禮가 重합니다> 하였다.

〈단어 및 어휘〉

- 任(맡을 임): 孟子의 故國인 鄒나라의 가까이에 있었던 나라 이름.
- 廬(농막집 려): 농막, 오두막집.
- 屋廬子(옥려자): 屋廬는 姓, 子는 男子에 대한 美稱. 이름은 連이다. 孟子의 弟子이다.
- 孰(누구 숙/어찌 숙/익을 숙): 누구, 무엇, 어느, 익다, 익히다, 정통하다, 무르게 되다, 숙련하다, 익숙하다.

12-01-02

色與禮 孰重.

색과 예 중에서 어느 것이 중합니까?

12-01-03

曰禮重 曰以禮食則飢而死 不以禮食則得食 必以禮乎 親迎則不得妻 不親迎則得妻 必親迎乎 屋廬子不能對 明日 之鄒 以告孟子 孟子曰 於答是也 何有.

<禮가 重합니다.> <禮로써 먹으면 굶어 죽고 禮로서 먹지 않으면 먹을 수 있더라도 반드시 禮로써 하여야 합니까? 親迎을 하면 아내를 얻지 못하고 親迎을 하지 않으면 아내를 얻을 수 있더라도 반드시 親迎 해야 합니까?> 屋廬子가 대답하지 못하고 다음날 鄒나라에 가서 孟子께 고하니, 孟子께서 말씀하셨다. <이에 답함에 무슨 어려움이 있는가?

〈단어 및 어휘〉

· 以(써 이): 쓰다, 하다, ~로써, ~때문에, ~하기 위해서, ~로 생각하다. 爲也, 用也, 與也.

· 迎(맞을 영): 맞다, 맞이하다, 영접하다, 마중하다, ~를 향하여, 마중.

· 親迎(친영): 六禮의 하나로, 신랑이 신부의 집에 가서 예식을 올리고 신부를 맞아오는 예를 말한다.

· 鄒(추나라 추): 추나라, 나라의 이름, 마을.

〈문법연구〉

· 明日之鄒 以告孟子.

: 之는 동사, '가다'이고, 以 다음에는 대명사 之가 생략되었다. 대명사 之는 任人과 對話한 內容으로 '그것'이라고 해석하면 된다. 以告孟子의 해석은 '孟子에게 그것을 고하였다'

· 於答是也 何有.

: 答是는 '이것에 답하다', 何有는 何難之有의 생략된 형태로 '무슨 어려움이 있겠는가?'라는 의미이다.

12-01-04

不揣其本而齊其末 方寸之木 可使高於岑樓.

그 근본을 재지 않고 그 말단만 가지런히 한다면, 작은 나무라도 가히 높은 누각보다 높게 할 수 있게 된다.

〈단어 및 어휘〉

· 揣(헤아릴 췌): 忖也. 헤아리다, 재다, 시험해 보다, 생각하다.
· 齊(가지런할 제): 똑같이, 가지런하다. ~로부터 '견주다, 분별하다'라는 의미가 나온다.
· 寸(마디 촌): 한 치, 즉 손가락 한 마디.
· 方寸(방촌): 직역하면 '사방 한 치'로 원래는 '좁은 땅'을 의미하나 여기서는 '작은 것'을 의미힌다.
· 岑(묏부리 잠): 멧부리, 봉오리.
· 岑樓(잠루): 높고도 뾰족한 누각.

〈문법연구〉

· 方寸之木 可使高於岑樓.

: 使가 사역동사로 쓰일 경우, 使 A 爲 B의 형태로 'A로 하여금 B 하다'와 같이 사용된다. 예문에서는 A에 해당하는 方寸之木이 使의 목적어인데, 强調하기 위하여 앞에 위치했다.

예) 使民衣食有餘 自不爲盜 安用重法邪. (十八史略)
: 백성들로 하여금 의식에 여유가 있게 하면, 저절로 도둑질하지 않을 것이니, 어찌 엄중한 법을 쓰겠는가?

12-01-05

金重於羽者 豈謂一鉤金與一輿羽之謂哉.

쇠가 깃털보다 무겁다는 것을, 어찌 허리띠의 장식 쇠붙이와 한 수레의 깃털로 비교하여 말을 할 수 있겠는가.

〈단어 및 어휘〉

· 鉤(갈고리 구): 갈고리. 낚싯바늘. 갈고리 모양의 것. 갈고리형 기호. 갈고리(낚시)로 낚다. 덧입히다. 꿰매다. 감치다. 혁대(革帶) 고리. 帶鉤. 갈고리, 띠쇠(혁대 고리)를 말한다.
· 謂(이를 위): 이르다, 말하다, 알리다, 어찌하랴, 까닭, 함께, 때문에.
· 輿(수레 여/명예 예): 수레, 가마, 마주 들다. 들어 올리다. 명예.

〈문법연구〉

· 豈謂一鉤金與一輿羽之謂哉.

: 한 문장에서 謂가 重複으로 使用되어 오히려 하나가 없는 것이

자연스럽게 느껴진다. '어찌(豈) 이르기를(謂) 한 갈고리(一鉤)의 쇠(金)와(與) 한 수레(一輿)의 깃털(羽)의(之) 일컬음(謂) 이겠는가(哉)'로 해석하여 앞의 謂는 동사가 아닌 부사로 판단하여 해석할 수 있다. 이 경우 문법적으로는 틀리지 않지만 불필요한 중복사용으로 謂나 之謂 둘 가운데 하나는 衍文이라고 생각할 수 있다.

12-01-06

取食之重者 與禮之輕者 而比之 奚翅食重 取色之重者 與禮之輕者 而比之 奚翅色重.

먹는 것의 중함을 취하는 것과 예의 가벼운 것을 비교한다면 어찌(奚) 다만(翅) 먹는 것(食)이 중하기만 하겠는가(重). 아름다운 여자를 취하는 것과 예의 가벼운 것을 비교한다면 어찌 아름다운 여자를 취하는 것이 중하기만 하겠는가.

〈단어 및 어휘〉

· 奚: 어찌 해.
· 翅(날개 시): 날개, 지느러미, 다만, 단지.
· 奚翅(해시): 어찌 ～뿐이겠는가? 유사한 표현으로 豈特, 何但, 何獨, 豈徒 등이 있다.

예) 男皆奚翅勇 女皆奚翅怯.
: 남자가 모두 어찌 용감할 뿐이고, 여가가 모두 어찌 겁이 많을 뿐이겠는가.

예) 人生豈特有樂乎.
: 인생이 어찌 단지 즐거움만 있겠는가.

往應之曰 紾兄之臂 而奪之食則得食 不紾則不得食 則將紾之乎 踰
東家牆而摟其處子則得妻 不摟則不得妻 則將摟之乎.

가서 대답하기를, <형의 팔뚝을 비틀어 빼앗으면 먹을 수 있고, 비틀지 않으면 먹을 수 없다면 장차 그것을 비틀겠는가? 동쪽 집의 담장을 넘어가 그 처자를 끌고 오면 장가들 수 있고 끌고 오지 않으면 장가들 수 없다면 장차 그를 끌고 오겠는가?>라 하라.

〈단어 및 어휘〉

· 應(응답할 응): 응하다, 대응하다, 應答.
· 紾(비틀 진): 戾也, 引撚(인렬). 비틀다, 돌다, 감기다, 새끼를 감다, 실을 감다.
· 踰(넘을 유/멀 요): 넘다, 낫다, 지나가다, 멀다.
· 牆(담 장): 다, 담장, 궁녀, 담을 치다.
· 摟(끌 루/끌어모을 루): 抱持, 抱擁 끌어모으다, 안다, 꾀다, 유인하다.
· 處子(처자): 처녀.

〈문법연구〉

· 奪之食則得食.
: 예문에서 之는 두 가지로 해석할 수 있다. 첫째는 奪은 두 개의 목적어를 취하는 형태로 일종의 수여동사와 같은 문법적 기능을 한다. 奪A, B 형태로 'A에서 B를 빼앗다'이다. 두 번째는 之를 대명사로 其 대신 쓰인 것으로 판단하는 경우이다. 이 경우, 其는 兄之를 줄인 말이다.

下 2장

12-02-01

曹交問曰 人皆可以爲堯舜 有諸 孟子曰然.

曹交(曹나라 임금의 아우 문/文)이 물어 말하길, <사람마다 모두 요순임금이 될 수 있다 하는데 그런 말이 있습니까?> 孟子께서 말씀하셨다. <그렇다.>

〈단어 및 어휘〉

· 交(교): 曹나라 임금의 同生. 交는 이름.
· 諸(모두 제/어조사 저): 제/모두, 모든, 여러, 저/이, 저, ~은, 之於, 之乎의 합자, ~인가? ~이여.

12-02-02

交聞文王十尺 湯九尺 今交九尺四寸以長 食粟而已 何如則可.

제(文)가 듣기를 문왕은 키가 10척이고 탕왕은 9척이라 했는데 지금 교는 9척 4촌이 됩니다. 곡식만 먹고 있을 따름이니 어찌하면 가하겠습니까?

〈단어 및 어휘〉

· 粟(조 속): 여기서는 곡식의 총칭.
· 而已(이이): ~힐 뿐이다.
· 食粟而已(식속이이): 밥만 축낼 뿐, 다른 才能이 없다는 말.

<문법연구>

· 九尺四寸以長.

: 여기서 長은 동사로 '크기가 ~이다.'는 의미이다. 九尺四寸는 전
치사 以의 목적어로 판단할 수 있지만 관형적으로 사용된 것으로 볼
수 있다. 축자적 해석은 '지금(今) 교(交)는 9척(九尺) 4촌(四寸)으로
(以) 큽니다(長).'이다.

12-02-03

曰奚有於是 亦爲之而已矣 有人於此 力不能勝一匹雛 則爲無力人矣
今曰擧百鈞 則爲有力人矣 然則擧烏獲之任 是亦爲烏獲而已矣 夫人
豈以不勝爲患哉 弗爲耳.

孟子께서 말씀하셨다. <이에 대해서 무엇이 있겠는가? 또한 그것
을 행할 뿐이다. 여기에 어떤 사람이 있어 힘이 한 마리의 오리
새끼도 능히 이기지 못하면 힘이 없는 사람이 되고 만다. 이제 백
균의 무게를 들 수 있다 말하면 힘이 있는 사람이 된다. 그렇다면
烏獲의 짐을 든다면 이 또한 烏獲이 될 뿐이다. 사람이 어찌 이기
지 못함을 걱정하겠는가? 행하지 않을 뿐이다.

<단어 및 어휘>

· 奚有(해유): '奚難之有'의 준말. '무슨 어려움이 있는가?'라는 뜻
  이다. '무슨 상관이 있는가?'라는 의미이기도 하다.
· 匹(필 필): 필, 짝, 배우자, 상대, 한 쌍의 한 쪽, 혼자, 마소를 세
  는 단위.
· 雛(병아리 추): 병아리, 새 새끼, 아이, 어리다.

- 鈞(서른 근 균): 서른 근, 녹로, 고르다.
- 烏獲(오확): 秦나라 武王 때의 力士.
- 任(맡길 임): 맡기다, 견디다, 감내하다, 맡은 일, 짐, 임지, 마음대로.

〈문법연구〉

- 豈以不勝爲患哉.

豈以~爲+동사(명사)+哉 꼴로 '어찌~을 동사(명사)하겠는가.' 以~爲 문형이다. 즉 以不勝爲患는 '이기지 못하는 것(以不勝)을 걱정으로 여기다(爲患)'

12-02-04

徐行後長者 謂之弟 疾行先長者 謂之不弟 夫徐行者 豈人所不能哉 所不爲也 堯舜之道 弟孝而已矣.

천천히 걸어서 나이 든 사람보다 뒤에 감을 '공경한다.' 하고, 빨리 걸어서 나이 든 사람보다 뒤에 감을 '공경한다.' 하나니, 천천히 걸어감을 어찌 사람들이 할 수 없는 것이겠는가? 행하지 않기 때문이니, 堯舜의 도는 孝弟일 뿐이다.

〈단어 및 어휘〉

- 弟(아우 제): 悌와 通用. 恭敬. 年長者 또는 兄을 받드는 것을 말한다.
- 疾(병 질/빠를 질): 병, 질병, 괴로움, 아픔, 흠, 불구자, 빨리, 급히, 신속하게, (병을) 앓다, 걸리다, 괴롭다, 괴로워하다.

· 長(길 장): 길다, 낫다, 자라다, 맏, 어른, 길이, 우두머리. 年長者
또는 老人.

· 豈(어찌 기): 어찌, 어찌하여.

· 耳(귀 이): 귀, ~일 뿐이다.

〈문법연구〉

· 徐行後長者, 疾行先長者.

: 後는 동사로 '뒤를 따르다.' 先 역시 동사로 '앞서가다/앞지르다'
라는 동사로 사용되었다. 또 예문은 徐行以後長者, 疾行以先長者에
서 以가 생략되었다고 볼 수 있다. 해석은 '천천히 가서 어른 뒤를
따르는 것', '서둘러 가서 어른을 앞지르는 것'이다.

12-02-05

子服堯之服 誦堯之言 行堯之行 是堯而已矣 子服桀之服 誦桀之言
行桀之行 是桀而已矣.

그대가 堯임금의 옷을 입고, 堯임금의 말씀을 외우며, 堯임금의
행실을 행한다면 곧 堯임금일 될 뿐이요, 그대가 桀王의 옷을 입
고, 桀王의 말을 외우며, 桀王의 행실을 행한다면 곧 桀王일 될 뿐
이다.

〈단어 및 어휘〉

· 服(옷 복): 옷, 의복, 일, 한 번에 마시는 약의 분량.

· 誦(외울 송): 외우다, 암기하다, 여쭈다, 읊다, 노래하다, 읽다.

· 是(이 시): 마땅히, 반드시, 이에(於此).

12-02-06

日交得見於鄒君 可以假館 願留而受業於門.

말하기를 <제가 鄒나라의 君主를 뵈면 가히 숙소를 빌릴 수 있는데 거기에 머무르며 선생님의 문하에서 수업 받기를 원하옵니다.>

〈단어 및 어휘〉

· 假(거짓 가/멀 하): 借也, 貸也. 여기서는 '빌리다'는 뜻이다. 따라서 假館이란, 宿舍를 빌리는 것을 말한다.
· 館(집 관): 집, 마을, 학교, 별관, 가게, 묵다, 묵히다.
· 留(머무를 류): 머무르다, 뒤지다, 더디다, 붙잡다, 만류하다, 다스리다, 오래다, 장구하다.

〈문법연구〉

· 交得見於鄒君 可以假館.
: 可以는 앞에 문장이 오면(즉 단어나 주어문이 아니면) 그 문장을 받아 서술하는 문장을 이루는 게 대부분이다. 해석은 앞 문장이 '원인', '이유', '수단', '장법', '조건', '가정' 등을 이룬다. 이 문장에서는 '得見於鄒君/추군을 만나다'를 받아 '그러면 ~할 수 있다'라는 의미이다. 그 이유는 以에 있는데 이 以 다음에 대명사 '之'가 생략된 형태이며 대명사 '之'는 앞의 내용을 받기 때문이다.

　예) 急擊之 可以得志. (三國史記)
　: 급히 치면 가히 뜻한 것을 얻을 수 있을 것입니다.

　예) 井蛙不可以語於海者 拘於虛也. (莊子)

: 우물 안 개구리에게 바다를 설명해도 알지 못하니 공간에 구속을 받고 있기 때문이다./井蛙는 주어.

예) 滄浪之水淸兮 可以濯我纓. (漁父辭/屈原)
: 창랑의 물이 맑으니, 내 갓끈을 씻을 수 있네. (창랑의 물이 맑으니, 그 물로 나의 갓끈을 씻을 것이다.)

예) 善人 爲邦百年 亦可以勝殘去殺矣. (論語)
: 선인(善人)이 나라를 다스린 지 100년이면 또한 잔인한 이를 교화시키고 사형을 없앨 수 있다

12-02-07

曰夫道 若大路然 豈難知哉 人病不求耳 子歸而求之 有餘師.

말씀하시길, <무릇 道라는 것은 마치 큰 대로와 같아서 어찌 알기 어려운 것이겠는가? 사람들이 구하는 것을 싫어할 뿐이로다. 그대가 돌아가 구해보면 여분의 스승이 있을 것이다.>

下 3장

12-03-01

公孫丑問曰 高子曰 小弁小人之詩也 孟子曰 何以言之 曰怨.

公孫丑가 물었다. <高子가 말하기를 '「小弁」은 小人의 詩이다.' 하였습니다> 孟子께서 말씀하셨다. <무엇으로 그것을 말하는가?> <怨望함 때문입니다.>

〈단어 및 어휘〉

• 高子(고자): 齊나라 사람으로 알려져 있다.

- 弁(고깔 변/즐거워할 반): 변/고깔, 말씀, 급하다. 반/즐거워하다.
- 小弁(소반): [詩經] 小雅의 篇名이다.

12-03-02

曰固哉 高叟之爲詩也 有人於此 越人 關弓而射之 則己談笑而道之
無他 疏之也 其兄關弓而射之 則己垂涕泣而道之 無他 戚之也 小弁
之怨 親親也 親親仁也 固矣 夫高叟之爲詩也.

말씀하시기를, <고루하기도 하구나 高叟(고노인)가 시를 보는 것
이! 여기에 어떤 사람이 있고 월나라 사람이 활을 당겨 맞추려 한
다면 자기가 담소하며 말을 하는 것은 다름이 아니라 소원한 사
이기 때문이다. 그 형이 활을 당겨 맞추려 하면 자기가 눈물을 흘
리며 울면서 말을 하는 것은 다름이 아니라 인척사이기 때문이다.
「小弁」의 원망은 어버이를 친히 여긴 것이요, 어버이를 친히 여
김은 仁이다. 고루하기도 하구나 저 고수가 시를 보는 것이!>

〈단어 및 어휘〉

- 固(굳을 고): 固陋. 融通性이 없이 固執不通함.
- 高叟(고수): 高子를 이르는 말.
- 爲(할 위): 治也. 여기서는 '다루다.'
- 越(넘을 월): 넘다, 건너가다, 넘어가다, 지나다, 경과하다, 흐트
  러지다, 떨어뜨리다, 여기서는 나라 이름을 말한다.
- 關(문빗장 관/관문 관): 여기서는 '당길 완', 彎(당길 만)과 뜻이
  같음. 關矢持弓. 화살 먹일, 또는 (시위를) 당기다.
- 射(쏠 사/맞힐 석/벼슬 이름 야/싫어할 역): 쏘다, 헤아리다, 비

추다, 추구하다. 여기서는 '맞힐 석'

· 涕(눈물 체): 눈물, 울다, 눈물을 흘리다.

· 道(길 도): 語也. 말하다.

· 戚(겨레 척): 親也. 친척, 겨레, 일가, 친하다, 근심하다, 슬퍼하다, 가깝다, 가까이하다.

12-03-03

曰凱風 何以不怨.

말하기를, <시 개풍 편은 무엇 때문에 원망함이 없습니까?>

〈단어 및 어휘〉

· 凱(개선할 개): 개선하다, 이기다, 즐겨 하다, 싸움에 이긴 풍류.

· 怨(원망할 원): 원망하다, 책망하다, 미워하다, 슬퍼하다, 어긋나다, 헤어지다, 원수.

12-03-04

曰凱風親之過小者也 小弁親之過大者也 親之過 大而不怨 是愈疏也 親之過小而怨 是不可磯也 愈疏不孝也 不可磯 亦不孝也.

<「凱風」의 어버이 잘못은 적고, 「小弁」의 어버이 잘못은 크니, 어버이의 잘못이 큰데도 원망함이 없으면 이것은 더욱 소원함이 되는 것이다. 어버이의 잘못이 작은데도 원망함이 있으면 이것은 화를 내는 것이다. 더욱 소원해지는 것도 불효이고, 화를 내는 것도 또한 불효이다.>

<단어 및 어휘>

・過(지날 과/재앙 화): 예전, 경과하다, 교제하다, 초과하다, 지나
치다, (분수에) 넘치다, 넘다, 허물, 잘못.

・愈(나을 유): 낫다, 뛰어나다, 더욱, 점점 더.

・磯(물가 기): 물가, 여울, 자갈밭, 부딪치다, 거스르다. 물가(바다
또는 호수 등의 물이 물가의 돌에 부딪히는 곳) 기, 부딪힐(물이
돌에 부딪쳐 물결이 세짐) 기. 가까이하다, 건드리다, 부딪치다.
여기서는 '건드리다'로 보고 '건드리지 못하는 이유가 상대가 화
를 내기 때문이므로' 의미상에서 '화를 내다'로 해석했다.

12-03-05

孔子曰 舜其至孝矣 五十而慕.

孔子께서 말씀하시기를 <순임금은 효성이 지극도 하도다. 오십이
되어도 사모했다> 하시니라.

<단어 및 어휘>

・慕(그릴 모): 그리워하다, 사모하다, 뒤를 따르다, 본받다, 우러르다.

<문법연구>

・五十而慕.

: 숫자 다음의 而는 '숫자(나이)에/숫자인데도' 등으로 해석한다.

예) 吾十有五而志于學三十而立. (論語)
: 내 나이 15세 때 학문에 뜻을 두고, 30세에 뜻을 세웠다.

〈참고〉

'而'가 시간을 나타내는 단어 뒤에 놓여 접미사로 쓰이는 경우.

예) 俄而, 已而, 旣而, 尋而 - 오래지 않아, 멀지 않아, 갑자기, 곧
등등 /始而 - 비로소 /久而 - 오랫동안 /繼而 - 이어서, 연달아,
계속하여 /今而 - 이제.

下 4장

12-04-01

宋牼 將之楚 孟子遇於石丘.

송경이 장차 초나라에 가려 했는데 孟子가 석구에서 우연히 만났다.

〈단어 및 어휘〉

· 宋牼(송경): 宋나라 사람으로 전쟁을 반대한 평화주의자.
· 牼: 소정강이뼈 경.
· 遇(만날 우): 合也, 만나다. 맞는다. 우연히 만나다 등의 뜻이 있다.

〈문법연구〉

· 將之楚.

: 之는 가다 라는 동사로 사용되었으며 이 경우처럼 구체적인 장
소가 있을 때 사용된다.

12-04-02

曰先生 將何之.

孟子께서 말씀하시길, <선생은 장차 어디로 가려 하십니까?>

〈문법연구〉

・將何之.

: 원래 어순은 將之何이다. 그런데 의문대명사 何가 동사 之(가다)의 목적어가 되어 도치되어 將何之로 바뀌었다.

12-04-03

曰吾聞秦楚構兵 我將見楚王 說而罷之 楚王 不悅 我將見秦王 說而罷之 二王我將有所遇焉.

말하기를, <내가 듣기로 진나라와 초나라가 전쟁을 한다 하니, 내가 초나라 왕을 만나서 설득하여 (전쟁을) 그치게 하고자 합니다. 초나라 왕이 불쾌해하면 나는 진나라 왕을 만나서 설득하여 그만두게 하리니, 두 왕 중에 장차 만날 바가 있을 것입니다.>

〈단어 및 어휘〉

・構(얽어맬 구): (생각을) 얽어 짜내다, (거짓을) 꾸며대다, 음해하다, 맺다, 집을 짓다, 이루다.
・構兵(구병): 전쟁을 일으키다. 군대를 내서 싸움.
・說(말씀 설/달랠 세/기쁠 열) 說服, 說得, 說諭함을 말한다. 여기서는 '달래다, 설득하다, 유세하다'로 발음은 '세'이다
・遇(만날 우): 민니다, 맞다, 합치히다, 合也, 合致. 뜻이 合致함을 말한다.

12-04-04

曰軻也 請無問其詳 願聞其指 說之將如何 曰我將言其不利也 曰先
生之志則大矣 先生之號則不可.

孟子께서 말씀하시길, <저(孟子)는 그 자세함을 묻지는 않겠으나,
그 뜻을 듣고자 원합니다. 장차 어떻게 유세를 하시려 합니까?>
말하기를, <나는 장차 그 이롭지 못함을 말하려 합니다> <선생의
뜻을 크나 선생의 호소함은 불가합니다.

〈단어 및 어휘〉

· 軻(수레 가/사람 이름 가): 여기서는 孟子의 이름.
· 指(손가락 지): 손가락, 가리키다, 지시하다, 마음, 취지, 아름답
  다. 旨也, 要旨.
· 將如何(장여하): 어떻게 하려는 것인지요?
· 說(말씀 설/달랠 세/기쁠 열): 설/말씀, 말, 생각, 해설, 도리, 말
  하다 세/달래다, 유세하다 /열/기쁘다, 즐기다, 따르다.
· 號(이름 호/부르짖을 호): 일컫다, 부르짖다, 외치다, 번호, 순서,
  울다, 고하다.

〈문법연구〉

· 曰軻也.
: 軻는 孟子의 이름이다. 한문에서는 스스로 자신의 이름을 불러
말하면 자신을 낮추는 예의를 갖춘 문법이다. 也는 주어 뒤에 쓰여
주어를 강조하는 어기사이다.

〈문법연구〉

・說之將如何.

: 之를 대명사로 보고 '그를 설득하는 것은 장차 어떻게 하시렵니까'로 해석할 수도 있으며, 之를 동사 뒤에 붙여서 동사를 명사화하는 허사 역할을 하는 경우로도 파악할 수 있다. 이 경우 해석은 '설득하는 것은 어떻게 하시렵니까?' 정도가 된다.

예) 誨女知之乎 知之爲知之 不知爲不知 是知也. (論語)
: 너에게 안는 것을 가르쳐 주랴? 아는 것은 아는 것이라 여기고, 모르면 모른다고 여김이 바로 안다는 것이다.

예) 蓋深疾之之辭.
: 대개 매우 싫어하는 말.

예) 有之以爲利, 無之以爲用. (老子)
: 소유한 것으로 이롭게 할 수 있으며, 없는 것으로 쓰는 것을 삼는다.

예) 迎之致敬以有禮 言將行其言也. (孟子)
: 대우함이 예로서 공경을 다하며 (군주의) 말은 장차 그 말대로 행하려 하다./迎之: 대우함, 또는 대우하는 것.

12-04-05

先生 以利說秦楚之王 秦楚之王 悅於利 以罷三軍之師 是三軍之士 樂罷而悅於利也 爲人臣者 懷利以事其君 爲人子者 懷利以事其父 爲人弟者 懷利以事其兄 是君臣父子兄弟 終去仁義 懷利以相接 然而不亡者 未之有也 先生 以仁義 說秦楚之王 秦楚之王 悅於仁義 而罷三軍之師 是三軍之士 樂罷而悅於仁義也 爲人臣者 懷仁義以事其君 爲人子者 懷仁義以事其父 爲人弟者 懷仁義以事其兄 是君臣父子兄弟 去利 懷仁義以相接也 然而不王者 未之有也 何必曰利.

선생이 이(利)로서 진초의 왕에게 유세하여, 진초의 왕이 이(利)에 기뻐하여 삼군의 군사를 파하고 이 삼군의 군사가 파하면서 이(利)에 기뻐하기를 즐기는 것입니다. 신하 된 사람이 이(利)를 품고서 그 임금을 섬기고, 자식 된 사람이 이(利)를 품고서 그 부모를 섬기고, 동생 된 사람이 이(利)를 품고 그 형을 섬기는 것은 이 군신, 부자, 형제가 끝내 인의(仁義)를 버리게 되어 이(利)를 품고서 서로 접하는 것입니다. 그렇게 하고서 망하지 않는 사람이 아직 있지 않았습니다. 선생이 인의(仁義)로서 진초의 왕에게 유세하여, 진초의 왕이 인의(仁義)에 기뻐하여 삼군의 군사를 파하고 이 삼군의 군사가 파하면서 인의에 기뻐하기를 즐기는 것입니다. 신하 된 사람이 인의를 품고서 그 임금을 섬기고 자식 된 사람이 인의를 품고서 그 부모를 모시고 동생 된 사람이 인의를 품고 그 형을 모시는 것은 이 군신, 부자, 형제가 이(利)를 버리고 인의를 품고서 서로 접하는 것입니다. 그렇게 하고서 왕이 아닌 사람이 아직 있지 않았습니다. 어찌 반드시 이를 말합니까?

〈단어 및 어휘〉

· 以(써 이): 用也, 使用.
· 悅(기쁠 열): 기쁘다, 기뻐하다, 사랑하다, 손쉽다, 기쁨.
· 罷(마칠 파/고달플 피): 치다, 그만두다, 놓다, 내치다, 물러가다, 덜다. 피/ 고달프다, 둔하다.
· 懷(품을 회/생각 회): 품다, 임신하다, 생각하다, 싸다, 둘러싸다, 따르다, 위로하다, 달래다, 보내다, 보내어 위로하다, 길들이다, 따르게 하다, 편안하다, 기분, 마음, 생각.

- 接(이을 접/마주할 접): 잇다, 접하다, 접촉하다, 체험하다, 사귀다, 대접하다.
- 去(갈 거): 가다, 제거하다, 떨어지다(거리, 시간), 지나가다.
- 然而(연이): 이처럼 하고도, 그러니, 그러나.

〈문법연구〉

- 未之有也.

: 부정하는 말 未, 無, 莫, 勿 등이 앞에 있고, 之가 대명사일 때에는 之는 도치되어 서술어 앞으로 나간다. 즉 일반문에서는 '未有之也'인데, 도치에 의하여 '未之有也'가 된 것이다.

下 5장

12-05-01

孟子居鄒 季任 爲任處守 以幣交 受之而不報 處於平陸 儲子爲相 以幣交 受之而不報.

孟子께서 추나라에 계실 적에 계임이 處守가 되어 폐백으로서 교제하고자 하니 그것을 받고서 답례하지 않았다. 제나라 평륙에 계실 적에 저자가 재상이 되어 폐백으로서 교제하고자 하니 그것을 받고서 답례하지 않았다.

〈단어 및 어휘〉

- 鄒(추나라 추): 孟子의 故國.

- 季任(계임): 任나라 國君의 아우.
- 居(살 거): 일상적으로 거처하다./處: 임시로 거처하다.
- 處守(처수): 임금을 대신하여 나라를 지키던 지위.
- 報(갚을 보/아릴 보): 갚다, 알리다, 여쭈다, 재판하다. 여기서는 報答 또는 答禮하는 것을 말한다.
- 平陸(평륙): 제나라의 한 읍.
- 儲(쌓을 저): 쌓다, 저축하다, 태자.
- 儲子(저자): 齊나라의 宰相.

〈문법연구〉

- 受之而不報.
: 之는 幣를 받는다.

12-05-02
他日 由鄒之任 見季子 由平陸之齊 不見儲子 屋廬子 喜曰 連得閒矣.

다른 날에 鄒나라로부터 任나라로 가셔서 季子를 만나보시고, 平陸으로부터 齊나라로 가셔서는 儲子를 만나보지 않으시자, 屋廬子가 기뻐하며 <내(連)가 (물을) 틈을 얻었구나> 하며 말하기를,

〈단어 및 어휘〉

- 由(말미암을 유): 自也. ~로부터. 由~, 之~: '~을 지나(경유하여) ~로 가다.'
- 屋廬子(옥려자): 孟子의 弟子.

- 連(연): 屋廬子의 이름이다.
- 閒(한가할 한/사이 간): 한/한가하다, 조용하다, 등한하다. 간/사이, 틈, 몰래, 간첩, 間의 본자.

12-05-03

問曰 夫子之任 見季子 之齊 不見儲子 爲其爲相與.

묻기를 <夫子께서 任나라에 가셔서 季子를 만나보시고, 齊나라로 가셔서는 儲子를 만나보시지 않으신 것은 그가 재상이 되었기 때문입니까?> 하였다.

〈단어 및 어휘〉

- 爲(할 위): 하다, 만들다, 이다, ~이 되다, 하게 하다, ~라 생각하다.

〈문법연구〉

- 爲其爲相與.
: 앞의 爲는 '~때문', 뒤의 爲는 '~이 되다'이다. 其는 앞의 儲子를 받는다.

12-05-04

曰非也 書曰 享多儀 儀不及物 曰不享 惟不役志于享.

말씀하시기를, <아니다. 『書經』에 이르기를 '亨(향)은 禮儀를 중시하니, 의례 물건에 미치지 못하면 不亨이라 하니, 이는 亨에 뜻을 두지 않기 때문이다.' 하였으니,

〈단어 및 어휘〉

· 書(글 서): <書經> 周書 洛誥의 篇에서 取하였다.
· 享(누릴 향): 누리다, 받다, 드리다, 대접하다, 제사 지내다. 여기
  서는 예물을 드릴 때의 禮를 말한다.
· 役(역): 부리다, 일을 시키다, 일, 육체적 노동, 부역, 요역, 일꾼,
  직무, 여기서는 '사용하다'로 쓰였다. 用也. 使用.

12-05-05
爲其不成享也.

그것(物/폐백)이 예를 이루지 못했기 때문이다.>

〈문법연구〉

· 爲其不成享也.
: 爲~也 꼴로 '~때문이다.' 其는 앞의 物(즉 폐백)을 받는다.

  예) 不知者以爲爲肉也 其知者以爲爲無禮也. (孟子)
  : 모르는 사람은 고기(燔肉) 때문이라고 하고, 아는 사람들은 (임
  금이) 禮가 없기 때문이라고 생각했다.

  예) 飮食之人 則人賤之矣 爲其養小以失大也. (小學)
  : 마시고 먹는 사람은 사람들이 천하게 여기니 그 작은 것을 길러
  서 큰 것을 잃기 때문이다.

12-05-06
屋廬子悅 或問之 屋廬子∙ 曰季子∙ 不得之鄒 儲子∙ 得之平陸.

옥려자가 기뻐하자 혹자가 그것에 관해 물었다. 옥려자가 말하길,

<季子는 鄒나라에 갈 수 없었고, 儲子는 平陸에 갈 수 있었기 때문이다.>

〈문법연구〉

· 不得之鄒, 得之平陸.
: 得은 '~할 수 있다.'라는 의미이고, 之는 '가다'이다. 之가 '가다'라는 의미로 사용될 때는 반드시 목적지가 드러나야 한다.

下 6장

12-06-01
淳于髡曰 先名實者 爲人也 後名實者 自爲也 夫子 在三卿之中 名實 未加於上下而去之 仁者 固如此乎.

淳于髡이 말하였다. <名과 實을 앞세우는 자는 인민을 위함이요, 명과 실을 뒤로 하는 자는 자신을 위함이니, 夫子께서 3경의 지위에 계신데도 명예와 실체를 위와 아래(임금과 백성)에 더하지도 못하고 떠나려 하시니 인(仁)자도 진실로 이와 같습니까?>

〈단어 및 어휘〉

· 髡: 머리 깎을 곤.
· 先(앞 선): '잎세운다'라는 뜻. 즉 '중시하다'라는 의미.
· 實(열매 실): 내용, 바탕, 본질, 자취(어떤 것이 남긴 표시나 자리), 행적, 참됨, 정성스러움.

· 上下(상하): 上은 君主를 말하고 下는 百姓을 뜻한다.

〈문법연구〉

· 後名實者 自爲也.
: 後는 동사로 사용되어 '~을 뒤로하다.' 自는 '스스로'라는 뜻의
부사로 쓰이는 경우이건, '스스로를'이라는 목적어로 쓰이는 경우이
건 상관없이 동사 앞에 온다. 여기서는 爲의 목적어로 자신을 위하다.

12-06-02

孟子曰 居下位 不以賢事不肖者 伯夷也 五就湯 五就桀者 伊尹也
不惡汚君 不辭小官者 柳下惠也 三者不同道 其趨一也 一者何也 曰
仁也 君子亦仁而已矣 何必同.

孟子께서 말씀하셨다. <낮은 지위에 거하면서도 현명함으로써 불
초한 이를 섬기지 않는 이는 백이였다. 탕에게 5번 나아가고 걸에
게 5번 나아간 사람은 이윤이었다. 汚君도 미워 않고 천직도 사양
치 않은 사람은 유하혜였다. 세 분은 道는 같지 않았으나, 그 추이
는 하나였으니, 하나라는 것이 무엇인가? 인(仁)이다. 군자는 또한
인(仁)일 뿐이다. 어찌 반드시 같을 필요가 있겠는가?>

〈단어 및 어휘〉

· 就 (나아갈 취): 나아가다, 이루다, 좇다, 따르다, 마치다, 끝내
다, (길을) 떠나다, (한 바퀴) 돌다, 좋다, 아름답다, 곧, 이에.
· 肖(닮을 초/꺼질 소): 닮다, 모양이 같다, 소/꺼지다, 쇠약하다.
쇠하다.

- 惡(악할 악/미워할 오): 악/악하다, 나쁘다, 더럽다 오/불길하다, 기피하다, 싫어하다, 어찌, 어느.
- 者(놈 자): 사람, 것, 곳, 무리, 이, ~라는 것.
- 趨(달릴 추/나아갈 추): 따라 행하는 것, 또는 귀착하는 것을 말한다. 즉 追求함이다.

〈문법연구〉

- 不以賢事不肖者.

: 以賢은 부사구로서 사용되었다. 不은 事에 걸려 '섬기지 않다'이다. 事의 목적어는 不肖者로 不事不肖者는 '불초자를 섬기지 않다.'인데 以賢이 부사구로 삽입되어 문장을 이루었다. 전체적인 해석은 '현명함으로써(以賢) 불초(不肖)함을 섬기(事)지 않는(不) 자(者)'이다. 이 문장은 '不以+명사+동사' 구문으로 '명사로 인하여 동사 하지 않는다.'이다.

> 예) 古之存身者 不以辯飾知 不以知窮天下 不以知窮德. (莊子)
> : 옛날에 몸을 편안히 보존한 자는 변설로써, 지혜를 꾸미지 않았고, 지혜로써 천하를, 속속들이 규명하여 알려 하지 않았다.
>
> 예) 以道佐人主者 不以兵强天下. (老子)
> : 도로써 군주를 보좌하는 자는 군으로써 天下를 강압하지 않는다.

12-06-03
曰魯繆公之時 公儀子爲政 子柳子思爲臣 魯之削也 滋甚 若是乎賢者之無益於國也.

<魯나라 繆公 때에는 公儀子가 정사를 맡았고, 子柳와 子思가 신

하가 되었으나, 노나라의 토지가 침탈당하는 것이 심히 늘어났습니다. 현자가 나라에 보탬이 없음이 이와 같습니까?>

〈단어 및 어휘〉

- 繆(얽을 무/사당 치레 목): 무/얽다, 묶다, 삼 열 단 목/깊이 생각하는 모양, 사당 치레.
- 公儀子(공의자): 魯나라의 宰相.
- 子柳(자류): 泄柳라고 하는데, 확실하지 않다.
- 子思(자사): 공자의 孫子로 中庸의 著者로 알려져 있다.
- 削(깎을 삭/칼집 초): 깎다, 빼앗다, 모질다, 刮也. 領土가 奪取되어 줄어든 것을 말한다.
- 乎(어조사 호): ～하는가, ～인가, ～에서, ～하면, ～보다도, ～야(호격), 이도다.
- 滋(불을 자): 붇다, 증가하다, 늘다, 愈也, 尤也. 더욱.

〈문법연구〉

- 魯之削也와 賢者之無益於國也.
: 之는 절의 주어 다음에 쓰인 주격조사이다. 이 경우에 之 ～也로 연용 되는 경우가 많으며, 也는 생략할 수도 있다.

- 若是乎.
: 이와 같다. 若是乎～. '～하는 것이 이와 같다.'

예) 若是乎, 從者之廋也. (孟子)
: 따르는 사람들이 숨기는 것이 이와 같다.

12-06-04

曰虞不用百里奚而亡 秦穆公 用之而霸 不用賢則亡 削何可得與.

말씀하시기를, <우나라는 백리해를 쓰지 못해 망했고 진(秦)나라 목공은 그를 써서 패자가 되었으니 賢者를 등용하지 않았으면 亡하였을 것이니, 어찌 토지를 빼앗기는 것을 어찌 얻을 수 있으리오? (즉 현자를 등용하지 않으면 곧, 나라가 망해버리기 때문에 국세가 줄어드는 것도 보지 못할 것이다.)>

〈단어 및 어휘〉

· 虞(염려할 우/나라 이름 우): 염려하다, 근심하다(속을 태우거나 우울해하다), 헤아리다, 돕다, 나라의 이름(춘추시대).
· 霸(으뜸 패): 으뜸, 두목, 으뜸가다, 패권.

〈문법연구〉

· 削何可得與.

: 削(나라 땅이 적어짐)은 명사로 사용되어 可得의 목적어이다. 이처럼 '가능하다'라는 의미의 가능동사 可를 사용하는 경우 앞에 목적어가 온다. 전체적인 해석은 可得은 '할 수 있다', '얻을 수 있다' 등으로 해석되며, 與가 의문을 나타내는 조사로, '어찌 削(나라 땅이 적어짐) 할 수 있겠는가?' 혹은 '어찌 나라 땅이 적어질 수 있겠는가?'로 해석된다.

예) 兒可得 母難再求. (明心寶鑑)
: 아이를 얻을 수는 있으나 부모는 다시 구하기 어렵다.

예) 彌子謂子路曰 孔子主我 衛卿可得也. (孟子)
: 미자가 자로에게 말하기를, 만약 공자께서 우리 집에 유숙하시
면 위나라 경의 지위를 얻을 수 있을 것이다.

12-06-05

曰昔者 王豹處於淇而河西善謳 綿駒處於高唐 而齊右善歌 華周杞梁
之妻 善哭其夫 而變國俗 有諸內必形諸外 爲其事而無其功者 髠未
嘗覩之也 是故 無賢者也 有則髠必識之.

순우곤이 말하기를 <예전에 왕표가 기수에 머물러 있으니 하서가
노래를 잘하게 되었고 면구가 高唐에 머물러 있자 제나라 우측이
노래를 다 잘하게 되었습니다. 또 華周와 杞梁의 妻가 그 지아비
에 哭을 잘하자 나라 풍속마저 변했습니다. 안에 있으면 반드시
밖으로 형용되니 '그 일을 하였는데도 그 공(功)이 없다'라는 것을
저는 일찍이 보지를 못했습니다. 그런 까닭에(그에 미루어 볼 때)
이 나라에는 賢明한 사람이 없는 것입니다. 있다면 곧 내가 반드
시 그것을 알게 될 것입니다.>

〈단어 및 어휘〉

· 王豹(왕표), 綿駒(면구): 衛齊의 나라의 이름난 歌手.
· 淇(물 이름 기): 강 이름.
· 河西(하서): 黃河의 서쪽, 즉 衛나라를 말한다.
· 謳(노래 구): 노래, 노래하다, 읊조리다.
· 善謳(선구): 노래를 잘 부르는 것을 말한다.
· 高唐(고당): 齊나라 西쪽에 위치한 地名이다.
· 齊右(제우): 齊나라 西쪽이라는 말이다.

- 華周(화주), 杞梁(기량): 둘 다 齊나라의 大夫.
- 善哭(선곡): 죽음을 슬퍼하여 哀切하게 우는 것을 말한다.
- 諸(모두 제/어조사 저): 제/모든, 모두 저/~은, ~에, ~여, 이여, 之於(~에 그것)의 합음자.
- 形(모양 형): 모양, 형상, 형상을 이루다, 나타나다.
- 覩(볼 도): 보다, 가리다, 분간하다, 자세히 보다, 알다, 예견하다.

〈문법연구〉

- 王豹處於淇而河西善謳, 綿駒處於高唐 而齊右善歌.

: 河西와 齊右는 일종의 지명이다. 지명이긴 하지만 '그 지방 사람들'이 사실상의 주어가 된다. 이처럼 한문을 해석하는 데는 의미로서 문장을 파악하는 것도 중요한 해석의 요건이 된다.

- 有諸內, 必形諸外.

: 諸는 之於의 준 말이며, 之는 불특정한 것을 받는 대명사이다. 有諸內는 '그것이 안에 있으면', 이라는 부사구를 만든다. 그 결과문으로서 '必形諸外': '반드시 그것이 밖에서 형태로 나타난다.' 形이 동사로 사용되었다.

- 髡未嘗覩之也.

: 髡은 화자인 '순우곤' 자신을 말한다. 이처럼 한문에서는 '我'라는 대명사를 사용하지 않고 자기의 이름을 말하는 경우가 많은데 이러한 표현방법은 격식을 갖춘 겸손한 표현이 된다. 해석 시에는 '저'

라고 하면 원만하다. 한편 未嘗覿之也를 보면 '부정어+서술어+대명사(之)'인데도 대명사가 도치되지 않았음을 보인다. 한문의 특성 중의 하나이다.

12-06-06

曰孔子爲魯司寇 不用 從而祭 燔肉不至 不稅冕而行 不知者 以爲爲肉也 其知者 以爲爲無禮也 乃孔子則 欲以微罪行 不欲爲苟去 君子之所爲 衆人 固不識也.

말씀하시기를, <孔子께서 노나라의 사구가 되셨는데도 쓰이지 못했고, 교제(交際)의 제사에 반복되어 燔肉(번육)이 이르지 않아 면류관도 벗지 않고 떠나시니, 모르는 자는 고기 때문으로 여겼고, 그 조금 아는 자는 군주의 무례 때문으로 여겼다. 결국 孔子께서는 즉 은미한 죄로서 떠나시고자 했고 구차함을 삼아 떠나시지 않고자 했다. 君子가 하는 바를 많은 사람들이 진실로 알지 못하는 것이다.>

〈단어 및 어휘〉

- 寇(도둑 구/도적 구): 떼도둑, 외적, 원수, 난리, 병기, 약탈하다, 침입하다.
- 司寇(사구): 刑罰을 擔當하는 官吏. 형조의 관리.
- 從而(종이): 계속해서, 연달아, 뒤이어, 번번히.
- 祭(제사 제): 宗廟에서 行하던 祭祀, 또는 郊外에서 지내는 天祭 儀式.
- 燔(구울 번/제사 고기 번/사를 번): 사르다, 태우다, 굽다. 膰과 通用.

・燔肉(번육): 祭物로 使用되었던 익힌 고기를 말한다.

・稅(구실 세/세금 세/벗을 탈): 세/세금, 구실, 거두다. 탈/벗다, 풀다. 脫과 通用. 脫也.

・冕(면류관 면): 따라서 稅冕이란, 朝廷에서 입는 冠 또는 그에 딸린 禮服을 벗는 것을 말한다.

・以爲(이위): ~라 여기다.

・微罪(미죄): 작은 허물.

〈문법연구〉

・不知者 以爲爲肉也.

: 以爲~, '~라 여기다.' 해석은 '以 A 爲 B' 형태로 'A를 B라고 여기다/말하다/삼다'로 해석하면 부드럽다. 한편 爲~也는 '~때문'이라는 뜻이다. 以爲爲肉也는 '고기 때문이라고 여기다.'

> 예) 常以溫恭慈愛惠人濟物爲心. (擊蒙要訣)
> : 항상 온순하고 공손하고 자애로우며, 남에게 은혜를 베풀고 남을 구제하는 것을 마음으로 삼아야 한다.

> 예) 自天子 以至於庶人 壹是皆以修身爲本. (大學)
> : 천자로부터 서인(庶人)에 이르기까지 하나같이 모두 修身을 근본으로 삼는다.

・欲以微罪行 不欲爲苟去.

・ 以微罪는 부사구. 欲以微罪行에서 欲은 일종의 조동사로서 본동사 行과 같이 번역된다. 즉 전체적으로는 부사구, 본동사, 조동사 순으로 해석한다. 欲以微罪行의 해석은 '작은 허물로 떠나고자 했다.' 欲~ 不欲~, '~하고자 한 것이지 ~하고자 한 것은 아니다.'

下 7장

12-07-01

孟子曰 五覇者 三王之罪人也 今之諸侯 五覇之罪人也 今之大夫 今
之諸侯之罪人也.

孟子께서 말씀하셨다. <다섯 패자는 삼왕의 죄인이고, 오늘날 제
후는 오패의 죄인이며, 오늘날 대부는 오늘날 제후의 죄인이다.>

〈단어 및 어휘〉

・覇(으뜸 패/두목 패): 으뜸, 두목, 으뜸가다. 여기서는 武力을 갖
  춘 諸侯.
・五覇(오패): 春秋時代에 覇權을 차지했던 다섯 임금. 齊의 桓公,
  晉의 文公. 秦의 穆公, 宋의 襄公. 楚의 莊王을 일컫는다.
・三王(삼왕): 禹, 湯, 文王과 武王.

〈문법연구〉

・三王之罪人也.
: 여기서 '～之'는 관형적 개사이지만 의미상으로는 '～대해서', '～
에게'라는 의미를 지닌다. 즉, 삼왕(禹, 湯, 文王과 武王)에 대해서 죄
인이라는 의미이다.

〈참고〉

之가 전치사로서 '于'나 '於'에 해당하는 경우가 있는데 이 경우 동
작 행위의 대상이나 장소를 끌어내고 만들어진 결구는 보어나 부사

어가 되는 경우가 있다.

예) 以容取人乎 失之子羽 言取人乎 失之宰予. (韓非子)
: 용모로써 사람을 취하니 자우에게 실수했고 말로써 사람을 취하
니 재여에게 실수했다.

이 경우 '~에 대하여', '~에 있어서'라고 해석하지만 '三王之罪人
也'의 예와는 다르다. '三王之罪人也'의 예는 관형격 개사 之의 한 해
석의 방법을 말한 것이다.

12-07-02

天子適諸侯 曰巡狩 諸侯朝於天子 曰述職 春省耕而補不足 秋省斂
而助不給 入其疆 土地辟 田野治 養老尊賢 俊傑在位則有慶 慶以地
入其疆 土地荒蕪 遺老失賢 掊克在位則有讓 一不朝則貶其爵 再不
朝則削其地 三不朝則六師 移之 是故 天子 討而不伐 諸侯 伐而不
討 五覇者 摟諸侯 以伐諸侯者也 故曰 五覇者 三王之罪人也.

천자가 제후의 나라에 가는 것을 왈 순수(巡狩)라 하고 제후가 천
자에게 입조하는 것을 왈 술직(述職)이라 한다. (순수는) 봄에 밭
갈이를 살펴 부족함을 도와주고, 가을에 수확을 살펴 자급되지 않
음을 도와주는 것이다. 그 경내에 들어서서 토지가 개간되고, 밭
과 들이 잘 다스려지고, 노인을 봉양하고 현인을 존숭하며, 준걸
들이 직위에 있게 되면 상이 있었으니 상은 토지로서 한다. 그 경
내에 이르러 토지가 황량하고 노인을 유기(遺棄)하고 掊克하는 자
들이 지위에 있으면 질책이 있었다. 한번 입조하지 않으면 그 작
위를 깎고, 재차 입조하지 않으면 그 토지를 삭탈하고, 세 번 입조
하지 않으면 제후의 군대(六師)를 연합하여 쫓아낸다. 이러므로

천자는 (질책하여) 다스림은 있어도 정벌은 없었고, 제후는 정벌은 있어도 꾸짖어 다스릴 수 없었으니, 다섯 패자는 제후를 이끌고 (討 없이) 제후를 벌(伐)하였다. 고로 왈 다섯 패자는 삼왕의 죄인이다.

〈단어 및 어휘〉

· 巡狩(순수): 天子가 諸侯의 封地를 돌아보는 것을 말한다.
· 述職(술직): 맡은 職分에 대해 諸侯가 入朝하여 天子에게 자기 職務에 관한 報告를 하는 것을 말한다.
· 補不足(보부족): 農具나 種子 등의 不足을 補充해주는 것을 말한다.
· 給(줄 급): 주다, 공급하다, 넉넉하다, 두루 미치다, 공급.
· 助不給(조불급): 人力들의 不足한 것을 도와주는 것을 말한다.
· 疆(지경 강): 地境. 여기서는 國境을 말한다.
· 辟(임금 벽/피할 피/): 벽/임금, 제후, 법, 죄, 다스리다, 밝히다, 개간하다, 편벽되다 피/피하다, 물러나다. 闢과 통용. '開墾하다'의 뜻. 闢也. 開拓, 開墾.
· 慶(경사 경): 경사, 경사스럽다, 상, 복, 慶賀하는 것, 償也, 賞與. 따라서 慶以地는 '하례하다'라는 의미에서 '땅을 주어 하례하다'라는 의미이다.
· 掊(그러모을 부): 그러모으다, 거두다, 수탈하다.
· 掊克(부극): 착취하는 것. 또는 그러한 사람.
· 讓(사양할 양/꾸짖을 양): 譴責(견책). 잘못한 것을 꾸짖는 것을 말한다.
· 貶(낮출 폄) 下也, 減也. 爵位를 낮추는 것, 즉 降等함을 말한다.

- 移(옮길 이): '임금을 축출하여 다른 데로 옮긴다'라는 뜻이다.
- 移之(이지): 逐放으로 내쫓는 것을 말한다.
- 討(칠 토): 罪의 內容을 따져서 잘못된 점을 가려서 聲討하는 것.
- 摟(끌어모을 루): 끌어모으다, 꾀다, 안다. 牽也. 끌어당기는 것을 말한다.

〈문법연구〉

- 春省耕而補不足, 秋省斂而助不給.

: 春, 秋 앞에 於가 생략되었다고 볼 수 있다. 이처럼 때나 장소를 나타내는 부사구가 명확한 경우 종종 於가 생략된다. 그런데 이 생략은 오히려 번역 시 그 단어 선택의 폭이 넓어진다. 예를 들어 於가 생략되었다고 보고 '봄에는 논밭을 가는 것을 살펴서 충분하지 않은 것을 보충해주고, 가을에는 거두어들이는 것을 살펴서 공급되지 않는 것을 도와준다.'라고 해석할 수도 있지만 '봄이면~하고 가을이 되면~한다.'라고 해석할 수도 있다.

- 五霸者 摟諸侯 以伐諸侯者也.

: 以 다음에 之(제후)가 생략된 형태이다. 다섯 패자(五霸者)는 제후(諸侯)를 끌어모아(摟) 그것으로써(以之) 제후(諸侯)를 정벌한(伐) 사람(者)이다. (也)

12 07-03

五霸 桓公 爲盛 葵丘之會 諸侯束牲載書而不歃血 初命曰 誅不孝 無易樹子 無以妾爲妻 再命曰 尊賢育才 以彰有德 三命曰 敬老慈幼 無忘賓旅 四命曰 士無世官 官事無攝 取士必得 無專殺大夫 五命曰

無曲防 無遏糴 無有封而不告 曰 凡我同盟之人 旣盟之後 言歸于好 今之諸侯 皆犯此五禁 故曰 今之諸侯 五覇之罪人也.

五覇에 桓公이 盛하였다. 葵丘(규구)의 會盟에서 諸侯들이 犧牲(희생)을 묶고 맹약하는 글을 올려놓고, 피를 마시지는 않았다. 처음 명하기를 '불효자는 죽이고, 자식으로 세운 것을 바꾸지 말고, 첩으로서 정실을 삼지 말라.' 두 번째 命하기를 '현명한 이를 존숭하고 영재를 길러 덕이 있는 이는 표창을 하라.' 세 번째 命하기를 '노인을 공경하고 어린이를 사랑하며 빈객과 여행객을 잊지 말라.' 네 번째 命하기를 '선비에게 관직을 세습하지 말고 관직의 일은 겸하게 하지 말라. 선비를 취함에 반드시 (마땅한 이를) 취하고 대부를 멋대로 죽이지 말라.' 두 번째 命하기를 '제방을 구부러지게 하지 말고, 곡식 사는 것을 막지 말며, 고하지 않고 봉함이 있게 하지 말라.'하고 말하기를, '모든 우리 同盟들은 이미 盟約한 뒤 友好로 돌아가자.'라고 말했으니 오늘의 諸侯들은 이 다섯 가지를 犯하였다. 그러므로 오늘의 諸侯는 五覇의 罪人이라 말한 것이다.

〈단어 및 어휘〉

· 桓公(환공): 齊나라의 桓公.
· 葵(해바라기 규): 해바라기, 아욱, 접시꽃.
· 葵丘(규구): 해바라기 언덕으로, 여기서는 齊나라 西南에 位置한 地名.
· 束牲(속생): 犧牲의 소를 죽이지 않고 묶어 놓은 것을 말한다.
· 書(글 서): 여기서는 盟約을 적어 놓은 文書이다.
· 歃(마실 삽): 마시다, 빨다, 피를 마시다.

- 歃血(삽혈): 삽혈하다(회맹에서 희생의 피를 입술에 묻혀 굳은 마음을 표시하는 것).
- 易(바꿀 역/쉬울 이): 바꾸다, 쉽다, 改也, 改變.
- 以(써 이): ~로써, ~을 가지고, ~로 인하여, ~라 여기다, 사용하다, 이유, ~때문에, 그리고, 단지.
- 樹(나무 수): 나무, 심다, 세우다. 立也.
- 樹子(수자): 후계자로 세운 아들.
- 攝(당길 섭): 당기다, 쥐다, 다스리다, 돕다, 겸하다, 대신하다. 여기서는 '兼職하다'의 뜻으로 쓰였다.
- 專(오로지 전): 오로지, 마음대로, 사사로이, 전일하다.
- 專殺(전살): 멋대로 죽이는 것.
- 曲防(곡방): 堤防을 굽게 쌓는 것. 堤防을 굽게 쌓으면 洪水가 날 때 터져서 물이 氾濫하게 되기 때문이다.
- 遏(막을 알): 막다, 해치다, 금하다.
- 糴(쌀 살 적): 쌀을 사들이다, 구두쇠.

〈문법연구〉

*無以妾爲妻.

: '以+A, 爲+B' 형태의 구문이다. 해석은 'A를 B라고 여기다/말하다/삼다'이다.

예) 兄戴蓋祿 萬鍾 以兄之祿 爲不義之祿而不食也 以兄之室 爲不義之室而不居也. (孟子)
: 형인 戴의 (식읍(食邑)인) 합(蓋) 땅의 녹(祿)이 만종(萬鍾)이었는데, 형의 녹을 의(義)롭지 못한 祿으로 여겨 먹지 않으며, 兄 집을 義롭지 못한 집으로 여겨 居處하지 않았다.

예) 夫旣以聞見道理爲心矣 則所言者皆聞見道理之言 非童心自出之
言也. (李贄/童心説)
무릇 이미 견문과 이론으로 마음을 삼으면, 말하는 바는 모두 견
문과 이론의 말이지 동심이 스스로 내는 말이 아니다.

· 無有封而不告.

: 無易樹子, 無以妾爲妻에서 無는 勿과 같다. 無有封而不告에서 無
는 가장 나중에 해석한다. '봉함이 있는(有封)데(而) 고하지 않음(不
告)이 없게 하라(無).'

예) 王 無異於百姓之以王爲愛也. (孟子)
: 왕께서는 백성들이 왕께서 소를 아껴서 그리했다고 하는 것을
달리 여기지 마십시오.

예) 子謂子夏曰 女爲君子儒 無爲小人儒. (論語)
: 공자가 자하(子夏)에게 일러 말하기를, '너는 군자인 선비가 되
고 소인인 선비가 되지 말라.' 하셨다.

예) 室堂有塵 常必灑掃 事必稟行 無敢自專. (四字小學)
: 방과 거실에 먼지가 있거든 항상 필히 청소하라. 일은 반드시 여
쭈어 행하고, 감히 멋대로 하지 말라.

· 言歸于好.

: 여기서 사용된 言(언)은 주로 문어체 문장 머리에 쓰여 語助辭,
調音素로 뜻은 없으나 말을 부드럽게 하는 效果가 있다. 言(말씀
언): 말하다, 기록하다, 묻다, 말, 명령, 맹약, 자, 말하자면(허사).

예) 彤弓弨兮 受言藏之. (詩經)
: 느슨한 줄에 붉은 활 받아 잘 간직하노라. (彤:붉을 동/弨:시위
느슨할 초)

12-07-04

長君之惡 其罪小 逢君之惡 其罪大 今之大夫 皆逢君之惡 故曰 今
之大夫 今之諸侯之罪人也.

군주의 악을 길러주는 자는 그 죄가 작고 군주의 악을 영합하는
자는 그 죄가 크니, 오늘날 대부는 모두 군주의 악을 영합한다. 그
러므로 ‘오늘날 대부는 오늘날 제후의 죄인이 된다’라고 하는 것
이다.

〈단어 및 어휘〉

· 長(길 장): 기르다, 助長.
· 惡(악할 악/미워할 오): 악하다, 미워하다, 싫어하다, 나쁘다, 더
  럽다, 추하다, 惡政.
· 逢(만날 봉): 만나다, 맞이하다, 영합하다. 迎合.

〈문법연구〉

· 逢君之惡 其罪大.
: 逢은 문법적으로는 타동사로서 ‘만나다, 맞이하다’ 정도의 의미
로 해석은 ‘군주의 죄를 영합하다’가 된다. 그러나 사역의 의미가 들
어있는 ‘군주에게 죄를 만나게 하다’는 식의 해석이 좀 원만하게 느
껴질 수도 있다. 하지만 이 절의 첫머리에 ‘長君之惡’를 보더라도 ‘군
주의 죄를 기르다’로 逢君之惡는 ‘군주의 죄를 영합하다’가 더 완전
한 해석이 됨을 알 수 있다.

下 8장

12-08-01

魯欲使愼子 爲將軍.

노나라에서 신자로 하여금 장군으로 삼으려 하였다.

- 愼子(신자): 魯나라 法家의 한 사람. 愼滑釐를 말한다.
- 欲(하고자 할 욕): 하고자 하다, 바라다, 장차 ~하려 하다, 하기 시작하다, 욕심.

12-08-02

孟子曰 不敎民而用之 謂之殃民 殃民者 不容於堯舜之世.

孟子께서 말씀하셨다. <백성들을 가르치지 않고 쓰는 것은 백성들에게 재앙을 입힌다고 이르니, 백성들에게 재앙을 입히는 자는 堯舜 시대에는 용납되지 않았다.

〈단어 및 어휘〉

- 敎民(교민): 仁義의 德을 實踐하도록 百姓들에게 가르치는 것을 말한다.
- 殃(재앙 앙): 해치다, 괴롭히다, 하늘이 내리는 벌, 災殃.
- 容(얼굴 용): 얼굴, 몸가짐, 용량, 속에 든 것, 혹은, 받아들이다. 용납하다.

〈문법연구〉

- 不容於堯舜之世.

: '타동사+於, 于, 乎' 형태로 '명사에게 동사 당하다' 피동 용법이다.

> 예) 郤克傷於矢 流血及屨. (春秋左氏傳)
> : 극극이 화살에 다쳐 피가 신발까지 흘렀다.

> 예) 通者常制人 窮者常制於人. (荀子)
> : 통(通)하는 자는 언제나 남을 다스리고, 궁(窮)한 자는 언제나 남
> 의 다스림을 받는다.

12-08-03

一戰勝齊 遂有南陽 然且不可.

한 번의 전쟁으로 제나라를 이겨 드디어 남양의 땅을 차지함이 있
더라도 그러나 또한 불가한 것이다.

〈단어 및 어휘〉

· 南陽(남양): 제나라의 땅.
· 然且(연차) '그렇다고 하더라도 또한' 다음에 나오는 문장에서
  사용도 참고. '徒取諸彼以與此 然且仁者不爲 況於殺人以求之乎'
  단지 저쪽 나라에서 가져다가 이쪽 나라에 거저 준다 해도 인자
  라면 받지 않을 터인데 하물며 사람을 죽이면서까지 땅을 차지
  하려 하겠습니까.

12-08-04

愼子 勃然不悅曰 此則滑釐 所不識也.

신자 발끈하고 기뻐하지 않으며 말하기를, <이것은 즉 제(滑釐)가
알지 못하는 바입니다.>라 하였다.

〈단어 및 어휘〉

· 釐(다스릴 리): 다스리다, 정리하다, 바로잡다, 수량의 단위(푼의 10분의 1), 복

· 滑釐(골리): 愼子名.

· 勃(우쩍 일어날 발): 갑자기, 발끈하다, 성하다, 다투다.

· 勃然(발연): 발끈 怒해서 顔色이 달라지는 것을 말한다.

12-08-05

日吾明告子 天子之地 方千里 不千里 不足以待諸侯 諸侯之地 方百里 不百里 不足以守宗廟之典籍.

말씀하시기를, <내가 그대에게 밝게 고해주겠네. 천자의 토지가 사방 천 리인데 천 리가 아니면 제후를 대접함이 부족하게 되고, 제후의 토지는 사방 백 리인데 백 리 아니면 종묘의 전적(典籍)을 지킴이 부족하게 되네.

〈단어 및 어휘〉

· 廟(사당 묘): 사당, 묘당, 빈소, 위패, 정전(한 나라의 정사를 집행하는 곳).

· 宗廟(종묘): 왕실의 위패를 모시는 사당.

· 典(법 전): 경전, 책, 서적, 벼슬, 의식, 저당 잡히다, 맡다, 단아하다.

· 籍(문서 적/온화할 자): 문서, 서적, 호적, 등록부, 대쪽(댓조각), 댓조각(대를 쪼갠 조각), 임금의 자리.

〈문법연구〉

·不千里 不足以待諸侯.

: 不~, 不~용법으로 '~이 아니면 ~이 아니다(~하지 못한다).'
이다. 不千里에서 不는 명사를 부정할 수 없으므로 명사인 千里가
동사나 형용사이거나 아니면 동사나 형용사가 생략되어 있음을 알
수 있다. 결국 생략이 되었든 아니면 千里가 술어로 사용되었든 의
미상으로는 '천 리가 되지 않으면'이라는 것을 알 수 있다. 한문 해
석에서는 이러한 생략이나 의동사를 파악하는 것이 매우 중요하다.

> 예) 菲飮食而致孝乎鬼神. (論語)
> : (평소에 자신이 먹는) 음식은 간소하게 하면서 귀신에게는 효성
> 을 다하다. 여기서는 '菲(비): 엷다'라는 뜻의 형용사가 사역동사
> 로 전용되었다.

> 예) 君子 易事而難說也 說之不以道 不說也 及其使人也器之. (論語)
> : 군자는 섬기기는 쉬우나 기쁘게 하기는 어려우니, 기쁘게 하기를
> 도로써 하지 않으면 기뻐하지 않고, 남을 부림에 미쳐서는 그릇대
> 로 쓰느니라. 여기서는 器가 원래 명사인데 동사로 전용되었다.

> 예) 其爲人也孝弟 而好犯上者鮮矣. (論語)
> : 그 사람됨이 효성스럽고 공손하면서도 윗사람 범하기를 좋아하
> 는 사람은 드물다. ← 원래 好는 '좋다'라는 형용사이다. 그런데
> 동사화되어 '좋아하다'로 사용되었다.

·不百里 不足以守宗廟之典籍.

: 'A 足以 B' 구문으로 해석은 'A로써 B 하기에 충분하다/A로써 B
할 수 있다'이다. 이 구문의 유사구문으로 'A 可以 B' 구문과 쓰임이
거의 유사하다. 위 예문은 '不 A, 不足以 B' 구문으로 '~A가 아니어
서 그것으로 족히 B 할 수 없다'가 된다.

예) 然則小固不可以敵大 寡固不可以敵衆 弱固不可以敵强. (孟子)
: 그런즉, 본디 작은 것으로 큰 것과 대적할 수 없고, 적은 수로 많은 수를 대적할 수 없으며, 약한 자가 결코 강한 자를 대적할 수가 없다.

예) 子曰 不仁者不可以久處約 不可以長處樂 仁者安仁 知者利仁. (論語)
: 공자께서 말씀하시길, '어질지 못한 자는 오랫동안 곤궁한 데 처할 수 없으며, 오래도록 즐거움에 처할 수 없으니, 어진 사람은 인을 편안하게 여기고 지혜로운 사람은 인을 이롭게 여긴다.'라 하셨다.

예) 天下之士悅之 人之所欲也 而不足以解憂 好色 人之所欲 妻帝之二女 而不足以解憂 富 人之所欲 富有天下 而不足以解憂 貴 人之所欲 貴爲天子 而不足以解憂 人悅之 好色 富貴 無足以解憂者 惟順於父母 可以解憂. (小學)
: 천하의 선비가 좋아함은 사람들이 바라는 것이지만 이로써 근심을 풀기에 충분하지 않았으며, 아름다운 여색은 사람들이 원하는 것이지만 요임금의 두 딸을 아내로 삼았으면서 이로써 근심을 풀기에 충분하지 않았으며, 부유함은 사람들이 원하는 것이지만 부유함에서는 천하를 소유하였으면서 이로써 근심을 풀기에 충분하지 않았으며, 귀함은 사람들이 바라는 것이지만 귀함에 있어서는 천자가 되었으면서 이로써 근심을 풀기에 충분하지 않았다. 사람들이 좋아함과 아름다운 여색과 부유함과 귀함에 근심을 풀 수 있는 것이 없었고, 오직 부모를 따라야 근심을 풀 수 있었다.

12-08-06

周公之於封魯 爲方百里 地非不足而儉於百里 太公之封於齊也 亦爲方百里也 地非不足也 而儉於百里.

주공이 노나라에 봉해짐에 사방 백 리가 되었고 토지가 부족한 것은 아니지만 백 리에 국한되었다(초과하지 않게 하였다). 태공이 제나라에 봉해짐에 또한 사방 백 리가 되었고 토지가 부족한 것은 아니지만 백 리를 초과하지 않게 하였다.

<단어 및 어휘>

· 儉(검소할 검): 적다, 不足하다. 제한하다. 約也라, 여기서는 '百
里로 제한했다'라는 의미로 사용되었다.

<문법연구>

· 周公之於封魯.
: 之於~ '~에 대하여', '~에 관하여.' 여기서 之는 주격조사이고,
於는 '~에 있어서'라는 의미의 합이라고 할 수 있다.

> 예) 詩云 予懷明德 不大聲以色 子曰 聲色之於以化民 末也. (中庸)
> : <시경>에서 이르기를 <나는 밝은 덕에 대해 생각할 뿐, 목소리
> 와 낯빛은 크게 평가하지 않는다> 하였으니, 공자께서 말하기를,
> <음성과 낯빛으로 하는 정치는 백성을 교화하는 가장 아래이다.>
> 라 하였다.

> 예) 故湯之於伊尹 學焉而後臣之故不勞而王. (孟子)
> : 그런 까닭에 탕왕은 이윤을 대함에 있어서 그에게 배우고 나서 신
> 하로 삼았기에 힘들이지 않고 통일된 천하의 임금이 되었던 것이다.

· 地非不足而儉於百里.
: 非不~ '~이 아닌 것은 아니다', '모두 ~이다' 이중부정이다.

> 예) 冉求曰 非不說子之道 力不足也. (論語)
> : 염구가 말했다. 선생님의 도를 기뻐하지 않는 것은 아닙니다만
> 저의 능력이 모자랍니다.

> 예) 君子非不好財 不好其不義耳.
> : 군자가 재물을 좋아하지 않는 것이 아니고, 그(재물이) 의롭지
> 않음을 좋아하지 않는다.

〈참고〉

· 非 A 不 B: A가 아니면 B 할 수 없다.

    예) 非其君不事. (孟子)
    : 군자다운 임금이 아니면 섬기지 않는다.

· 無不 : ~하지 않는 일이 없다.

    예) 蜀人無不追思董允者. (三國演義)
    : 촉나라 사람 중 동윤(董允)을 회상하지 아니하는 자가 없었다.

    예) 吾矛之利 於物無不陷也. (荀子)
    : 나의 방패의 날카로움은 물건에 있어 뚫지 않음이 없다(다 뚫
    는다)

12-08-07
今魯 方百里者五 子以爲有王者作 則魯在所損乎 在所益乎.

지금 노나라에 사방 백 리인 자가 5인인데, 그대가 천하의 왕이
새로이 생긴다고 생각해본다면 노나라는 덜어내야 할 곳인가 더
해주어야 할 곳인가?

12-08-08
徒取諸彼 以與此 然且仁者 不爲 況於殺人以求之乎.

단지 저것을 취하여 이것에 주더라도 그러나 또 인자는 하지 않거
늘, 하물며 살인으로서 구함에 있어서야?

〈단어 및 어휘〉

・諸(어조사 저): 之於의 縮約.
・然且(연차): 그렇다고 하더라도 장차(또는 또한, 만일).

〈문법연구〉

・徒取諸彼 以與此.
: 예문은 徒取之於彼 以之與此와 같다. 徒는 부사로서 '단지', 之於에서 之는 대명사이고 於는 '~에서'의 의미를 지닌 개사이다. 徒取之於彼는 '단지 그에게서 그것을 취하여'이다. 以之與此는 '취한 것(之)을 이에게 주다' 축자적인 해석은 '다만(徒) 저들에게서 이것을(諸彼) 취해(取) 그것으로써(以) 이들(此)에게 주다(與).'

12-08-09
君子事君也 務引其君以當道 志於仁而己.

군자가 군주를 모심은 그 군주를 마땅한 도(道)로서 끌어 인에 뜻을 두게 힘쓸 뿐이다.

〈단어 및 어휘〉

・當道(당도): 일을 事理에 맞게 하는 것을 말한다.
・志仁(지인): 마음속에 仁慈함을 간직하는 것 또는 仁道에 뜻을 두는 것을 말한다.
・於(어조사 어): ~에, ~에서, ~으로부터 ~에게, 이에, 있다, 기대다, 탄식하다, 까마귀.

〈문법연구〉

・務引其君以當道.

務~, '~에 힘쓰다', '~하는 것에 힘쓰다' 또는 부사적으로 '힘써 ~하다.' 以는 '말 이을 而'와 같다. 즉 이 경우 본문의 번역과 달리 '임금을 이끌고 도에 이르기를 힘쓰다.'로 번역할 수 있다. 한편 전체 적으로는 사역의 의미를 가지는 문장이다. 즉 志於仁이 단순하게 '~에 뜻을 두다'가 아닌 '~에 뜻을 두게 하다'라는 의미의 문장이 다. 이처럼 한문에서는 문장의 의미로 사역이 되는 경우가 많다.

예) 故正得失 動天地 感鬼神 莫近於詩. (毛詩序)
: 그래서 득실을 바로 하고 천지를 감동시키고 귀신을 감동시키는 것으로는 시를 능가할 만한 것이 없다.

下 9장

12-09-01

孟子曰 今之事君者曰 我能爲君 辟土地 充府庫 今之所謂良臣 古之 所謂民賊也 君不鄕道不志於仁 而求富之 是富桀也.

孟子께서 말씀하셨다. <지금 君主를 섬기는 자들은 말하기를 '내 능히 君主를 위하여 땅을 넓히고 府庫를 채울 수 있다.' 하니, 지 금의 이른바 良臣이요, 옛적의 이른바 백성의 賊이다. 군주가 도 (道)에 향하지 못하고 인에도 뜻을 두지 않고 있는데 부유하게 해 주기만을 구하니, 이는 桀王을 부유하게 하는 것이다.

<단어 및 어휘>

· 辟(임금 벽/피할 피): 벽/임금, 제후, 법, 죄, 다스리다, 밝히다, 개간하다, 편벽되다 피/피하다, 물러나다.

· 府(고을 부): 마을, 고을, 도읍, 도시, 곳집, 곳간, 가슴.

· 府庫(부고): 창고.

· 鄕(시골 향): 시골, 마을, 고향, 방향, 향하다, 대접하다. 嚮也, 向也. 여기서는 동사로 사용되어 '향하다'이다.

· 富(부유할 부): 부유하다, 가멸다(재산이 넉넉하고 많다), 성하다, 기운이나 세력이 한창 왕성하다, 풍성하다, 어리다, 세차다, 부자, 행복.

<문법연구>

· 求富之 是富桀也.

: 富는 원래 형용사이다. 여기서는 동사로 전용되어 '부자로 만들다', '부유하게 하다' 등으로 사용된다. 해석은 '그를 부유하게 하기를 구하는 것, 이것은 桀(걸)을 부유하게 하는 것이다.'이다.

예) 漁人甚異之. (陶潛/桃花源記)
: 어부가 그것을 심히 이상하게 생각하였다.

예) 市人皆以嬴爲小人. (史記/信陵君傳)
: 저자 사람들이 모두 嬴을 소인이라고 생각했다.

12-09-02
我能爲君 約與國 戰必克 今之所謂良臣 古之所謂民賊也 君不鄕道 不志於仁 而求爲之强戰 是輔桀也.

나는 능히 君主를 위하여 이웃 나라와 맹약하여 전쟁에 반드시 이길 수 있다 함은 오늘날 소위 良臣이라 하지만, 옛날엔 소위 백성의 도적이라 했었다. 君主가 道를 향하지 못하고 仁에 뜻을 두지 않아도 그들을 위하여 억지로 전쟁하기를 구하니. 이는 桀을 돕는 것이다.

〈단어 및 어휘〉

· 克(이길 극): 이기다, 해내다, 참고 견디다, 능력이 있다, 메다, 다스리다, 승벽(지기 싫어하는 성질).
· 強(강할 강): 강하다, 굳세다, 힘쓰다, 억지로 하다, 권하다, 거스르다.
· 與國(여국): 友好國 또는 同盟國을 말한다. 한편 與를 개사로 보고 '～과 더불어', '～과 함께'로 해석할 수도 있다.
· 輔(도울 보): 돕다, 도움, 재상, 아전.

12-09-03
由今之道 無變今之俗 雖與之天下 不能一朝居也.

오늘날의 도로 인하여 오늘날의 풍속을 변화시킴이 없으면 비록 천하를 준다 한들 능히 하루아침도 살 수 없다(차지할 수 없다)

〈단어 및 어휘〉

· 由(말미암을 유): 從也, 自也. 쫓다, 또는～로부터.
· 俗(풍속 속): 관습, 속인, 風俗, 속되다, 평범하다, 흔하다, 대중적이다, 천하다.
· 變(변할 변): 변하다, 고치다, 변경하다, 움직이다, 놀라게 하다,

다투다, 속이다, 변화.

·與(줄 여): 子也, 授也. 주다.

·居(살 거): 있다, 거처하다, 자리 잡다, 앉다, 살다, 주거하다.

〈문법연구〉

·雖與之天下.

: 之는 대명사로 '그', 與~, '~에게 ~을 주다'라는 목적어를 두 개 갖는 것이 특징인 동사이다. 與之天下의 해석은 '그(之)에게 천하를 주다(與).'

下 10장

12-10-01

白圭曰 吾欲二十而取一 何如.

白圭가 말하였다. <저는 조세를 20에 1을 취하고자 하는데 어떻습니까?>

〈단어 및 어휘〉

·백규(白圭): 위(魏)나라 문후(文侯) 때의 사람.

·二十而取一: 二十 分의 一의 租稅로 二十 앞에 於가 생략되어 있다.

12-10-02

孟子曰 子之道 貉道也.

孟子께서 말씀하셨다. <그대의 道는 북방 오랑캐 道이다.

〈단어 및 어휘〉

· 貉(담비 학/오랑캐 맥): 학/담비, 튼튼하다. 맥/오랑캐, 북방 오
랑캐, 나쁘다.
· 道(길 도): 가다, 가르치다, 깨닫다, 다스리다, 따르다, 말하다,
완벽한 글, 의존하다, 이끌다, 인도하다, 정통하다, 통하다, 방법.
재주. 여기서는 '방법'으로 사용되었다.

12-10-03
萬室之國 一人 陶則可乎 曰不可 器不足用也.

萬 가구의 나라에 한 사람이 질그릇을 굽는다면 가하겠는가?> <不
可합니다. 그릇이 쓰기에 부족합니다.>

〈단어 및 어휘〉

· 陶(질그릇 도/사람 이름 요): 질그릇(잿물을 덮지 아니한, 진흙
만으로 구워 만든 그릇), 도공, 달리는 모양, (질그릇을) 굽다,
빚어 만들다, 기르다, 기뻐하다, 즐거워하다, 근심하다(속을 태
우다). 여기서는 질그릇을 굽는 것을 뜻한다.
· 用(쓸 용): 여기서는 需要를 말한다.

12-10-04
曰夫貉 五穀不生 惟黍生之 無城郭宮室宗廟祭祀之禮 無諸侯幣帛饔
飧 無百官有司 故二十取一而足也.

말씀하시기를, <무릇 貉은 오곡이 자라지 않고 오직 기장만이 자라나서 성곽, 궁실, 종묘, 제사의 예(禮)가 없어 제후, 폐백, 손님 접대도 없고 百官과 有司도 없다. 때문에 1/20을 취하여도 족할 것이다.>

〈단어 및 어휘〉

· 黍(기장 서): 기장, 수수와 비슷한 穀類이다.
· 饔(아침밥 옹): 아침밥, 익은 음식, 요리하다.
· 飧(저녁밥 손): 저녁밥, 밥, 먹다.
· 饔飧(옹손): 아침밥과 저녁밥인데, 여기서는 손님에게 飮食 待接하는 것을 말한다.

〈문법연구〉

· 惟黍生之.
: 之는 焉과 같아 '거기에서'라는 장소를 나타내는 개사이지만 여기서는 문장이 끝나지 않았기 때문에 종결어미인 焉을 쓰지 않고 之를 썼다. 축자적인 해석은 '오직(惟) 기장(黍)만이 그곳에(之) 난다(生)'이다.

> 예) 淵深而魚生之 山深而獸往之 人富而仁義附焉. (史記)
> : 물이 깊으면 고기가 그곳에서 생겨나고 산이 깊으면 짐승이 그곳으로 달려가고 사람이 부유하면 인의가 따라온다.

12-10-05
今居中國 去人倫 無君子 如之何其可也.

지금 나라 한가운데 居하면서 人倫을 저버리며 君子가 없다면 그

것이 가하겠는가?

〈단어 및 어휘〉

· 如之何(여지하): 어찌, 어떻게, 어떠한가? 어찌하랴.

12-10-06
陶以寡 且不可以爲國 況無君子乎.

질그릇이 부족해도 또 나라를 다스리는 데에 부족한데, 하물며 군
자가 없어서야 되겠는가?

〈단어 및 어휘〉

· 以(써 이): ~로써, ~때문에, ~라 여기다, 사용하다, 이유, ~하
기 위해서, 그래서. 여기서는 以는 '已(너무)와 같다.'라고도 볼
수 있다. 즉 '陶以寡: 그릇을 굽는 것이 너무 적다.

· 爲(할 위): 하다, 만들다, ~이다, 하게 하다, 다스리다, ~라 생
각하다, 설립하다.

〈문법연구〉

· 陶以寡.
: 以는 이유, 원인으로 '以寡'는 여기서는 '부족하면' 즉 '질그릇이
부족한 것만으로도'라는 의미를 가진다. 또는 以는 已(너무)와 같은
뜻으로 파악하여 해석할 수도 있다. 또 다른 문법적 해석으로는 以
다음에 之가 생략된 형태로 파악하면 陶以之寡 즉 '질그릇을 굽는
것 그것이 부족해도'라고 해석할 수 있다.

12-10-07

欲輕之於堯舜之道者 大貉小貉也 欲重之於堯舜之道者 大桀 小桀也.

요순의 도를 가볍게 하고자 하는 자는 큰 오랑캐 작은 오랑캐가
되는 것이고 요순의 도를 무겁게 하고자 하는 자는 큰 폭군(걸)
작은 폭군이 되는 것이다. (즉 요순의 세법보다 가볍거나 무겁게
할 수 없다는 의미)

〈단어 및 어휘〉

· 道(길 도): 方法. 방식.

〈문법연구〉

· 欲輕之於堯舜之道者, 欲重之於堯舜之道者.

: 여기서 輕重 다음의 之는 불특정한 것(무엇)을 받는 대명사이다.
또는 명사 다음에 붙어서 동사화(타동사)하는 개사로 여기서는 형
용사를 동사화하여 '무겁게 하다', '가볍게 하다'라는 의미로 만든다.
또 之를 앞의 道(방법/여기서는 조세법)를 받는 대명사로 볼 수도 있
다. 이 경우 해석은 다음과 같다. '요순의 도(堯舜之道)에서(於) 그것
(之/조세제도)을 가볍게(輕) 하고자 하는(欲) 사람(者)은 큰 오랑캐
(大貉)나 작은 오랑캐(小貉)이다(也).

下 11장

12-11-01

白圭曰 丹之治水也 愈於禹.

백규 말하기를 <제가 물의 다스림에 있어 우임금보다 낫습니다.>

〈단어 및 어휘〉

· 丹(붉을 단): 白圭의 이름.
· 禹(성씨 우): 夏의 禹王.

〈문법연구〉

· 丹之治水也, 禹之治水.
: 之는 주어절의 주어 다음에 쓰인 주격조사이다. 이 경우에 之 ~ 也로 연용 되는 경우가 많다. 也는 생략할 수도 있다.

· 愈於禹.
: 일반적으로 형용사 뒤에 있는 於는 대부분 비교를 나타내며 여기에서는 <~보다>라는 뜻이다. 愈於~, '~보다 뛰어나다', '~보다 낫다', '~보다 월등하다'

12-11-02
孟子曰 子過矣 禹之治水 水之道也.

孟子께서 말씀하셨다. <그대는 지나치다. 禹王의 물 다스림은 물을 인도한 것이다.>

〈문법연구〉

· 水之道.
: 之는 도치를 나타내며, 道는 導와 같다. 즉, 이 문장은 원래 道水

인데 水를 강조하여 앞으로 내고, 之로 그것을 표시해 준 것이라 보고 해석한 것이라 볼 수 있다. 또는 道란, 물(水)이 낮은 데로 흐르는 性質을 거스르지 않는 것을 의미하므로 '治水는 물의 本性대로 흐르게 한 것이다.'라는 해석도 가능하다.

12-11-03
是故禹以四海爲壑 今吾子以隣國爲壑.

이렇기 때문에 우임금께서는 사해(四海)를 골짜기(壑:학/여기서는 排水處)로 삼으셨고, 지금 우리 그대는 이웃 나라를 골짜기(排水處)로 삼은 것이다.

〈단어 및 어휘〉

· 壑(골 학): 골, 도랑, 개천.

〈문법연구〉

· 禹以四海爲壑.
: 以~爲~ '~을 ~로 삼다.', '~을 ~로 여기다.'

12-11-04
水逆行 謂之洚水 洚水者 洪水也 仁人之所惡也 吾子過矣.

물이 逆行하는 것을 일러 洚水라고 하는데, 洚水는 洪水이니, 仁人가 싫어하는 바이니, 그대가 지나치다.

<단어 및 어휘>

· 洚(물 벅차게 흐를 홍): (洪과 통함), 물 거슬러 흐를 강. 큰물, 홍수, 넘쳐흐르다.

<문법연구>

· 仁人之所惡也.

: 이 문장의 之는 보어절(구) 안의 주어 다음에 쓰인 주격조사 이다.

下 12장

12-12-01

孟子曰 君子不亮 惡乎執.

孟子께서 말씀하셨다. <군자가 믿음성이 없다면 무엇을 의지할 수 있겠는가?>

<단어 및 어휘>

· 亮(밝을 량): 眞實, 諒也 小信也. 밝다, 환하다, 분명해지다, 미쁘 다(믿음성이 있다).
· 惡乎(오호): 아(감탄사), 어디에, 어디에서, 어느 곳.
· 執(잡을 집): 잡다, 가지다, 맡아 다스리다, 처리하다, 두려워하 다, 사귀다, 벗, 동지, 벗하여 사귀는 사람.

下 13장

魯欲使樂正子 爲政 孟子曰 吾聞之 喜而不寐.

노나라가 악정자로 하여금 정치를 맡기려 하였다. 孟子께서 말씀 하셨다. <내가 그것을 듣고 기뻐 잠이 오지 않았다.>

〈단어 및 어휘〉

· 爲政(위정): 執政. 즉 정치를 맡음. 정치를 함.
· 寐(잘 매): 죽다, 적적하다, 잠자다.

公孫丑曰 樂正子 强乎 曰否 有知慮乎 曰否 多聞識乎 曰否.

公孫丑가 말하였다. <樂正子는 强합니까?> <아니다.> <사려 깊은 지혜가 있습니까?> <아니다.> <聞識(문식/식견)이 많습니까?> <아니다.>

然則 奚爲喜而不寐.

그렇다면 어찌 기뻐서 잠이 오지 않게 될 수 있습니까?

〈문법연구〉

· 奚爲喜而不寐.
: 奚爲 어찌하여, 무엇 때문에. 奚爲는 원래 爲奚인데, 奚가 의문사이기 때문에 전치사 爲의 앞으로 왔다.

예) 許子奚爲不自織. (孟子)
: 허자는 어째서(奚爲) 스스로 (옷을) 짜지 않습니까.

예) 子曰 由之瑟 奚爲於丘之門. (論語)
: 공자께서 말씀하셨다. 자로(子路)는 비파를 어찌하여 나의 문(門)에서 연주하는가?

12-13-04

曰其爲人也 好善 好善 足乎.

말씀하시기를, <그 사람됨이 선을 좋아하느니라.> <선을 좋아하는 것만으로도 족합니까?>

12-13-05

曰好善 優於天下 而況魯國乎.

말씀하시기를, <선을 좋아하면 천하를 다스림에도 넉넉할 것인데 하물며 노나라에서야.>

〈단어 및 어휘〉

· 優(뛰어날 우/넉넉할 우): 뛰어나다. 우수하다. 훌륭하다. 빼어나다. 넉넉하다.

12-13-06

夫苟好善 則四海之內 皆將輕千里而來 告之以善.

무릇 진실로 선을 좋아하면 사해(四海) 안이 모두 장차 천 리라도 쉽게 여기고 와서 선으로서 고해줄 것이다.

<단어 및 어휘>

· 苟(진실로 구): 진실로. 참으로.

· 輕(가벼울 경): 가볍다. 얕다. 젊다. 어리다. (부담이) 적다. 쉽다.
경솔하다. 대수롭지 않게 여김(생각함). 가볍게 여기다. 경시(輕
視)하다.

<문법연구>

· 皆將輕千里而來.

: 이 문장에서 輕은 동사로 사용되어 '쉬이여기다', '가벼이 생각하
다'라는 의미로 사용되었다. 將輕千里而의 해석은 '천 리도 가벼이
여기고'

· 告之以善.

: 告~, '~에게 ~을 알려주다.' 두 개의 목적어를 갖는 동사이다.
之는 대명사이고 善은 직접목적어로 以가 이끌어주고 있다. 이 以는
생략할 수 있지만 동사 앞으로 도치되어 '以善告之'라고 표현하는
경우 생략될 수 없다.

12-13-07

夫苟不好善 則人將曰訑訑 予旣已知之矣 訑訑之聲音顔色 距人於千
里之外 士止於千里之外 則讒諂面諛之人 至矣 與讒諂面諛之人居
國欲治 可得乎.

무릇 진실로 선을 좋아하지 않으면 사람들은 장차 '잘난 체를 내
가 이미 다 알고 있다 할 것이니', 이 잘났다는 소문과 안색이 천

리 밖의 사람들을 막게 된다. 선비를 천 리의 밖에 그치게 한다면 즉 참소하고 면전에서 아첨하는 사람만이 이를 것이다. 참소하고 면전에서 아첨하는 사람만이 거처하면 나라를 다스리고자 하나 어찌 가히 할 수 있겠는가?

〈단어 및 어휘〉

· 訑(으쓱거릴 이/속일 타): 이/으쓱거리다, 스스로 만족해하다 타/속이다.

· 訑訑(이이): 으쓱거리다. 스스로 만족해하는 모양. 잘난 체 또는 똑똑한 체하는 모양을 이르는 말이다. 자만(自慢·自滿), 자족(自足)하는 모양.

· 距(상거할 거/막을 거): 離也, 距離 따라서 거리가 떨어짐을 말한다.

· 旣已(기이): 이미.

· 讒(헐뜯을 참): 헐뜯다, 참소하다, 중상하다, 참소.

· 諂(아첨할 첨): 아첨하다, 알랑거리다, 아양을 떨다, 아첨.

· 諛(아첨할 유): 아첨하다, 비위를 맞추다.

· 讒諂面諛(참첨면유): 참소하고 입으로 아첨하며 그리고 알랑거리는 얼굴, 따라서 讒訴하고 입으로 阿諂함을 이른다.

〈문법연구〉

· 國欲治 可得乎.

: (雖)欲～, 得乎 형태로 '비록 ～하고자 하지만 할 수 있었느냐?', '～하고자 했지만 그렇게 되었느냐(했느냐)?', '비록 ～하려 했지만 생각한 대로 되었느냐?'로 해석되는 구문이다.

예) 賢者 知其不己用而怨之 不肖者 知其賤己而讐之 賢者怨之 不肖
者讐之 怨讐並前 雖欲無亡 得乎. (說苑)
: 어진 이는 자신이 등용되지 않는 걸 알면 원망하며 불초한 자는
천시당하는 걸 알면 원수로 여긴다. 어진 이가 원망을 갖고 불초
한 자가 원수로 여기면 원망과 원수가 나란히 앞을 막는 것과 같
은데, 망하지 않으려고 버틴들 가능하겠느냐?

예) 欲无至此 得乎. (莊子)
: (일이) 여기에 이르게 하려 하지 않으려 한다 해도, 될 수가 있
겠는가?

下 14장

12-14-01

陳子曰 古之君子 何如則仕 孟子曰 所就三所去三.

陳子가 말하였다. <옛날에 군자가 어떠하면 벼슬하였습니까?> 孟
子께서 말씀하셨다. <나아간 바가 세 가지요, 물러난 바가 세 가
지였다.>

〈단어 및 어휘〉

· 陳子(진자): 는 공손추 하편에 등장했었던 孟子의 제자이다.

〈문법연구〉

· 所就二, 所去三.

: 동사 就, 去를 명사로 만들어, 주어 역할을 하도록 앞에 所를 붙
였다. 이 문장에서 三은 술어로 쓰여 '세 번이다.'이다. 전체적으로

'주어+술어' 문장을 만들어, 주어 앞의 '어떤 조건이면 벼슬을 하느냐'라는 질문에 대해 벼슬을 하는 경우가 세 가지이고 물러나는 경우가 세 가지가 있음을 말하고 있다.

12-14-02

迎之致敬以有禮 言將行其言也 則就之 禮貌未衰 言弗行也 則去之.

대우함이 예로서 공경을 다하며 (군주의) 말은 장차 그 말대로 행하려 한다면 즉 나아가고, 예를 갖춘 모습이 아직 쇠하지 않더라도 말이 시행되지 않으면 물러난다.

〈단어 및 어휘〉

- 迎(맞을 영): 迎接. 여기서는 맞이한다는 뜻 보다는 대우한다는 뜻으로 새긴다.
- 致敬(치경): 공경을 다하다. 경의를 표하다.
- 貌(얼굴 모): 외모, 얼굴, 형상, 외관.
- 衰(쇠할 소/도롱이 사/상복 최): 쇠하다, 약하다, 상복(최), 줄다, 줄이다, 도롱이.

〈문법연구〉

- 迎之致敬以有禮.
: '대우함이 예로서 공경을 다하다.' 迎之를 '대우함', '대우하는 것'으로 보아 '동사+之' 꼴로 명사화된 것으로 해석할 수 있다. 물론 之를 대명사로 보거나 어조를 고르기 위한 허사로 보고 해석할 수도 있다. 여기서는 명사화한 것으로 파악했다.

예) 誨女知之乎 知之爲知之 不知爲不知 是知也. (論語)
: 너에게 안는 것을 가르쳐 주랴? 아는 것은 아는 것이라 여기고,
모르면 모른다고 여김이 바로 안다는 것이다.

예) 有之以爲利, 無之以爲用. (老子)
: 소유한 것으로 이롭게 할 수 있으며, 없는 것으로 쓰는 것을 삼
는다.

예) 不知足之蹈之手之舞之. (孟子)
: 발(足之)이 뛰는 것(蹈之)과 손이(手之) 춤 추는 것(舞之)을 모르
게 된다(不知).

12-14-03
其次 雖未行其言也 迎之致敬以有禮 則就之 禮貌衰則去之.

그다음은 비록 그 말이 행해지지 않았지만 맞이함을 예로서 공경
을 다하면 나아가고 예의 모습이 쇠하면 물러난다.

12-14-04
其下 朝不食 夕不食 飢餓不能出門戶 君聞之日吾大者 不能行其道
又不能從其言也 使飢餓於我土地吾恥之 周之 亦可受也 免死而已矣.

그 아래로는 아침을 먹지 못하고, 저녁도 먹지 못하여, 굶주려 문
을 나갈 수 없거든, 군주가 이 말을 듣고 말하기를 '내가 크게는 능
히 그 도(道)를 행하지 못하였고 또 능히 그 말을 쫓지 못하여 나
의 토지에서 굶주리게 하였으니, 나는 이것을 부끄러워한다'라 하
며 구휼하여 주면 또한 가히 받기를 죽음만 면할 뿐이어야 한다.

〈단어 및 어휘〉

・周(두루 주): 두루, 널리, 둘레, 구하다, 지극하다, 합당하다, 도

움, 신의. 빈민을 두루 구제한다. 賙也 賑恤.

· 而已矣(이이의): ~일 뿐이다.

〈문법연구〉

· 使飢餓於我土地吾恥之.

: 使+동사 '동사 하게 하다', 使飢餓於我土地 '내 토지에서 굶주리
게 하다.' 吾恥之의 之는 앞의 문장 '굶주리게 하는 것'을 받는다.

下 15장

12-15-01

孟子曰 舜發於畎畝之中 傅說 擧於版築之間 膠鬲 擧於魚鹽之中 管
夷吾 擧於士 孫叔敖 擧於海 百里奚 擧於市.

孟子께서 말씀하셨다. <순임금은 밭이랑 속에서 선발되었고, 부열
은 판자로 성 쌓는 사이에 천거되었고, 교격은 어물전 속에서 천거
되었고, 관이오(관중)는 법관에게 형을 받는 중에 천거되었고, 손
숙오는 해변에서 천거되었고, 백리해는 시장바닥에서 천거되었다.>

〈단어 및 어휘〉

· 畎畝(견무): 밭도랑과 이랑(또는 두둑)으로 '들판'이라는 뜻이다.
· 傅說(부열): 殷나라 사람으로 高宗 武丁에게 起用된 賢臣.
· 版築(판축): 版은 板으로, 城壁이나 堤防을 쌓는데 쓰이는 것으
  로, 版築은 工事版을 말한다. 또는 건축 공사장을 말하기도 한다.

・膠鬲(요격): 傳說 속 殷末周初 混亂期 때의 인물.
・管夷吾(관이오): 管仲을 말한다.
・孫叔敖(손숙오): 초나라의 명신.
・士(선비 사): 여기서는 하급관리로 獄吏를 말한다.

12-15-02
故天將降大任於是人也 必先苦其心志 勞其筋骨 餓其體膚 空乏其身
行拂亂其所爲 所以動心忍性 曾益其所不能.

고로 하늘은 장차 대임(大任)을 이 사람에게 내리실 때에는 반드
시 먼저 그 마음에 고통과 그 근골(筋骨)에 노고와 그 체부(體膚)
에 굶주림과 그 몸에 궁핍이 있게 하였고, 행함은 그 하려는 바에
어긋나게 했다. 그래서 꼼꼼히 마음을 움직이고 욕망을 견디는 해
서 거듭 그 능하지 못한 바를 더하게(단련되게) 했다.

〈단어 및 어휘〉

・大任(대임): 大事 즉 큰일을 擔當 또는 勘當하게 하는 것으로 말한다.
・心志(심지): 의지, 심지
・空乏(공핍): 궁핍하다, 곤궁하다. 窮乏.
・拂(어길 불): 戾也. 거스르다. 어겨지다. 즉 背叛하여 어긋난 것
  을 말한다. 한편으로 拂(떨칠 불/도울 필): 불/떨치다, 먼지를 털
  다, 어기다. 필/돕다, 보필하다, 보좌, 바로잡다.
・拂亂(불란): 어긋나고 어지러워짐, 자기 뜻과 맞지 않음.
・動心(동심): 마음을 움직여 奮發하는 것을 말한다.
・性(성품 성): 氣稟食色으로 本能的인 것을 말한다.

- 曾(일찍 증): 여기서는 '더욱 증', 增과 같음.
- 所以(소이): 그래서, 그런 까닭에, 그러니까, ~한 이유는, 이유, 원인.

〈문법연구〉

- 所以動心忍性.
: 이 문장에서 所以는 이유나 까닭을 나타낸다. 번역은 '~한 것은' 정도로 해석한다. 또는 뒤의 문자에 원인이나 이유를 제공하는 식의 해석으로 '~해서'라고 해석할 수 있다. 문법적으로는 以 다음에 之가 생략되었다고 볼 수 있다. 이 之는 앞의 '行拂亂其所爲'을 비롯한 여러 가지 고난을 받는다. 해석은 '그래서 그것으로 (所以) 마음을 움직이고(動心) 참을성을 기르게 함(忍性)이다.'

12-15-03
人恒過然後 能改 困於心 衡於慮然後 作 徵於色 發於聲而後 喻.

사람은 항상 허물이 있은 연후에 능히 고치게 된다. 마음에 헤아려 보고 난 뒤에 일어나며(또는 마음에 橫逆된 뒤에 일어나며), 얼굴에 징험되고 음성에 나타난 뒤에 깨닫는 것이다.

〈단어 및 어휘〉

- 困(곤할 고): 곤하다(기운 없이 나른하다), 지치다, 괴로움을 겪다, 시달리다, 위태롭다, 괴롭다, 가난하다,
- 衡(저울대 형/가로 횡): 裁量. 재어보다. 헤아려 보다. 또, 橫과 같다.

- 徵(부를 징): 부르다, 징집하다, 거두다, 징수하다, 징계하다, 밝히다, 이루다.
- 喻(깨우칠 유): 이해하다, 깨닫다, 설명하다, 비유하다, 기뻐하다. 曉也. 깨닫다. 환히 알다.

〈문법연구〉

- 衡於慮然後.
: 책에 따라 '橫於慮而後'로 된 경우도 있다. 이 경우는 橫은 不順으로 '마음에 橫逆된 뒤'로 해석할 수 있다. 다른 해석으로는 衡과 橫을 같이 보고 해석하는 경우도 있다.

12-15-04
入則無法家拂士 出則無敵國外患者 國恒亡.

들어서는 법도가 되는 가문과 보필하는 현사도 없고, 나서서는 대적할 국가와 외환도 없게 되면 나라는 항상 망하게 되는 법이다.

〈단어 및 어휘〉

- 法家(법가): 法度를 잘 지키는 世家를 말한다. 또는 본보기가 되는 집안.
- 拂(떨칠 불/도울 필): 불/떨치다, 먼지를 털다, 어기다 필/돕다, 보필하다, 보좌, 바로잡다. 여기서는 '도울 필', 弼과 같음. 拂(필) 필로 읽고 뜻은 弼也로 輔弼이다. 즉 임금을 衷心으로 輔弼하는 것을 말한다.
- 拂士(불사): 여기서는 '거스르는 관리: 즉 군주에게 옳은 길을

가도록 하는 행위에서 군주의 안일한 마음을 거스름'으로도 해
석할 수도 있다.

12-15-05

然後 知生於憂患而死於安樂也.

그런 연후에 우환 속에 삶이 있고 안락 속에 죽음이 있는 것을 알
게 된다.>

下 16장

12-16-01

孟子曰 敎亦多術矣 予不屑之敎誨也者 是亦敎誨之而已矣.

孟子께서 말씀하셨다. <가르치는 데는 방법이 여러 가지이니, 내
가 달갑게 여기지 않아서 가르치기를 거절하는 것 또한 가르치는
것일 따름이다.>

〈단어 및 어휘〉

· 術(재주 술): 재주, 꾀, 方法, 技術.
· 誨(가르칠 회): 가르치다, 인도하다, 보이다, 회개하다, 가르침,
  간언하는 말.
· 敎誨(교회): 가르쳐 깨닫게 함.
· 屑(가루 설): 가루, 문득, 달갑게 여기다, 중히 여기다. 달갑게
  여기다. 매우 흡족해하다. 중히 여기다. 수고하다. 애쓰다. 여기
  서는 愉快하게 여기는 것을 말한다.
· 不屑(불설): 경시하다, ～할 가치가 없다고 여기다.

- 不屑之敎誨(불설지교회): 가르치는 사람 자신이 달가워하지 않는다는 것을 상대방에게 보여줌으로써 상대방을 가르치고 깨우쳐주는 것.
- 而已矣(이이의): ～일 뿐이다.

〈문법연구〉

- 予不屑之敎誨也者.

:～也者, '～라는 것은', 之는 수식 피수식의 관계를 나타낸다. 원래 동사가 명사를 수식할 때는 '所+동사+之+명사' 형태이다. 만약 '달가워하는 가르침'을 한문으로 바꾸면 '所屑之敎誨'이다. 그런데 수식하는 동사가 다른 말로 수식이 되거나(不屑처럼), 다른 말을 수식하는 경우는 다음 예들처럼 '所가 사라진다. 예) 傾國之色 나라를 기울게 할 만한 용모 斷金之交 쇠를 자를 수 있는 사귐, 累卵之勢 알을 포개어 놓은 형세.

盡心章句 上

凡四十六章

上 1장

13-01-01

孟子曰 盡其心者 知其性也 知其性則知天矣.

孟子께서 말씀하셨다. <그 마음을 다하는 사람은 그 성(性)을 아
는 것이요 그 성(性)을 안다면 하늘을 알게 된다.>

13-01-02

存其心 養其性 所以事天也.

그 마음을 보존하고 그 성(性)을 기르는 것은 하늘을 섬기는 까닭
이 된다.

〈단어 및 어휘〉

· 事(일 사/섬길 사): '섬긴다'라는 뜻.

· 所以事天也.

: 所以之事天也에서 之가 생략된 형태이다. 之는 앞의 存其心· 養其性을 받는다.

13-01-03

夭壽不貳 脩身以俟之 所以立命也.

요절함과 장수함에 두 갈래의 마음을 먹지 않고 수신(修身)으로서 죽음을 기다리는 것은 하늘의 명을 세우는 까닭이 된다.

〈단어 및 어휘〉

· 夭(일찍 죽을 요): 일찍 죽다, 죽이다, 夭折.
· 壽(목숨 수): 목숨, 수명, 장수하다, 오래 사는 것.
· 貳(두 이): 동사로 쓰이게 되면, '둘로 여긴다'라는 뜻이 된다. 즉 不貳(불이)는 변하지 않는 것. 흔들리지 않는 것. 바뀌지 않는 것. 두 마음을 품지 않는 것, 즉 疑心을 하지 않는 것을 말한다.
· 俟(기다릴 사): 待也. 따라서 俟之란, 天命을 기다리는 것을 말한다.
· 所以(소이): 까닭. 일이 생기게 된 원인이나 조건(條件), 方法.
· 立命(입명): 天命에 따르는 것 또는 天命을 지키는 것.

上 2장

13-02-01

孟子曰 莫非命也 順受其正.

孟子께서 말씀하셨다. <하늘의 명이 아닌 것이 아무것도 없으니 그 바름을 순순히 따라서 받아야 한다.>

〈단어 및 어휘〉

· 命(목숨 명): 여기서는 天命을 말한다.
· 正(바를 정): 正命으로, 즉 올바른 天命을 말한다.

〈문법연구〉

· 莫非命也.
: 莫非~ '~하는 것(사람)이 없다.', '모두 ~이다.' 예문에서 莫은 주어를 포함하고 있다.

13-02-02
是故 知命者 不立乎巖墻之下.

이러므로 천명을 아는 사람은 바위나 담장 아래에 서지 않는다.

〈단어 및 어휘〉

· 巖(바위 암): 바위, 언덕, 낭떠러지, 험하다, 가파르다. 險也 위태롭다.
· 巖墻(암장): 높고 위험한 담, 위험한 곳.

13-02-03
盡其道而死者 正命也.

그 도를 다하고 죽는 것이 바른 명이 된다.

13-02-04

桎梏死者 非正命也.

형틀에서 죽는 것은 바른 명이 아니다.

〈단어 및 어휘〉

· 桎(차꼬 질): 차꼬 질, 족쇄 질. 차꼬: 옛 형구의 하나. 기다란 두
  개의 나무토막을 맞대어 거기에 구멍을 파서 罪人의 두 발목을
  그 구멍에 넣고 자물쇠를 채움. 족가(足枷).
· 梏(수갑 곡): 수갑, 쇠고랑, 묶다.
· 桎梏(질곡): 차꼬와 수갑.

上 3장

13-03-01

孟子曰 求則得之 舍則失之 是求有益於得也 求在我者也.

孟子께서 말씀하셨다. <求하면 얻고 버리면 잃으니, 그 구하는 일
은 얻는 데에 유익(有益)하다. 求하는 것이 나에게 있기 때문이다.

〈단어 및 어휘〉

· 舍(집 사/버릴 사/벌여놓을 석): 집, 가옥, 버리다, 포기하다, 捨
  와 通用.

13-03-02

求之有道 得之有命 是求無益於得也 求在外者也.

求하는 데에 道가 있고, 얻는 데에 命이 있는 경우에는, 그 구하는 일은 얻음에는 무익(無益)하니, 밖에 있는 것을 求하기 때문이다.>

上 4장

13-04-01

孟子曰 萬物皆備於我矣.

孟子께서 말씀하셨다. <萬物이 모두 나에게 갖추어져 있으니

13-04-02

反身而誠 樂莫大焉.

몸을 돌아보고 참 되면 이보다 큰 즐거움은 없다.

〈문법연구〉

· 樂莫大焉.

: 莫大, '더 큰 것은 없다.' 焉은 於是로 莫大於是는 '그것보다 큰 것은 없다.' 주어는 즐거움(樂)이므로 '즐거움이 이보다 큰 것은 없다.' 일반적으로 '주어+莫+형용사' 형태의 문장은 '주어 가운데(중에) ~보다 더 ~한 것은 없다', '~보다 더 ~한 사람은 없다.'라고 해석한다. 다음 문장의 求仁莫近焉도 '인을 구하는 것 중에 이보다 가까운 것은 없다.'

  예) 故君子莫大乎與人爲善. (孟子)
  : 그러므로(故) 군자(君子)는 다른 사람과(與人) 선을 행하는 것(爲

善) 보다(乎) 더 큰 것이 없다(莫大).

13-04-03

强恕而行 求仁莫近焉.

힘써 서(恕)를 행하면 인을 구하는 것이 이보다 가까운 것이 없다.

〈단어 및 어휘〉

· 恕(용서할 서): 용서하다, 어질다, 인자하다, 동정하다. 어짊, 사랑, 남의 처지에 서서 동정하는 마음.

〈문법연구〉

· 强恕而行.

: 이 문장에서는 恕가 동사로 사용되었다. 强恕(강서): 힘써 타인의 마음을 이해하다.

· 求仁莫近焉.

: 인(仁)을 구함이 이보다 가까운 것이 없다. 莫+동사는 '~한 것이 없다', '~한 사람이 없다.' 莫+형용사는 '~보다 더 ~한 것은 없다'로 사용된다. 焉은 於是(於此, 於之)로 是는 앞의 强恕而行을 받는다.

> 예) 君子莫大乎與人爲善. (孟子)
> : 군자에게는 남과 함께 좋은 일을 하는 것보다 더 큰 일이 없다.

> 예) 見賢思齊焉 見不賢 而內自省也. (論語)
> : 어진 자를 보고 그와 같기를 생각하며, 어질지 못한 자를 보고 스스로 자신을 살핀다.

예) 人誰無過 過而能改 善莫大焉. (左傳)
: 사람이 누가 허물이 없겠는가? 잘못이 있으나 고칠 수 있다면,
선이 이보다 더 큰 것이 없다.

上 5장

13-05-01

孟子曰 行之而不著焉 習矣而不察焉 終身由之而不知其道者衆也.

孟子께서 말씀하셨다. <그것을 행하면서도 밝게 알지 못하고, 익
히면서도 자세히 살피지도 않고, 종신토록 그것을 따르면서 그 도
를 알지 못하는 사람이 많다.>

〈단어 및 어휘〉

· 著(드러날 저/붙을 착): 나타나다, 드러나다, 분명해지다, 오래
  되다, 두드러지다, 입다, 쓰다, 신다, 知之明. 道를 分明하게 밝
  히는 것을 말한다.
· 習(익힐 습): 익히다, 익숙하다, 배우다, 능하다, 버릇, 습관, 풍습.
· 察(살필 찰): 살피다, 알다, 살펴서 알다, 생각하여 보다, 드러나다,
  널리 알려지다, 깨끗하다, 察知, 綿密하게 判別하는 것을 말한다.
· 由(말미암을 유): 말미암다, 좇다, 따르다, 從也.
· 衆(무리 중): 무리(모여서 뭉친 한 동아리), 많은 일, 많다, 무리 지다.

〈문법연구〉

· 行之而不著焉.

: 之는 대명사로 '道'를 말한다고 볼 수 있다. 한편 불특정한 것(무 엇/어떤 것)을 받는 대명사로 생각할 수 있다. 이 경우 之는 대명사 이기는 하지만 앞에 제시한 명사를 받는 것이라 하기 보다는 '무언 가/어떤 것'이라는 막연한 대상을 받는 대명사이다. 즉, 의미상으로 는 '어떤 것/무언가를'이라는 뜻을 갖는다. 이 경우는 '동사 하는 것,' 또는 '동사 하기'라고 해석하는 경우가 많다. 위 문장 '行之而不著焉, 終身由之而不知其道者'에서는 '행하기는 하지만(而)', '종신 따르기는 하지만(而)'이라고 해석하면 된다. 또 예를 들어 다음 13-07-01 문장 중에 恥之於人大矣에서 恥之은 '부끄러워하는 것'이라 해석하여 '부 끄러워하는 것은 사람에게 있어서 중요하다'로 해석하면 좋다.

上 6장

13-06-01

孟子曰 人不可以無恥 無恥之恥 無恥矣.

孟子께서 말씀하셨다. <사람은 부끄러움이 없어서는 불가하니, 부끄 러움이 없는 것을 부끄럽게 여기면 (진정) 부끄러움이 없게 된다.>

〈문법연구〉

· 無恥之恥.

. 인래 이 문장은 恥無恥로 '부끄러움이 없는 것(無恥)을 부끄러워 하다(恥)'이다. 즉 無恥之恥에서 앞의 恥는 명사이고 뒤의 恥는 동사 이다. 그런데 之를 사용하여 恥(부끄럽게 여기다)의 목적어인 無恥 를 강조하여 앞으로 보냈다.

上 7장

13-07-01

孟子曰 恥之於人大矣.

孟子께서 말씀하셨다. <부끄러워하는 것은 사람에게 있어서 큰 것이 된다.

〈단어 및 어휘〉

· 大(클 대): 중요하다, 크다, 重大, 重要.

13-07-02

爲機變之巧者 無所用恥焉.

임기응변을 교묘히 하는 자는 부끄러움을 사용할 바가 없게 된다.

〈단어 및 어휘〉

· 機(틀 기): 틀, 기계, 베틀, 고동(기계 장치), 재치, 기교, 거짓, 허위, 기회, 때, 시기.
· 變(변할 변): 변하다, 변화하다, 고치다, 변경하다, 변통하다, 움직이다, (조정에) 고변하다, 놀라게 하다, 다투다, 속이다, 어그러지다, 좁다, 변화.
· 機變(기변): 임기응변, 상대의 소질이나 능력에 따라 알맞게 구사하는 말솜씨, 외부의 변화에 일시적으로 대응하는 모습.

〈문법연구〉

· 爲機變之巧者.

: 之는 주격조사로 '~이', '~가'로 번역된다. 여기서는 '임기응변하는(爲機變) 것이 능숙한 자'

13-07-03

不恥不若人 何若人有.

부끄럽게 여기지 않는 것이 사람들과 같지 않다면 무엇이 사람들과 같음이 있겠는가.

〈단어 및 어휘〉

・若(같을 약/너 약): 如也. 같다.

〈문법연구〉

・何若人有.

: 何는 有의 목적어로 원래 有何若人인데, 何가 의문사이기 때문에 구절 맨 앞으로 갔다. 번역은 '어찌 남과 같은 점(사람다운 것)이 있다 할 것인가'라는 말이다. 축자적인 해석은 '어찌(何) 다른 사람과 같음(若人)이 있으리오(有)'

上 8장

13-08-01

孟子曰古之賢王好善而忘勢 古之賢士何獨不然 樂其道而忘人之勢 故王公不致敬盡禮則不得亟見之 見且猶不得亟 而況得而臣之乎.

孟子께서 말씀하셨다. <옛날의 현명한 왕들은 선을 좋아하고 권세를 잊었으니, 옛날의 현명한 선비가 어찌 유독 그렇지 않았으리오? 그 도를 즐기며 사람의 권세를 잊었을 뿐이다. 고로 왕(王)과 공(公)이 공경을 다하지 않고 예를 다하지 않으면 자주 그들을 볼 수 없었고 만남 또한 오히려 자주 할 수 없는데 하물며 신하로 삼을 수 있었겠는가.>

〈단어 및 어휘〉

· 好善(호선): 여기서는 다른 사람의 善을 좋아하는 것을 말한다.
· 勢(형세 세/기세 세): 형세, 권세, 기세, 기회, 동향, 시기, 불알, 고환, 언저리.
· 忘勢(망세): 自己의 勢力 따위를 잊어버리는 것을 말한다.
· 忘人之勢(망인지세): 他人의 勢力 따위를 잊어버리는 것으로 즉 생각하지 않았다는 말이다.
· 亟(빠를 극/자주 기): 여기서는 '자주'의 뜻. 數(삭)也. '자주'라는 부사로 사용될 경우 음은 '기'인데, '빠르다'라는 뜻일 때는 '극'이라고 읽는다.
· 由(말미암을 유): 尙也 오히려.

〈문법연구〉

· 況得而臣之乎.
: 이 문장에서 '得'은 원래 '얻는다'라는 동사이지만, 동사 앞에 쓰여 조동사로서 '~할 수 있다'라는 의미로도 쓰인다. 得 단독으로 쓰이기도 하고, 得而라는 형태로 쓰이기도 한다. 또는 得을 타동사로

볼 수도 있다. 이 경우 '得而臣之'는 '얻어서 신하로 삼다'로 得 다음
에 목적어 之가 와야 하지만 뒤에 之가 있으므로(臣之) 생략하였다.
이 경우처럼 두 개의 동사에 같은 목적어가 두 개가 이어질 때, 앞엣
것을 생략하고 뒤엣것을 남긴다.

上 9장

13-09-01

孟子謂宋句踐曰 子好遊乎 吾語子遊.

孟子께서 宋句踐에게 말씀하셨다. <자네는 遊說하기를 좋아하는
가? 내 자네에게 유세에 대해 말해주겠다.

〈단어 및 어휘〉

· 宋句踐(송구천): 道德을 標榜하고 遊說하고 다닌 사람.
· 語(말씀 어): 말씀, 말, 이야기, 말하다, 논란하다, 알리다, 고하
다, 모의하다.
· 遊(놀 유): 놀다, 즐기다, 여행하다, 사귀다, 공부하다, 유세하다,
벼슬살이 하다. 유세.

〈문법연구〉

· 孟子謂宋句踐曰.
: 謂~, 曰~, ; '~에게 ~이하를 말하다.'

· 吾語子遊.

: ‘語 A, B’, ‘A에게 B를 말하다.’ 與, 授, 作, 敎, 饋와 같은 동사는 일종의 수여동사로서 ‘~에게’에 해당하는 말이 간접목적어로 바로 동사 다음에 위치한다. 특별히 개사를 사용하지 않고 단어의 위치로만 나타내면 되기도 하지만, 직접목적어는 以를 사용하여 뚜렷하게 나타내주기도 한다.

13-09-02
人知之 亦囂囂 人不知 亦囂囂.

사람들이 알아주더라도 또한 태연하여야 하며, 사람들이 알아주지 않더라도 또한 태연하여야 하느니라.

〈단어 및 어휘〉

· 囂(떠들썩할 효): 떠들썩하다, 시끄럽다, 공허하다, 자득하여 욕심이 없는 모양, 새 이름.
· 囂囂(효효): 무엇에도 얽매이지 않음. 태연함.

〈문법연구〉

· 人知之.
: 之는 代名詞로 여기서는 ‘남들이 자기가 하는 말을 알아주는 것/ 또는 대화의 상대인 자신’을 말한다.

13-09-03
曰何如斯可以囂囂矣 曰尊德樂義則可以囂囂矣.

말하기를, <어떻게 하면 가히 태연해질 수 있습니까?> 말씀하시기를, <덕(德)을 존숭(尊崇)하고 의(義)를 즐기게 되면 가히 태연해질 수 있다.

〈문법연구〉

・何如斯: 어떻게 하면.

　예) 子貢 問曰 何如斯 可謂之士矣. (論語)
　: 자공이 물었다. 어떻게 해야(어떤 사람이) 가히 선비라고 할 수 있겠습니까.

13-09-04
故士窮不失義達不離道.

고로 선비는 곤궁하더라도 의(義)를 잃지 않으며, 현달했다 해도 도(道)를 떠나지 않는다.

〈단어 및 어휘〉

・窮(다할 궁/궁할 궁): 다하다, 마치다, 곤궁하다, 궁핍하다, 외지다, 궁벽하다, 困窮하다.
・達(통달할 달): 통하다, 막힘없이 트이다. 도달하다. 달하다. 榮達하다.

〈문법연구〉

・士窮不失義達不離道.
: 일반적으로 窮과 達은 형용사로 사용되는 경우가 많다. 하지만

한문에서는 한 단어가 가지는 품사가 일정하지 않은 것이 특징이다. 이 문장에서는 부사로 사용되어 窮과 達이 각각 '곤궁하더라도', '현달했을지라도'라는 부사적으로 사용되었다. 이러한 품사의 다양한 변화가 한문의 특징이기도 하므로 이 부분을 잘 파악하는 것이 한문 번역의 첩경이 된다. 특히 단어뿐만이 아니라 문장도 부사적으로 사용되는 경우가 많아 이러한 부분이 숙달되어야 자연스러운 번역을 할 수 있다.

13-09-05

窮不失義 故士得己焉 達不離道故民不失望焉.

곤궁하더라도 의를 잃지 않기 때문에 선비는 자기를 얻을 수 있고, 현달해도 도에서 떠나지 않기 때문에 백성은 소망을 잃지 않게 된다.

〈단어 및 어휘〉

· 得己(득기): 自己本性을 본바탕 그대로(穩全) 維持하는 것을 말한다.

〈문법연구〉

· 士得己焉, 民不失望焉.
: 焉이 종결사로 사용되는 경우는 대략 다음 세 가지 용법이 있다.

가) ~이다. (단정)

예) 人之性 生而有好利焉 順是故爭奪生 而辭讓亡焉. (荀子)
: 사람의 성품은 나면서부터 이를 좋아함이 있다. 이를 따르는 까닭으로 쟁탈이 생기고 사양이 없어졌다.

나) 비교: 이 보다(於之, 於此, 於是의 축약)

예) 人誰無過 過而能改 善莫大焉. (左傳)
: 사람이 누가 허물이 없겠는가? 잘못이 있으나 고칠 수 있다면
선이 이보다 더 큰 것이 없다.

예) 大舜有大焉 善與人同 舍己從人 樂取於人以爲善. (孟子)
: 순임금(大舜)은 이들(요임금과 자로)보다 더 위대함이 있으니,
(남과) 선을 함께하여 자신(의 불선)을 버리고 남(의 선)을 따르시
며 남에게서 취하여 선을 하기를 즐기셨다.

다) 대명사 또는 於+대명사: 그것을, 이것을, 여기에서(之, 於之, 於此, 於是의 축약)

예) 子曰 衆惡之 必察焉 衆好之 必察焉. (論語)
: 공자께서 말씀하셨다. 많은 사람이 그를 미워해도 반드시 살펴볼 것
이며, 많은 사람이 그를 좋아하여도 반드시 살펴보아야 한다. (焉 = 之)

예) 子曰 三人行 必有我師焉. (論語)
: 공자(孔子)께서 말씀하셨다. <세 사람이 함께 길을 가면 반드시
거기에 내가 스승으로 삼을 만한 사람이 있다. (焉 = 於之)

예) 廣土衆民 君子欲之 所樂 不存焉. (孟子)
: 토지를 넓히고 백성을 많게 함을 군자가 하고자 하나, 즐거워함
은 여기에 있지 않다. (焉 = 於之)

예) 四方臣民 亦永有所觀感焉. (太祖實錄)
: 사방의 신민들이 여기에서 길이 보고 느끼게 하는 바가 있다.
(焉=於是)

예문의 士得己焉, 民不失望焉에서는 焉은 於是의 의미를 가진다.

13-09-06
古之人 得志 澤加於民 不得志 修身見於世 窮則獨善其身 達則兼善天下.

옛사람들은 뜻을 얻으면 은택이 백성에게 더해지게 했고, 뜻을 얻지 못하면 자기를 닦아나가 세상에 드러나게 했다. 곤궁하게 되면 홀로 그 몸을 선(善)하게 하였고, 현달하게 되면 천하에 선을 함께 하였다.

〈단어 및 어휘〉

· 澤(못 택): 恩澤. 은혜.
· 見(볼 견/나타날 현): 여기서는 '나타나다'의 뜻. 現也.
· 兼(겸할 겸): 겸하다, 아우르다, 둘러싸다, 쌓다, 포개다, 겹치다, 아울러, 함께, 마찬가지. 여기서는 '자기만을 착하게 하는 것이 아니라 天下도 兼하여 착하게 한다'라는 뜻이므로 '모두'라고 번역하는 것이 좋다.

〈문법연구〉

· 窮則獨善其身 達則兼善天下.
: 이 두 문장에서 술어 부분은 獨善과 兼善이고 목적어는 其身 天下이다. 목적어를 가지므로 술어는 동사이다. 즉 獨善과 兼善이 동사임을 알 수 있다. 獨과 兼을 부사로 보면 善이 동사로 '좋게 하다/선하게 하다'로 해석할 수 있다.

上 10장

13-10-01
孟子曰待文王而後 興者凡民也 若夫豪傑之士 雖無文王 猶興.

孟子께서 말씀하셨다. <문왕 같은 분을 기다린 이후에 분발하는 사람은 평민이고, 만약 무릇 호걸의 선비라면 비록 문왕 같은 분을 없더라도 오히려 興起한다.>

〈단어 및 어휘〉

· 待(기다릴 대): 기다리다, 갖추어 놓고 기다리다, 대우하다, 모시다, 시중 들다, 돕다, 거들다.
· 興(일 흥): 일어나다, 시작하다, 흥, 흥취, 등용하다, 기뻐하다. 興(흥)이란, 感動하여 奮發하는 것을 말한다.
· 豪(호걸 호): 호걸, 귀인, 사치, 우두머리, 뛰어나다, 빼어나다.
· 傑(뛰어날 걸): 뛰어나다, 출중하다, 우뚝하다, 사납다, 뛰어난 자, 힘쓰는 모양.
· 猶(오히려 유): 오히려, 가히, 다만, 이미, 크게, 지나치게, ~부터, 그대로, 마땅히.

上 11장

13-11-01
孟子曰附之以韓魏之家 如其自視欲然則過人 遠矣.

孟子께서 말씀하셨다. <한 씨와 위 씨와 같은 (부자) 집안을 더해 줘도 마치 그 스스로 대수롭지 않게 여긴다면 다른 사람들보다 뛰어남이 월등하게 된다.>

〈단어 및 어휘〉

· 附(붙을 부): 붙다, 부치다, 보태다, 부합하다, 加也, 益也. 주어

서 보태 주는 것을 말한다.

- 韓魏(한위): 둘 다 晉나라의 卿 벼슬을 하는 者들로서 富豪의 집안이다.

- 欿(시름할 감/서운할 함): 서운하다, 근심하다, 시름하다, 탐하다, 구멍, 함정.

- 欿然(감연): 서운한 모양, 뜻에 차지 않는 모양. 대수롭지 않게 여긴다는 뜻.

〈문법연구〉

- 附之以韓魏之家.
: 附之以~, '그(之)에게 ~이하를 주다.'

- 自視欿然.
: 視는 두 개의 목적어(A+B) 꼴로 A를 B로(하게) 보다(간주하다/여기다). 또 自는 '스스로'라는 뜻의 부사로 쓰이는 경우이건, '스스로를'이라는 목적어로 쓰이는 경우이건 상관없이 동사 앞에 온다. 自視欿然에서 自를 부사로 보면 '스스로 대수롭지 않게 여기다.'이고, 自를 視의 목적어로 보면 '자신을 대수롭지 않게 여기다.'로 해석된다.

- 過人遠矣.
: 過는 '넘어서다', '뛰어나다'라는 뜻이다. 過人은 '남을 넘어서다,' '남보다 뛰어나다'라는 뜻이다. 遠은 '멀다'라는 뜻으로 관용적으로 '훨씬 뛰어나다'로 해석하는 것이 좋다. 특히 '훨씬~하다.'라는 용법으로 뒤에서 수식한다고 보면 많은 활용을 할 수 있다.

예) 知合內外於耳目之外 則其知也 過人遠矣. (正蒙)
: 귀와 눈의 한계를 넘어서 안과 밖을 합치시킬 줄 알면, 그 앎이 남보다 훨씬 뛰어나다.

예)宰我曰 以予觀於夫子 賢於堯舜遠矣. (孟子)
: 재아 왈, '내가 선생님을 살펴보건대 요임금이나 순임금보다도 훨씬 뛰어납니다.'

예) 若是則夫子 過(於)孟賁 遠矣. (孟子)
: 만약에 이러하다면 선생님은 맹분보다 뛰어나고 그 차이가 큽니다.

예) 今日之治安, 不及帝舜遠矣. (承政院日記)
: 오늘의 치안은 제순에 훨씬 미치지 못하다.

예) 古之聖人 其出人也 遠矣 猶且從師而問焉. (韓愈/師說)
: 옛날의 성인은 그 남들보다 훨씬 뛰어나지만 오히려 스승을 쫓아 물어본다.

上 12장

13-12-01

孟子曰以佚道使民 雖勞不怨 以生道殺民 雖死不怨殺者.

孟子께서 말씀하셨다. <편안하게 하려는 도(道)로서 백성을 부리면 비록 고생을 해도 원망하지 않고, 살리려는 도(道)로서 백성을 죽게 하면 비록 죽더라도 죽게 하는 것을 원망하지 않게 된다.>

〈단어 및 어휘〉

· 佚(편안할 일/방탕할 질/갈마들 질): 일/편안하다, 숨다, 달아나다, 질/방탕하다, 갈마들다, 서로, 번갈아. 逸也. 不勞, 便安. 따

라서 佚道란, 百姓을 편안하게 해 주는 방법을 말한다.

· 使(부릴 사): 使役. 부리다. 다스리다.

· 怨(원망할 원): 원망하다, 고깝게 여기다, 책망하다, 나무라다, 미워하다, 슬퍼하다, 위배되다, 어긋나다, 원수.

上 13장

13-13-01

孟子曰覇者之民驩虞如也 王者之民皞皞如也.

孟子께서 말씀하셨다. <(춘추시대) 패자의 백성은 기뻐하고 좋아한 듯하였고, 왕 천하의 백성은 크게 자득(自得)한 듯하였다.>

〈단어 및 어휘〉

· 驩(기뻐할 환): 기뻐하다, 사이좋게 지내다, 환심 기쁨, 말이 즐겁게 노는 모양. 歡也.

· 虞(염려할 우): 염려하다, 근심하다, 즐기다, 순임금의 성. 娛也. 便安. 여기서는 즐거워하다, 편안하다.

· 驩虞(환우): 기뻐하고 즐거워함.

· 如(같을 여): 그 模樣을 나타내는 語助辭로 然과 같다.

· 皞(밝을 호): 밝다, 자적하다. 皡의 俗字. 白也, 明也.

· 皞皞(호호): 밝고 여유 있는 모양.

13-13-02

殺之而不怨 利之而不庸 民日遷善而不知爲之者

죽게 하여도 원망함이 없고 이롭게 하여도 공(功)으로 여기지 않으니, 백성은 날로 선(善)으로 옮겨가서 그것을 하게 하는 것을 알지 못한다.

〈단어 및 어휘〉

· 庸(쓸 용): 쓰다, 채용하다, 조세의 한 가지, 공, 공로에 보답하다, 수고, 곧. 功也, 功績, 功勞. 用과 같다.
· 日(날 일): 부사로 사용되는 경우 '날마다/매일'로 번역된다.
· 遷(옮길 천): 옮기다, 떠나다, 벼슬이 바뀌다, 올라가다, 따르다.

〈문법연구〉

· 民日遷善而不知爲之者.
: 而는 '~하지만', '~하고서도' 爲之者는 '그것을 한 것' 之는 대명사로 遷善을 받는다. 축자적인 해석은 '백성(民)이 매일(日) 선함(善)으로 옮겨가(遷)나(而) 그것을 하는(爲之) 것(者)을 모른다(不知).'이다.

13-13-03
夫君子所過者化 所存者神 上下與天地同流 豈曰小補之哉.

무릇 군자가 지나는 곳은 감화가 있고, 머무르는 곳이 신묘하여 上下가 天地와 더불어 運行을 같이하는 것 같으니 어찌 그것을 작은 도움이라 말할 수 있는가?

〈단어 및 어휘〉

· 神(귀신 신): 化也, 여기서는 治也로 '다스리다'라는 뜻으로 새긴다.

· 所過者化 所存者神.

: 所+동사+者 형태로 '~한 곳/사람/것'으로 활용된다.

  예) 舟止 從其所契者入水求之. (呂氏春秋)
  : 배를 멈추고, 배에 기록한 곳을 찾아 물에 들어가 칼을 찾았다.

上 14장

13-14-01
孟子曰仁言 不如仁聲之入人深也.

孟子께서 말씀하셨다. <어진 말은 어진 소문이 사람들에게 깊이
들어가는 것만 못하다.

〈단어 및 어휘〉

· 仁言(인언): 어진 말.
· 聲(소리 성): 소리, 노래, 명성, 말하다, 名譽, 評判. 仁聲이란 어
  질다는 所聞을 말한다.
· 不如(불여):~와 같지 않다,~하는 편이 낫다, ~만 못하다.

〈문법연구〉

· 不如仁聲之入人深也.
: 之는 주격조사. 仁聲之入人은 '어진 소문이 사람에게 들어가다'

라는 말로 '仁聲之入人深也' 이 문장의 술어는 '深'이다. 따라서 직역하면 '어진 소문이 사람에게 들어감이 깊음만 못하다'이다.

13-14-02

善政不如善教之得民也.

善政은 좋은 가르침이 백성을 얻는 것만 못하다.

〈단어 및 어휘〉

・民(백성 민): 여기서는 '民心'이라 할 수 있다.

〈문법연구〉

・善政不如善教之得民也.
: 之는 술어절 안의 주어 다음에 붙인 주격조사이다.

13-14-03

善政民畏之 善教民愛之 善政得民財 善教得民心.

善政은 백성이 그것을 두려워하지만 善教는 백성이 그것을 사랑하게 된다. 善政은 백성의 재물을 얻을 수 있지만 善教는 백성의 마음을 얻을 수 있다.

〈문법연구〉

・善政民畏之 善教民愛之.
: 예문에서 之는 각각 善政, 善教를 받는다. 즉, 이 문장은 民畏善政, 民愛善教과 의미가 같다. 하지만 善政, 善教를 강조하여 앞

으로 보내고, 대명사 之를 써서 善政民畏之, 善敎民愛之로 표현한 것이다.

上 15장

13-15-01

孟子曰人之所不學而能者其良能也 所不慮而知者其良知也.

孟子께서 말씀하셨다. <사람이 배우지 않고도 능한 자는 그 사람이 참으로 능한 것이고, 사려해보지 않아도 아는 자는 그 사람이 본연적으로 아는 것이다.>

〈단어 및 어휘〉

· 良(어질 양): 어질다, 훌륭하다, 아름답다, 착하다, 곧다, 길하다, 잠깐, 진실로, 참으로, 남편, 본래부터 갖고 있는 善.
· 良能(양능): 先天的 分別의 能力, 타고난 재능, 천분(天分).
· 良知(양지): 先天的 分別의 叡智, 사람이 날 때부터 가지고 있는 지능(知能). 타고난 지혜(智慧·知慧).

〈문법연구〉

· 人之所不學而能者, 所不慮而知者.
: '所 A 者' 형태로 'A 한 것(사람, 곳)/A 하는 것(사람, 곳)'으로 번역되는 구문이다. 而는 '~하고서'로 순접.

예) 吾少時所理 意所戀也. (小學)
: 내가 어린 시절에 다루던 것이라서 마음으로 사랑하는 것이다.

예) 守人所不能守 行人所不能行. (小學)
: 남이 지킬 수 없는 것을 지켰고, 남이 할 수 없는 것을 행하였다.

예) 必爲貧窶所困 失其所守者多矣. (격몽요결)
: 필히 가난에 곤궁하게 되어서 그 지키는 것을 잃는 경우가 많을
것이다.

13-15-02

孩提之童無不知愛其親也 及其長也 無不知敬其兄也.

어린 걸음마의 아이라도 그 어버이 사랑하기를 알지 못함이 없고,
장성해서는 그 형 공경하기를 알지 못함이 없다.

〈단어 및 어휘〉

· 孩(어린아이 해): 어린아이, (마음이) 어리다, 달래다, 어르다, 사
랑하다, (어린아이가) 웃다.
· 孩提(해제): 두세 살 무렵의 어린아이.

〈문법연구〉

· 無不知愛其親也.
: 無不~, '~아닌 것이 없다.' 이중부정으로 '모두 다 ~이다'라는
말과 같다.

예) 孟子曰 禍福 無不自己求之者. (孟子)
: 禍와 福은 자기가 구한 것이 아닌 것이 없느니라.

13-15-03

親親仁也 敬長義也 無他 達之天下也.

어버이를 친하게 여기는 것이 인(仁)이 되고 어른을 공경하는 것이 의(義)가 된다. 다른 것은 없고 천하에 달하게 하는 것뿐이다.

〈단어 및 어휘〉

· 達(통달할 달): 통달하다, 막힘이 없이 트이다, 이르다(어떤 장소나 시간에 닿다), 도달하다, 달하다, 通也. 공통점. 또는 '두루 통한다'라는 뜻이다.

〈문법연구〉

· 達之天下也.

: 天下 앞에 於가 생략된 형태라고 볼 수 있다. 한문에서 天下의 쓰임새는 부사와 명사로 주로 사용되는데 부사의 경우에는 '세상에', '세상에서' 등으로 쓰이며, 명사의 경우는 '천하', '세상', '천하 사람' 등으로 쓰인다. 한편 여기에서 天下는 '천하에서'라는 부사로 사용되었고 之는 仁, 義 또는 親親, 敬長을 받는다.

예) 天下難得者 兄弟, 易求者 田也. (北齊書)
: 세상에서 얻기 어려운 것은 형제이고, 구하기 쉬운 것은 밭이다.

예) 英祖問衆女子曰 天下 何者最深. (大東奇聞)
: 영조가 여러 여자들에게 물었다. 천하에서 어느 것이 가장 깊은가.

上 16장

13-16-01

孟子曰 舜之居深山之中 與木石居 與鹿豕遊 其所以異於深山之野人者 幾希 及其聞一善言 見一善行 若決江河 沛然莫之能禦也.

孟子께서 말씀하셨다. <舜임금께서 깊은 산속에 거하실 때 나무와 돌과 더불어 거하셨고, 사슴 돼지와 더불어 노시니, 깊은 산속의 야인들과 다른 것이 거의 없었지만, 한 가지 선한 말을 듣고, 한 가지 선한 행동을 보면 마치 큰 강과 큰 냇물을 막았다 터놓은 듯이 沛然(패연)히 쏟아져 아무도 능히 막지 못하였다.>

〈단어 및 어휘〉

· 鹿豕(녹시): 사슴과 멧돼지.

· 幾希(기희): 거의 드물다, 거의 없다.

· 決(결단할 결/빠를 혈): 결단하다, (승부를) 가리다, 결정하다, 분별하다, 판단하다, 과감하다, 틔우다, 흐르게 하다, 터지다, 열리다, 자르다, 夬也. 물꼬를 트다.

· 江河(강하): 揚子江과 黃河을 말한다. 여기서는 큰 강 정도이다.

· 沛然(패연): 물이 세차게 흐르는 모양이다. 비나 폭포(瀑布) 따위가) 쏟아지는 모양이 매우 세참.

〈문법연구〉

· 莫之能禦也.

: 긍정문이라면 어순은 能禦之로 '능히 그것을 제어하다.'라고 해

석된다. 이 문장을 부정대명사 莫을 사용하면 之는 대명사로 도사 앞으로 도치된다. 일반적으로 부정하는 말 未, 無, 莫 등이 앞에 오는 경우 대명사 之는 서술어 앞으로 나간다.

上 17장

13-17-01

孟子曰 無爲其所不爲 無欲其所不欲 如此而已矣.

孟子께서 말씀하셨다. <그 하지 말아야 할 것을 하지 말며, 하고자 하지 말아야 할 것을 하고자 하지 말아야 하니, 이처럼 할 뿐이다.>

〈단어 및 어휘〉

· 所(바 소): 바, 것.
· 無(없을 무): ~하지 말라.

上 18장

13-18-01

孟子曰 人之有德慧術知者恒存乎疢疾.

孟子께서 말씀하셨다. <사람들이 덕과 슬기와 뛰어난 지혜를 가지고 있는 자는 항상 재난과 우환에 있었다.>

<단어 및 어휘>

· 慧(슬기로울 혜): 슬기롭다, 사리에 밝다, 교활하다, 상쾌하다, 시원스럽다, 슬기, 지혜, 깨달음.
· 德慧(덕혜): 德에 밝고, 지혜로움.
· 術知(술지): 學術에 分別 있음. 뛰어난 지혜. 일을 교묘(巧妙)하게 잘 꾸미는 지혜(智慧·知慧).
· 疢(열병 진): 疢疾: 열병, 재난, 환란, 감질나게 하는 것, 맛있는 음식.
· 疢疾(진질): 患難, 열병. 어렵고 힘든 일을 해내기 위하여 노심초사(勞心焦思)하는 것을 가리킨 말.

13-18-02
獨孤臣孼子 其操心也危 其慮患也深 故 達.

유독 멀리 떨어진 신하와 서자라야 그 마음 가진 것이 위태로워 그 우환을 생각함이 깊게 된다. 고로 이치에 통달하게 된다.

<단어 및 어휘>

· 獨(홀로 독): 홀로, 혼자, 어찌, 다만, 장차(將次), 어느, 그, 홀몸, 홀어미, 부사로 사용될 경우 오직.
· 孼(서자 얼): 서자, 첩의 소생, 재앙, 근심, 움(나무를 베어 낸 뿌리에서 나는 싹), 움돋이, 불길한, 흉악한.
· 操(잡을 조): 잡다, (손에) 쥐다, 부리다, 다루다, 조종하다, 3. 장악하다.
· 操心(조심): 마음가짐을 말한다.
· 危(위태할 위): 위태하다, 위태롭다, 두려워하다, 불안해하다. 마음을 놓을 수 없이 不安함을 말한다.

上 19장

13-19-01

孟子曰 有事君人者 事是君則爲容悅者也.

孟子께서 말씀하셨다. <군주를 섬기는 사람들이 있으니 이 군주만을 섬기게 되면, (영합해) 기쁜 모양(容悅)을 짓는(爲) 사람이다.

〈단어 및 어휘〉

· 是君(시군): 自己가 섬기는 임금을 말한다.
· 容悅(용열): 영합하여 기쁜 모양을 함, 아첨함.

〈문법연구〉

· 有事君人者.

: 有는 '~을 갖는다'라는 뜻의 타동사이지만, 有~者로 연용이 될 때에는 '어떠한 것(사람/ 경우)이 있다'라는 뜻이 된다. 예를 들어 '有事君人者'의 경우 '어떠한 사람에 해당하는 것'이 '군주를 섬기는 사람'이다. 이어서 나오는 有安社稷臣者, 有天民者, 有大人者도 모두 마찬가지이다.

> 예) 子貢問曰 有一言而可以終身行之者乎 子曰 其恕乎 己所不欲 勿施於人. (論語)
> : 자공이 물어 말하길, '한마디 말인데도 평생토록 그것을 행할 만한 것이 있습니까?' 하자, 공자가 말하길, '그건 恕(서)이니, 자기가 하고 싶지 않은 일은, 남에게도 시키지 말라' 했다.

<참고>

‘주어+有~者인 경우’ 주어를 ‘주어 중에/주어 가운데 ~한 자(것)
이 있다’로 해석하면 한결 부드러운 경우가 많다.

예) 客有獻王不死藥者也.
: 객 중에 왕에게 불사약을 바친 자가 있었다.

예) 我國人有手搏虎者也.
: 우리나라 사람 중에 맨손으로 호랑이를 잡은 자가 있었다.

예) 諸侯有行文王之政者. (孟子)
: 제후(諸侯)들 가운데서 문왕(文王)과 같은 정치(政治)를 베푸는
사람이 있다.

13-19-02
有安社稷臣者 以安社稷爲悅者也.

사직의 안녕을 도모하는 신하가 있으니 사직을 편안하게 하는 것
을 기쁨을 여기는 사람이다.

<단어 및 어휘>

· 安(편안할 안): 편안, 편안하다, 안존하다, 즐기다, 좋아하다, 어찌.
· 社稷(사직): 토지신과 곡식신, 국가.
· 安社稷臣(안사직신): 社稷을 安定시키는데 忠誠을 다하는 臣下
로, 忠誠心은 높으나 德을 베푸는 데에는 不足한 경우를 말한다.

<문법연구>

· 有安社稷臣者.

: 安社稷臣는 '타동사+목적어+명사' 형태로 '타동사+목적어'가 동사구로 뒤의 명사를 수식하는 역할을 한다. 사직(社稷)을 편안하게 하는(安) 신하(臣)라는 자(者)가 있다(有).

・以安社稷爲悅者也.
: 以~爲~ '~을 ~으로 삼다(여기다).'

> 예) 顏淵曰 舜何人也 予何人也 有爲者 亦若是 我亦當以顏之希舜爲法. (격몽요결)
> : 안연(顏淵)이 말하기를, '순(舜)임금은 어떤 사람이며, 나는 어떤 사람인가. 훌륭한 행동을 하는 자는 또한 순임금과 같을 뿐'이라고 말씀하셨으니, 나 또한 마땅히 안연이 순임금이 되기를 바란 마음가짐을 본보기로 삼아야 한다.

13-19-03
有天民者 達可行於天下而後 行之者也.

천리를 다하려는 백성이 있으니 천하에 가히 달통해 천하에 자기 뜻을 펴는 것이 가능한 이후 그것을 행하는 사람이다.

〈단어 및 어휘〉

・天民(천민): 天下를 바로잡아 百姓들을 塗炭에서 구해내는 것을 使命으로 하는 人物.

13-19-04
有大人者 正己而物正者也.

대인이라는 사람이 있으니 자기 몸을 바르게 하여 남이 바르게 되

는 사람이다.>

〈단어 및 어휘〉

• 物(물건 물): 물건, 만물, 사물, 일, 사람, 여기서는 나를 제외한 모든 것. '나 이외의 모든 것'이라는 의미로 사용되었다고 볼 수 있다.

上 20장

13-20-01

孟子曰 君子有三樂而王天下不與存焉.

孟子께서 말씀하셨다. <군자가 세 가지의 즐거움이 있으니, 천하에 왕 노릇 하는 것은 여기에 더불어 들지 않는다.

〈단어 및 어휘〉

• 與(더불 여/줄 여): 더불다(둘 이상의 사람이 함께하다), 같이하다, 주다, 베풀어주다, 간여하다, 협조하다, 및. 함께, 같이.
• 與存(여존): 같이 존재하다, 함께 존재하다.
• 焉(어조사 언): 場所를 나타내는 경우가 많으므로 여기서도 '거기에/여기에'라고 해석해 주는 것이 좋다.

〈문법연구〉

• 王天下不與存焉.
: 이 문장에서 王은 동사로 사용되고 있다. 의미는 '왕 노릇하다'

이고 天下는 장소를 나타낸다.

13-20-02

父母俱存 兄弟無故 一樂也.

부모가 함께 존재해 계시고 형제에게 변고가 없는 것이 첫 번째 즐거움이 된다.

〈단어 및 어휘〉

· 俱(함께 구/갖출 구): 모두, 다(남거나 빠진 것이 없이 모두), 전부(全部), 갖추다, 구비, 偕也, 與也. 함께.
· 故(연고 고): 연고(緣故), 사유(事由), 까닭, 이유(理由), 도리(道理), 사리(事理), 事件.

13-20-03

仰不愧於天 俯不怍於人 二樂也.

우러러 하늘에 부끄럽지 않고 숙여도 사람에게 부끄럽지 않는 것이 두 번째 즐거움이 된다.

〈단어 및 어휘〉

· 愧(부끄러울 괴): 부끄럽다, 부끄러워하다, 탓하다. 慙愧 부끄럽다.
· 俯(구부릴 부): 구부리다, (고개를) 숙이다, 눕다, 드러눕다, 숨다, 잠복하다, 가지런하지 아니하다, 구부려 아래를 보다.
· 怍(부끄러워할 작): 부끄러워하다, 노하다, 화내다. 慙也, 慙愧. 부끄러워하는 것을 말한다.

13-20-04

得天下英才 而敎育之 三樂也.

천하의 영재를 얻어 가르치고 길러내는 것이 세 번째 즐거움이 된다.

〈문법연구〉

·得天下英才 而敎育之.

: 而는 '~하여'로 순접, 敎育之의 之는 대명사로서 앞의 天下英才
를 받는다.

13-20-05

君子有三樂 而王天下 不與存焉.

군자에게 세 가지 즐거움이 있으니 천하에 왕이 되는 것은 여기에
함께하지 않는다.>

上 21장

13-21-01

孟子曰 廣土衆民 君子欲之 所樂不存焉.

孟子께서 말씀하셨다. <토지를 넓히고 백성들을 늘리는 것은 군자
가 하고자 하는 것이나, 즐거워하는 바에는 들지 않는다.>

〈단어 및 어휘〉

·廣土衆民(광토중민): 널리 土地를 開墾하여 百姓들이 모이게 하

여 恩澤이 널리 베풀어지게 하는 것.

〈문법연구〉

· 廣土衆民 君子欲之.

: 欲은 원래 조동사로서 '～을 하고자 하다'이다. 원래 이 문장은 君子欲廣土衆民이나 목적어 廣土衆民을 강조하여 앞으로 보내고 목적어 자리에 대명사 之를 넣어 廣土衆民을 받았다.

  예) 不若投諸江而忘之. (新增東國與地勝覽)
  : 강에 금덩어리를 던져서 그것을 잊는 것만 못하다.

13-21-02
中天下而立 定四海之民 君子樂之 所性 不存焉.

천하에 중심에 서서 사해의 백성을 정해주는 것은 군자가 그것을 즐거워하는 것이나 부여받은 성은 거기에 있지는 않다.

〈단어 및 어휘〉

· 性(성품 성): 여기서는 동사로 사용되어 '본질적인 것으로 여기다.', '하늘에서 부여받다.'이다.

〈문법연구〉

· 所性 不存焉.

: 所는 서술어(동사나 형용사)를 명사로 만들어주기 위한 것으로 所性 不存焉에서 性이 동사나 형용사로 사용되었음을 알 수 있다.

따라서 여기서는 所性을 '하늘에서 부여받은 것'으로 해석하는 것이 좋다. 한편 所性의 내용은 仁義禮智의 四端을 뜻한다.

13-21-03

君子所性 雖大行 不加焉 雖窮居 不損焉 分定故也.

군자가 받은 성(性)은 비록 크게 행해지더라도 그것에 더함이 없고, 비록 궁핍하게 거처하더라도 그것에 덜어낼 수 없는 것은 하늘로부터 받은 온전한 분수가 정해졌기 때문이다.

〈문법연구〉

・君子所性 雖大行 不加焉.

: 所는 서술어(동사나 형용사)를 명사로 만들어주기 위한 개사이다. 우리말로는 '것', '곳', '바'로 해석할 수 있다. 所 다음에 나오는 서술어의 주어는 반드시 所 앞에 있거나 보이지 않을 때는 생략된 형태로 볼 수 있는데 예문에서 君子所性을 보면 性의 주어가 君子임을 알 수 있다. 性은 동사로 '하늘로부터 (성품을) 받다/하늘로부터 받은 것으로 여기다' 정도로 해석한다. 不加焉에서 焉은 장소를 나타내어 '거기에(於是)'라는 의미를 가진다.

13-21-04

君子所性 仁義禮智 根於心 其生色也 睟然見於面 盎於背 施於四體 四體不言而喻.

군자가 받은 성(性)인 인의예지(仁義禮智)는 마음에 뿌리를 두게 되어 안색에 드러나게 된다. 수연히 얼굴에 드러나고 등에 풍성히 넘쳐나게 되어 사지에 베풀어져 사지가 말을 하지 않아도 깨닫게 된다.

〈단어 및 어휘〉

· 生色(생색): '빛을 낸다'라는 말은 '밖으로 나타낸다'라는 말이다.
· 睟(바로 볼 수): 바로 보다, 눈이 맑다, 순수하다. 깨끗할 수.
· 睟然(수연): 윤기 있는 모양, 맑고 밝은 모양.
· 盎(동이 앙): 동이, 가득할 앙. 여기서는 '가득하다'라는 뜻.
· 四體(사체): 四肢. 四肢는 팔다리를 말하지만, 온 몸을 象徵하므로 '온몸'이라 飜譯하였다.
· 喩(깨우칠 유): 깨우치다, 기뻐하다.

上 22장

13-22-01

孟子曰 伯夷辟紂 居北海之濱 聞文王作興 曰盍歸乎來 吾聞西伯善養老者 太公 辟紂居東海之濱 聞文王作興 曰盍歸乎來 吾聞西伯 善養老者 天下有善養老 則仁人 以爲己歸矣.

孟子께서 말씀하셨다. <백이는 폭군 주를 피해 북해의 해변에 거하며 文王이 크게 일어남을 듣고 말하길, '어찌 돌아가지 않겠는가? 내가 듣기에 서백이 노인 봉양하기를 잘 한다.' 하고, 태공이 폭군 주를 피해 동해의 물가에 거하며 文王이 크게 일어남을 듣고 이르기를, '어찌 돌아가지 않겠는가? 내가 듣기에 서백이 노인 봉양하기를 잘한다.' 하니, 천하에 노인 봉양하기를 잘하게 되면 인(仁)한 사람들이 자기가 돌아갈 곳으로 여기게 된다.

〈단어 및 어휘〉

· 辟(피할 피/임금 벽): 피/피하다, 벗어나다, 숨다, 벽/임금, 제후, 법, 다스리다, 편벽되다. 避也.

· 作(지을 작): 일어나다, 하다, 만들다, 일으키다, 일.

· 興(일 흥): 일다, 일어나다, 번성하다, 시작하다, 즐겁게 여기다, 흥겹다.

· 盍(덮을 합/어찌 아니할 합): 덮다, 합하다, 어찌하여, 어찌 ~않을까? (何不의 합음자, 何不을 빨리 읽으면 盍음이 된다)

· 歸(돌아갈 귀): 따르다, 돌아가다, 뒤쫓다, 委任, 依託. 依支한다는 말이다.

· 來(올 래): 오다, 오게 하다, ~인가? ~이다, 돌아오다, 이래, 앞으로. 또는 의미 없는 助辭로 來의 전이된 용법.

· 西伯(서백): 周文王을 말한다.

· 太公(태공): 姓은 姜, 오늘날 河南省 南陽 西쪽에 封하여졌기 때문에 呂尚이라고 불림, 姜太公.

· 以爲(이위): ~라고 여기다, ~라 생각하다.

〈문법연구〉

· 盍歸乎來.

: 盍~乎에서 盍는 '何不'의 준 말이다. 전체의미는 '어찌~하지 않으리오.' 來는 어기조사(語氣助詞)로 이미 일이 끝난 완료의 의기를 띠는 어기소사이나.

　예) 爲人臣者 不足以任之 子其有以語我來. (莊子)

: 신하 된 자로서 감당할 수 없으니, 선생님께서는 바라건대 제게 말씀해주십시오.

13-22-02

五畝之宅 樹墻下以桑 匹婦蠶之 則老者足以衣帛矣 五母鷄 二母彘 無失其時 老者足以無失肉矣 百畝之田 匹夫耕之 八口之家可以無饑矣.

5묘의 주택 담장 밑에 뽕나무를 심고 한 아녀자가 누에 치면 노인들이 족히 명주옷을 입을 수 있다. 5마리의 암탉과 2마리의 암돼지를 기를 때 그 시기를 잃지 않으면 노인들이 족히 고기를 잃어버리지 않게 된다. 100묘의 밭을 한 장부가 경작하면 8식구의 한 가구가 가히 굶주림이 없게 된다.

〈단어 및 어휘〉

· 畝(이랑 무/묘): 무/이랑, 두둑 묘.

· 樹(나무 수): 나무, 심다, 세우다.

· 墻(담 장): 담, 담장, 경계, (담을) 치다, 쌓다.

· 桑(뽕나무 상): 뽕나무, 뽕을 따다.

· 蠶(누에 잠/지렁이 천): 누에, 양잠(누에를 치는 일), (누에를) 치다, 잠식하다, 천/지렁이.

· 足以(족이): 할 수 있다, 충분하다, 足以之(그것으로 충분하다)에서 대명사 之가 생략된 형태.

· 帛(비단 백): 비단, 견직물, 명주, 폐백, 백서.

· 彘(돼지 체): 豕也. 암돼지.

· 饑(굶주릴 기): 주리다, 굶다, 흉년이 들다, 흉년.

〈문법연구〉

·樹墻下以桑.

: 樹는 동사로 '심다'이다. 이런 동사의 경우 뒤에 위치를 나타내는 단어와 심는 대상인 목적어가 나온다. 이 경우 목적어는 以로 끌어주는 경우가 많다. 樹~以~ '~에 ~을 심다.'

·匹婦蠶之.

: 蠶은 일반적으로 '누에'라는 명사로 가장 많이 사용되지만 이 경우는 동사로서 '누에를 치다'이다. 이처럼 명사의 동사화가 한문에서는 아주 많이 사용된다.

13-22-03

所謂西伯 善養老者 制其田里 敎之樹畜 導其妻子 使養其老 五十非帛不煖 七十非肉不飽 不煖不飽 謂之凍餒 文王之民 無凍餒之老者 此之謂也.

이른바 西伯이 노인을 잘 봉양했다는 것은 그 田里를 제정해주고, 뽕을 심고 가축을 기르는 것을 가르치며, 그 妻子들을 인도하여 그 노인들을 봉양하게 한 것이다. 50에 명주가 아니면 따뜻하지 않고 70에 고기가 아니면 배부르지 않는다. 따뜻하지 않고 배부르지 않은 것을 얼어 죽고 굶어 죽는다고 말한다. 문왕의 백성들은 얼어 죽고 굶어 죽는 노인이 없었다는 것은 이것을 두고 하는 말이다.

〈단어 및 어휘〉

·田里(전리): 농사지을 땅과 거주할 집.

- 畜(짐승 축/쌓을 축/기를 휵): 짐승, 가축, 개간한 밭, 비축, 쌓다, 모으다, 쌓이다, 모이다, 간직하다, 소장하다, 제지하다, 말리다, 기르다, 양육하다, (휵) 먹이다, 닭 돼지 등 家畜을 기르는 것을 말한다.
- 導(인도할 도): 인도하다, 이끌다, 통하다.
- 飽(배부를 포): 배부르다, 옹골차다, 물리다, 가득 차다, 만족하다, 배불리, 족히, 충분히.
- 凍(얼 동): 얼다, 춥다, 차다, 얼음.
- 餒(주릴 뇌): 주리다, 굶다, 굶기다. 餓也, 飢也.
- 凍餒(동뇌): 헐벗고 굶주림.

〈문법연구〉

·教之樹畜.

: 教는 주로 두 개의 목적어를 취하는 동사. 之는 대명사. 樹畜은 직접목적어로 '나무를 심는 것과 짐승을 기르는 것'

·導其妻子 使養其老.

: 導~ 使~, '~을 인도하여 ~하게 하다' 使 다음에 대명사 之가 생략되었다고 볼 수 있다. 之는 其妻子를 받는다.

上 23장

13-23-01

孟子曰 易其田疇 薄其稅斂 民可使富也.

孟子께서 말씀하셨다. <밭 갈기를 잘하고 세금을 적게 거둔다면 백성들을 가히 부유하게 할 수 있다.

〈단어 및 어휘〉

· 易(바꿀 역/쉬울 이/다스릴 이): 역/바꾸다, 교환하다, 주역, 이/쉽다, 다스리다, 편안하다. 治也. 논밭을 다스리다. 돌봐주다.

· 疇(두둑 주/이랑 주): 이랑, 밭, 삼밭, 떼, 무리(모여서 뭉친 한 동아리), 북(식물의 뿌리를 싸고 있는 흙)을 돋우다(도드라지거나 높아지게 하다), 짝, 밭두둑, 논밭.

· 田疇(전주): 곡식을 심는 논밭과 삼을 심는 밭, 田畓, 田地. 또는 논두렁이나 밭두둑.

· 斂(거둘 렴): 거두다, 저장하다, 모으다, 염하다(殮), 오므리다, 收也.

〈문법연구〉

· 民可使富也.

: 使는 '~로 하여금 ~하게 하다'라는 뜻의 사역동사이다. 可는 '~를 할 수 있다'라는 조동사로 목적어가 앞에 온다. '주어가~을 할 수 있다'의 경우는 '可以'를 사용한다.

　예) 君子曰, 學不可以已. (荀子/勸學篇)
　: 군자가 말하길, '배움은 멈추어서는 안 된다.' (學이 주어)

　예) 了口 民可使由之 不可使知之. (論語)
　: 공자가 말씀하시길, 백성들을 따르게는(좇아오게는) 할 수 있어도 그것을(나라의 정책(政策) 등을) 다 알아 깨닫고 이해하게 할 수는 없는 것(일)이다. (民은 본동사 由와 知의 목적어로 사용되었다.)

예) 人能充無欲害人之心, 而仁不可勝用也, 人能充無穿踰之心, 而義
不可勝用也. (孟子)
: 사람이 남을 해치지 않으려는 마음을 채울 수 있다면 인을 이루
다 쓰지 못하며, 사람이 담을 뚫거나 넘지 않으려는 마음을 채울
수 있다면 의를 이루 다 쓰지 못한다. (仁과 義가 본동사 用의 목
적어로 사용되었다.)

예) 焉有君子而可以貨取乎. (孟子)
: 어찌 군자가 되어서 뇌물을 받는 일이 있겠는가. (군자가 본동사
貨取의 주어이다.)

13-23-02

食之以時 用之以禮 財不可勝用也.

때에 맞추어 먹고 쓰기를 예로서 한다면 재물을 이루 다 쓰지 못
할 것이다.

〈단어 및 어휘〉

· 以時(이시): 때로서, 즉 때에 맞게.

예) 子曰 道千乘之國 敬事而信 節用而愛人 使民以時. (論語)
: 공자께서 말씀하셨다. 천 대의 전차를 가진 나라를 이끌어가는
방법은 일을 경건하게 처리하고, 믿음이 있으며 쓰는 것을 절약하
고 사람을 사랑하며, 백성을 부리되 때에 맞게 부리는 것이다.

· 勝(이길 승): 이기다, 낫다, 견디다, 모두, 많다. 지나치다. 넘치다.
특히 不可勝~ 형태로 '이루 다 ~할 수 없다'로 해석하면 좋다.

예) 卽位已來 造寺 寫經 度僧 不可勝記. (直指心經)
: 왕위에 오른 이후로 절을 짓고 경전을 쓰고 승려들을 맞는 일을

가히 다 기록할 수 없을 정도로 많다.

예) 數罟不入洿池, 魚鼈不可勝食也, 斧斤以時入山林, 材木不可勝用
也. (孟子)
: 눈이 촘촘히 좁은 그물을 웅덩이나 못에 넣지 않으면 물고기와
자라를 다 먹을 수 없으며, 도끼를 때에 맞추어 산에 가지고 들어
가면 재목을 이루 다 쓸 수 없다.

13-23-03
民非水火 不生活 昏暮 叩人之門戶 求水火 無弗與者 至足矣 聖人
治天下 使有菽粟 如水火 菽粟 如水火 而民焉有不仁者乎.

백성은 물과 불이 아니면 생활할 수 없으니, 날이 저물어 어두워
져서 사람들의 문을 두드려 물과 불을 구하여도 아무도 주지 않는
이가 없는 것은 지극히 풍족하기 때문이다. 성인이 천하를 다스림
에 콩과 조가 마치 물과 불이 있는 듯이 하였고, 콩과 조가 마치
물과 불이 있는 것처럼 하면 백성들 중에 불인(不仁)한 자가 있겠
는가?

〈단어 및 어휘〉

· 昏(어두울 혼): 어둡다, 희미하다, 날이 저물다, (눈이) 흐리다,
어리석다, 혼란하다, 경멸하다, 해 질 녘.
· 暮(저물 모): 저물다, 늙다, 노쇠하다, 밤, 저물 녘, 해 질 무렵,
끝, 마지막.
· 昏暮(혼모): 어둑해질 무렵, 해가 진 뒤로 껌껌하기 전까지의 어
둑어둑 하여지는 어둠. 늙어가는 판. 늙을 무렵
· 叩(두드릴 고): 두드리다, 조아리다, 묻다. 摸(측)也. 두드리다.

・與(줄 여): 予也. 손으로 주다.

・菽粟(숙속): 콩과 조, 매일 먹는 음식.

・焉(어찌 언): 何也. 어찌, 어떻게.

〈문법연구〉

・民非水火 不生活.

: 非~, 不~, '~이 아니면,~하지 않다(못 하다)' 부정어문+부정어문 형태로 앞은 원인, 이유, 조건 등의 부사문인 경우가 많다. 여기서는 '물과 불이 아니면 생활을 못한다.' 아래 13-24-03에 나오는 '不盈科 不行, 不成章 不達'도 '넘치지 않으면 흐르지 않고, 밝지 않으면 통달하지 못 한다'도 같다.

・昏暮 叩人之門戶.

: 昏暮는 명사로서 시간을 나타낸다. 하지만 예문에서는 부사로 사용되어 '날이 지면' 또는 '어둑어둑해지면'으로 그 무렵에 '다른 사람의 문을 두드리다'라는 문장이 전개된다. 즉 때를 나타내는 명사이지만 바로 부사로 전이되어 사용되는 것이 한문의 특징 중의 하나이다.

・無弗與者.

: 弗은 不과 같다. 不與者는 '주지 않는 자'로 無는 존재동사로 無~者 형태로~하는 사람(것, 일)이 없다.

・菽粟 如水火 而民焉有不仁者乎.

: 而 순접으로 '~인데', 焉有~乎는 '어찌 ~이 있겠는가'

上 24장

孟子曰 孔子 登東山而小魯 登太山而小天下 故觀於海者 難爲水 遊
於聖人之門者 難爲言.

孟子께서 말씀하셨다. <공자께서 동산(東山)에 오르시고 나서 노나라
를 작게 여기셨고, 태산(太山)에 오르시고 나서 천하를 작게 여기셨
다. 고로 바다를 본 자에게는 (다른 물이) 물이 되기가 어렵고, 성인
의 문하에 유람한 자에게는 (다른 사람 말이) 말이 되기가 어렵다.>

〈단어 및 어휘〉

· 東山(동산): 魯나라 서울의 동쪽에 있는 山.

· 太山(태산): 泰山을 일컬음.

· 爲(할 위): 하다, 행하다, 만들다, 다스리다, ~이 되다, 이다.

〈문법연구〉

· 登東山而小魯.

: 일반적으로 小는 형용사로 사용되나 여기서는 동사로 사용되었
다. 형용사가 동사로 사용되는 경우는 '형용사로 여기다'라는 의미로
널리 사용된다.

· 故觀於海者.

: 예문에서 於는 그다음 말이 앞의 서술어의 목적어라는 것을 지
시해주는 역할만 하므로 굳이 해석할 필요는 없다. 이 경우 생략이

가능한 경우가 많다.

· 難爲水難爲言.

: 爲는 다양한 의미로 사용될 수 있다. 難爲는 '～하기 어렵다', '～하는 것이 까다롭다', '～라 (여기기가) 쉽지 않다', '～이 되는 것이 어렵다' 등의 의미를 가진다.

13-24-02

觀水有術 必觀其瀾 日月 有明 容光 必照焉.

물을 살펴봄에 방도가 있으니 반드시 그 여울진 곳을 보아야 한다. 해와 달은 밝음이 있으니 빛을 용납함에 반드시 비춤이 있음이다.

〈단어 및 어휘〉

· 術(재주 술): 재주, 꾀, 수단, 계략, 술수, 책략, 길, 사업, 짓다, 서술하다, 方法.
· 瀾(물결 란): 물결, 흩어지다, 물결이 일다, 大波. 큰 물결. 朱子는 '여울목'이라 하였다.
· 容光(용광): 빛을 받아들이다. 안색, 겨우 빛이 통과하는 틈, 틈새의 빛.

13-24-03

流水之爲物也 不盈科 不行 君子之志於道也 不成章 不達.

흐르는 물의 사물의 됨됨이는 웅덩이에 차지 않으면 흐르지 않으니, 군자가 도에 뜻을 두어도 밝지 못하면 통달하지 못하게 된다.

<단어 및 어휘>

· 爲物(위물): 物質로서의 됨됨이 또는 狀態. 爲人은 '사람으로서의 됨됨이'란 뜻이다. 物은 여기서 본질, 성질 등의 의미.

· 科(과목 과/웅덩이 과): 과목, 과정, 규정, 과거, 구덩이, 무성하다. 웅덩이, 窪也.

· 章(글 장/드러날 장): 글, 문장, 단락, 구별, 본보기, 문장, 시문의 단락, 문채, 규정, 조목, 밝히다, 드러나다, 성하다, 節, 法, 彰과 같은 뜻으로, '환히 드러나는 것'을 말한다.

<문법연구>

· 流水之爲物也, 君子之志於道也.
: 之는 주격조사이다. 즉, <명사(A) 之爲 명사(B)> 형태로 'A가 B 되다', 또는 'A의 B 되는 것', 이때 之는 주격조사이다.

> 예) 天命之爲性 率性之爲道 修道之爲敎. (中庸)
> : 하늘이 命한 것을 性(本性, 타고난 성질)이라 하고, 性대로 따르는 것을 道(道理, 사람이 마땅히 지켜야 할 바른길)라 하며, 道를 닦는(힘써 배우고 익힘) 것을 敎라고 한다.

> 예) 福之爲禍 禍之爲福 化不可極 深不可測也. (淮南子)
> : 복이 화가 되고 화가 복이 되는 등 변화는 끝이 없고 그 깊이는 예측할 수가 없다.

> 예) 麟之爲靈 昭昭也 麟之爲物 不畜於家 不恒有於天下. (韓愈/獲麟解)
> : 기린의 신령 됨은 잘 알려져 있다. 기린의 동물 됨은 집에서 기르지 않아서 항상 세상에 있는 것은 아니다.

> 예) 熱之爲病 有外至 有內生 外至可移 內有定處. (傷寒論)

: 熱이 病이 되는 데는 外至와 內生이 있다. 外至는 移動하고 內는 定處가 있다.

예) 如孫叔敖之爲楚相, 盡忠爲廉以治楚, 楚王得以霸. (宋史)
: 손숙오가 재상이 되어 충심과 청렴으로 나랏일을 함으로써 초나라 왕이 패자가 될 수 있었다.

예) 醫之爲書 至是始備 醫之爲道 至是始明.
: 의서는 이때 이르러서야 비로소 완비되었으며 의도는 이때 이르러서야 비로소 번영하게 되었다.

예) 太陽之爲病 發熱 汗出惡風 脈緩者 名爲中風. (傷寒論)
: 太陽病(태양의 병됨)은 熱이 난다. 또한 땀도 나는데 오히려 바람을 싫어하고 脈이 느슨하다. 이것을 '풍을 맞게 되었다'라고 한다.

〈비교〉

<동사+之+爲+명사> 형태, 이때 之는 주격조사가 아니고 대명사 之이다.

예) 奉之爲君主: 그를 받들어 군주로 삼다.

〈참고〉

: 도치의 구조조사 之爲

예) 故人苟生之爲見, 若者必死, 苟利之爲見, 若者必害, 苟怠惰偸懦之爲安, 若者必危, 苟情說之爲樂, 若者必滅. (荀子)
: 그러므로 사람이 구차히 삶만을 찾는다면 반드시 죽게 될 것이다. 구차하게 이익만을 찾는다면, 반드시 손해를 입을 것이다. 구차하게 게을리 행동하는 것을 편안하게 여긴다면 반드시 위태로워질 것이다. 구차하게 감정적인 기쁨을 즐거움으로 삼으면 반드시 멸망할 것이다.

上 25장

13-25-01

孟子曰 鷄鳴而起 孶孶爲善者 舜之徒也.

孟子께서 말씀하셨다. <닭 울음소리를 듣고 일어나서 부지런히 선
(善)을 하는 자는 순임금의 무리이다.>

〈단어 및 어휘〉

· 孶(부지런할 자): 부지런하다, 붇다, 우거지다. 勤也. 따라서 孶
  孶란, 勤勉하게 努力하는 것을 말한다.

13-25-02

鷄鳴而起 孶孶爲利者 蹠之徒也.

닭 울음소리를 듣고 일어나서 부지런히 이(利)만을 위하는 자는
도척의 무리이다.

〈단어 및 어휘〉

· 蹠(밟을 척): 밟다, 이르다, 도달하다. 跖과 같다. 孔子와 같은
  時代의 盜賊인 盜跖을 말한다.

13-25-03

欲知舜與蹠之分 無他, 利與善之間也.

순임금과 도척의 다름을 알고자 한다면 다른 것은 없다. 이(利)와
선(善)의 사이일 뿐이다.

13-26-01

孟子曰 楊子 取爲我 拔一毛而利天下 不爲也.

孟子께서 말씀하셨다. <楊子는 자기만을 위하는 것을 취하였으니, 하나의 머리털을 뽑아 천하를 이롭게 할 수 있어도 (그렇게) 하지 않았다.>

〈단어 및 어휘〉

· 楊子(양자): 전국시대 초기 위(魏)나라 사람.
· 爲我(위아): 자신의 이익만을 생각함.
· 拔(뽑을 발): 뽑다, 빼다, 공략하다, 빼어나다, 특출하다, 뛰어나다, 기울어지다, 흩어지다.

13-26-02

墨子 兼愛 摩頂放踵 利天下 爲之.

묵자는 겸애를 취했으니, 정수리를 갈아 발꿈치에 이르더라도 천하가 이롭게 된다면 그것을 하였다.

〈단어 및 어휘〉

· 墨子(묵자): 名은 翟으로 兼愛主義者였다. 楊子와 비슷한 시기의 人物.
· 兼(겸할 겸): 겸하다, 다하다, 쌓다, 배가하다, 전부.
· 放(놓을 방): 놓다, 석방하다, 버리다, 본받다, 다다르다, 이르다, 바라다.

- 踵(발꿈치 종): 발뒤꿈치, 뒤쫓다, 밟다.
- 摩頂放踵(마정방종): 摩는 磨也이고 放은 至也이다. 즉 '정수리 가 닳아 발꿈치에 이르다.'라는 의미이다.

13-26-03

子莫執中 執中爲近之 執中無權 猶執一也.

자막은 그 중간을 잡았으니, 중간을 잡는 것은 도(道)에 가깝지만, 가운데만 잡고 권도(權道)가 없으면 하나만을 고집스럽게 잡는 것과 같게 된다.

〈단어 및 어휘〉

- 子莫(자막): 魯나라의 賢人.
- 執(잡을 집): 잡다, 가지다, 맡아 다스리다, 처리하다, 두려워하다, 사귀다, 固執
- 執中(집중): 여기서는 두 사람(楊朱와 墨翟)의 中間을 取한다는 것으로 中庸의 中과는 다르다.
- 權(권세 권): 저울, 稱錘. 저울대 또는 저울추. 狀況에 따라서 적용하는 것을 말한다.

13-26-04

所惡執一者 爲其賊道也 擧一而廢百也.

하나만을 고집하는 것을 미워하는 것은 그것이 도를 해치기 때문이며, 하나를 들어서 백 가지를 폐하는 것이 된다.

<단어 및 어휘>

· 賊(도둑 적): 도둑, 도둑질, 역적, 벌레의 이름(마디를 갉아먹는 해충), 사악한, 나쁜, 도둑질하다, 해치다, 학대하다, 그르치다, 죽이다, 害也.
· 擧(들 거): 들다, 일으키다, 행하다, 추천하다, 거동, 행위, 다, 모든, 온통.

<문법연구>

· 爲其賊道也.
: 爲~也 형태로 ~때문이다.

· 擧一而廢百也.
: 而는 순접, 擧는 '들다'로 여기서는 '하나의 예를 들어서'라는 의미.

上 27장

13-27-01
孟子曰 饑者甘食 渴者甘飮 是未得飮食之正也 饑渴害之也 豈惟口腹有饑渴之害 人心亦皆有害.

孟子께서 말씀하셨다. <굶주리는 것이 음식을 달게 먹게 하고, 목마른 것이 달게 마시게 하니, 이것은 참 된 맛을 얻을 수 없다. 굶주림과 목마름이 맛을 방해하기 때문이니, 어찌 다만 입과 배에만 굶주리고 목마른 해가 있겠는가? 사람의 마음에도 또한 해가 있는 것이다.

〈단어 및 어휘〉

· 渴(목마를 갈): 마르다, 갈증이 나다, 서두르다, 갈증.
· 正(바를 정): 正味. 올바른 맛. 본질 적인 맛, 참맛.

〈문법연구〉

· 豈惟口腹有饑渴之害.
: 豈惟~, '어찌 단지(오직/유독)~이겠느냐', 존재 동사 有 앞에 오는 명사는 부사로 위치를 나타내는 경우가 많다. 여기서는 口腹이 주어가 아니고 부사로서 기능한다. 이 경우 '~에'로 해석하면 원만하다. 축자적인 해석은 '어찌(豈) 오직(惟) 입과 배(口腹)에만 굶주림과 목마름의(饑渴之) 해로움(害)이 있겠는가(有)'이다.

　예) 鬼侯有子而好故入之於紂. (戰國策)
　: 귀후에게 자식이 있었는데 예뻤다. 그래서 그를 주에게 들여보냈다.

13-27-02
人能無以饑渴之害 爲心害則不及人 不爲憂矣.

사람이 능히 饑渴의 害가 마음의 해가 된다고 여기는 것이 없다면 다른 사람에게 미치지 못하더라도 근심하지 않을 것이다.

〈단어 및 어휘〉

· 饑(주릴 기): 주리다(=飢), 굶다, 흉년(凶年)이 들다, 흉년(凶年).
· 渴(목마를 갈): 목마르다, 갈증이 나다, 서두르다, 급하다, 갈증.
* 及(미칠 급): 미치다(영향이나 작용 따위가 대상에 가하여지다),

닿다, 미치게 하다, 끼치게 하다, 더불어 하다, 함께, 더불어, 및.

· 憂(근심 우): 근심, 걱정, 질병, 괴로움, 친상, 근심하다(속을 태우거나 우울해하다), 걱정하다, 애태우다.

〈문법연구〉

· 無以饑渴之害 爲心害.

: 일반적으로 無以는 '할 수 없다', '~로 할 방법이 없다'로 많이 활용된다. 그러나 이 문장에서는 '以~ 爲~'가 사용된 문장이다. 以 饑渴之害 爲心害에서 '饑渴之害를 心害로 여기다.' 즉 전체적으로는 '飢渴의 害를 마음의 해로 여김이 없다.' 물론 無以를 '할 수 없다', '~로 할 방법이 없다'로 놓고 해석해도 어느 정도 의미는 통한다고 할 수 있다. 그러나 이 경우 문법적으로는 無以 다음에 之가 생략되었다고 판단이 되는 경우인데 위 예문에서는 之가 생략되었다고 볼 수 없고 따라서 '以~, 爲~' 구문으로 보는 것이 옳다.

上 28장

13-28-01

孟子曰 柳下惠不以三公易其介.

孟子께서 말씀하셨다. 〈柳下惠는 삼공(三公)의 지위로서도 그 절개를 바꾸지 않았다.〉

〈단어 및 어휘〉

· 柳下惠(유하혜): 魯나라 사람으로 孔子와 같은 時代에 살았던 賢人.

- 以(써 이): 用也, 使用. ~를 가지고.
- 三公(삼공): 天子의 최고 顧問이었던 太師, 太傅, 太保를 말한다.
- 易(쉬울 이/바꿀 역): 變也. 바꾸다.
- 介(낄 개): 끼이다, 구획 짓다, 돕다, 굳다, 굳은 지조.

上 29장

13-29-01

孟子曰 有爲者辟若掘井 掘井九軔而不及泉 猶爲棄井也.

孟子께서 말씀하셨다. <仁義를 指向하는 자를 마치 우물 파는 것으로 비유해보면, 아홉 길이나 우물을 파고서 샘에 이르지 못하면 우물을 버리게 되는 것과 같다.>

〈단어 및 어휘〉

- 有爲(유위): 仁義를 指向하다. 훌륭한 일을 하다. 도를 실천하다.
- 辟(피할 피/임금 벽/견줄 비): 피/피하다, 벽/임금, 제후, 법, 비/견주다. 譬也, 譬喻. 또는 비유.
- 辟若(비약): 辟若~, '비유하면~과 같다.'
- 掘(팔 굴/뚫을 궐): 파다, 파내다, 움푹 패다, 다하다, 우뚝 솟다, (끝이) 모지라지다.
- 軔(쐐기 인/길 인): 쐐기, 바퀴 고임 나무, 단단하다, 한 길(어른 키의 길이). 仞也.

上 30장

13-30-01

孟子曰 堯舜性之也 湯武身之也 五覇假之也.

孟子께서 말씀하셨다. <요임금과 순임금께서는 천성(天性)대로 행하셨고, 탕왕과 무왕은 몸소 터득한 바로 행하셨고, 다섯 패자(覇者)는 명분을 빌려다 행하였다.>

〈단어 및 어휘〉

· 假(거짓 가/빌 가/틈 가/멀 하): 거짓, 가짜, 임시(臨時), 일시, 가령(假令), 이를테면, 틈, 틈새, 빌리다. 借也. 임시로 빌리는 것을 말한다.

〈문법연구〉

· 性之也, 身之也, 假之也.

: 之는 불특정한 것(무엇)을 받는 대명사이다. 여기서 之는 불특정한 것을 나타내는 경우이다. 이 경우 앞에 있는 글자를 명사가 아닌 동사로 해석한다. 이를 '전성동사화'라고도 하는데 '명사+之'에서 '之'는 명사를 동사화한 것으로 본다.

예) 左右欲兵之 太公曰 此義人也 扶而去之. (史記)
: 좌우의 신하들이 백이와 숙제를 죽이려 하자, 태공이 말하길, '이 사람들은 義人(의인)이다' 하고, 그들을 부축하여 떠나게 했다.

예) 孟子對曰 王好戰 請以戰喩 塡然鼓之 兵刃旣接 棄甲曳兵而走 (孟子)
: 孟子께서 대답하셨다. <왕께서 전쟁을 좋아하시니, 청하건대 전

쟁으로서 비유하겠습니다. 둥둥 북을 쳐서 접전이 벌어졌을 때 갑옷을 벗어 던지고 칼을 끌며 도망칩니다.

예) 大學者 大人之學也 明 明之也. (大學章句序)
: 大學(대학)은 대인(大人)의 학문이다. 명(明)은 밝힘이다.

예) 不得亟見之 見且猶不得亟 而況得而臣之乎. (孟子)
: 그들을 자주 만날 수 없었으니 접견조차도 오히려 자주 할 수 없거늘 하물며 그들을 얻어서 신하로 삼음에 있어서랴.

13-30-02
久假而不歸 惡知其非有也.

오래도록 빌려 가지고 있고 천성으로 돌아오지 않으면, 어찌 그 (실제를) 가지고 있지 않음을 알겠는가.

〈단어 및 어휘〉

· 惡(어찌 오/미워할 오/악할 악): 미워하다, 헐뜯다, 부끄러워하다, 기피하다, 두려워하다, 불길하다. 何也. 어찌, 어떻게.

上 31장

13-31-01
公孫丑曰 伊尹曰 予不狎于不順 放太甲于桐 民大悅 太甲賢 又反之民大悅

공손추가 말하기를, <이윤 왈 '나는 의(義)와 이(理)에 따르지 않는 것을 더는 두고 볼 수 없다.'하고 태갑을 동(桐)이란 땅으로 내쫓자 백성이 크게 기뻐하였고, 태갑이 현명해지자 또 원래대로 모셔오니 백성들이 크게 기뻐하였습니다.

〈단어 및 어휘〉

· 狎(익숙할 압): 가볍게 보다. 여기서는 견디다 또는 참아내다.
予不狎于不順은 書經 太甲上篇에 있는 말이다.

· 順(순할 순): 순하다, 유순하다, 좇다, (도리에) 따르다, 순응하다, 가르치다, 교도하다, 잇다, 이어받다, 제멋대로 하다, 順理, 道理를 따르는 것 또는 거스르지 않는 것을 말한다.

· 放(놓을 방): 놓다, 놓이다, 석방되다, 내쫓다, 추방하다, 내놓다, 꾸어주다, 버리다, 달아나다, 追放.

· 桐(오동나무 동): 여기서는 地名.

· 太甲(태갑): 商(=殷)나라의 5代 君主.

· 悅(기쁠 열): 기쁘다, 심복하다(마음속으로 기뻐하며 성심을 다하여 순종하다), 사랑하다, 손쉽다, 기쁨.

〈문법연구〉

· 予不狎于不順.

: 于는 於와 같다. '나(予)는 순종하지 않음(不順)에(于) 익숙하지 않다(不狎).'

13-31-02

賢者之爲人臣也 其君不賢則 固可放與 孟子曰 有伊尹之志則可 無伊尹之志則簒也.

현명한 자가 사람의 신하가 되어 그 군주가 현명치 못하면 진실로 가히 쫓아낼 수 있습니까?> 孟子께서 말씀하셨다. <伊尹의 뜻이 있으면 可하거니와 伊尹의 뜻이 없으면 簒奪(찬탈)하는 것이다.>

〈단어 및 어휘〉

· 人臣(인신): 신하.
· 固(굳을 고): 굳다, 굳히다, 단단하다, 굳이, 진실로.
· 篡(빼앗을 찬): 빼앗다, 강탈하다. 奪也. 篡奪. 임금의 자리를 빼앗는 것을 말한다.

〈문법연구〉

· 賢者之爲人臣也.
: 之는 주격조사로 위 문장은 부사절로 '현명한 사람의 신하 됨에 있어서는'

上 32장

13-32-01

公孫丑曰 詩曰不素餐兮 君子之不耕而食何也 孟子曰 君子居是國也 其君用之則安富尊榮 其子弟從之則 孝弟忠信 不素篡兮 孰大於是.

공손추가 말하였다. <『詩經』에 이르기를 '하는 일 없이 녹을 먹지 않는다.'라 했으니 군자가 농사를 짓지 않으면서 먹기만 하는 것은 어떻습니까?> 孟子께서 말씀하셨다. <君子가 이 나라에 居하여 그 君主가 그를 쓰게 되면 나라는 편안해지고 부유하게 되며 존중되고 영화롭게 된다. 그 자제들이 그를 좇는다면 효제(孝悌)와 충신(忠信)하게 되니 '하는 일 없이 녹을 먹지 않는다'라는 것과 어느 것이 이보다 클 수 있겠는가?>

〈단어 및 어휘〉

· 詩(시 시): 詩經 魏國風 代檀篇.

· 素(힐 소): 하얀 명주, 본바탕, 소박한, 빈, 미리. 空也. 여기서는 '부질없다. 헛되다.' 정도로 새긴다.

· 餐(밥 찬/물 말이 할 손): 밥, 점심밥, 샛밥(간식), 곁두리, 음식 (飮食), 먹다, 마시다, 칭찬하다, 呑食, 飮食 먹고 마시다.

· 素餐(소찬): 재덕이나 공로가 없어 직책을 다하지 못하면서 한 갓 자리만 차지하고 녹(祿)만 받아먹음을 비유하여 일컫는 말. 소손(素飧)이라고도 한다.

· 孰大(숙대): 어느 것이 ~크랴. 孰大於是에서 於는 비교를 나타 내는 '~보다'라는 뜻이다. 일반적으로 형용사 뒤에 있는 於는 대부분 비교를 나타낸다.

〈문법연구〉

· 君子之不耕而食.

: 之는 주어절의 주어 다음에 쓴 주격조사이다. 해석은 '군자가(君子之) 밭 갈지 않(不耕)고(而) 먹는 것(食)은'이다. 술어는 '何也'로 '어째서입니까' 정도로 해석한다.

上 33장

13-33-01
王子塾問曰 士何事.

왕자 점이 물었다. <선비는 무엇을 일삼습니까?>

· 墊(빠질 점): (물에) 빠지다, 가라앉다, (물속이나 깊숙한 곳에) 떨어
    져 잠기다, 늘어지다 여기서는 齊나라 임금의 아들로 墊이 이름이다.
· 士(선비 사): 官職에 任用되지 아니한 學者.

〈문법연구〉

· 何事.

: 何는 事의 목적어이다. 즉 事는 동사로 사용되고 있다. 何事는
때에 따라서 '무슨 일'이라 해석하는 경우도 있지만 여기서는 '무엇
을 섬기다', '무엇을 하다'로 해석된다.

13-33-02
孟子曰尙志.

孟子께서 말씀하셨다. <뜻(志)을 높게 숭상하는 것으로 일을 삼느
니라.>

〈단어 및 어휘〉

· 尙(오히려 상): 오히려, 더욱이, 또한, 아직, 풍습(風習), 풍조, 숭
    상하다(崇尙), 高尙. 崇尙으로 높이어 尊重함을 말한다.

13-33-03
曰何謂尙志 曰仁義而已矣 殺一無罪非仁也 非其有而取之非義也 居
惡在 仁是也 路惡在 義是也 居仁由義大人之事備矣.

말하기를, <무엇을 상지(尚志)라 말합니까?> 말씀하시기를, <인의
(仁義)일 뿐이다. 죄 없는 한 사람이라도 죽이면 인(仁)이 아니며,
그 가져야 할 것이 아닌데도 그것을 취하면 의(義)가 아니다. 거함
이 어디에 있는가? 인이 이것이라. 길이 어디에 있는가. 의가 이것
이라. 인(仁)에 거처하며 의(義)로 말미암는다면 대인(大人)의 일
이 갖추어진 것이다.>

〈단어 및 어휘〉

· 有(있을 유): 所有를 말한다.
· 惡(어찌 오): 何也. 어디, 어느.
· 由(말미암을 유): 從也.
· 大人(대인): 여기서는 公卿大夫를 뜻하고 있다.
· 備(갖출 비): 갖추다, 갖추어지다, 한 무리 속에 참가하거나 참
  가시키다, 준비, 모두.

〈문법연구〉

· 何謂尙志.
: 何는 동사 謂의 목적어이다. 의문사는 동사 앞에 위치하는 것이
일반적이다. 동사 謂는 주로 謂 A, B 형태로 사용되어 'A를 B라 한
다'로 해석된다. 예문의 경우 '謂何尙志'에서 의문사가 동사 앞으로
나간 꼴이다. '謂何尙志'를 '謂 A, B' 형태로 보면 'A=何, B=尙志'로
해석하면 '何를 尙志라 한다'가 된다. 주로 다음 예들에서 보는 것처
럼 앞에서 한 번 언급한 것을 이것을 之로 받아서 강조하는 용례로
주로 사용된다.

예) 從流下而忘反 謂之流 從流上而忘反 謂之連 從獸無厭 謂之荒
樂酒無厭謂之亡. (孟子)
: (뱃놀이에) 물길 따라 아래로 내려가서 돌아옴을 잊음을 流라 이
르고 물길을 거슬러 위로 올라가서 돌아옴을 잊음을 連이라 이르
고, 짐승을 쫓아 만족함이 없음을 荒이라 이르고, 술을 즐겨 만족
함이 없음을 亡이라 합니다.

예) 喜怒哀樂之未發謂之中 發而皆中節謂之和. (中庸)
: 희로애락의 감정이 드러나지 않은 것을 中이라고 하고, 드러나되
저마다 지나치거나 모자라지 않는 것을 和(=조화, 균형)라 한다.

· 居惡在 仁是也 路惡在 義是也.

: 居惡在, '거함이 어디에 있는가.' 惡在 '어디에 있는가'로 의문사
惡로 말미암아 도치된 문형이다. 路惡在도 마찬가지로 '길은 어디에
있는가.'

예) 惡在其爲民父母也. (孟子)
: 어디에 그 부모 됨이 있겠는가. 여기서 惡在는 何在와 같이 어디
에 있는가? 라는 의미로 의문문으로 도치된 형태이다.

〈참고〉

· 在와 有(無)는 현대 중국어에서 다음과 같이 쓰임이 다르다.
· 有(無)는 장소명사(+방위명사)+有(無)+존재하는 사람, 사물 순이
며 在는 존재하는 사람, 사물+在+장소명사(+방위명사) 형태이
다. 아래 예문에서도 보이지만 有父兄在는 아버지도 있고 형도
있다는 말이다.

예) 世有伯樂然後有千里馬. (雜說/韓愈)
: 세상에는 백락이 있는 연후에야 천리마가 있게 된다.

예) 春意無分別人情有淺深. (推句)
: 봄의 뜻은 분별(分別)이 없으나, 사람의 정은 깊고 얕음이 있다.

예) 心不在焉視而不見. (大學)
: 마음에 있지 않으면 보아도 보이지 않는다.

예) 掬水月在手弄花香滿衣. (推句)
: 물을 움키니 달이 손안에 있고, 꽃을 만지니 향기가 옷에 가득하다.

上 34장

13-34-01

孟子曰 仲子不義與之齊國而弗受 人皆信之 是舍簞食豆羹之義也 人
莫大焉 亡親戚君臣上下 以其小者 信其大者 奚可哉.

孟子께서 말씀하셨다. <중자는 의(義)가 아닌 것으로서 제나라를
준다 하여도 받지 않을 것이고, 사람들 모두 그것을 믿었으니, 이
것은 한 공기의 밥과 한 그릇의 국을 버려서 지키는 의(義)이다.
사람에게는 親戚과 君臣과 上下의 義理를 잊어버리는 것보다 큰
것은 없으니, 그 작은 일을 가지고 큰일도 그러할 것이라고 미루
어 믿는 것이 어찌 옳을 수 있겠는가.>

〈단어 및 어휘〉

· 仲子(중자): 齊나라의 陳仲子.
· 舍(집 사): 집, 여관, 버리다, 폐하다. 捨也.
· 簞(소쿠리 단): 소쿠리, 밥그릇
· 食(밥 식/먹이 사): 식/밥, 음식, 먹다, 사/먹이, 먹이다, 기르다

- 羹(국 갱): 국, 끓이다.
- 簞食豆羹(단사두갱): 한 대그릇의 밥과 한 나무 그릇의 국으로, 여기서는 간단한 飮食을 말함.
- 亡(망할 망/없을 무): 망하다, 멸망하다, 멸망시키다, 도망하다, 달아나다, 忘也. 잊다.
- 焉(어찌 언): 어찌, 그래서, 이에 ~의, ~에서, ~보다, 이다. 於也.

〈문법연구〉

- 仲子不義與之齊國而弗受.

: 與之에서 與는 子也, 授也로 '주다'이다. 與 A, B 형태로 'A에게 B를 주다'이다. 예문에서 '不義'는 부사로 '의가 아닌 것으로'로 해석된다.

上 35장

13-35-01

桃應問曰 舜爲天子 皐陶爲士 瞽瞍殺人則如之何.

桃應(도응)이 물었다. <舜임금께서 天子가 되시고, 皐陶(고요)가 士(법관)가 되었는데, 瞽瞍(고수/순임금의 아버지)가 사람을 죽였다면 어떻게 하였겠습니까?>

〈문법연구〉

- 桃應(도응): 孟子의 弟子.
- 士(선비 사): 여기서는 刑官을 말한다.

- 皋(언덕 고): 언덕, 못, 물가, 높다, 느리다.
- 陶(질그릇 도/사람 이름 요): 도/질그릇, 도공, 요/사람 이름.
- 皐陶(고요): 舜의 大臣이다.
- 瞽(소경 고): 소경, 악공, 마음이 어둡다.
- 瞍(소경 수): 소경, 어른, 늙은이.
- 瞽瞍(고수): 舜의 暴惡했던 아비.
- 如之何(여지하): 그것이 무엇 같은가? 그것 같은 것을 어떻게 하랴? 어떠한가, 어떻게.

13-35-02

孟子曰 執之而已矣.

孟子께서 말씀하셨다. <法을 집행할 뿐이다.>

〈단어 및 어휘〉

- 執之(집지): 執은 '잡다', '처리하다', '다루다'는 뜻을 지닌다. 즉 執之는 '집행하다'로 法에 따라 行하는 것을 말한다.

13-35-03

然則舜不禁與.

그렇다면 순임금께서 금하지 않겠습니까?

〈단어 및 어휘〉

- 與(줄 여/더불 여): 더불다(둘 이상의 사람이 함께하다), 같이하다, 참여하다, 여기서는 歟也. 그런가? 語助辭.

13-35-04

曰夫舜惡得而禁之 夫有所受之也.

말씀하시기를, <무릇 순임금께서 어찌 금하게 할 수 있겠는가? 저 것은(법대로 하는 것) 받은 바가 있었느니라.>

〈단어 및 어휘〉

· 惡(어찌 오): 何也. 어찌, 어떻게.
· 受(받을 수): 朱子는 '法律을 傳受받는 것'이라고 하였다. 즉 권한을 위임받은 것이라는 의미이다.
· 所(바 소): 바, 것, 곳, 이유, 도리, 경우, 만일, ~을 당하다.

〈문법연구〉

· 舜惡得而禁之.
: 惡得而는 '어찌 ~할 수 있겠는가?' 得而(득이)의 得(득)은 원래 '획득하다'라는 뜻의 동사이지만 '~할 수 있다'라는 뜻의 조동사로도 쓰인다. 그렇기 때문에 원래 동사의 의미를 가지고 있는 상태에서 앞에 다시 조동사 可가 붙어서 可得而로도 사용되는 경우도 있다. 또 ~할 수 있다는 의미로서 得而(득이)는 得以(득이)로 쓰기도 한다.

예) 夫子之文章, 可得而聞也 夫子之言性與天道, 不可得而聞也. (論語)
: 선생님의 학문은 들을 수가 있었으나 선생님께서 인간의 본성과 천도에 관하여 언급하시는 말씀은 들을 수가 없었다.

예) 居下位而不獲乎上, 民不可得而治也. (孟子)
: 아랫자리에 있으면서 윗사람의 신임을 얻지 못하면 백성을 다스릴 수 없다.

13-35-05

然則舜 如之何.

그렇다면 순임금께서는 어떻게 하시겠습니까?

13-35-06

曰舜視棄天下 猶棄敝蹝也 竊負而逃 遵海濱而處 終身訢然樂而忘天下.

말씀하시기를, <순임금께서는 천하 버리기를 마치 헌 짚신을 버리듯이 보실 것이며, 몰래 업고 도망쳐 해변을 따라 처하셔서, 종신토록 즐거워하며 천하를 잊어버리실 것이다.>

〈단어 및 어휘〉

· 視(볼 시): 看做(간주)하다. 즉 여기다 또는 생각하다.

· 敝(해질 폐): 해지다, 깨지다, 지다, 버리다, 황폐하다, 가리다.

· 蹝(천천히 걸을 사): 천천히 걷다, 밟다, 신다, 짚신. 草履 짚신이다. 따라서 敝蹝(폐사)란, 해진 짚신을 말한다.

· 遵(좇을 준): 좇다, 따르다, 따라가다, 거느리다, 지키다, 높이다, 공경하다. 從也, 循也, 行也. 가다.

· 訢(기뻐할 흔): 기뻐하다, 화평하다. 欣也, 喜也. 기뻐하다. 따라서 欣然이란, 매우 기분이 좋다는 뜻이다.

· 訢然(흔연): 기뻐하는 모양, 싱글벙글.

〈문법연구〉

· 視棄天下 猶棄敝蹝也.

: 視~ 猶(如,若)~, '~을 ~과 같이 보다', '~을 ~로 간주하다.'

上 36장

13-36-01

孟子自范之齊 望見齊王之子 喟然嘆曰居移氣 養移體 大哉居乎 夫
非盡人之子與.

孟子께서 범 땅에서 제나라로 가셔서, 제나라 왕자를 멀리서 바라
보시고 한숨을 쉬며 탄식하여 말하길, <지위가 기상(氣象)을 바꾸
고, 봉양하는 것이 육체를 바꾸니, 크도다, 지위라는 것이! 저 사
람도 모두 사람의 자식이 아니던가.>

〈단어 및 어휘〉

· 范(풀 이름 범): 풀 이름, 벌, 법도. 여기서는 齊나라의 邑名이다.
· 齊(가지런할 제/재계할 재/옷자락 자/자를 전): 여기서는 제나라
  의 首都를 의미한다.
· 望見(망견): 멀리서 바라보는 것을 말한다.
· 喟(한숨 쉴 위): 喟然(위연)이란, 한숨 쉬며 歎息하는 것, 여기
  서는 感歎의 형용이다.
· 居(거할 거): 處한 位置(또는 地位) 즉 環境을 말한다.
· 移(옮길 이): 變也. 變化시키는 것을 말한다.
· 氣(기운 기): 氣質 또는 品位를 말한다. 따라서 居移氣란, 居處
  하는 환경이 그 氣品을 變化시키는 것을 말한다.
· 盡(다할 진): 다하다, 부사로서 '모두', '다'.

13-36-02

(孟子曰/張鄒皆云羨文也.[3])

張氏(張栻)와 鄒氏(鄒浩)가 모두 衍文(연문)이라 하였다.

13-36-03

王子宮室車馬衣服 多與人同而王子若彼者其居使之然也 況居天下之廣居者乎.

왕자의 궁실과 거마(車馬)와 의복이 사람들과 더불어 같은 것이 많은데, 왕자가 마치 저것처럼 된 것은 그 처한 위치가 그렇게 한 것이거늘, 하물며 천하의 넓음(仁)에 거처한 자에 있어서야?

〈단어 및 어휘〉

· 居(거할 거): 여기서는 그가 처한 地位나 環境 등을 말한다. 또한 天下之廣居란 仁의 象徵的 表現으로 생각된다.

〈문법연구〉

· 王子若彼者其居使之然也.

: 이 문장에서 주어는 王子若彼者로 '왕자가 저와 같은 것은'으로 해석된다. 其居使之然也의 其와 之는 모두 王子를 나타내는 대명사이다. 使는 '~로 하여금 ~하게 하다'라는 뜻의 사역동사로 '使之然'은 '그를 그렇게(然) 만들다.'이다.

---

3) 羨: 부러워할 선, 바르지 않을 선, 여기서는 '연'으로 읽고 '衍(넘을 연)'과 같음. 내용은 集註의 내용이다.

・況居天下之廣居者乎.

: 況~乎, '하물며 ~은 이겠는가.'

13-36-04

魯君之宋 呼於垤澤之門 守者曰此非吾君也 何其聲之似我君也 此無
他 居相似也.

魯나라 主가 宋나라에 가서 垤澤(질택)의 문에서 부르니, 문지기
가 왈, '이것은 우리 군주가 아니로되 어찌 그 음성이 우리 군주와
비슷한가?'라 했으니, 이것은 다른 것이 아니라 거처하는 지위가
서로 비슷했기 때문이다.

〈단어 및 어휘〉

・垤(개미둑 질): 개미가 땅속에 집을 짓기 위하여 파낸 흙가루가
  땅 위에 두둑하게 쌓인 것, 작은 산(山)
・垤澤(질택): 宋나라 城門 이름이다.
・守(지킬 수): 지키다, 벼슬 이름, 임무, 거두다, 찾다.

〈문법연구〉

・何其聲之似我君也.
: 之는 주어절의 주어 다음에 쓴 주격조사로 '~이(가) 어떠어떠하
다'라는 식으로 해석된다. '그 목소리가 내 주인과 비슷하다.'

上 37장

13-37-01

孟子曰 食而弗愛 豕交之也 愛而不敬 獸畜之也.

孟子께서 말씀하셨다. <먹여주면서 사랑하지 않으면 돼지처럼 대접하는 것이고, 사랑은 하지만 공경하지 않으면 짐승을 기르는 것과 같은 것이다.>

〈단어 및 어휘〉

· 食(밥 식/먹일 사): 먹이다. 즉 祿을 주는 것을 말한다. 타동사 용례이다.
· 交(사귈 교): 사귀다, 교제하다, 오고 가다, 주고받다, 바꾸다, 인접하다, 서로 맞대다, 엇걸리다, 맡기다, 넘기다, 건네다, 내다, 제출하다, 섞이다, 교차하다, 接也. 交際 여기서는 待接의 뜻으로 새긴다.
· 獸(짐승 수): 짐승, 가축, 야만, 하류, 짐승 같은, 야만스러운, 사냥하다. 여기서는 犬馬의 뜻으로 새긴다.
· 畜(짐승 축/기를 휵): 憒也, 養也. 기르다. 獸畜이란, 짐승같이 取扱하여 기른다는 뜻이다. '휵'으로 읽기도 한다.

〈문법연구〉

· 豕交之也, 獸畜之也.
: 문법적인 해석으로는 豕, 獸 앞에 以가 생략되어 있다고 보거나, 목적어 豕과 獸를 강조하기 위하여 앞으로 보내고 그 자리에 대명사 之를 사용한 용법으로 풀이할 수 있다. 후자의 경우 '돼지 그것을 접

대하고 짐승 그것을 기른다.'라고 번역할 수 있다.

13-37-02
恭敬者 幣之未將者也.

공경이라는 것은 폐백(幣帛)을 바치지 않았을 때부터 갖고 있는
마음이다. (공경이라는 것은 선물을 주고받는 폐백으로 서로 사귀
면서 생겨나는 것이 아니라, 폐백으로 받들기 이전에 이미 마음속
에 공경하는 마음이 있는 것이지 물질에 의해 나타나는 것은 아니
라는 것이다.)

〈단어 및 어휘〉

· 幣(예물 폐): 幣帛(폐백), 禮物.
· 將(장 수장/장차 장/받들 장): 장수, 인솔자, 장차, 문득, 청컨대,
  무릇, 대저, 거느리다, 인솔하다, 기르다, 양육하다, 동반하다,
  가지다, 취하다, 받들다, 지키다, 奉也, 行也, 行動. 즉 奉行으로
  받들어 行하는 것을 말한다. 여기서는 '받들 장'으로 읽는다.

〈문법연구〉

· 幣之未將者也.
: 之의 용법에 대해서 두 가지 해석이 가능하다. 1. 之는 도치
를 나타낸다. 즉, 幣가 동사 將의 목적어인데 강조하여 앞으로
내었다. 2. 주격조사로 사용되었다. 2의 경우 '공경(恭敬)이란 것
(者)은 폐백이(幣之) 아직(未) 받들지(將) 않은 것(者)이다(也).'로
해석된다.

13-37-03

恭敬而無實 君子不可虛拘.

공경한다 하면서 실체가 없다면, 군자는 가히 헛되이 머무르지 않는 것이다.

〈단어 및 어휘〉

· 虛(빌 허): 비다, 없다, 비워두다, 헛되다, 공허하다, 약하다, 空也.
· 拘(얽매일 구): 留也, 머무르다. 보통은 '거리낄 구' 拘礙(구애).

上 38장

13-38-01

孟子曰 形色天性也 惟聖人然後 可以踐形.

孟子께서 말씀하셨다. 〈형(形)과 색(色)은 하늘이 부여한 성(性)이다. 오직 성인이 된 연후에라야 가히 형을 실천할 수 있게 된다.〉

〈단어 및 어휘〉

· 形(모양 형): 모양, 꼴, 형상, 얼굴, 몸, 육체, 그릇, 형세, 세력, 모범, 이치, 도리, 거푸집, 형상하다, 형상을 이루다. 體貌.
· 色(빛 색): 빛, 빛깔, 색채, 낯, 얼굴빛, 윤, 광택, 기색, 모양, 상태, 미색, 색정, 여색, 정욕, 갈래, 종류, 화장하다, 꾸미다. 顏色.
· 踐(밟을 천): 行也, 實踐. 실행하다, 실천하다.
· 踐形(천형): 하늘이 부여한 형체의 능력을 발휘하는 것을 말한

다. 또는 부모와 하늘로부터 받은 본성과 형체의 바른 기능을
어김없이 실현하는 것을 말한다.

上 39장

13-39-01

齊宣王欲短喪 公孫丑曰爲朞之喪 猶愈於己乎.

齊나라 宣王이 喪을 단축하려 하자, 公孫丑가 말하였다. <朞年喪
을 행하더라도 오히려 그만두는 것보다는 나을 것입니다.>

〈단어 및 어휘〉

· 短喪(단상): 상기를 줄임.

· 朞(돌 기): 돌, 1주년, 기복(1년 상복). 期也. 一周年. 朞之喪이란,
  一年喪을 말한다.

· 猶(오히려 유): 오히려, 가히, 다만, 이미, 크게, 지나치게, ~부터,
  그대로, 마땅히, 원숭이, 허물, 꾀하다, 망설이다, 尙也. 오히려.
  부사적 용례.

· 己(이미 이): 이미, 벌써, 너무, 뿐, 따름, 매우, 대단히, 너무, 반드시,
  써, 써서, 이, 이것, 조금 있다가, 그 후 얼마 되지 아니하여, (병이)
  낫다, 말다, 그치다, 그만두다, 끝나다. 止也. 말다, 그만두다.

〈문법연구〉

· 猶愈於己乎.

: 猶愈於~, '오히려 ~보다 낫다.' 愈於, 勝於, 克於(극어) ~는 각

각, '~보다 낫다', '~을 이기다', '~을 능가하다' 於는 여기에서는 비교를 나타내는 '~보다'라는 뜻이다. 일반적으로 형용사 뒤에 있는 於는 대부분 비교를 나타낸다고 볼 수 있다. 해석은 '오히려(猶) 그 만둠(已)에 비해(於) 나을(愈)까요. (乎)'이다.

13-39-02

孟子曰 是猶或紾其兄之臂 子謂之姑徐徐云爾 亦敎之孝弟而已矣.

孟子께서 말씀하셨다. <이것은 마치 혹자가 그 형의 팔뚝을 비틀 때 그대가 우선 '천천히 하라'라고 그렇게 말하는 것이 되니 또한 효(孝)와 제(弟)로서 가르칠 뿐이다.>

〈단어 및 어휘〉

· 猶(오히려 유): 若也. 마치 ~하는 것과 같다.
· 或(혹 혹): 혹, 혹은, 어떤 사람, 늘, 있다, 당혹하다. 誰人.
· 紾(비틀 진): 비틀다, 돌다, 홑옷, 실을 감다. 戾也.
· 臂(팔뚝 비): 上肢. 팔.
· 姑(시어미 고): 시어머니, 고모, 잠시, 조금 동안. 暫也, 暫時.
· 徐徐(서서): 천천히.
· 爾(너 이): 너, 그, 이처럼, 그렇다, ~이다, ~인가.
· 而已矣(이이의): ~일 뿐이다.
· 弟(아우 제): 悌也. 恭敬.

〈문법연구〉

· 子謂之姑徐徐云爾.

: 謂는 두 개의 목적어를 갖는 동사이고, 之는 대명사로 간접목적어, 姑徐徐는 일종의 직접목적어이다. 정확하게는 부사어이지만 형태상으로는 '~에게 ~라고 말하다'라는 형식에서 보면 목적어로 취급해서 이해하는 것도 해석을 위해서는 좋다. 이어지는 문장 '亦敎之孝弟而己矣'에서도 敎가 앞 문장의 謂와 같은 역할을 하는 동사가 된다. 여기서 之는 대명사로 '그'이다.

13-39-03

王子有其母死者 其傅爲之請數月之喪 公孫丑曰若此者 何如也.

왕자 중에 그 어머니가 죽은 사람이 있었으니, 그 스승이 그를 위하여 수개월의 상례를 청하였다. 公孫丑가 말하였다. <이와 같은 것은 어떻습니까?>

〈단어 및 어휘〉

· 傅(스승 부): 스승, 師傅(사부), 수표, 증서, 돌보다, 보좌하다, 가까이하다, 붙다, 부착하다, 바르다, 칠하다, 이르다(어떤 장소나 시간에 닿다), 도달하다.

〈문법연구〉

· 王子有其母死者.

: '~가 있다(없다)'를 나타내는 존재동사 有(無)는 동사 다음에 주어가 온다. 이때 주어는 그 뒤에서 수식하는 것이 일반적이다. 또 동사 앞에 오는 명사는 대개 부사적 역할을 한다. 이 경우 해석은 '~중에/~가운데' 등으로 해석하면 용이하다. 王子有其母死者의 경우

도 '왕자 중에 그 어머니가 죽은 자가 있다'로 번역하면 부드럽다.

예) 郢人有遺燕相國書者. (韓非子)
: 영나라 사람 중에 연나라 재상에게 편지를 보낸 이가 있었다.

예) 鄭人有欲買履者 先自度其足而置之其坐 至之市而忘操之. (韓非子)
: 정나라 사람 중에 신발을 사려고 하는 사람이 있었는데, 먼저 자기 발의 길이를 재어 종이게 기록했으나 그 치수를 잰 것을 가져가는 것을 잊고 시장에 도착하였다.

13-39-04

日是欲終之而不可得也 雖加一日 愈於己 謂夫莫之禁而弗爲者也.

말씀하시기를, <이것은 3년 상을 마칠 때까지 하고자 해도 할 수 없었으니, 비록 하루를 더하는 것이라도 그치는 것보다 낫다는 것이다. 무릇 아무도 금지하지 않는데도 하지 않는 것을 말하는 것이다.>

〈단어 및 어휘〉

· 雖(비록 수): 비록, 아무리 ~하여도, 그러나.

〈문법연구〉

· 謂夫莫之禁而弗爲者也.
: 莫之禁에서 之는 대명사로 '그것/삼년상'이다. 莫을 이용한 부정문에서 대명사 목적어가 도치되었다. 본래 莫禁之의 어순이다. 전체문장의 동사는 謂로 목적어는 莫之禁而弗爲者이다. 而는 역접으로 '~했으나', '~인데도' 弗爲者는 '하지 않은 것'이다. 전체 해석은 '무

릇(夫) 그것(之)을 금지하지(禁) 않았(莫)는데(而) 하지 않는(弗爲) 것(者)을 말함(謂)이다(也).'이다.

上 40장

13-40-01

孟子曰君子之所以敎者五,

孟子께서 말씀하셨다. <君子가 가르치는 것이 다섯 가지이니,

13-40-02

有如時雨化之者.

마치 때맞춰 내리는 비와 같이 그를 교화시키는 것이 있다.

〈단어 및 어휘〉

· 如(같을 여): 若也.

· 時雨(시우): 때에 알맞게 내리는 비를 말한다.

· 化(될 화): 되다, 화하다, 교화하다, 감화시키다, 변천하다, 달라지다, 죽다, 망하다, 가르침, 교육, 교화, 죽음 化育. 즉 草木을 자라게 하는 것을 말한다.

〈문법연구〉

· 有如時雨化之者.

: 之는 대명사로 앞에 있는 글자를 동사로 해석해 주라는 것을 지

시하는 역할만을 한다. 이 경우 之는 앞에 나온 것을 받는 경우도 있지만 불특정한 것(무엇)을 받는 경우도 있다.

예) 子曰 飯疏食飲水 曲肱而枕之 樂亦在其中矣 不義而富且貴 於我如浮雲. (論語)
: 공자께서 말씀하셨다. 거친 밥을 먹고 물을 마시며 팔을 굽혀 베개를 삼을지라도 즐거움은 또한 그 속에 있으니, 옳지 못한 부귀는 나에게 있어서 뜬구름과 같은 것이다.

예) 子見南子 子路不說 夫子矢之曰 予所否者 天厭之 天厭之. (論語)
: 공자께서 남자를 만나보시자 자로가 기뻐하지 않았다. 공자께서 맹세하여 말씀하셨다. 내가 부정한 짓을 했다면 하늘이 싫어하실 것이다. 하늘이 싫어하실 것이다. 여기서 矢之는 '명사+之'로 명사(矢)를 동사로 해석한다. 단호하게 말함을 시지(矢之)라고 한다. 또는 '맹세코 말하다.'

13-40-03

有成德者 有達財者.

德을 이루게 한 경우가 있으며, 材質을 통달하게 한 경우가 있다.

〈단어 및 어휘〉

· 成德(성덕): 德性을 이루는 것을 말한다.
· 達(통달할 달): 통달하다(사물의 이치나 지식, 기술 따위를 훤히 알거나 아주 능란하게 하다), 통하다, 막힘이 없이 트이다, 이르다(어떤 장소나 시간에 닿다), 도달하다, 달하다, 發達.
· 財(재물 재): 재물, 재산, 자산, 재능, 재료, 겨우, 비로소, 여기서는 材와 通用. 곧 才能을 말한다.

13-40-04

有答問者.

질문에 답을 해주는 경우가 있다.

13-40-05

有私淑艾者.

직접 가르침을 받지는 않았으나 마음속으로 그 사람을 본받아서 도(道)나 학문(學文)을 배우거나 따라서 자신을 다스리는 것이 있다.

〈단어 및 어휘〉

· 淑(맑을 숙): 맑다, 깨끗하다, 착하다, 어질다, 얌전하다, 사모하다, 아름답다, 길하다, 상서롭다, 온화하다, 주워서 가지다.
· 私淑(사숙): 존경하는 사람에게, 직접 가르침을 받을 수는 없으나 그 사람의 인격이나 학문을 본으로 삼고 배움.
· 艾(쑥 애/거둘 예): 애/쑥, 뜸, 늙은이 예/거두다, 수확하다, 다스리다, 편안하다.

13-40-06

此五者 君子之所以敎也.

이 다섯가지는 군자가 가르치는 방법이다.

上 41장

公孫丑曰 道則高矣美矣 宜若登天然 似不可及也 何不使彼 爲可幾
及而日孳孳也.

公孫丑가 말하였다. <(선생님의) 도는 높고도 아름답기만 합니다.
마땅히 마치 하늘을 오르는 듯하여 가히 미칠 수 없는 것과 같습
니다. 어찌하여 저들로 하여금 미칠 수 있다고 여기게 하여 날로
부지런히 힘쓰게 하지 않으십니까?>

〈단어 및 어휘〉

・宜若(의약)~: 마치 ~하는 것 같다. 거의 ~와 같다.

  예) 陳代 曰 不見諸侯宜若小然. (孟子)
  : 진대 가로대 제후를 보지 아니하심이 마땅히 작은 듯합니다.

・若(약)~然(연): ~와 같다.
・彼(저 피): 여기서는 배우고자 하는 사람을 말한다.
・幾(몇 기): 庶幾. 거의, 곧, 기대, 바람. 여기서는 '거의'
・孳(부지런할 자): 부지런하다, 불다, 우거지다, 낳다.
・孳孳(자자): 부지런히 애써 노력하는 模樣을 말한다.

〈문법연구〉

・何不使彼 爲可幾及而日孳孳也.
: 何不~, '어찌~하지 않는가.', 使는 사역으로 '~로 하여금~하

게 하다.' 해석은 '어찌(何) 그들(彼)로 하여금(使) 거의/곧(幾) 이를
(及) 수 있다(可)고 해(爲)서(而) 매일(日) 열심히 하도록(孶孶) 하지
않습니까(不也).'이다.

13-41-02

孟子曰 大匠 不爲拙工 改廢繩墨 羿不爲拙射 變其彀率.

孟子께서 말씀하셨다. <큰 장인은 서투른 장인을 위하여 먹줄 튀
기는 법을 고치거나 폐하지 않고, 羿(예)는 서투른 사수를 위하여
그 활 당기는 한계를 변화시키지는 않는다.>

〈단어 및 어휘〉

· 匠(장인 장): 장인, 목수, 고안, 가르침, 우두머리.

· 拙(옹졸할 졸/졸렬할 졸): 못나다, 운이 나쁘다, 쓸모 없다, 자신
  의 것에 대한 겸칭, 솜씨가 서투르다.

· 拙工(졸공): 솜씨가 서투른 공인.

· 繩(노끈 승): 노끈(실, 삼, 종이 따위를 가늘게 비비거나 꼬아서
  만든 끈), 줄(무엇을 묶거나 동이는 데에 쓸 수 있는 가늘고 긴
  물건), 먹줄(나무나 돌에 곧은 줄을 긋는 데 쓰는 도구), 법, 바
  로잡다.

· 繩墨(승묵): 먹줄과 먹물.

· 羿(사람 이름 예): 활 잘 쏘던 사람 이름 예.

· 彀(활 당길 구): 활을 쏘기에 알맞은 거리. 활을 당기다. 활을
  쏘다. 따라서 彀率(구율)이란, 활을 당기는 方法, 또는 당기는
  정도.

〈문법연구〉

· 不爲拙工 改廢繩墨 羿不爲拙射 變其彀率.

: 부정문에서 동사를 수식하는 부사구가 있는 경우 부사구는 동사 바로 앞에 위치하고 부정어는 부사구 앞에 위치한다. 이 문장에서 爲拙工은 부사구로 '~을 위하여', 改廢는 동사로 '고치거나 없애다.'이다. 따라서 부정은 이 동사 改廢를 부정하나 부사구가 오는 경우 부정어와 동사 사이에 위치한다. 羿不爲拙射 變其彀率도 마찬가지이다.

13-41-03
君子引而不發 躍如也 中道而立 能者從之.

군자가 활을 당기기만 하고 쏘지 않는 자세를 생생하게 보여주면서, 사도(射道)에 적합하게 서 있게 되면, 능한 자는 그것을 쫓게 된다.

〈단어 및 어휘〉

· 發(필 발): 피다, 쏘다, 일어나다, 떠나다, 나타나다, 계발하다, 베풀다(일을 차리어 벌이다, 도와주어서 혜택을 받게 하다), 發 矢. 활을 쏘는 것.
· 躍如(약여): 생생하다. 여기서는 활을 쏘려는 자세를 형용하는 말인 듯하다.

上 42장

13-42-01
孟子曰 天下有道 以道殉身 天下無道 以身殉道.

孟子께서 말씀하시기를, <천하에 도(道)가 행해지면 도(道)가 자신을 따르게 되고, 천하에 도(道)가 행해지지 않으면 자신이 도(道)를 따라야 한다.

〈단어 및 어휘〉

· 殉(따라 죽을 순): 따라 죽다, 따르다, 바치다, 추구하다. 從也. 追求. 좇다.

· 身(몸 신): 몸, 신체, 줄기, 나, 자기, 자신, 출신, 몸소, 친히, 체험하다.

13-42-02
未聞以道殉乎人者也.

도(道)로서 다른 사람에게 따른다는 말은 듣지 못하였다.>

〈단어 및 어휘〉

· 未聞~, '여태껏 ~를 듣지 못했다.'

上 43장

13-43-01
公都子曰 滕更之在門也, 若在所禮而不答 何也.

公都子가 말하였다. <등경이 문하에 있을 때, 예를 갖추어 물었는데도 답하지 않으신 것은 무엇 때문입니까?>

〈단어 및 어휘〉

· 公都子(공도자): 孟子의 제자.

· 滕更(등경): 滕나라 君主의 동생으로 孟子의 門下로 있었다.

· 門(문 문): 가문. 파(벌). 스승과 관련되는 것. 분류. 종류. 門下.

〈문법연구〉

· 滕更之在門也.

: 예문은 시간과 장소를 나타내는 부사절이다. 한문에서 많은 경우 특별히 시간이나 장소를 나타내는 단어가 보이지 않지만 이렇게 시간과 장소를 나타내는 부사구(절)가 많다. 이 문장은 시간을 나타내는 부사절로서 '～할 때'이다. 또 이 문장에서 之는 주어 다음에 쓴 주격조사이다. 이 경우에 之～也로 연용이 되는 경우가 많으며, 也는 생략할 수도 있다.

· 若在所禮而不答何也.

: 이 문장은 禮가 所禮로 표현된 것을 보면 동사로 사용되었음을 알 수 있다. 禮의 동사는 '예의를 차려 행하다/예의를 보이다/예를 표하다' 등이며 '若在所禮而'는 '예를 표하여 행동했는데'라는 의미이다. 禮가 동사로 사용되는 예로서는 다음과 같은 문장이 있다.

예) 禮人不答 反其敬. (離婁)
: 사람을 예의를 가지고 대했으나 답하지 않으면(예의로서 자신을 대하지 않으면) 자신의 공경을 돌아보라.

13-43-02

孟子曰 挾貴而問 挾賢而問 挾長而問 挾有勳勞而問 挾故而問 皆所不答也 滕更有二焉.

孟子께서 말씀하셨다. <귀한 신분을 내세우며(의탁하여/의지하여) 묻고, 현명하다 내보이며 묻고, 나이 많음을 내세우며 묻고, 공훈과 공로가 있음을 내보이며 묻고, 옛 친구를 내세우며 묻는 것 모두 대답하지 않는 바이다. 등경은 두 가지를 가지고 있어서이다.>

〈단어 및 어휘〉

· 挾(낄 협): 끼다, 끼우다, 끼어 넣다, 두루 미치다(영향이나 작용 따위가 대상에 가하여지다), 두루 통하다, 몸에 지니다, 믿고 의지하다, 携帶, 依支. 믿고 의지하는 것.
· 貴(귀할 귀): 身分이 高貴한 것을 말한다.
· 賢(어질 현): 才智가 있는 것을 말한다.
· 長(길 장): 年長으로 나이가 많은 것을 말한다.
· 勳勞(훈로): 공훈.
· 故(연고 고): 연고(緣故), 사건, 사고, 일, 친구, 옛정, 우정.

〈문법연구〉

· 滕更有二焉.

: 焉은 於是의 의미를 가지며, 是는 앞에서 언급한 挾貴而問 등 질문하는 자세 다섯 가지를 말한다.

上 44장

13-44-01

孟子曰 於不可已而已者 無所不已 於所厚者薄 無所不薄也.

孟子께서 말씀하셨다. <그만두어서는 안 되는 곳에서 그만두는 자는 그만두지 않을 바가 없을 것이며, 厚하게 하여야 하는 곳에서 薄하게 하는 사람은 薄하게 하지 않을 바가 없게 된다.

〈단어 및 어휘〉

· 不可(불가)~: ~해서는 안 된다. ~할 수 없다. ~하지 않으면 안 된다.
· 已(이미 이): 이미, 벌써, 너무, 뿐, 따름, 매우, 대단히, 반드시, 이, 이것, 조금 있다가, 그 후 얼마 되지 아니하여, (병이) 낫다, 말다, 그치다, 그만두다, 끝나다. 止也.
· 無所(무소)~: ~하는 바가(것이) 없다.

〈문법연구〉

· 於不可已而已者.
: 於~, ~에서. 不可已, '그만둘 수 없다', '그만두어서는 안 된다', 而는 역접으로 '그런데', '그러나' 직역하면 '그만두어서는 안 되는 곳에서 그만두는 것' 해석은 '그칠(已) 수 없음(不可)에(於)도(而) 그치는 사람(已者)은'이다. 구문 '所 A 者'는 'A 한 것(사람), A 하는 것(사람)'으로 번역된다.

예) 其本 亂而末治者 否矣 其所厚者 薄 而其所薄者 厚 未之有也. (大學)
: 근본이 어지러운데 말단이 다스려지는 사람은 없으며, 후(厚)하
게 할 것에 박(薄)하게 하고, 그 박하게 할 것에 후하게 하는 사람,
그런 사람은 아직 있지 않다.

예) 天敍之典而人理之所固有者. (童蒙先習)
: 하늘이 펼쳐놓은 법이고 사람의 이치로 본래부터 가진 것이다.

예) 夙興夜寐 所思忠孝者 人不 天必知之. (明心寶鑑)
: 아침에 일어나고 밤에 자면서 충성과 효도를 생각하는 자는 사
람들은 알지 못하지만 하늘은 반드시 (그를) 알아준다.

· 無所不已.

: 無所不~, '~하지 않는 바가 없다.' 즉 '언제나~한다.'

예) 小人閒居爲不善 無所不至. (大學)
: 소인은 홀로 있을 때 좋지 않은 짓을 하는데 그 불선이 이르지
않는 곳이 없다.

13-44-02
其進 銳者 其退速.

그 나아감이 예리한 자는 그 물러남도 빠르게 된다.

〈단어 및 어휘〉

· 進(나아갈 진): 나아가다, 오르다, 다가오다, 힘쓰다, 더하다.
· 銳(날카로울 예/창 태): 날카롭다, 날카롭게 하다, 날래다, 날래
게 하다, 빠르다, 민첩하다, 급박하다, 절박하다, 왕성하다, 치밀
하다.

上 45장

13-45-01

孟子曰 君子之於物也 愛之而弗仁 於民也 仁之而弗親 親親而仁民
仁民而愛物.

孟子께서 말씀하셨다. <군자가 사물에 있어 그것을 아끼기는 하지
만 인으로 대할 수는 없고, 일반 사람들에게 있어 인하게 대할 수
있지만 친족으로 대할 수는 없다. 친족을 친애하며 일반 사람을
인으로 대해나가고, 일반 사람을 인으로 대해나가며 사물을 아껴
나가게 된다.

⟨단어 및 어휘⟩

· 愛(사랑 애): 사랑, 자애, 인정, 사랑하는 대상, 물욕, 탐욕, 사랑
하다, 사모하다, 가엾게 여기다, 그리워하다, 아끼다, 아깝게 여
기다.

⟨문법연구⟩

· 君子之於物也.

: 한문에서 문장 성분을 파악하는 것은 처음 한문을 공부하는 사
람들에겐 해석의 첩경이 된다. 君子之於物也 愛之而弗仁 이 문장에
서도 君子之於物也과 愛之而弗仁의 두 문장이 나열되어 있을 때 어
떤 관계로 문장이 연계되어 있는지를 바로 알 수 없다. 우선 두 문장
을 해석하면 '군자가 물건에 대하여(관하여)'와 '그것을 사랑하나 인
자하지는 않는다.'이다. 결국 두 문장은 앞 문장이 부사적으로 사용

됨을 짐작할 수 있다. 전체적인 해석은 '군자가 사물을 대하는데 있어서는 그것을 아끼기는 하지만 인으로 대지는 않는다.'이다. 이처럼 두 문장의 관계가 어떻게 상호 관계하는가를 파악하는 것이 해석에서는 중요하다. 이 문장에서 之는 부사구의 주어 다음에 쓴 주격조사이다.

上 46장

13-46-01

孟子曰 知者無不知也 當務之爲急 仁者無不愛也 急親賢之爲務 堯舜之知而不徧物 急先務也 堯舜之仁不徧愛人 急親賢也.

孟子께서 말씀하셨다. <지혜로운 자는 알지 못함이 없으나 마땅히 힘써 할 바를 급함으로 삼고, 인(仁)자는 사랑하지 않는 것이 없으나 중요하게 여기는 현인을 친애하는 것을 힘써 할 바로 삼는다. 요순께서 지(知) 하셨어도 사물을 두루두루 알지 못하였던 것은 급히 먼저 힘써 함이 있어서였고, 요순이 인(仁)하셨어도 두루두루 사람을 사랑하지 못했던 것은 급히 현인을 친애해서였다.>

〈단어 및 어휘〉

· 當(마땅 당): 마땅함, 갚음, 보수, 갑자기, 마땅하다, (임무, 책임을) 맡다, 당하다, 대하다, 주관하다, 여기서는 '마땅히 ～해야 한다.'
· 務(힘쓸 무): 힘쓰다, 권면하다, 구하다, 찾아 얻다.
· 急(급할 급): 급하다, 군색하다, 갑자기, 빠르다, 중요한 것. 요긴하다, 여기서는 '중요하게 여기다'

· 徧(두루 미칠 편): 두루 미치다(영향이나 작용 따위가 대상에 가하여지다), 두루 다니다, 널리~하다, 보편적으로~하다, 두루.

〈문법연구〉

· 當務之爲急, 急親賢之爲務.

: 이 문장에 대해서는 크게 두 가지로 나누어 문법적인 해석을 할 수 있다. 첫 번째는 之는 서술어절의 주어 다음에 쓴 주격조사로 파악하는 경우이다. 이 경우 문장의 구성은 일반적으로 '주어+之+서술어+목적어' 형태를 취한다.

> 예) 蓮之出於泥. 연꽃이 진흙 속에서 나오다./百獸之見我. 많은 짐승이 나를 보다./父母之所遺也. 부모가 남겨 주신 것이다.

또 다른 한 가지 해석은 之爲의 용법이 일종의 목적어의 전치적인 관점에서이다. 이것은 之謂와 같다. (예:月掩日, 此之謂日蝕. 달이 해를 가리는 것, 이것을 일식이라고 한다. 여기서도 목적어 此가 동사 謂 앞으로 전치되었다.)

또 爲急을 '중요하게 여기다/급함으로 삼다'로, 爲務를 '힘 쓰는 것으로 삼다'로 해석하면 之만을 사용하여 도치시킨 것으로 볼 수 있다. 의미상에서 보면 주격조사로 파악하는 것보다 도치문으로 보는 것이 타당한 것으로 보인다.

〈참고〉

· A 之爲 B : A는 B가 되다, 또는 A의 B 됨.

예) 禍之爲福.
: 화가 복이 되다.

예) 熱之爲病 有外至 有內生. (傷寒論)
: 熱이 病이 되는 데는 外至와 內生이 있다.

예) 麟之爲靈昭昭也. (韓愈/獲麟解)
: 기린의 신령함은 잘 알려져 있다.

·堯舜之知而不徧物, 堯舜之仁不徧愛人.

: 之는 주어절에서 주어 다음에 사용된 주격조사이다. 而는 역접
으로 '~하였으나'이다. 不徧物에서 徧은 부사로 보고 '널리/두루두
루'로 해석할 수 있다. 堯舜之仁不徧愛人에서는 堯舜之仁 뒤에 而가
생략되었는데 앞 문장 堯舜之知而不徧物에서 사용되었기 때문에 반
복을 피해 생략해도 그 의미를 파악할 수 있기 때문이다.

13-46-02
不能三年之喪而緦小功之察 放飯流歠而問無齒決 是之謂不知務.

능히 三年喪도 못하면서 緦麻服과 小功服을 살피며, 放飯流歠하
면서도 齒決하지 말라고 따지는 것을 일러 먼저 힘써야 할 것을
모른다고 하는 것이다.>

〈단어 및 어휘〉

·緦(삼베 시): 삼베, 시마, 緦麻服, 올이 가는 삼베로서 喪服을 말
한다. 緦麻는 석 달 동안 입는 상복을 말한다.
·小功(소공): 다섯 달 동안 입는 상복(喪服).
·放飯(방음): 사흘 굶은 듯이 밥을 허겁지겁 먹는 것을 말한다.

- 歠(마실 철): 들이마시다, 마시게 하다, 마시는 음식.
- 問(물을 문): 여기서는 問題 삼는 것을 말한다.
- 齒決(치결): 치아로 乾肉을 끊어먹는 것으로 따라서 無齒決은 건육(乾肉)은(마른고기는) 원래 손으로 찢어 먹는 것이므로 치아로 끊어 먹어서는 안 된다는 뜻을 비유한 것임.
- 放飯流歠而問無齒決(방음유철이문무치결): 예기 곡례편에 나오는 내용이다. 음식을 먹을 때 주의 사항으로 본래는 '毋放飯 毋流歠 又曰濡肉齒決 乾肉不齒決'이란 문장이다. 곧 '밥 먹으며 떨어뜨리지 말고, 마시면서 흘리지 말고 또 가로대 젖은 고기는 이빨로 뜯고, 마른고기는 이빨로 뜯지 말라(손으로 뜯어먹으라는 말)'라고 하였다.

〈문법연구〉

- 緦小功之察.
: 之는 도치를 나타내는 구조조사이다. 원래 어순은 察緦小功로 '시마나 소공을 察(살피다/자세하게 하다) 하다'이다.

- 放飯流歠而問無齒決.
: 放飯流歠는 예의 없는 행동이며, 而는 '～하면서도', '～이면서도', 無는 勿과 같다. 해석은 '밥을 튀기고(放飯) 국물을 흘리(流歠)면서도(而) 이빨로 자르지(齒決) 말라(無)고 따지다(問).'이다.

盡心章句 下

凡三十八章

下 1장

14-01-01

孟子曰 不仁哉 梁惠王也 仁者 以其所愛 及其所不愛 不仁者 以其
所不愛 及其所愛.

孟子께서 말씀하셨다. <불인(不仁)하구나, 양혜왕이여! 인자(仁者)
는 그 사랑하는 것으로 그 사랑하지 않는 데에 미치게 하고, 불인
(不仁)자는 그 사랑하지 않는 것으로서 그 사랑하는 데에 미치게
한다.>

14-01-02

公孫丑曰 何謂也 梁惠工 以土地之故 糜爛其民而戰之 大敗 將復之
恐不能勝 故驅其所愛子弟 以殉之 是之謂以其所不愛 及其所愛也.

公孫丑가 말하였다. <무엇을 말씀하시는 것입니까?> <양혜왕은

토지를 이유로 그 백성의 피와 살이 문드러지도록 전쟁하였다가 대패하였고, 장차 그것을 회복하려는데, 이길 수 없을까 염려하며 그 사랑하는 자제를 내몰아 죽게 하였다. 이것이 그 사랑하지 않는 것으로서 그 사랑하는 데에 미치게 했다고 말하는 것이다.>

〈단어 및 어휘〉

· 故(연고 고): 연고(緣故), 사유(事由), 까닭, 이유(理由), 도리(道理), 사리(事理), 친숙한. 여기서는 '以~故' 형태로 '때문에'라는 뜻이다.
· 糜(죽 미/문드러질 미): 죽, 된죽, 부서진 쌀알, 문드러지다, 부서지다.
· 爛(빛날 란/문드러질 란): 빛나다, 화려하다, 문드러지다, 데다, 너무 익다.
· 糜爛(미란): ①썩어 문드러짐 ②피폐함, 또는 피폐하게 함.
· 復(회복할 복/다시 부): 복/회복하다, 돌아가다, 갚다, 부/다시, 거듭.
· 恐(두려울 공): 두렵다, 두려워하다, 무서워하다, 공갈하다, 위협하다, 으르다, ~일지 의심하다, ~일까 하고 생각하다.

〈문법연구〉

· 驅其所愛子弟 以殉之.
: '所+동사+명사' 형태로 '동사 하는 명사', 所愛子·弟 '사랑하는 자제', 以殉之의 以 다음에는 之가 생략되었다고 볼 수 있다. 문장 전체적으로는 앞이 원인이나 이유가 될 때 以를 사용하여 '말 이을 而'를 대신하는 경우가 많다. 즉 여기서는 驅其所愛子·弟가 원인(이유) 문장이고 그 결과 문장이 殉之이다. 따라서 以로 두 문장을 이었다.

下 2장

孟子曰 春秋 無義戰 彼善於此則有之矣.

孟子께서 말씀하셨다. <춘추에는 의로운 전쟁이 없었으나, 저것이 이것보다 선(善)한 것이라면 그것은 있었다.>

〈단어 및 어휘〉

·春秋(춘추): 書名. 孔子가 지었다고 전하는 魯나라의 역사서.

〈문법연구〉

·彼善於此則有之矣.

: 之는 彼善於此를 받아 그런 일이 있었다는 의미이다. '형용사+於'는 대부분 비교급으로 '~보다 더 형용사 하다.'라는 구문을 만든다. 예를 들면 甚과 같은 형용사 다음에 於나 乎가 오면 비교급을 나타내는 '~보다'라는 뜻이다.

예) 況甚於此乎: 하물며 이보다 심함에서랴?

예) 霜葉紅於二月花: 서리 맞은 잎이 이월의 꽃보다 붉다.

예) 靑出於藍靑於藍 氷生於水寒於水. (荀子/勸學篇)
: 푸른빛은 남색에서 나왔지만 남색보다 더 푸르고, 얼음은 물에서 생긴 것이나 물보다 더 차다.

예) 生亦我所欲 所欲有甚於生者 故不爲苟得也 死亦我所惡 所惡有甚於死者 故患有所不辟也. (孟子)

: 삶도 또한 내가 원하는 것이지만, 원하는 것들 가운데 삶보다 심한 것이 있기 때문에 구차하게 얻는 일을 하지 않는다. 죽음도 또한 내가 싫어하는 것이지만, 싫어하는 것들 가운데 죽음보다 심한 것이 있기 때문에 어려움을 피하지 않는 경우가 있다.

〈참고〉

· 莫 A 於(乎, 于) B ~: B 보다 A 한 것은 없다.

예) 痛莫大於不聞過 辱莫大於不知恥. (中庸)
: 아픔은 잘못을 듣지 못하는 것보다 큰 것이 없고, 욕됨은 부끄러움을 알지 못하는 것보다 큰 것은 없다.

예) 莫美於智: 지혜로운 것보다 더 아름다운 것이 없다.

예) 孟子曰 存乎人者 莫良於眸子. (孟子)
: 孟子께서 말씀하시길, 사람이 신체에 지니고 있는 것 중에서 눈동자보다 좋은 것이 없다.

〈참고〉

· 莫若(莫如)~: ~만한 것이 없다.

예) 至樂莫如讀書: 지극한 즐거움은 독서만 한 것이 없다.

예) 知臣莫若君: 신하를 알기로는 임금만 한 사람이 없다.

14-02-02
征者 上伐下也 敵國 不相征也.

征이라는 것은 윗사람이 아래를 벌(伐)하는 것이지, 맞수의 나라가 서로 征할 수는 없는 것이다.

<단어 및 어휘>

· 征(칠 정/부를 징): 치다, 때리다, 정벌하다, 토벌하다, 탈취하다, 취하다. 正也, 征伐.

· 敵(대적할 적/다할 활): 대적하다, 겨루다, 대등하다, 필적하다. 對等, 匹敵으로 敵國은 대등한 나라.

下 3장

14-03-01

孟子曰 盡信書則不如無書.

孟子께서 말씀하셨다. <『書經』의 내용을 모두 다 믿는다면 『書經』이 없는 것만 못할 것이다.

<단어 및 어휘>

· 不如(불여): ~만 못하다, ~하는 편이 낫다.

14-03-02

吾於武成 取二三策而已矣.

나는 「武成」篇에 두세 쪽(2-3개의 죽간만)을 취할 뿐이다.

<단어 및 어휘>

· 武成(무성): 書經의 한 篇名이다.
· 策(꾀 책/채찍 책): 꾀, 계책, 제비(기호 등에 따라 승부 따위를

결정하는 방법), 대쪽(댓조각), 댓조각(대를 쪼갠 조각), 책, 서적, 장부, 채찍. 簡策 또는 竹簡. 册과도 통한다.

· 而已(이이): 뿐, 따름.

14-03-03

仁人 無敵於天下 以至仁 伐至不仁 而何其血之流杵也.

인인(仁人)은 천하에 적수가 없으니, 지극히 인(仁)한 것으로서 지극히 불인(不仁)한 것을 정벌하는 데에 어찌 피가 절굿공이를 적시겠는가?

〈단어 및 어휘〉

· 至(이를 지): 이르다(어떤 장소나 시간에 닿다), 도달하다, (영향을) 미치다(영향이나 작용 따위가 대상에 가하여지다), 과분하다, 정도를 넘다, 지극하다, 힘쓰다, 다하다. 至極. 여기서는 지극히 심하다는 말이다.

· 杵(공이 저): 절굿공이, 다듬잇방망이, 방앗공이 또는 防牌를 말한다.

〈문법연구〉

· 何其血之流杵也.

: 원래 어순은 其血之流杵何也이다. 해석은 '피가 절굿공이를 적심은 어째서인가?' 그러나 술어인 何를 앞으로 도치시키면 何其血之流杵也로 되어 '어째서 피가 절굿공이를 적시는가?'로 해석된다. 之는 주격조사이다.

下 4장

14-04-01

孟子曰 有人曰 我善爲陳 我善爲戰 大罪也.

孟子께서 말씀하셨다. <어떤 사람이 '내가 진을 잘 펼치고, 전투를 잘 한다'라고 말한다면 대죄(大罪)가 된다.>

〈단어 및 어휘〉

· 有人(유인): 有는 '어떤'이라는 뜻이다.
· 陳(베풀 진/늘어놓을 진/진나라 진): 늘어놓다, 말하다, 설명하다. 방비, 진법(陣法), 늘어서다, 펴다.

14-04-02⁴⁾

國君 好仁 天下 無敵焉 南面而征 北狄怨 東面而征 西夷怨 曰奚爲後我.

국군(國君)이 인(仁)을 좋아하면 천하는 적수가 없게 되어, 남쪽을 향해 정벌해가면 북쪽의 오랑캐가 원망하고, 동쪽으로 정벌해가면 서쪽의 오랑캐가 원망하며 말하길, '어찌 우릴 뒤로 삼는가?'라고 한다.

〈단어 및 어휘〉

· 奚(어찌 해): 豈也. 어찌, 어떻게 反語의 助詞 용례이다. 奚爲 어찌하여.
· 後(뒤 후): 동사로 사용되어 '~을 뒤로 하다', '~을 나중에 처리하다'

---

4) 梁惠王章句下 제11장 참고

〈문법연구〉

· 天下無敵焉.

: 焉은 於是의 의미를 가지며, 여기에서 是는 앞에서 나온 天下를
나타낸다.

· 奚爲後我.

: 奚爲는 부사로 사용되어 '어찌하여', '무엇 때문에'이다. 奚爲는
원래 爲奚인데, 奚가 의문사이기 때문에 개사 爲의 앞으로 왔다. 爲
는 '때문에'라는 뜻이다. 後는 동사로 사용되어 '~을 뒤로 하다', 해
석은 '어찌(奚) 우리(我)를 뒤에 두(後)려 하는가(爲)'이다.

예) 夫如是 奚而不喪. (論語)
: 도대체 그와 같은 데도 어찌하여 (왕위를) 잃지 않습니까? 而 자
는 고자(古字)에는 爲 자와 통용이 되므로 奚爲와 같다. 또 奚以=
奚爲이다.

예) 奚而 不知也 象憂亦憂 象喜亦喜. (孟子)
: 어찌 몰랐겠는가. 상이 근심하면 자신도 근심하고, 상이 기뻐하
면 자신도 기뻐한 것이다.

예) 然則奚以爲治法而可. (墨子)
: 그렇다면 무엇으로써 다스리는 법도를 삼으면 되겠는가?

14-04-03
武王之伐殷也 革車三百兩 虎賁三千人.

무왕이 은나라를 정벌하실 적에, 가죽으로 엮은 견고한 수레 3백
대와 날랜 용사 3천 인이 있었다.

〈단어 및 어휘〉

· 革車(혁거): 兵車를 말한다.
· 兩(두 량): 輛也. 수레.
· 賁(클 분): 크다, 날래다, 노하다, 끓어오르다.
· 虎賁(호분): 날래다는 뜻으로, 천자를 호위하는 군사 또는 勇士를 이름.

〈문법연구〉

· 武王之伐殷也.
: 之는 때를 나타내는 부사절 속의 주격조사.

14-04-04
王曰 無畏 寧爾也 非敵百姓也 若崩厥角稽首.

왕이 말하기를, '두려워 말아라, 너희를 편안케 하려는 것이지 백
성을 적대시하려는 것은 아니다.'라고 하니, 마치 뿔이 무너져 빠
지듯이 머리를 조아렸다.

〈단어 및 어휘〉

· 無(없을 무/말 무): 勿也. ～하지 말라, 禁止辭.
· 寧(편안할 녕): 편안하다, 문안하다, 어찌, 차라리 ～하다, 어찌
  ～이 낫지 않겠는가, 설마, 어찌 ～랴.
· 稽(상고할 계): 상고하다, 헤아리다, 셈하다, 견주다, 조아리다.
· 稽首(계수): 머리가 땅에 닿도록 몸을 굽혀 하는 절.
· 厥角稽首(궐각계수): 厥은 頓也로 앞으로 숙이는 것을 말하고, 角은
  額也라 이마를 말한다. 곧 이마를 땅에 대고 절하는 것을 말한다.

14-04-05

征之爲言正也 各欲正己也 焉用戰.

정벌하는 것은 바로잡는다 라는 말이 되는데, 각각 자기 나라를
바로잡아주길 바라는데 어찌 전쟁을 쓸 수 있으리오?

〈문법연구〉

· 征之爲言正也.
: 'A 之爲言 B 也' 꼴로 'A라는 것은 B라고 말한다.' 또는 'A라는
말은 B라고 한다.' A 猶(言) B 也와 같다.

> 예) 齋之爲言齊也. (論語)
> : '齋'란 말은 '가지런히 한다'라는 말이다./ '齋'는 '가지런히 한
> 다'라는 말이다.

> 예) 學之爲言 效也. (論語)
> : '學'은 말하자면 '본 받는다'라는 말이다./ '學'은 '본받는다'라는
> 말이다.

> 예) 其爲人也 亦成矣 然亦之爲言 非其至者 蓋就子路之所可及而語
> 之也. (論語集註)
> : 그 사람됨이 또한 이루어질 수 있음을 말씀하신 것이다. 그러나
> '또한'이란 지극한 것이 아니니 아마도 자로가 미칠 수 있는 것을
> 가지고 말씀하신 듯하다.

下 5장

14-05-01

孟子曰 梓匠輪輿 能與人規矩 不能使人巧.

孟子께서 말씀하셨다. <목수와 수레의 장인은 능히 사람들에게 다듬는 도구를 줄 수는 있지만, 능히 사람들로 하여금 교묘한 기술을 있게 할 수는 없다.>

〈단어 및 어휘〉

· 梓匠(재장): 목수.
· 輪輿(윤여): 수레바퀴를 만드는 기술자.
· 規(그림쇠 규/동그라미 규/법 규): 법(法), 법칙(法則), 꾀, 책략(策略), 동그라미.
· 矩(곱자 구): 네모를 그리는 데 쓰는 도구.
· 規矩(규구): 그림쇠와 곱자를 만드는 道具 또는 연장을 말한다.

〈문법연구〉

· 能與人規矩.
: 與~, '~에게~을 주다.' 두 개의 목적어를 갖는 동사.

下 6장

14-06-01

孟子曰 舜之飯糗茹草也 若將終身焉 及其爲天子也 被袗衣鼓琴 二女果 若固有之.

孟子께서 말씀하시길, <순임금께서 마른 양식과 나물을 드실 적에 마치 장차 종신토록 그렇게 하려는 듯하였고, 그 천자 됨에 이르

러서는 수놓은 옷을 입고 가야금 연주를 들으며 두 여인의 시중을
받으시길 마치 본래부터 그것이 있었던 듯하다.

〈단어 및 어휘〉

· 糗(건량 구): 볶은 쌀, 미숫가루, 건량.

· 茹(먹을 여): 먹다, 나물을 먹다, 채소.

· 袗(홑옷 진): 홑옷, 화려하다.

· 袗衣(진의): 화려하게 수놓은 옷.

· 果(열매 과): 열매, 과일, 결과, 시녀, 과단성 있다, 싸다, 모시다,
시중을 들다.

〈문법연구〉

· 舜之飯糗茹草也.

: 之는 부사절 속의 주격조사이다. 주격조사 之~也 형태의 절은
대개 부사절로 때나 이유를 나타낸다. 여기서는 '순임금이~할 때'
로 해석하면 된다. 여기서 飯과 茹는 '먹다.'라는 의미로 사용되었다.

下 7장

14-07-01

孟子曰 吾今而後 知殺人親之重也 殺人之父 人亦殺其父 殺人之兄
人亦殺其兄 然則非自殺之也 一間耳.

孟子께서 말씀하셨다. <나는 지금 이후에 남의 부모를 죽이는

것이 중대한 것을 알았다. 남의 부모를 죽이게 되면 남도 또한 나의 부모를 죽이려 하고, 남의 형을 죽이게 되면 남도 또한 나의 형을 죽이려 하니, 그렇다면 제 손으로 그 父兄을 죽이는 것이 아니지만, 작은 차이일 뿐이다.>(즉 내가 다른 사람의 아버지나 형을 죽이면 결국 내 자신의 아버지나 형을 죽이는 것이 된다는 의미)

〈단어 및 어휘〉

· 人(사람 인): 사람, 인간, 다른 사람, 타인, 남, 딴 사람, 그 사람, 단독으로 쓰이는 경우 '다른 사람'이나 '타인'이라는 의미로 사용되는 경우가 많다.
· 重(무거울 중): 무겁다, 소중하다, 자주 하다, 거듭하다, 보태다, 곁들이다, 嚴重, 重大事.
· 閒(한가할 한/사이 간): 한/한가하다, 등한하다, 막다, 조용하다, 간/사이, 틈, 몰래, 섞이다, 엿보다.
· 一閒(일간): 一間(일간)과 같다. 약간의 차이, '차이가 거의 없음'

〈문법연구〉

· 然則非自殺之也.
: 之는 대명사로 앞의 父兄을 받는다. 전체적으로 이 문장은 부사절로 '비록 ~이지만'이라는 양보설이나.

下 8장

14-08-01

孟子曰 古之爲關也 將以禦暴.

孟子께서 말씀하셨다. <옛적에 關門을 만든 것은 장차 포악한 이를 막으려 한 것이나,

〈단어 및 어휘〉

- 關(빗장 관/관계할 관): 관계하다, 닫다, 끄다, 가두다, 감금하다, 주다, 받다, 關門, 세관, 빗장, 난관.
- 禦(막을 어): 막다, 방어하다, 금하다, 금지하다, 멈추다, 항거하다. 防止.

〈문법연구〉

- 將以禦暴.
: 以 다음에 之가 생략된 형태이다. 之는 앞에 나온 명사를 대신하는 대명사로 여기서는 關이다. 다음에 나오는 將以爲暴도 마찬가지이다.

14-08-02

今之爲關也 將以爲暴.

오늘날 관문을 둔 것은 장차 포악함을 하려 한 것이다.

下 9장

孟子曰 身不行道 不行於妻子 使人不以道 不能行於妻子.

孟子께서 말씀하셨다. <몸소 도(道)를 행하지 않으면 처자에게서도 도가 행해지지 않으며, 다른 사람을 부리길 도(道)로서 않게 되면 능히 처자에게도 행해질 수 없게 된다.>

〈단어 및 어휘〉

· 身(몸 신): 몸, 신체, 줄기, 나, 자기, 자신, 몸소, 친히, 체험하다. 自身.
· 使(부릴 사): 使役. 남을 부리어 일을 시키는 것을 말한다.

〈문법연구〉

· 使人不以道 不能行於妻子.
: 使人不以道는 부사절로 조건을 나타내고 不能行於妻子는 그 결과를 받는 형식의 문장이다. 使人不以道 '사람들을 도로써 부리지 않으면', 그 결과 不能行於妻子하게 된다는 의미.

下 10장

孟子曰 周于利者 凶年不能殺 周于德者 邪世不能亂.

孟子께서 말씀하셨다. <利에 넉넉한 사람을 흉년이 죽일 수 없고, 德

에 넉넉한 사람은 사악한 세상에서도 능히 어지럽게 하지 못한다.>

〈단어 및 어휘〉

· 周(두루 주): 두루, 골고루, 주의 깊은, 지극한, 치밀한, 에워싸
다, 둘레, 돌다. 足也, 周到. 더할 나위 없다 또는 注意가 두루
미치고 빈틈없이 찬찬한 것을 말한다.
· 利(이로울 리): 이롭다, 이익이나 이득이 되다), 이롭게 하다, 유
익하다, 편리하다, 날카롭다, 이자, 利益. 여기서는 財穀으로 財
産 또는 穀食을 뜻한다.
· 邪(간사할 사): 간사하다, 기울다, 비스듬하다, 바르지 아니하다.

〈문법연구〉

· 周于利者 凶年不能殺.
: 周于利者는 殺의 목적어이다. 강조를 위하여 앞으로 도치시킨
문장이다. 원래 목적어를 전치시키는 경우 자리에 대명사 之를 넣어
'周于利者 凶年不能殺之로 표시해 주는 경우가 대부분이지만 예문처
럼 생략하는 경우도 있다.

下 11장

14-11-01
孟子曰 好名之人 能讓千乘之國 苟非其人 簞食豆羹見於色.

孟子께서 말씀하셨다. <명예를 좋아하는 사람은 능히 천 승의 나

라도 양보할 수 있지만, 진실로 그러한 사람이 아니라면 거친 밥과 한 그릇의 국에도 (감정이) 안색에 나타나게 된다.>

〈단어 및 어휘〉

· 名(이름 명): 名譽를 의미한다.
· 讓(사양할 양): 사양하다, 양보하다, 겸손하다, 넘겨주다.
· 其人(기인): 앞의 好名之人을 말하다.
· 簞食豆羹(단사두갱): 간단한 도시락밥과 작은 그릇의 국, 즉 변변치 못한 음식을 말한다.
· 見(볼 견/뵐 현/나타날 현): 보다, 보이다, 당하다, 견해, 뵙다, (현) 나타나다, (현) 드러나다, (현) 보이다, (현) 現也. 따라서 나타낸다는 뜻이다.
· 色(빛 색): 顏色.

〈문법연구〉

· 簞食豆羹見於色.
: 簞食豆羹 앞에 以가 생략되어 있다. 여기서 생략된 以는 이유와 원인 근거를 나타낸다. 見의 독음은 '현'으로 훈은 '나타나다.'이다.

下 12장

14-12-01
孟子曰 不信仁賢則國空虛.

孟子께서 말씀하셨다. <인자(仁者)와 현자(賢者)를 신뢰하지 못하면 나라는 공허(空虛)하게 될 것이다.>

14-12-02

無禮義則上下亂.

예(禮)와 의(義)가 없게 되면 즉 상하(上下)가 혼란하게 된다.

14-12-03

無政事則財用不足.

정사(政事)가 없게 되면 즉 재원의 쓰임은 부족하게 된다.

下 13장

14-13-01

孟子曰 不仁而得國者有之矣 不仁而得天下未之有也.

孟子께서 말씀하셨다. <불인(不仁)하면서도 나라를 얻었던 자는 있었지만, 불인(不仁)하면서도 천하를 차지했던 자는 아직 있지 않았었다.>

〈문법연구〉

·不仁而得天下者未之有也.

: 而는 '~인데도', '~하면서'로 순접 기능을 한다. 未之有에서처럼 부정어 未, 無, 莫 등이 앞에 있고, 之가 대명사일 때에는 之는 서술

어 앞으로 나간다. 이 문장에서 之는 바로 앞에서 언급한 不仁而得天下者를 나타낸다.

下 14장

14-14-01

孟子曰 民爲貴 社稷次之 君爲輕.

孟子께서 말씀하셨다. <백성이 貴重하고, 社稷은 그다음이며, 君主는 가벼운 것이다.>

〈단어 및 어휘〉

- 社(모일 사/토지신 사): 모이다, 제사를 지내다, 땅귀신, 토지신.
- 稷(피 직): 피(볏과의 한해살이풀), 기장(볏과의 한해살이풀), 곡신(穀神:오곡의 신), 삼가다(몸가짐이나 언행을 조심하다).
- 社稷(사직): 社는 土地를 管掌하는 神이고 稷은 穀食을 管掌하는 神인데, 社稷이란 國歌의 守護神이나 國家 자체를 의미한다.

14-14-02

是故得乎丘民而爲天子 得乎天子爲諸侯 得乎諸侯爲大夫.

이리므로 백성의 마음을 얻으면 천자가 되고, 천자의 마음을 얻으면 제후가 되고, 제후의 마음을 얻으면 대부가 된다.

〈단어 및 어휘〉

· 丘(언덕 구): 언덕, 구릉, 무덤, 마을, 촌락, 맏이, 뫼.

· 丘民(구민): 田野의 百姓이니 '平凡한 百姓'을 意味한다. 또는 많
  은 무리의 백성을 말한다.

· 得(얻을 득): 여기에서는 民心 또는 信任을 얻는 것을 말한다.

〈문법연구〉

· 得乎丘民而爲天子.

: 得乎~는 '~을 얻으면/~의 마음을 얻다'로 해석해도 그 뜻에는
무리가 없다. 그러나 일종의 피동으로도 볼 수 있다. '~에게(신임)
받으면'으로 해석해도 무방하다. 이처럼 한문은 피동과 능동이 문법
적 장치로 드러나지 않는 경우가 많으며 문맥에 따라 능동과 피동을
구분해 주어야 하는 경우가 많다.

14-14-03

諸侯危社稷則變置.

제후가 사직을 위태롭게 하면 바꾸어 놓는다.

〈단어 및 어휘〉

· 危(위태할 위): 위태하다, 위태롭다, (마음을 놓을 수 없이) 불안
  하다, 두려워하다, 불안해하다, 위태롭게 하다, 해치다, 높다, 아
  슬아슬하게 높다, 엄하다.

· 變(변할 변): 변하다, 변화하다, 고치다, 변경하다, 변통하다, 움
  직이다, (조정에) 고변하다, 놀라게 하다, 다투다, 속이다. 변고,

재앙.

· 置(둘 치): 두다, 배치하다, 내버려 두다, 버리다, 폐기하다, 사면하다, 석방하다, 베풀다(일을 차리어 벌이다, 도와주어서 혜택을 받게 하다), 차려 놓다.

· 變置(변치): 바꾸어 놓음.

14-14-04

犧牲旣成 粢盛旣潔 祭祀以時然而旱乾水溢則變置社稷.

희생(犧牲)이 이미 성대하고, 자성(粢盛:나라의 큰 제사(祭祀)에 쓰는 기장과 피)이 이미 깨끗하고, 제사도 때에 맞게 하였는데도, 땅이 마르거나 물이 넘쳐나게 되면 사직(社稷)을 바꾸어 놓는다.

〈단어 및 어휘〉

· 犧牲(희생): 社稷에 祭祀 지낼 때 소용되는 소, 양, 돼지 같은 家畜을 말한다.
· 粢(기장 자/곡식 자): 기장(볏과의 한해살이풀), 곡식, 떡(치거나 빚어서 만든 음식).
· 粢盛(자성): 나라의 큰 제사(祭祀)에 쓰는 기장과 피.
· 旣(이미 기): 이미, 이윽고, 끝내다.
· 旱(가물 한): 가물다, 사납다, 가뭄, 뭍, 육지, 밭.
· 旱乾水溢(한간수일): 가물어 마르고 洚水 등으로 물이 넘쳐흐르는 것으로, 가뭄과 물난리를 말한다.

<문법연구>

· 祭祀以時然而旱乾水溢則變置社稷.

: 以時는 '시의적절함을 가지고', '때에 맞추어', 然而는 그런데도.

下 15장

14-15-01

孟子曰 聖人百世之師也 伯夷柳下惠是也 故聞伯夷之風者 頑夫廉
懦夫有立志 聞柳下惠之風者 薄夫敦 鄙夫寬 奮乎百世之上 百世之
下 聞者莫不興起也 非聖人而能若是乎 而況於親炙之者乎.

孟子께서 말씀하셨다. <성인(聖人)은 백세(百世)의 스승이 되니,
백이와 유하혜가 이런 분이셨다. 고로 백이의 기풍(氣風)을 듣는
자는 완악한 사람도 염치를 차리게 되고, 유약한 사람도 뜻을 세
움이 있게 된다. 유하혜의 기풍(氣風)을 듣는 자는 박절한 사람도
두터워지고, 비열한 사람도 관대해 지게 된다. 백세(百世) 전에 분
기하셨던 분을 백세(百世)의 후에 듣는 자마다 아무도 흥기하지
않는 자가 없으니, 성인(聖人)이 아니고서 능히 이처럼 하겠는가?
하물며 친히 영향을 받은 자에 있어서야.>

<단어 및 어휘>

· 頑(완고할 완): 완고하다, 미련하다, 무디다, 둔하다, 욕심이 많
  다, 탐하다, 貪也, 固陋, 鈍也, 愚也. 여기서는 貪慾으로 새긴다.
· 懦(나약할 나): 나약하다, 무기력하다, 겁 많다, 겁쟁이. 懦弱. 나

약하고 겁이 많은 것을 말한다.

· 敦(두터울 돈): 도탑다(서로의 관계에 사랑이나 인정이 많고 깊다), 힘쓰다, 노력하다, 厚也.

· 鄙(더러울 비/마을 비): 더럽다, 천하다, 비루하다(행동이나 성질이 너절하고 더럽다), 속되다.

· 興起(흥기): 感動奮發함을 말한다.

· 親炙(친자): 直接 接하여 人格을 陶冶하는 것. 炙는 '불고기를 굽는다'는 뜻을 말한다.

〈문법연구〉

· 奮乎百世之上 百世之下.
: 예문의 上과 下는 시간상으로 전과 후를 말한다.

下 16장

14-16-01
孟子曰 仁也者人也 合而言之道也.

孟子께서 말씀하셨다. <인(仁)이라는 것은 사람(人)이 가지고 있는 것이니, 합하여(仁과 人을 합하여) 말을 하면 도(道)가 된다.>

下 17장

14-17-01[5)]

孟子曰 孔子之去魯 曰遲遲吾行也 去父母國之道也 去齊接淅而行
去他國之道也.

孟子께서 말씀하셨다. <공자께서 노나라를 떠나실 적에 말씀하시
기를, '더디고 더디구나, 나의 떠나감이여!'라고 하신 것은 부모의
나라를 떠나는 도(道)이고, 제나라를 떠나실 적에는 씻은 쌀을 가
지고 떠나셨으니, 타국을 떠나는 도(道)이셨다.>

〈단어 및 어휘〉

· 接(이을 접): 濟也. 즉 건지다. 라는 뜻이다.
· 淅(일 석): 일다(쌀 등을), 쓸쓸하다, 씻은 쌀.

下 18장

14-18-01

孟子曰 君子之戹於陳蔡之間 無上下之交也.

孟子께서 말씀하셨다. <君子께서 陳나라와 蔡나라 사이에서 戹
(액)을 당하셨으니, 上下에 交流가 없었기 때문이다.>

---

5) 已見 萬章 下篇:이미 만장 하편에서 보인다.

・君子(군자): 孔子를 말하고 있다.

・戹(좁을 액): 좁다, 협소하다, 재앙, 재난. 厄也. 災也, 災殃.

・上下(상하): 君臣을 말한다.

〈문법연구〉

・君子之戹於陳蔡之間.

: 之는 주격조사이다.

下 19장

14-19-01

貉稽曰 稽大不理於口.

맥계 말하기를, <저는 여러 사람들의 비방에 대해 크게 신경 쓰이지 않습니다.>

〈단어 및 어휘〉

・貉(오랑캐 맥/담비 학): 맥/오랑캐, 학/담비.

・稽(상고할 계): 상고하다, 조사하다, 견주다.

・理(이치 리/다스릴 리): 매끄럽다. 순조롭다. 의뢰하다. 의지하다. 도리, 이치, 사리.

14-19-02

孟子曰 無傷也 士憎玆多口.

孟子께서 말씀하셨다. <상심하지 말라. 선비는 더욱 口舌이 많은 것이다.

〈단어 및 어휘〉

· 憎玆(증자): 여기서 憎은 增의 誤字로 본다.
· 玆(불을 자/이 자): 불다, 더욱, 자리, 이, 이곳, 이때.

14-19-03

詩云憂心悄悄 慍于群小 孔子也 肆不殄厥慍 亦不隕厥問文王也.

『詩經』에 이르기를 '마음에 걱정하기를 悄悄히 하거늘, 여러 小人들에게 노여움이 된다.' 하였으니, 孔子이시고, '그 노여움을 없애지 못하였으나, 또한 그 聞名을 떨어뜨리지 않았다.' 하였으니, 文王이시다.>

〈단어 및 어휘〉

· 詩云: 詩經 邶風과 大雅.
· 悄(근심할 초): 근심하다, 엄하다, 엄격하다. 憂也. 따라서 悄悄란, 근심하는 모양을 말한다.
· 慍(성낼 온): 怒也. 성내다.
· 群小(군소): 많은 小人들, 또는 수많은 妾을 말한다. 즉 하찮은 무리라는 뜻이다.
· 肆(방자할 사): 방자하다, 늦추다, 늘어놓다, 드디어. 여기서는

발어사로 사용되었다.

- 殄(다할 진): 다하다, 끊다, 멸하다, 모두. 隕也, 絶也. 따라서 不殄은 不絶로 '끊이지 않다.'라는 뜻이다.
- 隕(떨어질 운): 떨어지다, 죽다.
- 問(물을 문): 所聞, 名聲. 여기서는 '어질다'라는 소문을 말한다.

下 20장

14-20-01
孟子曰 賢者以其昭昭 使人昭昭 今以其昏昏 使人昭昭.

孟子께서 말씀하셨다. <(옛날의) 현자는 그 밝음으로 남을 밝게 해주었는데, 오늘날은 그 어두운 것으로 남을 밝게 해주려 한다.>

〈단어 및 어휘〉

- 昭(밝을 소): 밝다, 밝히다, 나타내다, 돕다, 인도하다.
- 昭昭(소소): 밝고 밝음, 事理가 환하고 뚜렷함이니, 法度의 밝음을 말한다.
- 昏(어두울 혼/힘쓸 민): 혼/어둡다, 날이 저물다, 일찍 죽다, 어리석다, 민/힘쓰다, 애쓰다.
- 昏昏(혼혼): 어둡고 어둠, 法度가 흐린 것을 말한다.

下 21장

14-21-01

孟子謂高子曰山徑之蹊間 介然用之而成路 爲間不用則茅塞之矣 今
茅塞子之心矣.

孟子께서 高子에게 말씀하셨다. <산의 작은 오솔길의 좁은 틈도
잠깐이라도 사용하면 큰 길이 되고 조금이라도 사용치 않게 되면
띠가 자라나 막히게 될 것이다. 지금 자네의 마음도 띠로 막혀버
렸도다.>

〈단어 및 어휘〉

· 高子(고자): 齊나라 사람.
· 徑(지름길 경/길 경): 小路. 지름길. 따라서 山徑이란, 산속 작은
  길이라는 뜻이다.
· 蹊(좁은 길 혜): 좁은 길, 지름길, 발자국, 지나다. 小路. 여기서
  는 人行處也. 즉 사람의 발자국이 난 곳을 말한다.
· 介(잠깐 개/낄 개): 잠깐, 끼다, 끼이다.
· 介然(개연): 고립한 모양, 잠시 동안, 단단한 모양.
· 爲間(위간): 잠시 사이에, 少頃, 暫時.
· 塞(변방 새/막을 색): 새/변방, 요새, 색/막다, 막히다.
· 茅(띠 모): 띠 풀, 띳집, 누추한 거처.
· 茅塞(모색): 풀이 우거져 길이 막힌 것을 말한다.

下 22장

高子曰 禹之聲 尙文王之聲.

高子가 말하였다. <禹임금의 음악이 文王의 음악보다 나은 것 같습니다.>

〈단어 및 어휘〉

· 聲(소리 성): 소리, 풍류, 노래, 이름, 명예.
· 尙(오히려 상): 오히려, 숭상하다, 높다, 높이다. 愈也. 낫다. 좋다.

孟子曰 何以言之 曰以追蠡.

孟子께서 말씀하셨다. <무엇 때문에 그렇게 말하는가?> <追蠡(퇴려: 종(鐘)을 매단 끈이 좀먹은 것) 때문입니다.>

〈단어 및 어휘〉

· 追(쫓을 추/갈 퇴/종끈 퇴): 추/쫓다, 구하다, 따르다, 퇴/갈다, 종을 거는 끈, 언덕. 鐘紐(종뉴) 鐘을 거는 끈을 말한다.
· 蠡(좀 려): 좀, 좀먹다. 磨滅. 좀 먹을, 닳다.
· 追蠡(퇴려): 종(鐘)을 매단 끈이 좀먹은 것

〈문법연구〉

· 以追蠡.

: 以는 '때문'이라는 뜻이다.

14-22-03

曰是奚足哉 城門之軌 兩馬之力與.

孟子께서 말씀하셨다. <이것이 어찌 足하겠는가? 성문의 바퀴 자
국이 두 말의 힘 때문이겠는가?>

〈단어 및 어휘〉

· 軌(바퀴 자국 궤): 車轍. 수레바퀴 자국을 말한다.
· 與(줄 여): 歟也. 그런가? 語助辭.

下 23장

14-23-01

齊饑陳臻曰 國人皆以夫子將復爲發棠 殆不可復.

齊나라에 흉년이 들자, 陳臻이 말하였다. <모두가 夫子께서 장차
다시 棠邑(당읍)의 창고를 열게 하실 것이라고 여기는데, 아마 다
시 하시진 않을 듯합니다.>

〈단어 및 어휘〉

· 饑(주릴 기): 주리다, 굶주리다, 흉년 들다. 饑饉. 凶年이 들어
  굶주리는 것을 말한다.
· 臻(이를 진): 이르다, 미치다, 모이다.

- 陳臻(진진): 孟子의 弟子.
- 發(필 발): 피다, 쏘다, 일어나다, 떠나다, 나타나다, 드러내다, 밝히다, 들추다, 계발하다, 베풀다(일을 차리어 벌이다, 도와주어서 혜택을 받게 하다.)
- 棠(아가위 당): 齊나라의 糧穀倉庫가 있었던 邑名이다.

〈문법연구〉

- 殆不可復.

: 婉曲한 표현으로서의 疑問文. 이때 殆(거의 태/위험할 태)는 將也. 대개, 장차, 마땅히, 필시, 아마 등의 副詞 用法이고, 復는 '부'로 읽고 '다시'라는 뜻이다. 의미는 <기근이 들어 孟子께서 군주(제선왕)에게 창고를 좀 열어달라고 하시면... 이런 부탁을 하고 싶지만 '다시 하기가 좀 어렵겠지요?'> 정도의 의미이다.

14-23-02

孟子曰 是爲馮婦也 晉人有馮婦者善搏虎 卒爲善士 則之野 有衆逐虎 虎負嵎 莫之敢攖 望見馮婦 趨而迎之 馮婦攘臂下車 衆皆悅之 其爲士者笑之.

孟子께서 말씀하셨다. <이는 馮婦가 하는 일을 하는 것이다. 晉나라 사람으로 馮婦라는 자가 있어 범을 잘 잡았으나, 마침내 좋은 선비가 되었다. 들에 나가자 여러 사람들이 범을 쫓고 있었는데, 범이 모퉁이를 등지자, 아무도 감히 덤비지 못하고 馮婦를 바라보고는 달려가 맞이하였다. 馮婦가 팔을 걷고 수레에서 내리자, 많은 사람들이 기뻐하였으나, 그 선비 된 자는 그들을 비웃었다.>

盡心章句 下 557

<단어 및 어휘>

- 馮(기댈 빙/업신여길 빙): 여기서는 '성 풍'
- 馮婦(풍부): 人名이다. 馮은 姓이고 이름이 婦이다.
- 搏(칠 박): 擊也. 搏虎는 맨 손으로 호랑이를 때려잡는 것.
- 卒(마침내 졸): 나중에, 뒤에, 결국, 마침내, 後의 뜻으로 사용되었다.
- 衆(무리 중): 衆人. 많은 사람.
- 負(질 부): 지다, 의지하다, (등 뒤로) 짊어지다, 여기서는 依也로 믿고 버티는 것을 말한다.
- 嵎(산굽이 우): 구석, 山曲, 즉 산모롱이를 말한다.
- 攖(얽힐 영): 얽히다, 어지럽다, 구속하다, 다가서다, 묶다. 觸也. 가까이 접근하는 것을 말한다.
- 攘(물리칠 양): 물리치다, 제거하다, 없애다.
- 臂(팔 비): 팔, 팔뚝.

<문법연구>

- 晉人有馮婦者善搏虎/有衆逐虎.

: 晉人有~, '진나라 사람 중에 ~하는 자가 있다.' 이 문장에서 주어(보어로 보기도 한다)는 有 다음에 위치한다. 그런데 이 주어를 수식하는 문구는 주어 다음에 위치한다. 즉 문장에서 善搏虎은 주어 馮婦者를 수식하여 '호랑이를 잘 때려잡는 풍부라는 자가 있었다'가 된다. 뒤의 有衆逐虎도 같다. 衆이 주어인데 이를 수식하는 逐虎가 뒤에서 수식한다. 해석은 '호랑이를 쫓는 무리가 있었다.'이다. 물론 晉人有馮婦者善搏虎/有衆逐虎를 '晉나라 사람으로 馮婦라는 자가 있

었는데 범을 잘 잡았다./여러 사람들이 범을 쫓고 있었다'로 본문처럼 해석해도 무방하다.

・莫之敢攖.

: 莫敢攖之 문장에서 부정어 莫으로 인하여 목적어인 대명사 之가 술어 攖(다가서다) 앞으로 전치되었다.

下 24장

14-24-01

孟子曰 口之於味也 目之於色也 耳之於聲也 鼻之於臭也 四肢於安佚也 性也 有命焉 君子不謂性也.

孟子께서 말씀하셨다. <입이 맛에 있어서와, 눈이 색에 있어서와, 코가 냄새에 있어서와, 四肢가 安佚에 있어서는 性이지만, 거기에는 命이라는 게 있어 君子는 性이라 하지 않는다.>

〈단어 및 어휘〉

・臭(냄새 취): 냄새, 구린내, 심하게, 썩다, 더럽다, 맡다.
・四肢(사지): 두 팔과 두 다리, 몸, 온 몸.
・佚(편안한 일/방탕할 질): 여기서는 '편안하다'라는 뜻.
・性(성품 성): 태어나면서부터 하늘로부터 부여받은 것. 本質的인 것을 의미하기도 한다.
・有命(유명): 여기에서 命은 天命 즉 運命과 같은 것으로서, 마음대로 안 되는 命을 말한다.

〈문법연구〉

· 口之於味也.

: A 之於 B 일반적으로 'A가 B에 관해서', 'A가 B에 대해서', 'A가 B에 있어서는' 등의 의미로 보고 번역해도 무방하다. 하지만 한문의 특성상 전후의 내용을 적절하게 반영한 부드러운 해석이 필요할 때가 많다.

> 예) 晋平公之於亥唐也 入云則入坐云則坐. (孟子)
> : 진나라 평공이 해당에게 있어서는 들어오라 하면 들어가고, 앉으라고 하면 앉았다.

> 예) 桓公之於管仲 學焉而後臣之. (孟子)
> : 제환공이 관중을 대할 때 그에게서 배워 그 사람을 신하로 삼았다.

· 有命焉.

: 焉은 於是의 의미를 가지며, 여기에서 是는 앞에서 말한 이목구비와 사지가 가지는 성에 대한 내용, 즉 口之於味也, 目之於色也, 耳之於聲也, 鼻之於臭也, 四肢之於安佚也를 받는다. 해석은 '이러한 위 다섯 가지 성들에는 명이라는 것이 있다'라는 말이다.

14-24-02
仁之於父子也 義之於君臣也 禮之於賓主也 智之於賢者也 聖人之於天道也 命也 有性焉 君子不謂命也.

仁이 父子에 있어서와 義가 君臣에 있어서와 禮가 賓主에 있어서와 智慧가 賢者에 있어서와 聖人이 天道에 있어서는 命이나, 性에 달려있어, 君子는 命이라 하지 않는다.>

- 賓(손 빈): 손, 손님, 사위(딸의 남편을 이르는 말), 물가(물이 있는 곳의 가장자리), 대접하다, 객지살이하다, 복종하다.
- 賓主(빈주): 손님과 주인.

下 25장

14-25-01

浩生不害問曰 樂正子何人也 孟子曰 善人也信人也.

浩生不害가 물었다. <樂正子는 어떤 사람입니까?> 孟子께서 말씀하셨다. <善人이며 信人이다.>

〈단어 및 어휘〉

- 浩生不害(호생불해): 浩生은 姓이고, 不害는 名이다.
- 樂正子(악정자): 樂正은 姓이고, 이름은 克이다. 魯나라 사람으로 孟子의 弟子이다.

14-25-02

何謂善 何謂信.

<무엇을 선(善)이라 말하며, 무엇을 신(信)이라 말합니까?>

〈문법연구〉

- 何謂善 何謂信.

: 何는 동사 謂의 목적어이지만 의문사이므로 앞으로 도치되었다.
何謂~는 '무엇을 ~라고 하는가'

  예) 與其媚於奧 寧媚於竈 何謂也. (論語)
  : '아랫목에 아첨하느니 차라리 부뚜막에 아첨하는 편이 낫다'는
  것은 무엇을 말하는 것입니까?

  예) 敢問 何謂浩然之氣. (孟子)
  : 감히 묻습니다만, 무엇을 호연지기라고 합니까.

14-25-03
曰可欲之謂善.

말씀하시기를, <가히 하고자 하는 것을 선(善)이라 말한다.>

〈문법연구〉

· 可欲之謂善.

: A 之謂 B = A 謂之 B. 각각 순서대로 'A를 B라 한다', 'A 이것이
B이다'로 해석할 수 있다. 可欲之謂善를 可欲謂之善로 바꾼다면 의
미는 같으나 해석상에서는 약간의 차이가 있다. 可欲謂之善의 번역
은 '可欲 이것이 선이라고 한다', A 之謂 B의 문법적 참조는 다음에
나오는 '有諸己之謂信'을 참조.

14-25-04
有諸己之謂信.

선이 자기에게 있는 것을 신(信)이라 말한다.

〈단어 및 어휘〉

· 諸(모든 제/어조사 저): 제/모두, 그, 그 사람, ~이여, ~에, 저/ 之于, 之乎의 합자.

〈문법연구〉

· 有諸己之謂信.
: 諸는 之於이다. 之는 앞 문장의 善을 받는다. A 之謂 B 문형은 A를 B라 한다. 여기서 之는 도치를 나타내고, 이런 之는 '~을(를)'로 해석되며 목적격(조사)이라고도 한다.

예) 聖而不可知之之謂神. (孟子)
: 성스러우나 헤아릴 수 없는 것을 神이라 한다.

예) 父母唯其疾之憂. (論語)
: 부모는 오로지 자식의 병을 걱정한다. 이 문장에서는 원래는 唯憂 其疾이나 之를 이용하여 唯其疾之憂로 변형시켜 의미를 강조하였다.

14-25-05
充實之謂美.

그것에 충실한 것을 美이라 한다.

14-25-06
充實而有光輝之謂大,

선(善)이 충실하여 아름답게 빛남이 있는 것을 대인이라 말한다.

14-25-07

大而化之之謂聖.

대인이면서 주위 사람들이 저절로 교화되는 이를 성인이라 한다.

14-25-08

聖而不可知之之謂神.

聖하지만 가히 알 수 없는 것을 神이라 말한다.

14-25-09

樂正子二之中 四之下也.

악정자는 두 가지(善, 信) 중의 중간이요, 네 가지(神, 聖, 大, 美) 중의 아래에 해당한다.

下 26장

14-26-01

孟子曰 逃墨必歸於楊 逃楊必歸於儒 歸斯受之而已矣.

孟子께서 말씀하셨다. <墨翟에게서 도망하면 반드시 楊朱에게 돌아가고, 楊朱에게서 도망하면 반드시 儒者에게 돌아올 것이니, 돌아오면 곧 받아줄 뿐이다.

〈단어 및 어휘〉

·逃(도망할 도): 도망하다, 달아나다, 피하다, 회피하다, 숨다, (진

실을) 숨기다, 떠나다, (눈을) 깜빡이다.

· 斯(이 사): 이것, 쪼개다, 잠시, 나누다, ~의, 즉, 곧. 則也.

〈문법연구〉

· 歸斯受之而已矣.

: 斯는 접속사로 사용되어 '~이면', '~한다면'

　예) 以通乎大海 斯可謂自然之道. (僧肇法師/寶藏論 廣照空有品)
　: 이로써 큰 바다에 이르게 되면 이를 자연의 도라 이를 만하다.

　예) 子曰 人之過也 各於其黨 觀過 斯知仁矣. (論語)
　: 공자께서 말씀하시길, '사람의 과실은 각각 그 부류를 따르니,
　과실을 보면 곧 그 사람의 인을 알 수 있게 된다.'라고 하셨다.

　예) 夫子之得邦家者, 所謂立之斯立. 道之斯行. 綏之斯來. 動之斯和. (論語)
　: 선생님께서 만약 나라를 얻으셨다면, 세우면 서고, 이끌면 나아
　가고, 편안하게 해주면 따라오고, 움직이면 호응할 것이오.

14-26-02

今之與楊墨辯者 如追放豚 旣入其苙 又從而招之.

지금 양주와 묵적과 변론하는 자는 마치 우리를 뛰쳐나온 돼지를
쫓는 듯하며, 이미 그 우리로 들어왔는데도 또 연이어 그것을 묶
으려 한다.

〈단어 및 어휘〉

· 辯(말씀 변): 말씀, 말을 잘하다, 말다툼하다, 논쟁하다, 다투다,
　변론하다.

- 追(쫓을 추): 趁(쫓을 진/쫓을 년)也. 쫓다, 이루다, 잇닿다(서로 이어져 맞닿다), 거슬러 올라가다, 구하다, 쫓아가 붙잡는 것을 말한다.
- 苙(돼지우리 립): 돼지우리, 구리 때. 闌也, 圈牢(권뢰). 짐승 우리.
- 從(좇을 종): 좇다, 따르다, 나아가다, 다가서다, 모시다, 시중 들다, 일하다.
- 從而(종이): 부사로서 '계속해서', '연이어'
- 招(부를 초/얽어맬 초): 부르다, 손짓하다, 결박하다, 얽어매다, 구하다. 羂(견)也. '옭아매다'라는 뜻이다.

下 27장

14-27-01

孟子曰 有布縷之征 粟米之征 力役之征 君子用其一 緩其二. 用其二而民有殍 用其三而父子離.

孟子께서 말씀하셨다. <베포(布縷)로 내는 稅와 곡식(粟米)으로 내는 稅와 부역(賦役)으로 충당하는 稅가 있으니, 君子는 그 한 가지를 쓰고, 그 두 가지는 느슨히 한다. 그 두 가지를 쓰면 백성들이 굶어 죽고, 그 세 가지를 쓰면 父子 간이 離散하게 된다.>

〈단어 및 어휘〉

- 縷(실 루/명주 루): 실, 명주, 줄기.
- 征(칠 정/부를 징): 정/치다, 정벌하다, 구실, 세금, 세금 받다 징/징집하다, 부르다. 取也. 徵收. 稅金을 徵收하는 것을 말한다.
- 粟米(속미): 날곡식과 찧은 곡식. 여기서는 나라에 내는 세금.

- 力役(력역): 부역처럼 직접 노동력을 제공하는 것을 말한다.
- 緩(느릴 완): 느리다, 느슨하다, 늦추다.
- 殍(주려 죽을 표/주려 죽을 부): 굶주려 죽다, 굶어 죽은 주검. 殣
  也, 殍殣, 殍餓. 주려 죽다. 여기서는 굶어 죽은 시체를 말한다.

下 28장

14-28-01

孟子曰 諸侯之寶三 土地人民政事 寶珠玉者 殃必及身.

孟子께서 말씀하셨다. <제후의 보배가 세 가지이니, 土地·人民·
政事이다. 珠玉을 보배로 여기는 자는 재앙이 반드시 몸에 미친다.>

〈단어 및 어휘〉

- 寶(보배 보): 보물, 보배로 여기다, 귀중하게 여기다.
- 殃(재앙 앙): 재앙, 하늘이 내리는 벌, 해치다, 괴롭히다.

下 29장

14-29-01

盆成括 仕於齊 孟子曰 死矣 盆成括 盆成括 見殺 門人 問曰 夫子
何以知其將見殺 曰其爲人也 小有才 未聞君子之大道也 則足以殺其
軀而已矣.

분성괄이 제나라에서 벼슬을 하니, 孟子께서 이르기를 <죽게 생겼

도다, 분성괄이여!>하셨다. 분성괄이 죽임을 당하자 문인들이 물었다. <선생님께서는 무엇으로서 그가 장차 죽게 됨을 아셨습니까?> 대답하시기를, <그 사람됨이 작은 재주는 있되 군자의 도(道)는 아직 듣지 못하였으니, 즉 그 몸을 죽게 하는데 족할 뿐이니라.>

〈단어 및 어휘〉

· 盆(동이 분): 동이(질그릇의 하나), 주발, (물에) 적시다.
· 括(맺을 괄): 묶다, 동여매다(두르거나 감거나 하여 묶다), 담다, 담아서 싸다.
· 盆成括(분성괄): 전국시대 사람. 제(齊)나라에 벼슬하다 죽임을 당하였다.
· 見(볼 견/나타날 현): 견/ 보다, 보이다, 당하다, 현/ 드러내다, 알현하다, 현재.
· 軀(몸 구): 몸, 신체.

〈문법연구〉

· 盆成括見殺.
: 조동사 見을 이용한 피동문으로 해석은 '분성괄이 죽임을 당했다.'이다.

예) 人情有所不能忍者 匹夫見辱 拔劍而起 挺身而鬪 此不足爲勇也. (留侯論/蘇東坡)
: 인정에 도저히 참을 수 없는 일이 있을 때, 평범한 사람은 치욕을 당하면 칼을 빼 들고 몸을 던져 싸우지만, 이는 용감하다고 할 수 없다.

예) 李密父早亡 母何氏更適人 密見養於祖母. (三國志魏志)

: 이밀은 아버지가 일찍 돌아가시고 어머니 하씨가 다른 사람에게 개가하였다. 그리하여 이밀은 조모에게 양육되었다.

下 30장

14-30-01

孟子之滕 館於上宮 有業屨於牖上 館人 求之弗得.

孟子께서 滕나라에 가셔서 上宮에 묵으셨다. (그곳 사람들이) 만들던(작업하던) 신발을 창 위에 두었는데, 館人이 찾았으나 찾지 못하였다.

〈단어 및 어휘〉

· 滕(물 솟을 등): 물이 솟다, 물이 끓어오르다, 여기서는 나라의 이름.

· 館(집 관): 舍也. 여기서는 投宿 또는 留宿함을 말한다.

· 上宮(상궁): 別宮. 좋은 숙소.

· 屨(신 구): 신, 신발, 신다.

· 業屨(업구): 여기서는 '삼고 있던 신'

· 牖(들창 유): 들창, 들어서 여는 창, 깨우치다. 窓也, 南窓. 살창.

〈문법연구〉

· 求之弗得.

: 弗은 不과 의미는 같으나 일반적으로 목적어를 수반하지 않은 동사를 부정한다.

예) 孟子曰 食而弗愛 豕交之也. (孟子)
: 먹이기만 하고 사랑하지 않으면 돼지로 그와 사귀는 것이다.

예) 君子遵道而行 半塗而廢 吾弗能已矣. (中庸)
: 군자가 도를 따라서 행하다가 중도에서 그만두지만 나는 그만두지 못한다.

예) 君子之於物也 愛之而弗仁 於民也 仁之而弗親. (孟子)
: 군자는 물건에 대해서 (그것을) 아끼기만 하고 인자하지 않으며, 백성에 대해서는 인자하기만 하고 친히 여기지 않는다.

14-30-02

或問之曰 若是乎 從者之廋也 曰子以是爲竊屨來與 曰殆非也 夫子之設科也 往者不追 來者不拒 苟以是心至 斯受之而已矣.

或者가 묻기를 <따르던 이들이 숨긴 것이 이와 같습니까.>하자, 孟子께서 <그대는 이것 때문에 신을 훔치려 왔다고 여기는가?>하시자, 대답하기를 <아닙니다. 夫子께서는 교과를 설치하여, 가는 자를 쫓지 않으시고, 오는 자를 거절하지 않으시며, 진실로 옳은 마음으로 온다면 곧 받을 뿐입니다.>하였다.

〈단어 및 어휘〉

· 廋/廀(숨길 수): 숨기다, 세다, 찾다, 구하다. 匿也, 隱匿. 숨기다.

· 以是(이시): 이로 인해, 이 때문에, 그러므로.

· 殆(거의 태/위태할 태): 必也. 반드시, 마땅히. 부사적 용례.

· 設科(설과): 가르치는 과목을 여는 것을 말한다.

· 距(떨어질 거): 떨어지다, 막다, 거부하다, 도달하다, 크다, 뛰어넘다.

· 斯(이 사): 이것, 잠시, 모두, 쪼개다, 떨어지다. 則也.

〈문법연구〉

· 苟以是心至 斯受之而已矣.

: 斯는 접속사로 사용되어 '~이라면', '~한즉'으로 해석한다.

　예) 馭衆之道 威信而已 威生於廉 信由於忠 忠而能廉 斯可以服衆
　矣. (牧民心書)
　: 대중을 통솔하는 길은 위엄과 신용뿐이다, 위엄은 청렴에서 나
　오며, 신용은 충에서 나온다. 충성하면 능히 청렴(淸廉)할 수 있는
　것인 즉, 백성들을 따르게 할 수 있는 것이다.

　예) 子曰 君子 固窮 小人 窮斯濫矣. (論語)
　공자께서 말씀하시길, '군자는 본디 곤궁하지만 소인은 곤궁해지
　면 외람스러워진다.'

下 31장

14-31-01
孟子曰 人皆有所不忍 達之於其所忍 仁也 人皆有所不爲 達之於其
所爲 義也.

孟子께서 말씀하셨다. <사람들은 모두 차마 못 하는 바가 있으니,
그 차마 하는 바에 도달하면 仁이다. 사람은 모두 하지 않는 바가
있으니, 그 하는 바에 도달하면 義이다.>

〈단어 및 어휘〉

· 達(통달할 달): 통달하다(사물의 이치나 지식, 기술 따위를 훤히
　알거나 아주 능란하게 하다), 통하다, 막힘이 없이 트이다, 이르

다(어떤 장소나 시간에 닿다), 다다르다. 여기서는 미루어나가는 것을 말한다.

〈문법연구〉

・人皆有所不爲 達之於其所爲 義也.

: 위 문장은 '人皆有所不爲 達之 義也.'로 간단하게 말할 수 있다. 이 경우 之는 대명사로 앞의 所不爲을 받는다. 所不爲는 '하지 않아야 할 것'이다. 전체적인 해석은 '사람들에겐 하지 말아야 할 것이 있는데 이 하지 않아야 할 것을 하지 않는 것이 의(義)이다.'이다.

14-31-02

人能充無欲害人之心 而仁 不可勝用也 人能充無穿踰之心而義 不可勝用也.

사람들이 능히 <남을 해치고자 하는 마음을 없게 하는 것>을 채워나가면 인(仁)은 가히 이루다 쓰지 못할 것이고, 사람들이 능히 <몰래 훔치려는 마음을 없게 하는 것>을 채워나가면 의(義)는 가히 이루다 쓰지 못하게 된다.

〈단어 및 어휘〉

・充(채울 충): 채우다, 가득하다, 차다, 완전하다, 갖추다, 막다, 充滿.

・穿踰(천유): 穿窬이다. 즉 穿은 구멍을 뚫는 것이고 踰는 담을 뛰어넘는 것으로, 곧 盜賊의 行爲를 말한다.

14-31-03

人能充無受爾汝之實 無所往而不爲義也.

사람이 爾汝를 받지 않는 실제(야, 너란 호칭의 실상을 받지 않으려는 것)를 채울 수 있으면 가는 곳마다 義를 행하지 않음이 없을 것이다.

〈단어 및 어휘〉

· 爾汝(이여): 爾·汝 는 모두 2인칭 대명사로, 주로 아랫사람에 대한 호칭이다. 즉, 너, 이놈, 저놈하고 賤待하여 부르는 것을 말한다.

〈문법연구〉

· 無所往而不爲義也.

: 無所往而~ 꼴로 '어디에 간들 ~함이 없다.' 아래에 나오는 '無適而/어디를 간들'과 그 쓰임이 유사하다.

> 예) 無所用而不備 無所往而不達. (訓民正音解例)
> : 무엇을 쓴들 부족함이 없고(갖추어지지 않음이 없고), 어디에 간들 통달하지 않음이 없다.

14-31-04

士未可以言而言 是以言餂之也 可以言而不言 是以不言餂之也 是皆穿踰之類也.

선비가 말하지 않아야 함에도 말한다면 이는 말로써 훔치는 것이요, 말할 수 있음에도 말하지 않음은 이는 말하지 않음으로써 훔치는 것이니, 모두 몰래 훔치려 하는 유(類)이다.

<단어 및 어휘>

· 可以(가이): ~할 만하다, ~해도 좋다, ~할 수 있다.
· 餂(낚을 첨): 舑의 古字, 낚다, 꾀어내다, 달다, 곤히 자다. 핥아
  먹다.

下 32장

14-32-01

孟子曰 言近而指遠者 善言也 守約而施博者善道也 君子之言也 不
下帶而道存焉.

孟子께서 말씀하셨다. <말이 가까우면서도 뜻이 원대한 것은 善言
이요, 지킴이 요약되면서 베풂이 넓은 것은 善道이다. 君子의 말
은 일상적이며 가장 가까운 데 道가 있는 것이다.

<단어 및 어휘>

· 近(가까울 근): 卑近이다.
· 指(가리킬 지): 가리키다, 손가락질하다, 지시하다, 가리켜 보이
  다, 곤두서다, 곧추서다, 손가락, 마음, 뜻, 旨也. 意也.
· 約(맺을 약): 약속하다, 묶다, 다발을 짓다, 검소하게 하다, 줄이다,
  오그라들다, 인색하다, 아끼다, 멈추다, 簡約하는 것을 말한다. 따
  라서 守約이란, 約束을 지키는 것으로 실천하는 것을 말한다.
· 不下帶(불하대): 띠 아래로 내리지 않는다는 말로 곧 '일상적이
  며 가장 가까운 곳'이란 뜻.

14-32-02

君子之守 脩其身而天下平.

君子의 지킴은 그 몸을 닦아 天下를 平하게 하는 것이다.

14-32-03

人病 舍其田而芸人之田 所求於人者重 而所以自任輕也.

사람들의 병통은 그 밭을 버리고 남의 밭에 김매는 것이니, 남에게서 구하는 것은 중하게 여기고, 스스로 自任하는 것은 가볍게 여긴다.

〈단어 및 어휘〉

· 舍(집 사/버릴 사): 버리다, 捨也.
· 芸(김맬 운): 여기서는 '김을 매다'는 뜻이다.

〈문법연구〉

· 所求於人者重 而所以自任輕也.
: '所 A 者' 형태의 구문으로 'A 한 것(사람)/A 하는 것(사람)'으로 해석된다. 所求於人者의 경우 '사람에게 구하는 것'으로 '重'은 동사로 '중요하게 여기다.'이다.

> 예) 人之所貴者 非良貴也 趙孟之所貴 趙孟 能賤之. (孟子)
> : 남이 귀하게 해준 것은 잠된 귀한 것이 아니니, 조맹이 귀하게 해준 것은 조맹이 능히 천하게 할 수 있다.

> 예) 廣 子孫 竊謂其昆弟老人廣所信愛者. (小學)

: 소광의 자손들이 몰래 그 형제 노인 중에게 소광이 믿고 사랑하는 사람이라고 말하였다.

예) 君子犯義 小人犯刑 國之所存者 幸也. (孟子)
: 군자가 의를 범하고 소인이 형법을 범하는데 나라가 보존되는 것은 요행이다.

下 33장

14-33-01
孟子曰 堯舜性者也 湯武反之也.

孟子께서 말씀하셨다. <堯·舜은 本性대로 하셨고, 湯·武는 그것을 回復하셨다.

〈단어 및 어휘〉

· 湯武(탕무): 殷王 成湯과 周武王을 말한다.
· 反(돌아올 반/돌이킬 반): 돌이키다, 돌아오다, 되돌아가다, 되풀이하다, 반복하다, 뒤집다, 뒤엎다, 배반하다, 어기다(지키지 아니하고 거스르다), 어긋나다, 반대하다.

14-33-02
動容周旋 中禮者 盛德之至也 哭死而哀 非爲生者也 經德不回 非以干祿也 言語必信 非以正行也.

모든 행동거지가 禮에 알 맞는 것은 盛德이 지극한 것이니, 죽은 이에게 哭하고 슬퍼함은 산 者를 위함이 아니며, 떳떳한 덕으로 간사하지 않음은 祿을 구해서가 아니며, 言語를 반드시 미덥게 함은 행실을 바르게 함 때문이 아니다.

〈단어 및 어휘〉

· 動容(동용): 행동과 용모, 거동과 차림새.
· 動容周旋(동용주선): 擧動 또는 행동거지를 말한다.
· 中(가운데 중): 가운데, 안, 속, 마음, 심중, 몸, 중도, 절반. 맞다, 명중하다, 適中. 合當 또는 適合하는 말이다.
· 經(지날 경): 지나다, 목매다, 다스리다, 경서, 날, 길, 도리, 常也. 日常으로 하는 것, 즉 行하는 것을 말한다.
· 經德(경덕): 사람으로서 지켜야 할 도덕, 도덕을 꿋꿋이 지켜 변하지 아니함.
· 回(돌아올 회/간사할 회): 돌아오다, 돌다, 돌이키다, 간사하다, 피하다, 어기다(지키지 아니하고 거스르다), 굽히다, 曲也, 어기다, 굽히다.
· 干(방패 간/줄기 간/구할 간): 방패, 과녁, 막다, 방어하다, 구하다, 요구하다, 범하다, 求也.

〈문법연구〉

· 經德不回 非以干祿也.
: 非以干祿也은 以 다음에 대명사 之가 생략되었다. 원래 非以之干祿也으로 之는 앞의 經德不回를 받는다. 즉, 전체문장의 해석은 經德不回로 녹을 구하시 않는 다는 말이다. 經德不回온 '덕을 바르게 하여 간사하지 않은 것'이므로 전체적인 해석은 '덕을 바르게 하여 간사하지 않은 것으로(以之) 봉록을 구해서가 아니다.' 이어지는

문장 言語必信 非以正行也도 문법적으로는 이와 같다.

14-33-03

君子 行法 以俟命而已矣.

군자는 하늘의 법도를 행하고 하늘의 명(命)을 기다릴 뿐이다.

〈단어 및 어휘〉

· 法(법 법): 하늘의 마땅한 理致. 自然의 理致. 眞理.
· 俟(기다릴 사): 기다리다, 대기하다, 待也.

下 34장

14-34-01

孟子曰 說大人則藐之 勿視其巍巍然.

孟子께서 말씀하셨다. <대인(大人)에게 유세할 적에 즉 그를 가볍
게 여기고, 그 권위와 권세의 외형을 보지 말라.

〈단어 및 어휘〉

· 說(달랠 세): 遊說. 說得을 말한다.
· 大人(대인): 여기서는 身分이 높고 執權 階級에 속해 있는 사람
  을 말한다.
· 藐(아득할 막/ 작을 묘/업신여길 묘): 小也, 輕視貌. 가볍게 여기
  는 것을 말한다.

- 巍(높을 외/ 높고 클 외): 巍巍然(외외연) 높은 모양으로 여기서는 '富貴로운 모양 또는 으리으리한 威勢'를 말한다.

14-34-02

堂高數仞 榱題數尺 我得志 弗爲也 食前方丈 侍妾數百人 我得志 弗爲也 般樂飮酒 驅騁田獵 後車千乘 我得志 弗爲也 在彼者 皆我所不爲也 在我者 皆古之制也 吾何畏彼哉.

堂의 높이가 몇 길이 되고 서까래의 머리가 몇 자가 되는 것은 내가 뜻을 얻더라도 하지 않으며, 음식이 앞으로 한 길 펼쳐진 것과 侍妾(시첩)이 수 백인이 되는 것은 내가 뜻을 얻더라도 하지 않으며, 즐기며 술 마시고 말달려 사냥하며 뒤따르는 수레가 千乘이 되는 것은 내가 뜻을 얻더라도 하지 않을 것이니, 저기에 있는 것은 모두 내가 하지 않는 바요, 나에게 있는 것은 모두 옛 法制이니, 내 어찌 저것들을 두려워하겠는가?>

〈단어 및 어휘〉

- 仞(길 인): 길다, 재다, 깊다, 높다, 차다, 채우다, 알다, 길(길이의 단위), 한 길. 길이 단위로 오늘날로 치면 약 180cm 정도이다.
- 榱(서까래 최): 桷也, 서까래(마룻대에서 도리 또는 보에 걸쳐 지른 나무).
- 題(이마 제/표제 제): 머리말, 물음, 이마(앞머리), 품평, 적다, 글을 쓰다, 값을 매기다.
- 丈(어른 장): 어른, 장자, 남자, 노인, 남편, 장(길이의 단위) 十尺. 따라서 方丈이란, 四方 十尺의 床이라는 말이다.
- 般(돌 반/나를 반/여기서는 즐길 반): 樂은 般遊와 같다. 놀면서

마음껏 즐기는 것을 말한다.

- 騁(달릴 빙): 달리다, 펴다, 제멋대로 하다, 신장하다, (마음을) 달리다, (회포를) 풀다, 다하다.
- 驅騁(구빙): 말을 몰아 달리는 것. 田獵.

下 35장

14-35-01

孟子曰 養心 莫善於寡欲 其爲人也寡欲 雖有不存焉者 寡矣 其爲人也多欲 雖有存焉者 寡矣.

孟子께서 말씀하셨다. <마음을 수양함은 욕심을 줄이는 것보다 좋은 것이 없다. 사람됨이 욕심이 적으면 비록 보존되지 못한 것이 있더라도 적고, 그의 사람됨이 욕심이 많으면 비록 보존된 것이 있더라도 적다.>

〈단어 및 어휘〉

- 寡(적을 과): 적다, 작다, 약하다, 돌보다, 돌아보다, 홀어머니, 과부.
- 存(있을 존): 있다, 살아 있다, 보살피다, 살펴보다, 보존하다, 보전하다, 관리하다, 관장하다. 여기서는 '하늘이 부여한 性을 보존하다'라는 의미가 들어있다.

〈문법연구〉

- 莫善於寡欲.

: 莫~, 어떤 것도~하지 않다. 於는 비교 대상을 나타내는 '~보다' 於 앞의 형용사가 오는 경우 대개 비교하여 '~보다 형용사 하다' 로 해석되는 구문이다. 善於寡欲은 '과욕보다 좋다'

下 36장

14-36-01

曾晳 嗜羊棗 而曾子不忍食羊棗.

증석께서 멧대추를 좋아하시더니, 증자께서 차마 멧대추를 먹지 못하였다.

〈단어 및 어휘〉

· 晳(밝을 석): 밝다, 명백하다, 분명하다, (피부가) 희고 깨끗하다.
· 曾晳(증석): 曾子의 父로 아들과 함께 孔子의 弟子.
· 棗(대추 조): 대추, 대추나무.
· 羊棗(양조): 대추의 一種, 멧대추.

14-36-02

公孫丑問曰膾炙與羊棗 孰美 孟子曰 膾炙哉 公孫丑曰 然則曾子何 爲食膾炙而不食羊棗 曰膾炙 所同也 羊棗 所獨也 諱名不諱性 性所 同也 名所獨也.

공손추가 물어 말하길 <육회와 구운 고기와 멧대추 중에 어느 것이 맛있습니까?> 孟子 이르기를, <육회와 구운 고기로다> 공손추 말하기를, <그렇다면 증자께서는 어찌 육회와 구운 고기는 먹으면서 멧대추는 먹지 않았습니까?> 孟子께서 말씀하시기를, <육회와 구운 고기는 모두 함께 하는 바이고, 멧대추는 홀로 한 바이기 때문이다. 이름은 휘(諱)법을 하되 성씨(姓氏)는 휘(諱)법을 아니하니, 성(姓)은 함께하는 바고 이름은 홀로 하는 바이기 때문이다.>

〈단어 및 어휘〉

· 膾(회 회): 회(얇게 썬 고기), 회 치다, 얇게 썰다.
· 炙(불고기 자/고기 구울 적): 굽다, 가까이하다, 고기구이. 적/굽다, 가까이하다, 고기구이.
· 膾炙(회자/적): 肉膾와 구운 고기를 말한다.
· 諱(꺼릴 휘/숨길 휘): 숨기다, 꺼리다, 싫어하다, 피하다, 은휘하다(꺼리어 감추거나 숨기다), 두려워하다, 휘(높은 사람의 이름), 제삿날.
· 諱名(휘명): 이름을 함부로 부르는 것을 꺼려 피하는 것.

下 37장

14-37-01

萬章 問曰 孔子在陳 曰 盍歸乎來 吾黨之士 狂簡 進取 不忘其初 孔子在陳 何思魯之狂士.

萬章이 물었다. <공자께서 진(陳)나라에 계실 적에 말씀하시길, '어찌 돌아가지 않으리오. 우리 당의 선비들이 광간(狂簡)하여 進取롭되 그 처음을 잊지 못하고 있다.'라 하셨는데, 공자께서 진(陳)나라에 계시

면서 어찌 노나라의 광간(狂簡)한 선비들을 생각하셨습니까?>

〈단어 및 어휘〉

· 盍(어찌 아니할 합): 덮다, 합하다, 모이다, 어찌 아니하다, 何不의 縮約. 어찌 ~하지 아니하느냐? 疑問의 反語.
· 來(올 래): 여기서는 促求하는 語勢를 나타내는 助辭.
· 黨(무리 당): 무리(모여서 뭉친 한 동아리), 한동아리, 마을, 향리, 일가, 친척, 바, 곳, 장소, 혹시(그러할 리는 없지만 만일에), 아마도, 鄕黨의 黨이다. 따라서 吾黨이란, '내 고향 또는 내 고장'
· 狂簡(광간): 뜻은 크나 일을 함에는 소략함. 뜻하는 바가 크고 기상이 억세지만 치밀치 못하고 조잡하여 행함에 소루하며 거칠어서 부실함.
· 進取(진취): 高遠한 것을 구하고 바람. 적극적(積極的)으로 나아가서 일을 이룩함
· 初(처음 초): 처음, 시초(始初), 시작(始作), 시종(始終: 처음과 끝), 초생(初生), 초순(初旬). 여기서는 初志를 말함.

14-37-02

孟子曰 孔子 不得中道而與之 必也狂獧乎 狂者進取 獧者有所不爲也 孔子豈不欲中道哉 不可必得故 思其次也.

孟子께서 말씀하셨다. <孔子께서 '도(道)를 이루어 그것과 함께하시 못할 바에, 반드시 狂獧이리도 함께 할 것이다. 狂者는 進取롭고, 獧者는 하지 않는 바가 있는 자이다.'라 하셨으니, 공자께서 어찌 도(道)에 맞게 하는 자와 하고자 않았겠는가? 가히 반드시

기약을 할 수 없었기 때문에 그다음을 생각하신 것이다.>

〈참고〉

여기 不得中道로부터 有所不爲也까지는 [論語] 子路篇에 나오는 부분과 一致한다.

〈단어 및 어휘〉

・中道(중도): '도를 이루다.'는 의미이다. 中에는 다음과 같은 뜻들도 있다. 가운데에 있다, 부합하다(들어맞듯 사물이나 현상이 서로 꼭 들어맞다), 일치하다, 맞다, 맞히다, 적중시키다, 급제하다, 합격하다, 해당하다, 응하다,
・狂者(광자): 뜻이 큰 사람.
・獧者(견자): 뜻이 굳센 사람.
・獧(고집스러울 견/견개할 견/성급할 환/論語에는 狷임): 급하다, 견개하다, 뛰다, 조수하다. 偏急. 성급하다.

〈문법연구〉

・必也狂獧乎.
: 也는 주어나 부사 뒤에 쓰여 주어나 부사를 강조하는 어기사이다. 또는 음절을 조정하고 어기를 고르는 어기조사라고도 한다.

예) 且夫水之積也不厚 則其負大舟也無方. (莊子)
: 예컨대 물이 많이 고이지 않으면 큰 배를 띄울 수 없는 법이다.

예) 君子無所爭 必也射乎. (論語/八佾篇)

: 군자는 다투는 것이 없다. 굳이 있다고 한다면 그것은 틀림없이 활쏘기일 것이다.

예) 禮者 忠信之薄也 而亂之首乎. (韓非子/解老)
: 예란 충성과 신의가 얇다는 표시이고 혼란의 시작이다.

14-37-03

敢問何如 斯可謂狂矣.

<감히 묻겠습니다. 어찌하여야 狂者라 할 수 있습니까?>

〈단어 및 어휘〉

· 斯(이 사/천할 사): 이, 이것, 잠시, 잠깐, 죄다, 모두, 쪼개다, 가르다, 떠나다, 천하다, 낮다. 여기서는 則과 같다.

14-37-04

曰如琴張曾晳牧皮者 孔子之所謂狂矣.

<마치 금장(琴張)과 증석(曾晳)과 목피(牧皮) 같은 자가 공자께서 소위 광자라고 말씀하신 자이다.>

〈단어 및 어휘〉

· 琴張(금장): 字가 子張이다.
· 曾晳(증석): 공자의 弟子로 曾子(參)의 父.
· 牧皮(목피): 공자이 弟子이나 자세한 것은 未詳.

14-37-05

何以謂之狂也.

<어찌하여 그들을 狂者라 말합니까?>

〈단어 및 어휘〉

· 之(갈 지): 대명사로 앞 장의 琴張, 曾晳, 牧皮을 가리킨다.

〈문법연구〉

· 何以謂之狂也.

: 何以에서 何는 개사 以의 목적어이나 의문사이므로 앞으로 나왔다. 謂之狂의 之는 앞의 세 인물 명을 받는 대명사이다.

예) 惡乎(어디로/어느 곳으로/어느 곳에): 卒然問曰天下惡乎定. (孟子): 갑자기 물어서 말하기를, 천하는 어디로 정해지겠습니까?

예) 奚自(어디서부터): 子路宿於石門 晨門曰 奚自 子路曰 自孔氏曰 是知其不可而爲之者與. (論語): 자로가 석문(石門) 근처에서 하룻밤을 묵게 되었다. 아침이 되자 문지기가 그에게 물었다. 어디에서 오셨습니까? 자로가 대답했다. 공 씨 댁에서 왔습니다. 문지기가 말했다. 바로 안 될 줄 알면서도 행하는 그 사람 말입니까?

예) 何爲(무엇을 위하여): 今以燕伐燕, 何爲勸之哉. (孟子)
: 지금은 연나라로 연나라를 치는 셈인데 어찌 내가 권하였겠는가?

14-37-06
曰其志嘐嘐然曰 古之人古之人 夷考其行而不掩焉者也.

孟子께서 말씀하셨다. <그 뜻이 嘐嘐然하여 이르기를 '古人이여! 古人이여! 라고 말하되, 평소에 그 행실을 살펴보면 행실이 말을 가리지 못하는 자이기 때문이다.

<단어 및 어휘>

· 嘵(큰소리칠 효/닭 울 교): 교/닭이 울다, 크다, 과장해서 말하다, 뜻이 크다, 뜻이나 말하는 내용이 크다, 소리, 새가 우는 소리, 쥐가 기물을 쏘는 소리. 효/큰소리, 큰소리치다, 뜻이나 말하는 내용이 큰 것을 말한다.

· 嘵嘵然(효효연): 기고만장한. 기고만장하게.

· 夷(오랑캐 이/평소 이): 오랑캐, 동방, 종족, 잘못, 상하다, 죽이다, 멸하다, 평평하다, 평탄하다, 깎다, 온화하다, 안온하다, 조용하고 편안하다. 平也. 大也. 공평하게. 객관적으로. 여기서는 '평상시'

· 掩(가릴 엄): 가리다, 숨기다, 엄습하다, 불의에 차다, 갑자기 공격하다.

<문법연구>

· 不掩焉者也.

: 焉은 於是의 축약형. 是는 其志를 받는다. 즉 行動이 그 뜻(其志)을 따라 주지 않는다 말이다.

14-37-07

狂者 又不可得 欲得不屑不潔之士而與之 是獧也 是又其次也.

<광(狂)자를 또 가히 얻을 수 없을 바엔, 깨끗하지 않는 것을 달갑게 여기지 않는 선비를 얻어서 그와 함께 하고자 하니, 이것이 견자(獧者)이며 이것 또한 그다음이 된다.>

<단어 및 어휘>

·屑(달갑게 여길 설/가루 설): 가루, 달갑게 여기다(매우 흡족해
   하다), 애쓰다, 수고하다, 자질구레하고 많다, 편하지 않다, 洽足
   하다, 달갑게 여기는 것을 말한다.

<문법연구>

·不屑不潔之士.

: 不屑~, ~을 달가워하지 않다. 不屑不潔은 '깨끗하지 않은 것을
달가워하지 않다.' 즉 '깨끗한 것을 좋아하다.'

·欲得不屑不潔之士而與之.

: 欲은 '~하고 싶어 하다'라는 의미의 조동사이다. 조동사는 본동
사를 도와 표현을 좀 더 풍부하게 하는 역할을 한다. 따라서 본동사
가 무엇인지를 파악해야 하는 경우가 많다. 일반적으로 조동사는 본
동사 바로 앞에 위치하는 경우가 많다. 예문에서 보면 得이 조동사
바로 뒤에 위치하므로 조동사 欲은 得에 걸리는 것처럼 보인다. 즉
欲得으로 해석은 '얻고자 하다'이다. 그러나 조동사 欲은 전체문장의
해석에서는 말 이을 而 다음에 오는 與에 걸린다. 즉 得不屑不潔之
士而은 전체문장에서 일종의 부사절 역할만 한다. 해석은 '선비를
얻어서 그와 함께 하고자 한다.'이다. 이처럼 而로 연결된 문장에서
는 해석 시 조동사가 어디에 걸리는지를 파악하는 것이 중요하다.

14-37-08
孔子曰 過我門而不入我室 我不憾焉者 其惟鄉原乎 鄉原德之賊也

曰何如 斯可謂之鄉原矣.

(萬章이 물었다.) <孔子께서 말씀하시기를 '내 집 문을 지나칠 때, 내 집으로 들어오지 않아도 내가 섭섭해하지 않는 자는 그 오직 향원(鄉原)뿐일 것이다. 향원(鄉原)은 덕(德)의 적이다.'라 하셨는데, 어떤 사람을 가히 향원(鄉原)이라 말할 수 있습니까?>

〈단어 및 어휘〉

· 憾(섭섭할 감): 섭섭하다, 한하다(몹시 억울하거나 원통하여 원망스럽게 생각하다) 원한, 유감.

〈문법연구〉

· 其惟鄉原乎.
: 其~乎는 감탄이나 추측, 가벼운 권유 등을 나타낸다. 비슷한 구조로는 '其~(與, 哉, 也, 諸)'가 있다.

예) 不可一日而廢者 其惟讀書乎. (燕巖集)
: 하루라도 폐할 수 없는 것은 아마 독서뿐이리라.

예) 其何傷於日月乎. (論語)
: 어찌 해와 달에 손상이 있겠는가?

예) 一之謂甚 其可再乎. (春秋左氏傳)
: 한 번도 지나치다고 하는데, 또 다시 그럴 수 있겠습니까?

· 何如 斯.
: 何如는 '어떠하다', 斯는 '이에', '~하면'의 뜻을 지니는 접속사이

다. 또는 何如斯로 보고 '어떠하면'으로 해석해도 무방하다.

> 예) 子貢問曰 何如 斯可謂之士矣 子曰 行己有恥 使於四方 不辱君命可謂士矣. (論語/使 사신 갈 시)
> : 자공이 어찌해야 선비라 이를 수 있습니까. 라고 묻자, 공자께서 말씀하셨다. 몸가짐에 부끄러움이 있으며 사방에 사신(使臣)으로 가서 군주(君主)의 명을 욕되게 하지 않으면 선비라 이를 수 있다.

14-37-09

曰何以是嘐嘐也 言不顧行 行不顧言 則曰古之人古之人 行何爲踽踽凉凉 生斯世也 爲斯世也 善斯可矣 閹然媚於世也者 是鄉原也.

孟子께서 말씀하셨다. <'무엇 때문에 이렇게 기고만장하여(嘐嘐하여) 말이 행실을 돌아보지 않고 행실이 말을 돌아보지 않으면서 곧 말하기를 古人이여! 古人이여! 하는가?'하고, '행실은 어찌하여 외롭고 쓸쓸하게 하는가? 이 세상에 태어나 이 세상을 위하여 善하면 가하다.' 하면서 閹然히 세상에 아첨하는 자가 바로 鄉原이다.>

〈단어 및 어휘〉

- 嘐(큰소리 효/닭울 교): 큰소리치다. 과장해서 말하다.
- 嘐嘐(효효. 교교): 뜻이 크고 큰 소리치는 모양.
- 踽(홀로 갈 우/외로울 우): 홀로 가는 모양, 외롭다, 홀로 가다, 곱사등이(등이 굽고 큰 혹 같은 것이 불쑥 나온 사람).
- 踽踽(우우): 외로운 모양을 형용한다.
- 凉凉(냉랭): 쓸쓸한 모양.
- 踽踽凉凉(우우랭랭): 외롭고 쓸쓸한.
- 斯(이 사): 此也. 이, 이것, ~이면, 이에, ~인즉.

・閹(고자 엄/환관 엄/숨길 엄): 고자, 환관, 성하다(기운이나 세력이 한창 왕성하다), 숨기다. 盛也.

・閹然(엄연): '심하게', 또는 몰래.

・媚(아첨할 미): 姿媚. 아양 부리는 것, 阿附(아부).

〈문법연구〉

・何以是嘐嘐也.

: 何以, 何爲. 以와 爲는 모두 전치사로서 '때문에'라는 뜻이다. 원래는 以何, 爲何이지만, 何가 의문사이기 때문에 전치사 以, 爲 앞으로 왔다.

・閹然媚於世也者.

: 媚於~은 '~에 아부하다', 也者는 '~라는 것'

예) 予不屑之敎誨也者 是亦敎誨之而已矣. (孟子)
: 내가 달가워하지 않는 가르침과 깨우침이라고 하는 것, 이것 또한 그들을 가르치고 깨우치는 것일 뿐이다.

예) 孝弟也者 其爲仁之本與. (論語)
: 효제야 말로 인을 실천하는 근본이리라.

14-37-10

萬章曰 一鄕 皆稱原人焉 無所往而不爲原人 孔子以爲德之賊 何哉.

萬章이 말하었다. <한 고을이 모두 原人(좋은 사람)이라고 칭한다면 가는 곳마다 原人(좋은 사람)이 되지 않음이 없을 터인데, 孔子께서 德의 賊이라 하신 것은 무엇 때문입니까?>

<단어 및 어휘>

· 原(언덕 원/근원 원): 언덕, 근원, 근본, 근본을 추구하다, 캐묻다, 찾다, 의거하다, 기초를 두다. 삼가다, 정성스럽다. 厚德함.

· 原人(원인): 후덕하고 좋은 사람.

<문법연구>

· 無所往而不爲原人.

: 無所往而不~ 형태로 일종의 관용구로 '어디를 가더라도 ~아닌 것이 없다'

> 예) 人能充無受爾汝之實 無所往而不爲義也. (孟子)
> : 사람이 '너'라고 무시하는 것을 당하고 싶지 않은 마음을 확충시킬 수 있다면, 어디를 가더라도 의가 아님이 없다.

> 예) 以見余之無所往而不樂者, 蓋遊於物之外也. (超然臺記/蘇軾)
> : 내가 어디를 가든 즐거워하는 것을 보면, 아마 세속 밖에서 노닐기 때문이라.

14-37-11

曰非之無擧也 刺之無刺也 同乎流俗 合乎汚世 居之似忠信 行之似廉潔 衆皆悅之 自以爲是而不可與人堯舜之道 故曰德之賊也.

孟子께서 말씀하셨다. <비난하려 해도 들출 것이 없고 책망하려 해도 책망할 것이 없으며, 세속의 흐름에 함께하고 더러운 세상에 합치되어서, 거처함이 충(忠)과 신(信)과 유사하며 행동함이 겸손하고 깨끗한 것 같아, 많은 사람들이 모두 그를 기뻐하며, (본인) 스스로도 옳다고 여겨 가히 더불어 요순(堯舜)의 도(道)에 들어갈

수 없게 하므로 고로 말씀하시길, '덕(德)의 적(賊)이다.'라 하신 것이다.>

〈단어 및 어휘〉

· 非(아닐 비/비방할 비): 아니다, 그르다, 나쁘다, 옳지 않다, 등지다, 배반하다, 어긋나다, 벌하다, 나무라다, 꾸짖다, 비방하다, 헐뜯다, 아닌가, 아니한가. 非難.

· 擧(들 거): 들다, 일으키다, 행하다, 낱낱이 들다, 빼 올리다, 들추어 내다, 선거하다, 추천하다, 제시하다. 根據.

· 刺(찌를 자/찌를 척/풍자할 자): 찌르다, 찔러 죽이다, 끊다, 절단하다, 나무라다, 헐뜯다, 꾸짖다, 비난하다, 책망하다, 간하다, 묻다, 알아보다, 문의하다. 叱責(질책). 過失을 攻擊하는 것을 말한다.

· 流俗(유속): 風俗이다.

· 汙世(오세): 汚世로 濁世를 말한다.

〈문법연구〉

· 不可與人堯舜之道.

: 개사 與 다음에 之가 생략되어 있으며, 之는 鄕原을 받는다. 이처럼 개사 뒤의 대명사 之는 생략되는 경우가 많다. 해석은 '향원과 함께 요순의 도에 들어갈 수 없다'이다.

14-37-12
孔子曰 惡似而非者 惡莠 恐其亂苗也 惡佞 恐其亂義也 惡利口 恐

其亂信也 惡鄭聲 恐其亂樂也 惡紫 恐其亂朱也 惡鄕原 恐其亂德也.

孔子께서 말씀하시기를 <비슷하면서도 아닌 것을 미워하노니, 가라지를 미워함은 苗를 어지럽힐까 두려워함이요, 말재주 있는 자를 미워함은 義를 어지럽힐까 두려워함이요, 甘言利說을 미워함은 信을 어지럽힐까 두려워함이요, 鄭나라의 음악을 미워함은 正音을 어지럽힐까 두려워함이요, 紫色을 미워함은 붉은 색을 어지럽힐까 두려워함이요, 鄕原을 미워함은 德을 어지럽힐까 두려워하기 때문이다> 하셨다.

〈단어 및 어휘〉

·似而非(사이비): 비슷한데 같지 않은 것을 말한다.

·莠(가라지 유): 밭에 난 강아지풀.

·亂(어지러울 난): 어지럽다, 어지럽히다, 손상시키다, 음란하다, 널리 퍼지다, 난리.

·恐(두려울 공): 두렵다, 두려워하다, 염려하다, 조심하다, 두려움, 아마도.

·苗(모 묘): 모, 모종, 백성, 곡식, 사냥.

·佞(아첨할 녕/(말)재주 있을 녕): 여기서는 말재주 있는 사람을 뜻한다.

·利口(이구): 多言無實한 것. 口辯만 좋은 것을 말한다.

·鄭聲(정성): 鄭나라의 음악으로 淫亂한 音樂을 말한다.

·紫(자줏빛 자): 자줏빛, 자줏빛의 옷.

·朱(붉을 주): 붉다, 붉게 하다, 붉은빛, 줄기, 그루터기(풀이나 나무 따위의 아랫동아리).

14-37-13

君子反經而已矣 經正則庶民興 庶民興 斯無邪慝矣.

군자는 상도(常道)에 돌이킬 뿐이니, 상도(常道)가 바로잡히면 백성이 흥기되고, 백성이 흥기되면 사특(邪慝)한 것이 없게 될 것이다.>

〈단어 및 어휘〉

· 反(돌이킬 반/돌아올 반/): 돌이키다, 돌아오다, 되돌아가다, 되풀이하다, 반복하다, 뒤집다, 뒤엎다, 배반하다, 어기다(지키지 아니하고 거스르다), 어긋나다, 반대하다, 물러나다, 歸也. 復治.

· 經(지날 경/글 경): 지나다, 목매다, 다스리다, 글, 경서, 날, 날실, 불경, 길, 법, 도리, 常也, 常道. 떳떳한 도리.

· 興(일 흥): 일다, 일으키다, 시작하다, 창성하다, 흥겹다, 기뻐하다, 성공하다, 등용하다, 다스리다, 징발하다, 느끼다, 유행하다, 興起.

· 邪(간사할 사/그런가 야/나머지여/느릿할 서): 간사하다(마음이 바르지 않다), 사악하다, 기울다, 비스듬하다, 바르지 아니하다, 사사롭다.

· 慝(사특할 특/숨길 닉): 사특하다(요사스럽고 간특하다), 간사하다(마음이 바르지 않다), 악하다, 못되다, 더럽다, 더럽혀지다, 어긋나다, 변경되다, 재앙, 재해.

· 邪慝(사특): 간사하고 요사스럽다. 못 되고 악함.

〈문법연구〉

· 庶民興 斯無邪慝矣.

: 斯는 접속사로 해석 시 앞에 붙여 해석하면 좋다. 즉 '庶民興斯

無邪慝矣'로 읽으면 '백성이 흥기되면 이러한 사특(邪慝)한 것이 없다'로 해석이 원만하다.

> 예) 攻乎異端 斯害也已. (論語)
> : 이단에 주력하면 해로울 따름이다.

> 예) 仁遠乎哉 我欲仁 斯仁至矣. (論語)
> : 인이 멀리 있는가. 내가 인하기를 원하면 인이 곧 이를 것이다.

下 38장

14-38-01

孟子曰由堯舜至於湯 五百有餘歲 若禹皐陶則見而知之 若湯則聞而知之.

孟子께서 말씀하셨다. <요순으로부터 탕왕에 이르기까지 오백여 년이 흘렀으니, 우임금과 고요와 같은 분은 보고서 성인의 도(道)를 아신 분이고, 탕왕 같은 분은 들어서 성인의 도(道)를 아신 분이셨다.

〈단어 및 어휘〉

- 禹(성씨 우): 성(姓)의 하나, 하우씨(우임금), 임금, 벌레, 곡척, 곱자로 재다, 느슨하다, 돕다. 夏禹氏. 舜의 重臣으로 뒤에 夏의 禹王이 됨.
- 若(같을 약): 如也.
- 皐陶(고요): 禹와 함께 舜의 賢臣.

〈문법연구〉

・由堯舜至於湯.

: 由(從, 自)〜, 至〜 형태로, 일종의 호응구로 시작과 끝의 고정형
식이다. 해석은 '부터〜까지.'

예) 自古以來至今 此事無也.
: 옛날부터 지금까지 이런 일은 없다.

예) 自天而降乎 從地而出乎. (漢譯春香傳)
: 하늘로부터(自) 내려왔느냐? 땅으로부터(從) 나왔느냐?

예) 自昏至夜 街巷行燈 相續不絕.
: 초저녁부터 늦은 밤까지, 거리의 행등이, 서로 이어지고 끊어지
지 않는다.

14-38-02
由湯至於文王 五百有餘歲 若伊尹萊朱則見而知之 若文王則聞而
知之.

湯王으로부터 文王에 이르기까지 5백여 년이니, 이윤(伊尹)과 내
주(萊朱)는 직접 보고서 알았고, 文王은 들어서 아셨다.

〈단어 및 어휘〉

・伊尹(이윤): 殷의 湯王을 補佐하여 夏의 桀을 討伐하여 天下를
統一한 殷의 賢臣이다.
・萊朱(내주): 湯王의 賢臣.
・文王(문왕): 周의 文王을 말한다.

14-38-03

由文王至於孔子 五百有餘歲 若太公望散宜生則見而知之 若孔子則
聞而知之.

文王으로부터 孔子에 이르기까지 5백여 년이니, 太公望과 散宜生
은 보고 알았으며, 孔子께서는 들어서 아셨다.

〈단어 및 어휘〉

- 太公望(태공망): 周의 武王을 도와 殷의 紂를 討伐하고 天下를
  平定한 太公望 呂尙. 文王의 스승으로 齊나라 始祖가 됨.
- 散宜生(산의생): 文王의 네 사람의 臣下 중의 한 사람.

14-38-04

由孔子而來 至於今 百有餘歲 去聖人之世 若此其未遠也 近聖人之
居 若此其甚也 然而無有乎爾 則亦無有乎爾.

공자로 말미암아 이래로 지금에 이르기까지 백여 년이 흘렀으니,
성인(공자)과의 세대 거리가 이렇게 그 멀지 않았고, 성인(공자)이
거처하셨던 곳과 가까운 것이 이렇게 아주 가까운데도, (듣거나
보고서 알게 된 도를) 가지고 있는 것이 없을 뿐이니, 그렇다면
또한 가지고 있는 것이 없을 뿐이겠구나.>

〈단어 및 어휘〉

- 去(갈 거): 가다, 버리다, 돌보지 아니하다, 내몰다, 내쫓다, 물리치
  다, 덜다, 덜어 버리다, 덜어 없애다. 여기서는 '거리가 ~이 되다.'
- 乎爾(호이): ~인 것이야, 이도다, 감탄 허사, 탄식하면서 원망이

없는 어기.

〈문법연구〉

· 然而無有乎爾, 則亦無有乎爾.

: 有 다음에 之가 생략되어 있는데, 그 之는 見而知之, 聞而知之의 之로서, '보고서 알고 들어서 알' 대상으로서의 之이다. 또는 단순히 '공자의 도'라고 생각해도 될 것이다. 乎爾는 말의 힘을 강하게 표현 (表現)하는 어기사.

예) 子曰 二三子以我爲隱乎 吾無隱乎爾 吾無行而不與二三子者 是 丘也. (論語)
: 너희들은 내가 감추는(가리어 숨기는) 게 있다고 생각하느냐? 나 는 자네들에게 그 무엇도(어떠한 것도) 숨기거나 은폐한 것이 없 다. 지금까지 내가 행한(하는) 일 중에 너희들과 함께 하지 않은 것이 없으니, 이것이 바로 나이다.

한상국

일본 와세다 대학교 제1문학부와 강릉원주대학 치의학과를 나왔다. 현 중국 남경 소재 치과의사이다. 저서로는 ≪치아인문학≫(2016)이 있다.

孟子의
문법적 이해
──── (하) ────

초판인쇄 2021년 7월 30일
초판발행 2021년 7월 30일

지은이   한상국
펴낸이   채종준
펴낸곳   한국학술정보㈜
주소   경기도 파주시 회동길 230(문발동)
전화   031) 908-3181(대표)
팩스   031) 908-3189
홈페이지 http://ebook.kstudy.com
전자우편 출판사업부 publish@kstudy.com
등록   제일산-115호(2000. 6. 19)

ISBN 979-11-6603-484-8 93150

이 책은 한국학술정보㈜와 저작자의 지적 재산으로서 무단 전재와 복제를 금합니다.
책에 대한 더 나은 생각, 끊임없는 고민, 독자를 생각하는 마음으로 보다 좋은 책을 만들어갑니다.